百家廊文丛

BAIJIALANG WENCONG

现代金融学的历史演进逻辑

张成思 ◎ 编著

本书受中国人民大学科学研究基金项目暨中央高校基本科研业务费专项资金支持

中国
人民大学出版社

· 北京 ·

绪　　论

　　金融领域宏微观理论的不断发展、演进与交织，推动了金融学从早期的宏观范式走向现代微观范式，再从单纯的微观范式迈入宏微观融合的大金融学科，这是学科理论研究的自然选择，也是历史发展的必然趋势。

　　虽然从不同角度对金融的含义与范畴理解可能不尽相同，但是学界对金融的本质有共识性的刻画：资金跨时间与空间流转，经济主体对资金流转中的风险与收益进行权衡取舍。其中，资金流转主要对应于宏观金融学（即传统的货币银行学），涉及货币的定义与度量、银行体系的货币派生、中央银行的货币供应以及宏观层次的利率决定论等内容；而风险与收益主要对应于微观金融学（公司金融、资产定价等），关系到个人、家庭、企业乃至政府的投融资风险与收益问题，涉及微观金融领域经典的投资组合理论、资产定价理论、MM 定理以及金融衍生品定价理论等内容。

　　本书尝试对金融学的宏微观理论演进逻辑进行梳理，厘清宏微观金融学理论逻辑的一致性和共通性，提炼出宏微观融合的大金融学框架。本书既从时间维度对经典理论的发展历史进行归纳，又从学理维度对基础理论彼此交融的深层次逻辑进行阐释，尝试为金融学科建设和中国金融学教材建设提供基础性支撑。

　　从金融学宏微观领域各自发展的历史逻辑比较来看，1950—1960 年不仅是微观金融学快速发展的起点，而且也是传统宏观金融学各分支领域发展的分水岭时期。在 1950 年之后，宏微观金融学从表面上看是日益分化的格局，但本质上却共同持续走向以金融价格为核心的理论发展历程，能否融入价格要素成为对应理论是否能够得到快速发展的关键。

总之，宏观金融学和微观金融学是构成金融学的两大支柱，缺少任何一个分支领域的内容都难以支撑金融学科。在宏观金融学和微观金融学的两大支流中，金融价格变量是宏微观理论与实践的交汇点，宏微观金融学围绕金融价格展开了波澜壮阔的思想碰撞，也形成了彼此交融的一致性发展逻辑。

目　录

第一章　金融学的理论体系发展

第一节　金融学的体系格局

一、范畴与体系划分

与经济学相比，金融学发展成为相对独立的一门学科所经历的时间并不长。所谓相对独立的学科，是说金融学与经济学既紧密联系又自成体系，金融学的诸多开创性理论与经济学的研究范式彼此交融，将这种紧密联系反映得淋漓尽致。那么金融学的范畴如何界定？理论流派如何划分？以及分支流派彼此之间的内在逻辑联系如何？准确地回答这些问题并不容易，毕竟金融学中的宏观分支（特别是利率、货币和银行等问题）的发展历史几乎与经济学的发展历史同步。因此，我们需要通过对金融学的历史发展进程进行全面系统的梳理，才有可能找到相关问题的答案。

从理论层面看，Miller（1999）认为，金融学的起点是哈里·马科维茨（Harry Markowitz）于 1952 年发表的《投资组合选择》（Markowitz，1952a）；同时，金融学可以划分为宏观和微观两种范式，二者的典型区别在于研究范式是以理论分析为主还是以解决现实问题为主。默顿·米勒（Merton Miller）将宏观范式形象地称为"经济系范式"（economic department approach），将微观范式称为"商学院范式"（business school approach）。虽然 Miller（2000）提出了 20 世纪 50 年代是金融学的起点，但是他所说的金融学主要是指 20 世纪 50 年代之后发展起来的微观金融学，因此确切地说应该是金融学的现代形式。

本章所界定的金融学范畴以及体系划分的逻辑与 Miller（2000）存在微妙而又深刻的差异。本章虽然也强调 20 世纪 50 年代是金融学发展的分水岭，但是所论述的金融学并非仅指 20 世纪 50 年代之后发展起来的微观金融学理论，而是强调 20 世纪 50 年代之后快速发展的微观金融学与传统宏观金融学形成金融学的两大支柱，宏微观金融学共同发展构成了比较完整、能够上升到学科层次的金融学体系。也就是说，尽管 20 世纪 50 年代以前宏观金融学理论（例如货币银行学）发展已久，但是无法独立支撑一门学科，因此也就无从谈起"金融学"。事实上，金融学基础课程在 20 世纪 90 年代之前，更多的是以"货币银行学"命名，而金融学的教材则更多的以"货币银行与金融市场学"来命名。正是 20 世纪 50 年代之后微观金融学的快速发展，才使得传统宏观金融学与新兴微观金融学结合起来，撑起一门独立的学科。

因此，本章所界定的金融学范畴以及宏微观领域划分没有脱离主流金融学文献的基本理念（如 Miller，1999），但是在已有文献基础上有明确的发展和延伸。特别值得说明的是，Miller（2000）指出，金融学领域的研究很自然地落在两个主要分支领域，他马上又补充说明，"大家千万不要误会，我并不是说要把金融学划分为'资产定价'和'公司财务'这样的分支，而是指更深层次、更基础性的领域划分。"遗憾的是，Miller（2000）并没有将传统宏观金融学内容（如货币银行、利息理论等）纳入他的领域划分范畴。因此，虽然已有文献也提及金融学的宏观范式和微观范式，但是划分基础是研究范式而非研究内容，本质上都指的是 20 世纪 50 年代之后的微观金融学内容。[①]

当然，要理解 20 世纪 50 年代这个金融学发展的重要分水岭，就需要了解那个时代涌现出的理论在金融学发展进程中的重要性和贡献度，而诺

---

① 从研究范式上看，宏观金融学更加关注加总后的整体分析，在假定微观个体特征给定的条件下关注宏观模型如何构建：例如市场总体价格形成机制、货币理论、货币银行问题等都属于典型的宏观金融问题。金融学的微观范式则更加侧重个体决策者的目标函数优化等问题，而假定宏观环境条件是给定的（例如市场证券价格给定），个人、企业的投资组合选择，金融资产定价，公司融资决策等都是典型的微观金融问题。

贝尔经济学奖无疑提供了最好的参考标准。我们先把镜头转到 1990 年，当年的诺贝尔经济学奖授予了三位微观金融学领域贡献卓著的学者，分别是哈里·马科维茨、威廉·夏普（William Sharpe）和默顿·米勒。从一定程度上说，他们三人的贡献支撑了现代微观金融学科核心理论的半壁江山。注意，自 1969 年诺贝尔经济学奖颁发以来，这是首次授予微观金融学研究领域的学者，他们三人也无疑成为金融学发展历史中具有奠基性贡献的人物。有意思的是，默顿·米勒在 1998 年德国金融学会五周年年会上的主旨演讲中提出，哈里·马科维茨的投资组合理论是金融学发展的基石，1952 年是金融学发展的起点，他甚至认为马科维茨是金融学的奠基人。虽然马科维茨创新性地将数理统计运用到投资组合分析，但是这种创新实际上在 19 世纪 90 年代欧文·费雪（Irving Fisher）的多部专著中已经有较为全面的体现。同样有意思的是，2013 年诺贝尔经济学奖得主尤金·法玛（Eugene Fama）的个人主页介绍也写着"金融学的奠基人"。以上介绍的任何一位，或许称之为"奠基人之一"更客观一些。

事实上，马科维茨、米勒和夏普都可以被视为微观金融学的奠基人。1952 年，马科维茨的博士论文《投资组合选择》即将完成，却遇到了意想不到的问题。当时米尔顿·弗里德曼（Milton Friedman）是其博士论文指导委员会的成员，他对马科维茨的投资组合理论并不认可，甚至认为这样的研究内容不属于经济学领域的研究范畴。弗里德曼是货币主义学派的代表性人物，他在 1976 年获得诺贝尔经济学奖，他的名言"通货膨胀无论何时何地都是货币现象"形象地反映了他的学术主张，他的研究贡献也是宏观金融领域的典型代表理论。从弗里德曼对马科维茨研究投资组合理论的态度来看，微观金融学与宏观金融学似乎从一开始便埋下了"矛盾"的种子，而宏微观金融学理论是否存在内在的逻辑联系，则是本章关注的主要问题之一。

二、1950 年的重要转折

从实践层面看，现代金融活动的核心可以归纳为资金的跨时空转移及其风险与收益权衡。因此，金融学在宏观层面关注资金的转移问题（即资金融通问题），核心是货币银行与金融体系；在微观层面则关注资金转移过程中的风险与收益问题，核心是风险度量、资产定价（风险与收益的关系）等。从世界经济与金融发展的格局演进来看，第二次世界大战结束（1945 年）以前，特别是 1850—1950 年期间，利息理论、银行理论和货币理论等宏观金融理论占据主导地位有其历史必然性，毕竟货币体系在那个时代不断变化，现代化金融产品和发达的金融市场并未成形，所以货币银行等宏观金融问题是经济发展中最主要的问题。

到了 20 世纪 50 年代之后，国际货币体系大格局逐渐稳定，尽管货币银行等宏观金融问题仍然非常重要，但是随着发达经济体的快速发展，微观层面各种金融创新产品不断推出，金融交易日益活跃，金融市场日渐发达，金融交易中的风险和收益（特别是风险度量及资产定价）等问题引起了更广泛的关注。在这个大背景下，20 世纪 50 年代兴起的"投资组合"、"资产定价"和"公司财务"等微观领域的相关理论得到了快速发展，并且很快取得了广泛共识。而且，这些领域的诸多代表性人物（如马科维茨、米勒、夏普等）自 20 世纪 90 年代开始纷纷走上诺贝尔经济学奖的领奖台，从而也推动了相关理论较为迅速地走进金融学教材。

与微观金融领域的理论快速发展（共识性）形成鲜明对比的是，1950 年之后宏观金融理论（特别是货币理论）遭遇到了前所未有的挑战，表现为理论模型解析解的不确定性（模糊性）带来的分歧性日益加深、模型结构的单一性以及科学性（技术性）不足，典型的例子是货币中性与非中性的分歧、不同货币数量论的差异性结论等。如果将视角放得足够宽，则会发现这些分歧和差异只是外在表现，内在逻辑在于货币理论关注的核心是总量指标，而 20 世纪 50 年代之后发达市场的金融体系格局开始发生微妙的结构性变化，同时宏观金融政策实践也出现了从数量型向价格型转变的趋势，再加上货币理论模型框架不具有确定性科学解，使得相关理论日渐退出历史舞台。

以上典型历史事实表明，自 20 世纪 50 年代以来，金融学已经成为由传统宏观金融学与新兴微观金融学共同组成的学科综合体，内容也变得日益丰富而庞杂。然而，在日新月异的学科发展背后，各界对金融学究竟是宏观金融主导还是微观金融主导（亦或宏微观结合的大金融格局）仍然存在相当大的分歧。这种分歧自 20 世纪 50 年代至今不仅没有减弱，反而有愈演愈烈的趋势。

三、经典宏微观理论的归纳

将看似庞杂的理论内容用一个逻辑主线贯穿起来，从宏微观金融学的核心理论中提炼出两个分支的内在逻辑联系，这是消除学科范畴分歧的重要基础。为此，本章将金融学划分为宏观金融学和微观金融学，尝试通过对分支理论内容的梳理和对历史演进逻辑的提炼，挖掘并阐释宏观金融与微观金融的内在逻辑联系，寻找宏微观金融学两个不同分支（或者说流派）的核心理论中存在的共同纽带，并获得宏微观金融学的理论与实践联结机制。

为此，本章首先对宏微观两个分支的代表性理论贡献分别进行梳理，梳理的逻辑和先后顺序以各个理论提出的时间为主，同时考虑获得诺贝尔经济学奖的时间先后。图 1-1 归纳了宏微观金融学的代表性理论按时间顺序的发展脉络。需要说明的是，在微观和宏观金融学各自的发展历程中，众多人物扮演了重要角色，对金融学科的发展做出了重要贡献。受篇幅所限，本章所做归纳不可避免地具有选择性，涉及的理论内容主要以诺贝尔经济学奖为线索。另外，图中时间节点并非理论发展的结束时点，而是理论内容基本形成共识性的时点。

通过对代表性理论内容及其历史演进逻辑进行分析，本章认为，正是 20 世纪 50 年代之后微观金融学的快速发展，加上传统宏观金融学理论的支撑，才逐渐形成宏微观齐备的金融学科体系；而在 20 世纪 50 年代之前，宏观金融很大程度上寄居于宏观经济学框架之内，并不能单独成为一门学科。从这个意义上讲，金融学必然是包含宏观和微观两大支柱的大金融学科。更重要的是，通过深入阐释宏微观核心理论的内容及其历史演进过程，本章发现：金融价格变量（特别是利率或者说收益率）是联结宏微观金融理论的枢纽；同时，货币数量论等数量型宏观金融理论未能得到持续发展的关键在于其未能正确诠释金融价格要素在金融学理论中的核心角色（或者说与金融价格主导论形成对立）。

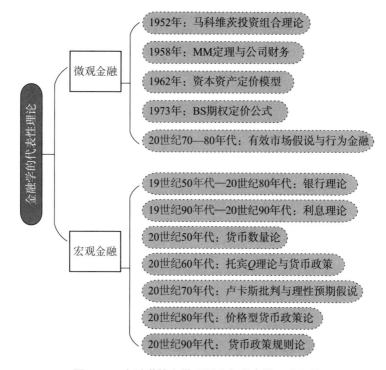

图 1-1　金融学的宏微观划分与代表性理论归纳

第二节　微观金融学的共识性大发展

一、20 世纪 50 年代：马科维茨与投资组合理论

历史有时候颇具戏剧性，虽然米尔顿·弗里德曼持有否定意见，但是马科维茨的博士论文并未受阻，最终顺利地通过了答辩，而且论文的多个章节内容很快在《金融杂志》(*The Journal of Finance*) 连续发表，继而大大提升了马科维茨投资组合理论的学术影响力。

尽管金融资产收益率和金融风险如今都是简单而且被公众所熟知的概念，但是在 20 世纪 50 年代之前即使在专业人士之间也存在分歧和争议。在那个时代，关于到底什么是风险并没有共识，有人认为投资损失就是风险，而投资盈利就不是风险。在马科维茨投资组合理论相关内容正式发表之前，投资风险或者说金融风险的概念和度量在专业领域也是存在分歧的。马科维茨的首要贡献是将统计学中的期望和概率等概念引入投资领域，以此对收益率和风险进行识别和度量。用投资可能出现的各种结果的期望价值（或者说概率加权平均值）来度量投资收益率，用投资收益率的方差或者标准差来度量投资风险，这就是马科维茨的均值-方差分析方法。在均值-方差分析方法的基础上，就可以便捷地计算投资组合的风险情况。

学界对马科维茨投资组合理论的价值具有高度共识，因为虽然投资者在实践中早已从定性角度发觉分散化投资证券产品能够带来好处，但是马科维茨的模型首次对这种好处进行定量分析。一般来说，分散化可以减少无法获得某些期望收益的风险，但必须接受更低的期望收益。因此，风险和收益存在权衡取舍。基于一定的假设条件，包含 n 个证券的投资组合的期望收益率，就是该投资组合中每个证券的期望收益率的加权平均。一个投资组合的风险用其收益率的方差度量，而投资组合收益率的方差由每个证券收益率的方差以及每两个证券的收益率的协方差所决定，收益率共同变动的程度取决于两种证券收益率的相关性及其方差。

可以证明，如果投资组合中包含的两种证券的收益率不是完全正相关的，那么分散化投资总是有利于降低收益率的方差。证券之间收益率的低相关性导致投资组合收益率的低方差，特别是收益率负相关可以带来显著的风险降低的好处。马科维茨公式提供了一系列在风险和收益方面有效的投资组合，每个投资组合提供了与给定的风险水平相对应的最大的期望收益率，或者与给定的期望收益水平相对应的最小风险。马科维茨将该问题表述为有约束条件的目标函数的优化（最小化）问题。目标函数中包含了在不同风险厌恶情况下投资者对风险与收益的权衡。

具体来说，在有效投资的各个组合中，每个投资组合对应风险厌恶指数的一个特定值。解集用图 1－2 来表示（使用收益率标准差度量风险，不受风险度量指标不同的影响），阴影区域代表投资组合的可行集，即投资于可用证券可实现的所有风险和期望收益率的组合的集合，从而可以引出有效边界的概念。有效边界表示所有可能的有效投资组合，边界上的任何点代表的资产组合都优于它右边的任何点所代表的资产组合。举例来说，考虑由点 A、B、C、D 表示的投资组合。边界上的点 B 代表风险最小的投资组合，而 A 代表收益率最高的投资组合。投资组合 C 和 E 承诺相同的期望收益率 $E(R_2)$，但是 C 对应的风险是 σ_1，而 E 对应的风险是 σ_3，E 处风险更大。同样，投资组合 D 和 F 都承诺期望收益率 $E(R_1)$，但 D 对应的风险是 σ_2，F 对应的风险是 σ_4，F 处风险更大。因此，在风险厌恶的假设下，投资者更偏好有效边界上的投资组合。

　　至于投资者如何从有效边界所代表的所有投资组合中选择一个投资组合，取决于其风险与收益偏好。我们假设投资者具有二次效用函数，因为二次效用函数意味着风险规避行为，所以无差异曲线是下凸的。图 1-3 展示了三种无差异曲线 U_1、U_2 和 U_3。期望收益率与标准差的组合在同一曲线上的任意点上对个人都无差异，即他的效用在这一曲线上是常数。更高的无差异曲线代表更高的效用水平，因为在给定的风险水平下，期望收益更高。因此，投资者希望自己处于尽可能高的无差异曲线上，即效用水平尽可能高。能符合这一条件的资产组合由无差异曲线与有效边界的切点给出，即点 D。因此，这一点表示最优投资组合。不同的个人在期望收益和风险方面有不同的效用偏好，因此其证券的最优投资组合有很大的不同。不过，无论在何种情况下，资产价格或者资产的期望收益率都是马科维茨投资组合理论中的核心要素。

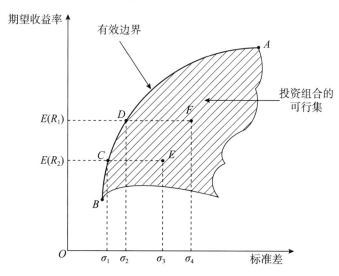

图 1-2　马科维茨有效边界

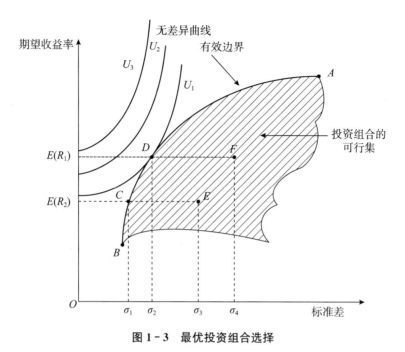

图 1 - 3　最优投资组合选择

二、1958 年：MM 定理与公司财务

20 世纪 50 年代之后，微观投资问题的研究得到了快速发展。因为投资与融资是金融活动的两个不同侧面，因此不难理解企业投融资问题（或者说公司财务问题）迅速占据了微观金融学领域的主流地位。这一领域具有代表性的人物是默顿·米勒，他的主要贡献是对公司财务（或称公司金融）领域的研究，特别是企业的资本结构问题。米勒和弗兰科·莫迪利安尼（Franco Modigliani）于 1958 年共同提出了著名的 MM 定理（Modigliani and Miller，1958，1963），主要讨论了公司的市场价值与资本结构的关系。概括来说，MM 定理分为两个命题，命题 I 说明杠杆公司价值，命题 II 说明企业的加权平均资本成本。再按照有无税收划分，可分为无税情况下的 MM 命题 I、无税情况下的 MM 命题 II、有公司税情况下的 MM 命题 I 和有公司税情况下的 MM 命题 II。只是一般说到 MM 定理，涉及命题 I 更多。MM 定理是现代公司财务研究领域的重要基准和出发点，其中关于不考虑税收的情况下市场价值与资本结构无关的结论是构成

金融学十分重要的无关性定理之一。

在无税情况下,莫迪利安尼和米勒对完美资本市场的基本假设包括:(1) 市场不存在交易成本,市场价格能充分反映相关信息,且不存在信息不对称和代理成本;(2) 不存在财务困境成本;(3) 个人和公司的借贷利率相同。在上述假设条件下,个人能够通过在市场上借贷,复制公司的杠杆,因此公司的价值不受财务杠杆作用的影响。有杠杆公司的价值 V_U 等于无杠杆公司的价值 V_L,即任何公司的市场价值都与其资本结构无关,这就是著名的 MM 命题 I(无税)的基本结论;投资有杠杆公司的股东所面临的风险要高于投资无杠杆公司的股东,他们将要求更高的期望收益率作为补偿,且满足有杠杆公司股东权益的期望收益率 r_S 是公司债务和权益比(B/S)的线性函数,即

$$r_S = r_0 + \frac{B}{S}(r_0 - r_B) \tag{1-1}$$

这就是 MM 定理(无税)的命题 II,其中 r_0 是无杠杆公司的权益资本成本,r_B 是债务融资的资本成本。

在完美资本市场下不存在税收,所以公司的价值与债务无关。但是如果其他假设不变,在考虑公司税的情况下,债务融资就有重要的优势:公司支付的债务利息可以抵减应纳税额,而现金股利和留存收益不能。此时,个人无法通过市场借贷抵消财务杠杆对公司价值的影响。因此,当存在公司税时,公司的价值就与其债务正相关。MM 定理(含公司税)有如下结论:有杠杆公司的价值 V_L 等于无杠杆公司的价值 V_U 加税盾效应 tB 的价值,即

$$V_L = V_U + tB \tag{1-2}$$

这是 MM 定理(含公司税)的命题 I;有杠杆公司的权益资本成本 r_S 等于无杠杆公司的权益资本成本 r_0 加风险报酬,风险报酬取决于公司的资本结构 B/S 和公司税率 t,即

$$r_S = r_0 + \frac{B}{S}(1-t)(r_0 - r_B) \tag{1-3}$$

所以负债多的企业的加权平均资本成本更低,这就是 MM 定理(含公司税)的命题 II。图 1-4 归纳了无税和有公司税的 MM 定理命题 I 所

刻画的公司价值（股票价值）与债务之间的关系。

　　MM 定理是公司金融的重要基石之一。一方面，继 MM 定理之后，强调 MM 定理中所忽略的信息与激励问题的代理成本理论和优序融资理论等一系列理论，不断丰富和完善公司资本结构问题的相关内容，并延伸成当代公司金融领域浩瀚的文献。另一方面，MM 定理（尤其是无关性定理，即无税 MM 定理命题 I）中的思想还指引了资产定价领域的后续发展，例如 John Cox 和 Stephen Ross（1976）认为 BS 期权定价公式的结果在某种意义上可视为 MM 定理的动态表述。近年来的研究还表明，MM 定理甚至可以应用于理解宏观层面国家资本结构问题（Bolton and Huang，2018）。

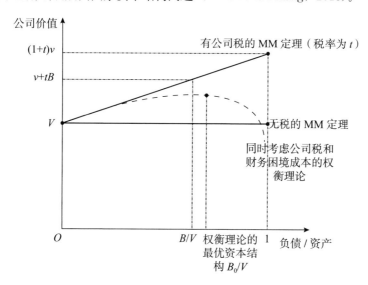

图 1-4　MM 定理命题 I 示意图

三、1962 年：威廉·夏普与资本资产定价模型

　　与马科维茨的研究领域具有诸多交集的是威廉·夏普。威廉·夏普于 1961 年博士毕业于加州大学洛杉矶分校，他在博士期间的主要研究工作是拓展了马科维茨的投资组合理论，提出了微观金融领域中的另一个基础性理论，即资本资产定价模型（capital asset pricing model，CAPM）。CAPM 刻画了金融投资中系统性风险与期望收益率之间的关系，如图 1-5 所示，用公式则可以表示为：

$$E(r_i) = r_f + \beta_i [E(r_m) - r_f] \tag{1-4}$$

其中 E 表示期望，r_i、r_f、r_m 分别表示金融资产 i 的收益率、无风险收益率（例如国债产品）和市场收益率（如证券市场总体收益率情况）。在这样的模型设定下，β 度量了投资于金融资产 i 的系统性风险程度（即无法通过分散投资策略消除的风险程度）。

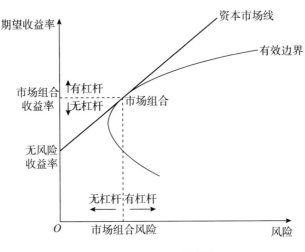

图 1 - 5 CAPM 曲线图

CAPM 模型现在被广泛用于估计企业资本成本和评估投资组合管理水平（Fama and French，2004），被称为变革性的发现（Varian，1993），并且早已走进标准的金融学教科书。但是，夏普在 1962 年将 CAPM 研究内容投稿到《金融杂志》时并不顺利，甚至收到了期刊的负面意见反馈，一直到 1964 年期刊主编更换以后这篇文章才得以发表（Mitchell，2019）。当然，CAPM 模型的提出，除了 Sharpe（1964）的杰出贡献之外，还有其他几位学者也做出了重要贡献，特别是 Lintner（1965）和 Mossin（1966）的开创性研究。因此，CAPM 模型也经常被称为 Sharpe-Litner-Mossin CAPM 模型。另外，夏普认为，1969—1990 年期间的一系列重要文献[1]，分别从多个不同

---

① 这些文献包括 Lintner（1969）、Brennan（1970）、Black（1972）、Merton（1973，1987）、Rubinstein（1974）、Kraus 和 Litzenberger（1976）、Levy（1978）、Breeden（1979）和 Markowitz（1990）。

维度对经典 CAPM 进行了拓展，包括考虑真实收益率、税收问题、剔除无风险资产、未来投资收益、更一般化的效用函数形式、收益率分布的三阶矩、交易成本、投资者消费偏好、市场分割和做空约束机制等，甚至 Ross（1976）还提出了与 CAPM 机制不同的套利定价理论。不过，无论哪个版本的 CAPM，核心都是资产定价问题，资产价格在其中都是核心变量。

四、1973 年：BS 期权定价公式

随着微观金融市场的丰富和微观金融理论的发展，金融资产定价问题继续主导着微观金融领域的发展，Black-Scholes（BS）期权定价公式的推出便是一个时代的典型代表。BS 期权定价公式是为期权等金融衍生工具定价的数学模型，最初由美国经济学家迈伦·斯科尔斯（Myron Scholes）与费希尔·布莱克（Fischer Black）提出，并由罗伯特·默顿（Robert Merton）拓展到有派发股利时的情形，因此 BS 期权定价公式也可以称为 Black-Scholes-Merton 期权定价公式。由于布莱克英年早逝，默顿与斯科尔斯获得了 1997 年的诺贝尔经济学奖。当然，BS 期权定价公式的推出也是在前人研究的基础上得以实现的［主要是基于此前芝加哥大学的詹姆斯·博内斯（James Boness）的博士论文］，布莱克和斯科尔斯的重要贡献则是证明了无风险利率在定价模型中是正确的折现因子，并且不需要假设投资者的风险偏好。

BS 期权定价公式给出了欧式期权（与美式期权相对，欧式期权只能在到期日行权）价格的理论估计值，并且证明，无论期权对应的证券产品风险和预期收益率如何变化，该期权的价格都是唯一的。从一定程度上说，BS 期权定价公式的提出推动了 20 世纪 70 年代美国甚至世界范围内金融市场中期权交易的盛行，也为 1973 年成立的美国芝加哥期权交易所的量化交易提供了理论基础。

和其他创新性金融学理论的开创历程类似，BS 期权定价公式的推出也经历了不平坦的历程。布莱克和斯科尔斯在 20 世纪 60 年代末就一直研究如何通过金融投资组合的动态修正来消除对证券产品预期收益率形式的要求，从而提出投资组合的风险中性假说。一直到 1973 年，两人的文章在被多个期刊拒稿之后，才最终发表于《政治经济学杂志》（*Journal of Political Economy*)。自 BS 期权定价公式首次发表之后,芝加哥期权交易所的交易商们马上意识到它的重要性,很快将 BS 模型程序化输入计算机,应用于刚刚营业的芝加哥期权交易所。该公式的应用随着计算机和通信技术的进步而得到扩展。到今天,该模型以及它的一些变形被广泛用于量化金融交易实践中。

五、20 世纪 70—80 年代:有效市场假说与行为金融

到了 20 世纪 70—80 年代,在投资组合与资产定价理论快速发展的背景下,一个自然出现的问题是资产价格是否反映有关价值的信息,针对这一问题形成了著名的"有效市场假说"以及与其相对的"非理性市场假说"。美国经济学家尤金·法玛和罗伯特·席勒(Robert Shiller)在这些领域分别做出了卓越贡献,也因此获得了 2013 年诺贝尔经济学奖。

法玛基于其博士论文研究,在 20 世纪 70 年代公开提出了有效市场假说(Fama, 1970)。法玛的有效市场假说意味着金融市场中资产价格包含了有关价值的现有信息,而且价格的变化反映了任何意想不到的新信息。虽然从表面上看有效市场假说的内容很简单,但是如果没有它作为理论基础,实证金融或许只能停留在碎片化的实务交易活动层面。

法玛认为,资产价格适应新的信息的想法意味着资产价格是随机游走过程(random walk)。不过,它是一种特殊类型的随机游走过程,即数学里的鞅过程(martingale),简单地说就是一种无偏随机游走过程。虽然这里涉及的内容略显技术性,但可以用一个简单的例子来说明。假设在某一特定时间点,上证综指(股票指数)的估值为 2 600 元,那么下一个时间间隔的预期值也是 2 600 元,但要根据股票指数的预期收益进行调整,而指数的预期收益被隐含地假定为不变。所以,过去的价格走势并不能告诉我们未来的价格走势。市场设定的价格使得股票交易是一个公平的游戏,投资者得到一个正向预期收益来补偿他们的风险敞口。

Shiller(1981)对法玛的有效市场假说提出了质疑,指出金融市场并非是有效的,而是非理性的。席勒认为,在一个合理的股票市场,投资者将以预期收到的未来股息的折现值为基础确定当前股票价格,这意味着股票价格的波动小于理性预期的波动。他考察了美国股市自 20 世纪 20 年代

以来的表现，并考虑了对未来分红和贴现率的各种预期，发现股市实际的波动幅度大于任何理性预期所解释的波动。

事实上，投资者经常受到市场情绪或者说动物精神的影响而对金融资产估值过度，形成非理性繁荣。由于市场情绪受到心理因素影响，进而影响投资者行为，因此"行为金融学"也自此逐渐成为一个新兴领域，甚至 2017 年的诺贝尔经济学奖又再次授予了行为金融学领域的学者理查德·塞勒（Richard Thaler）。[①]

值得注意的是，动物精神或者市场情绪并非微观领域资产定价研究的专利。事实上，行为金融学的理论逻辑在微观领域的资产定价和宏观领域的通货膨胀（即总体物价变化）定价机制中一脉相承，甚至宏观领域的理论发展更早一些。例如，Carroll（2003）巧妙地将流行病学领域关于公众疾病传播的 Kermack 和 McKendrick（1927）流行病学模型引入通货膨胀预期形成机制的研究，提出公众通货膨胀预期的形成会受到媒体情绪的传染，这种传染性影响与流行病的传播模式类似。

基于流行病学理论的通货膨胀预期研究，与微观金融领域中媒体报道对微观金融市场定价的影响研究（如 Tetlock，2007；Fang and Peress，2009；游家兴和吴静，2012）在分析思路和逻辑上非常类似，而且二者研究的都是媒体报道与价格（或者说定价）之间的关系，只不过前者关注的是宏观价格而后者则是微观金融市场价格。但是，这两个领域几乎很少彼此提及或相互引用，而且在理论基础方面各自追溯的跨学科文献完全不同。媒体报道与微观定价研究所主张的理论框架是传播学领域 Noelle-Neumann（1974）提出的"沉默的螺旋"理论。

虽然"沉默的螺旋"理论与流行病学理论的应用横跨传播学和医学两大领域，但基本思想互相交融，其在金融领域的应用逻辑更是如出一辙：核心思想都是媒体报道的传染效应，都强调媒体在经济或金融行为方面的影响，而且关注的都是媒体对价格的影响机制，只不过前者被用于分析微观金融的价格变化（资产定价），而后者则主要被应用于分析宏观金融的

---

① 需要指出的是，非理性、市场情绪以及动物精神等问题，早在凯恩斯（Keynes）于1936 年发表的《就业、利息和货币通论》中就有论述。

价格变化（通货膨胀预期）。这两个分支领域的理论内容生动地诠释了金融学宏微观融合的本质。

第三节 宏观金融学的发展与分歧

宏观金融学所涵盖的内容以银行理论、货币理论、利息理论和金融政策等为主体，其发展的历程更加久远。从一定程度上说，很难明确界定某一个时点就是对应理论形成的时点。由于诺贝尔奖并不授予已去世的人，所以很多早期的宏观金融理论的贡献并不能像微观金融领域那样以诺贝尔经济学奖作为评价标准来进行梳理。因此，宏观金融学领域的代表性理论的发展经常是跨越某一个时间阶段、涉及诸多学者的贡献。另外，下面介绍的时间跨度并非是理论发展的结束时点，而是指在区间结束时基本形成共识性的理论内容。

一、19 世纪 50 年代—20 世纪 80 年代的银行理论

银行理论的内容极为丰富，文献分支众多，有时也可以用"银行经济学"来概括这一领域的理论内容。综合来看，银行理论的研究可以归纳为两类，一类是从实物经济的角度研究银行职能，另一类是从货币创造的角度研究银行职能。第一类研究强调银行的实物经济职能，主要考虑银行的职能对真实经济（以及福利）的影响。例如，在一个完全无摩擦的经济体中，债券市场和资本市场可以达到和银行相同的资源配置。因此银行不同于债券市场和资本市场的实物经济职能就成为了学界的热点话题之一。在这个层面，银行的职能包括用利率或抵押品或其他信息来筛选借款者（Stiglitz and Weiss，1981；Bernanke and Gertler，1990），克服流动性问题带来的资源错配（Diamond and Dybvig，1983），降低信息不对称带来的道德风险及代理问题成本（Diamond，1984），帮助居民分散风险和转移风险（Allen and Gale，1997，2000），隐藏流动性冲击的信息，抑制无效率的信息生产（Dang，et al.，2017）。

银行发挥实物经济职能可以促进经济发展、改善社会福利，但同时银行的存在也可能诱发银行危机，甚至导致严重的金融危机。Bryant（1980）及 Diamond 和 Dybvig（1983）的文章是这一领域的先导性文献，

但在他们的文章中，危机的出现是相对外生的。即使银行的基本面仍然很好，如果人们相信别人会去挤提银行，那么他们自己也会这样做。后续研究还有从经济周期理论的角度研究银行危机的，认为银行危机是经济危机的延伸［例如 Jacklin 和 Bhattacharya（1988），Allen 和 Gale（1998）］。此外，一些文献指出，如果存在信息不对称，储户会因为接收到负面的私人信息而挤提，尽管这一信息不一定准确（Goldstein and Pauzner，2005）。较新的文献还提到，贷款展期过程中的协调失败也会导致银行危机（He and Xiong，2012）。

第二类银行理论则是从货币（存款）创造的角度研究银行职能，这类银行理论的发展经历了更长的时间，历史文献可以追溯到 19 世纪 50 年代甚至更早，发展到 20 世纪 80 年代前后基本形成共识，主要集中于银行的货币创造问题。从银行的货币创造问题来看，因为货币体系、银行会计规则和银行业务内容随着时代的发展都在不断变化，所以银行理论也在不断发展变化。而且，即使对同样的会计规则也可能有不同的解读，因此不同的银行理论对不同层面问题的解释力各有优势，长久以来很难形成唯一正确的理论内容。金融学教材一般是综合各个理论的长处并结合现实情况对银行的货币创造问题进行介绍。

归纳起来，基于银行的货币创造职能的银行理论大致有三种：（1）银行金融中介理论，认为银行吸收存款然后发放贷款，但是发放贷款不会创造存款货币；（2）银行部分准备金理论，即每个银行都是金融中介，单个银行无法创造货币，但是整个银行系统能够通过信贷扩张过程创造货币；（3）贷款创造存款理论（LCD），也称为银行信用创造理论，该理论不把银行简单看作吸收存款发放贷款的金融中介，而是强调每个银行在发放贷款时都会创造新的信用和货币。

这些理论的主要区别体现在对银行贷款的会计记账处理不同，当然对应的政策含义也就不同，特别是银行监管政策。下面根据已有文献（Werner，2016）对这三个理论的核心内容进行介绍和评价。

第一，银行金融中介理论的思想最早可以追溯到 20 世纪 10 年代，该理论的重要文献支撑从 20 世纪 30 年代开始一直持续至今几乎没有中断过，其中 20 世纪 50—60 年代就开始形成较为系统的理论学说，而且历史

上诸多著名经济学家均支持该理论,如凯恩斯、托宾(Tobin)、伯南克
(Bernanke)。银行金融中介理论的核心内容是:银行只是一个金融中介,
与股票经纪公司或资产管理公司等非银行金融机构并无不同,"借短贷长"
是它们的典型特征,只是在准备金要求、资本充足率或利率规定方面有所
差别。客户资金规则要求非银行金融机构为客户保管存款,将其存放在其
他银行或者中央银行。

根据这一理论,银行在这方面与非银行金融机构处于相同的地位。在
这种情况下,额外增加的客户存款并不作为负债显示在银行资产负债表
上,所有资金都是中央银行的货币,可以在中央银行作为储备,也可以存
入其他银行或金融中介机构(它们也在资产负债表外)。

当银行购买债券、权益或者发放贷款时,因贷款合同产生金融债权,
其资产负债表显示为资产增加。银行金融中介理论认为,贷款支付涉及提
取资金(例如支取在中央银行的存款准备金),因此银行像非银行金融中介
机构一样,资产负债表不会因发放贷款而扩增(即不会创造存款货币)。银
行的资产负债表仅在资产方变化,表现为准备金减少,贷款与投资增加,
而负债方(例如客户存款)无任何变化(如图1-6所示)。这样,银行和
其他金融中介机构一样,都能通过使用客户存款来进行金融投资,从而创
造金融债券,但不创造存款货币。

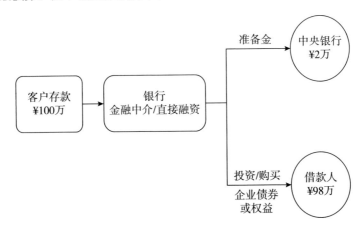

图1-6 银行金融中介理论图解

但是,实际情况表明,许多国家的银行与非银行金融中介机构在客户

资金的处理规则上并不相同。非银行金融中介机构在获得存款之后，必须遵守客户资金规则，将客户存款从资产负债表中扣除，于托管人处（银行）安全存放。然而对于银行来说却不同，银行并不隔离客户资产，也不必然涉及马上提现的问题，所以客户存款实际上是出现在银行资产负债表上的。因此，银行的关键特征是不受客户资金规则的约束（即不必将客户资产隔离），控制客户存款的会计记录，在发放贷款时增加存款货币。

第二，银行部分准备金理论起源于 20 世纪 20 年代，在 20 世纪 50—60 年代与银行金融中介理论形成鲜明的对立，主要文献支撑在 20 世纪 70 年代之前，保罗·萨缪尔森（Paul Samuelson）1948 年的教材以及约瑟夫·斯蒂格利茨（Joseph Stiglitz）1997 年的教材都对该理论内容进行了详细阐释。该理论与银行金融中介理论最大的区别在于，其认为在部分存款准备金制度下银行体系能够创造存款货币。尽管每个银行都是没有创造货币权力的金融中介，而且单个银行无法创造货币，但是整个银行体系能够通过"多倍存款派生"过程来创造货币。

概括来说，初始存款进入一家银行以后，这笔存款按照一定比例要求缴存存款准备金（即部分存款准备金制度），余下部分可以发放贷款，只要银行体系拥有多家银行，那么这家银行发放的贷款之后还会进入银行体系成为存款货币。这样，在部分存款准备金制度下，银行体系就可以通过不断在资产负债表中的负债项下进行"存款"的会计科目记录，实现存款货币的创造。

早期的银行部分准备金理论认为，银行经常以现金形式发放贷款，所以新的贷款需要基于新的存款，也就是说先要有存款才能发放贷款，并且一家银行无法完成存款货币创造过程。在贷款以现金形式发放的情况下，如果存款准备金率为 10%，那么银行要发放 90 万元贷款，就需要先获得 100 万元存款。银行只有在资产负债表显示存款增加到足以容纳贷款和准备金要求时，才可以进行贷款业务。对于银行会计科目记录来说就分为两步：第一步收到存款 100 万元，此时资产负债表的资产项下存款准备金增加 100 万元，负债项下存款增加 100 万元；第二步发放贷款 90 万元，假设贷款采取现金形式支付，此时该银行的资产负债表的资产项准备金减少 90 万元，贷款增加 90 万元。

然而，现代商业银行的贷款在很多情况下并非以现金形式发放。银行通常不会向未在银行开户的客户发放贷款。贷款申请人要先在该银行开立账户，银行才能将贷款发放到这个银行账户中。当贷款不再以现金形式发放时，上面描述的第二步就会发生变化，银行资产负债表的资产项下贷款增加 90 万元的同时，负债项下存款也增加 90 万元。此时即使一家银行也可以实现存款货币的创造。

第三，LCD 理论的思想至少可以追溯到 19 世纪 50 年代（Macleod，1856），此后由 Wicksell（1907）系统阐释，在 20 世纪 10 年代得到包括熊彼特（Schumpeter）在内的诸多著名经济学家的支持，在 20 世纪 30 年代之后就进入了标准的货币银行学教材（如 James，1930）。有意思的是，Wicksell（1907）的文章主题是利率上升对物价的影响，但是在开篇就对 LCD 理论进行了明确而又详细的阐释：银行的贷款业务至少不会立即受到任何资本的限制，银行不需要先有存款也能通过发放贷款创造货币。从核心内容看，LCD 理论认为，不应该把银行简单地视为吸收存款的金融中介（无论是单一银行还是整个银行体系），而是强调银行的信用与货币创造职能。每个银行在执行贷款合同或者购买金融产品时（银行资产项下业务），都可以凭空创造信用和货币。LCD 理论特别强调，银行发放贷款并不需要先获得存款，这一思想与银行部分准备金理论的思想形成鲜明的对比。

既然银行不需要先获得存款来发放贷款，银行贷款能够创造新的信用与货币，那么随着时间的推移，银行资产负债表和货币供应量度量指标在银行信贷增长时期就会呈现出上升趋势。这与银行金融中介理论的核心思想也不相同，因为银行金融中介理论认为银行作为中介只能重新分配现有的购买力，而货币供应量并没有增加。

在这一理论框架下，应该区分两类银行存款。一是由外部资金支持的存款，即与存款人或债权人的资金投放有关的存款；二是贷款支持的存款，由银行在其贷款交易中发起（被称为"内部货币"，即由私人金融机构产生的购买力）。LCD 理论对银行贷款的解释的核心在于"贷款人"和"借款人"之间的相互负债（债务人-债务人）关系，而不是由外部资金支持的存款和银行部分准备金理论标准下的债权人-债务人关系。从这个意义上说，银行业务的本质可以看成是借据的交换。

不难看出，LCD 理论的基石不再是储蓄，而是债务。银行创造存款，而不是储户；银行的客户创造贷款，而不是银行自身。这一原则意味着，内部货币的创造（即货币供应量中超过货币基础的部分）实际上依赖于银行客户的借款意愿，而不是银行的放贷意愿（Werner，2016）。

LCD 理论的最大特色是提出了银行"先有贷款，后有存款"的思想，即贷款创造存款而不是存款制约贷款。根据这一理论，银行不会把自有资金和客户资金分开。因此，银行在发放贷款时，虽然没有新存款，但可以将借款金额记入借款人的账户（相当于贷款给客户后，客户又存入银行）。银行发放贷款可以使资产负债表扩张，但并不一定需要现金、央行准备金或其他银行资金。

如果从动态视角看银行的业务与经营活动，LCD 理论具有现实合理性，毕竟准备金和资本要求等只需要在特定时点得到满足，因此其并不总是发放贷款的实际先决条件。所以，在一定情况下，即使银行没有收到新的存款或准备金，也可以发放新的贷款，从而创造新的存款。当然，从银行的实际经营活动来看，贷款发放也不是在任何情况下都能完全脱离存款业务的制约。因此，LCD 理论并不能完全颠覆其他银行理论。

值得注意的是，不管是银行金融中介理论、银行部分准备金理论，还是 LCD 理论，实际上主要关注的都是名义货币如何被创造，区别只在于货币创造的源头是存款还是贷款。不过，这些理论缺少对真实经济变量的描述，这可能也解释了为什么最近几十年这一类文献并未引发更多学术讨论。毕竟在真实经济模型中引入名义货币，经常得到的结论是货币中性。当然，也有研究希望打通银行理论的实物经济职能与货币创造职能。例如，Diamond 和 Rajan（2006）、Skeie（2008）以及 Allen，Carletti 和 Gale（2014）都尝试研究将名义货币引入银行系统（模型）之后会对银行系统的真实职能产生什么影响，成为联结不同银行理论的桥梁。

无论是从银行的实物经济职能还是货币创造职能角度考察银行理论的核心内容，都会看到利率与货币或者利率与信用之间直接而又紧密的互动，这种互动从贷款创造存款的经典理论（LCD 理论）最初文献的标题，即 Wicksell（1907）发表于《经济学杂志》（*Economic Journal*）上的文章标题"利率对物价的影响"就可见一斑。

二、19 世纪 90 年代—20 世纪 90 年代的利息理论

(一) 利率决定论

利息与利率几乎是同一件事情。所以，利息理论实际上就是利率的相关理论。进一步，利率期限结构则是基于不同到期期限的利率彼此之间的关系形成的相关理论。由此看来，利息理论与利率期限结构理论都是围绕利率问题而展开的，而利率又是依附于货币的借贷关系形成的。当然，借贷关系中的载体可以是货币，也可以是各种债务工具或者权益工具。因此，利率的相关理论本质上承载了（涵盖了）货币银行、金融市场、金融产品和资产定价等金融学中绝大部分核心内容。从一定程度上说，利率也是宏观金融与微观金融的联结纽带。

利率的相关理论至少可以追溯到 19 世纪 90 年代，在 20 世纪 30—60 年代已经发展得相当成熟（各理论形成广泛共识），当然后续研究至今一直没有中断过。对于利率的定义、内涵以及决定机制等问题，克努特·维克赛尔（Knut Wicksell）于 1898 年出版的《利息与价格》（Wicksell，1898），欧文·费雪于 1896 年出版的《货币增值与利息》（Fisher，1896）和 1930 年出版的专著《利息理论》（Fisher，1930）可以视为早期学术界的经典之作。今天仍然常用的名义利率、真实利率等概念都可以在这些著作中找到准确和详尽的定义。由于利率的变化会影响居民储蓄投资行为，也影响企业的生产经营成本，还会影响金融产品交易的价格（例如债券定价），所以利率的决定机制一直以来都是各界关注的焦点。

从理论演进的历史逻辑来看，不同的利率决定理论是随着货币制度变化、金融市场发展和金融产品及金融交易的日益丰富而发生变化的。归纳起来，大致有 5 种比较有影响力的利率决定理论，分别是古典利率决定论、流动性偏好利率决定论、可贷资金利率决定论、投资-储蓄（IS-LM）利率决定论以及投资储蓄-菲利普斯曲线-货币政策反应机制（IS-PC-MP）利率决定论，图 1-7 刻画了各理论的发展演进顺序。其中 IS-PC-MP 利率决定论尚未（正在）进入《货币银行学》教材。

（1）古典利率决定论。古典利率决定论是基于商品市场的储蓄投资理

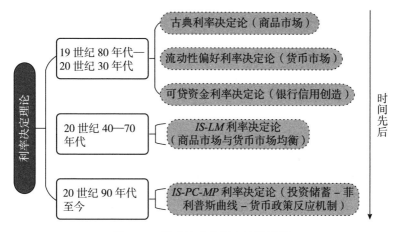

图 1-7　利率决定论历史演进图示

论，认为投资是利率的减函数，储蓄是利率的增函数，投资与储蓄共同决定了均衡利率水平。古典利率决定理论的起源与发展是在 19 世纪 80 年代—20 世纪 30 年代，主要代表人物及相关著作分别是奥地利经济学家欧根·冯·庞巴维克（Eugen von Böhm-Bawerk）的《资本与利息》、英国经济学家阿尔弗雷德·马歇尔（Alfred Marshall）的《经济学原理》、瑞典经济学家克努特·维克塞尔的《利息与价格》以及上面介绍的美国经济学家欧文·费雪的《利息理论》。这四位经济学家的经济思想虽然有一定的差别，但是他们对利率的分析却非常一致：认为利息的产生源于当前的商品和未来商品之间价值的差异，利率是等待这段时间的成本或者说投资于商品的预期收益。

（2）流动性偏好利率决定论。流动性偏好利率决定论实际上是基于货币的供给与需求以及债券的供给与需求来分析均衡利率的决定机制，由凯恩斯在 20 世纪 30 年代提出。该理论认为，投资者面对货币与债券两种形式的资产时，会根据流动性偏好进行选择（货币流动性更高），进而影响债券的利率，即市场上的利率水平。

（3）可贷资金利率决定论。这一理论同样兴盛于 20 世纪 30 年代，最早由瑞典经济学家克努特·维克塞尔在 1898 年提出，后由英国经济学家 Robertson（1934）和瑞典经济学家 Ohlin（1937）等人发扬光大。可贷资金利率决定论本质上是拓展了古典利率决定论，认为利率不仅仅由投资和储蓄决定,因为经济体中的可贷资金规模除了储蓄之外,还要加上银行体系的信用货币创造规模,所以以利率应该由可贷资金的供求关系决定。银行的信用创造职能是可贷资金利率决定论的关键支撑。可以看出,20世纪30年代银行理论的发展对该理论具有不可忽视的影响。

(4) *IS-LM* 利率决定论。*IS* 和 *LM* 分别代表"投资与储蓄"和"流动性与货币",*IS* 曲线与 *LM* 曲线分别刻画商品市场和货币市场的均衡状态,两个市场的核心变量均包含利率,两个市场的共同均衡(*IS* 曲线与 *LM* 曲线的交点)决定了利率水平。*IS-LM* 利率决定论最早由英国经济学家约翰·希克斯(John Richard Hicks)于 1937 年提出,之后不断得到拓展和应用,成为 20 世纪 40—70 年代应用最为广泛的宏观经济分析框架。该理论描述了经济总产出和利率之间的一般均衡关系。

(5) *IS-PC-MP* 利率决定论。这一利率决定理论是在 *IS-LM* 分析框架基础上发展而来的,其发展背景与 20 世纪 80 年代之后发达市场的全面利率市场化和价格型货币政策工具(即利率)取代数量型工具的历史背景紧密联系。1980 年以后,以美国为代表的发达经济体全面推行利率市场化,利率成为金融市场与金融交易的核心变量。与此同时,1979—1986年期间执掌美联储的保罗·沃尔克(Paul Volker)因为采纳货币主义学派的政策主张以货币总量作为政策调控的中间目标而带来经济指标的大幅波动(尽管控制住了通货膨胀),加速了利率取代货币成为货币政策调控体系的核心,此后美国形成了所谓的没有货币的货币政策体系。

与此历史发展相平行的另外一条主线是 1990 年之后货币政策规则和新凯恩斯菲利普斯曲线理论的发展。以 John Taylor(1993)为代表的货币政策规则论倡导者推动了基于规则的货币政策(monetary policy,MP)反应机制理论的发展(例如著名的货币政策泰勒规则)。泰勒(Taylor)同时也是刻画通胀率与经济增长率动态关系的新凯恩斯菲利普斯曲线(Phillips curve,PC)理论的拓荒人。因为通胀率以及利率都是货币政策规则的核心变量,这样就为多等式联动分析利率决定问题奠定了基础。

在此背景下,*LM* 曲线失去了往日的主导地位,取而代之的是货币政策反应机制,即以中央银行为主角的货币市场利率调整机制:中央银行根据最终目标(例如经济增长与物价稳定)调整短期名义利率,而名义利率变化会传递到 IS 曲线，带来投资以及总产出的变化，而这些变化会进一步通过菲利普斯曲线（即总产出影响通胀率）影响通胀率，此时总产出变化和通胀率变化再次引起央行的政策反应（调整利率）。IS-PC-MP 实际上就是通过三个等式（IS 曲线、菲利普斯曲线和货币政策反应函数）刻画了上述货币政策传导机制的过程，因此强调了中央银行在利率决定机制中的主导地位。从现实情况看，IS-PC-MP 利率决定论更符合现代经济运行的规律，可以称之为现代利率决定论。

（二）利率期限结构理论

利率的重要决定因素之一是期限，同类金融产品的利率随着期限不同而变化，但是不同期限之间似乎有着微妙的、千丝万缕的联系，投资者在不同期限的产品中进行权衡选择。由此，不同期限的无风险证券产品彼此之间存在期限与利率（到期收益率）的对应关系，这种关系就是利率的期限结构。基于利率期限结构形成的期限与利率之间的关系曲线就是收益率曲线。

长期以来，利率期限结构关系的决定因素一直是经济学界关注的焦点，至少可以追溯到 19 世纪后期，因为利率期限结构关系蕴含市场对未来的预期信息，而期限关系的诠释（即期限结构理论）能够帮助我们挖掘相关信息，从而判断相关变量的变化会如何影响收益率曲线。1896—1966 年，学术界相继提出了纯粹预期理论、流动性溢价理论、市场分割理论和偏好栖息地理论（见图 1-8）。这些理论内容一直延续至今，而且走进了标准的《货币银行学》和《金融学》教材。

利率期限结构理论中最基础的是纯粹预期理论，其核心思想和主要内容可以追溯到 1896 年欧文·费雪的著作《货币增值与利息》，后来在1930—1960 年期间得到进一步发展和改进（Lutz，1940；Meiselman，1962）。该理论强调，远期利率是未来短期利率的无偏估计。具体来说，它假定利率期限结构只取决于较短的期限部分，长期利率由较短期利率确定；它假定期限较长（如 5 年、10 年或 30 年期债券）的债券的收益率与未来实际收益率完全相符，等于较短期限收益率的复利计算结果。换句话说，购买 10 年期债券等于连续购买两个 5 年期债券。纯粹预期理论假设市场对未来利率的预期与实际未来利率完全一致。粗略来看，实际情况与

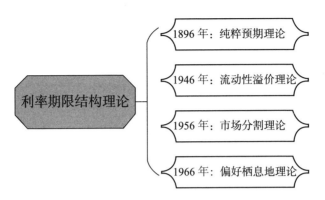

图1-8　利率期限结构理论历史演进图示

纯粹预期理论所刻画的内容基本一致。当然，纯粹预期理论在某些方面与有效市场假设相似，因为它假设了一个完美的市场环境，在这个环境中，预期是未来价格的唯一决定因素。

1946年，约翰·希克斯在纯粹预期理论的基础上提出了利率期限结构的流动性溢价理论（Hicks，1946）。该理论同样认可预期利率在期限结构中的核心地位，也认为长期利率是预期未来短期利率的函数，但是在这个函数关系中增加了流动性溢价（liquidity premium）要素。所谓流动性溢价，就是对持有较长期限产品的流动性风险给予补偿。在这样的框架下，因为存在对期限的流动性风险补偿的要求，期限溢价一定是正值，所以远期利率总要比预期的未来即期利率（expected future spot rates）更高。

1956年，出现了对期限溢价给出不同阐释的理论，即市场分割理论（Culbertson，1957）。这一理论认为投资者对于债券期限具有强烈的期限偏好，不同期限的债券产品不一定具有紧密的替代关系，而是会形成彼此分割的市场。因此，期限溢价并不一定都是正值，也可能是负值。围绕着期限溢价问题的研究一直没有中断过。

到了1966年，经济学家们提出了另外一种介于以上三种理论中间的混合型理论，即偏好栖息地理论（Modigliani and Sutch，1966）。该理论认为，投资者和融资者对特定期限的产品都具有很强的偏好，即投融资双方都有一个期限偏好的栖息地，从而会形成一定程度的短期和长期证券产品的市场分割。同时，偏好栖息地理论又不同于市场分割理论，它认为预期在利率期限结构中扮演重要角色，投资者偏好会受到预期变化的影响。当不同期限的证券之间的预期收益率之差达到一定临界值后，投资者就可能放弃他所偏好的那种证券，转而投资于预期收益率较高的证券。因此，不同期限的证券不可能完全相互替代，但是在一定条件下替代仍然会发生。

究竟哪一个理论更符合现实？这是一个实证问题，需要根据具体国家的具体样本区间和市场状况进行分析，不同情况可能适用不同的期限结构理论。不过，从根本上看，纯粹预期理论仍然是其他期限结构理论的基础，也是我们分析现实情况的基准。

三、1945 年：布雷顿森林体系与国际货币制度安排

20 世纪 50 年代之所以成为金融学发展的重要分水岭，还有着历史发展的必然逻辑。1945 年第二次世界大战（简称"二战"）结束之前，金本位、金汇兑本位等货币体系和货币制度安排问题是理论和实践关注的焦点问题。但是二战之后这种格局发生了极大变化：世界各国普遍开始步入信用货币时代，而且此时的国际货币体系格局在 1944 年于美国召开的布雷顿森林会议上确立下来，即美元与黄金直接挂钩，其他货币则与美元实行固定汇率或者准固定汇率兑换制度。

按照布雷顿森林会议达成的协议，美元按照 35 美元＝1 盎司黄金的标准可以直接兑换黄金，其他货币如果要兑换黄金，需要先兑换美元然后再兑换黄金。按照规则，任何国家只要持有美元，就可以随时向美国要求以 35∶1 的标准兑换成黄金。因为二战以后美国拥有全世界 70％～80％的黄金储备，所以美国并不担心出现黄金挤兑问题，世界各国也对这种兑换格局抱有信心。当然，基于美元与黄金的兑换承诺，美元迅速成为世界货币，确立了其在国际货币体系的主导权，这对美国二战后的快速发展起到了决定性作用。

1944 年召开的布雷顿森林会议，不仅开创了新的国际货币体系格局和信用货币制度，也确立了信用货币体系下的货币定义（货币与准货币）、货币层次划分（M0、M1、M2 等）、金融机构与金融体系的定义等一系列重要概念（或者说国际标准）。国际标准的确立得益于此次会议宣布成立

的国际复兴开发银行（即世界银行前身）和国际货币基金组织（IMF）两大机构。特别是 IMF 的成立，对推进国际间的金融定义标准化起到了重要作用。这也是我们在归纳宏观金融学发展的内容中加入布雷顿森林会议这个历史事件的原因。

在信用货币体系格局确立之后，国际金融领域的汇率理论也得到了快速发展。与 20 世纪初期开始发展起来的一价定律、购买力平价理论以及 1930 年前后的利率平价理论相比，1944 年之后的汇率理论围绕固定汇率问题展开了深入的研究和争论。20 世纪 50 年代，Friedman（1953）指出，固定汇率制会传递通货膨胀，引发金融危机，只有实行浮动汇率制才有助于国际收支平衡的调节。接着，英国经济学家詹姆斯·米德（James Meade）在 1951 年写成的《国际经济政策理论》第一卷《国际收支》一书中也提出，固定汇率制度与资本自由流动是矛盾的。他认为，实行固定汇率制就必须实施资本管制，控制资本尤其是短期资本的自由流动。该理论被称为"米德冲突"或"米德难题"。

到了 20 世纪 60 年代，罗伯特·蒙代尔（Robert Mundell）和马库斯·弗莱明（Marcus Fleming）提出的蒙代尔-弗莱明模型对开放经济下的 *IS-LM* 模型进行分析（Fleming and Mundell，1964），是固定汇率制下使用货币政策的经典分析。该模型指出，在没有资本流动的情况下，货币政策在固定汇率制下在影响与改变一国收入方面是有效的，但在浮动汇率制下则更为有效；在资本有限流动的情况下，整个调整结构与政策效应和没有资本流动时基本一样；而在资本完全可流动的情况下，货币政策在固定汇率条件下无法影响一国收入，而在浮动汇率制下则是有效的。

由此，得出了著名的"不可能三角"理论，即货币政策独立性、资本自由流动与汇率稳定这三个政策目标不可能同时达到。1999 年，美国经济学家保罗·克鲁格曼（Paul Krugman）根据上述原理画出了一个三角形，形象地展示了蒙代尔"不可能三角"的内在原理。在这个三角形中，三个顶点分别表示货币政策自主权、固定汇率和资本自由流动。这三个目标之间不可调和，最多只能实现其中的两个，也就是实现三角形一边的两个目标就必然远离另外一个顶点（Krugman，1999）。这就是国际金融领域著名的"三元悖论"。

四、19世纪90年代—20世纪50年代：货币数量论

货币问题与利率问题是并行的，货币数量论与利率理论也几乎是并行发展起来的，早期的理论可以追溯到19世纪90年代，20世纪50年代达到理论发展的巅峰。但是，到了20世纪70—80年代之后，随着发达国家利率市场化的完成、微观金融市场的快速发展以及价格型货币政策工具的盛行，货币问题的研究相较于利率问题逐渐弱化，货币理论的重要性似乎也随之弱化。

货币数量论（quantity theory of money）是货币理论中最经典的理论之一，在19世纪末至20世纪初经历了古典学派的交易等式说和剑桥学派的货币需求等式说，到20世纪30—50年代得到进一步的发展。1936年凯恩斯的流动性偏好说既是一种利率决定机制理论，又是一种货币需求理论。此后，20世纪50年代以米尔顿·弗里德曼为代表的现代货币数量论盛行，并形成了声势浩大的货币主义学派。

弗里德曼在1956年发表的《货币数量论——一种重新表述》中提出了现代货币需求理论，认为货币需求等同于消费服务需求，将真实货币余额（即货币/价格）视为一种商品，人们需求货币是因为它可以为人们带来服务。因此，货币是一种资产或者说资本品，货币需求理论就是资本或者财富理论的一部分。货币需求函数中的影响因素主要包括总财富水平（常用总收入来代表）、财富收入比（财富特指非人力财富，收入特指人力财富）、货币及其他金融资产预期收益率等。

在弗里德曼的货币需求理论中，财富包括五种不同形式：货币、债券、权益、实物商品（即非人力财富）和人力资本。其中，货币指的是广泛意义上的货币，包括现金、活期存款和定期存款；五种财富各自拥有特定的预期收益率。基于五种财富的未来预期收入，可以写出对应的折现现值公式，即

$$W = y/r \qquad (1-5)$$

其中 W 是总财富的现值，y 是五种财富的预期收入总和，r 是市场利率。在此基础上，弗里德曼的真实货币需求函数可以写成

$$M/P = f(y, w, r_m, r_b, r_e, g_p, u) \tag{1-6}$$

其中 M 是名义货币需求总量；P 是总体价格水平；y 是真实收入；w 是非人力财富比率；r 代表预期收益率；下标 m、b、e 分别对应货币、债券和权益；g_p 表示实物资产收益率；u 表示其他影响因素。

根据弗里德曼的货币需求理论，如果非货币资产的预期收益率上升，那么真实货币需求就会减少；而如果财富水平上升，则真实货币需求会增加。实证研究表明，真实货币需求在长期相对稳定。因此，如图 1-9 所示，虽然利率变化在短期会对真实货币需求存在一定影响，但长期影响基本可以忽略。

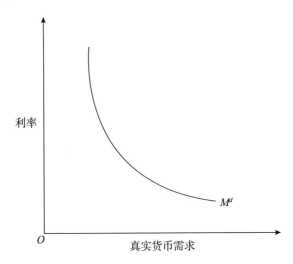

图 1-9 弗里德曼真实货币需求理论中利率与真实货币需求的关系

弗里德曼的另一个重要贡献是对货币在长期是中性的讨论。他沿袭费雪的货币幻觉思想（Fisher, 1928），提出经济主体会混淆名义货币变化与真实货币变化（即货币幻觉），所以货币总量变化在短期内对真实经济产出有影响，而在长期则是完全中性的，这与卢卡斯（Robert Lucas）认为的短期菲利普斯曲线存在而长期菲利普斯曲线不存在有异曲同工之妙。虽然凯恩斯等经济学家认为货币在短期和长期都不是中性的，但是弗里德曼的长期货币中性理论至今仍然具有广泛认可度，也成为真实经济周期（RBC）等宏观模型的基础。

弗里德曼的货币需求理论是货币主义学派的代表性理论，他也是货币主义学派的奠基性人物。弗里德曼反对当时盛行的凯恩斯主义和凯恩斯基于政府干预的理论，同时认为货币在经济活动中至关重要，他认为美国20世纪70年代的高通货膨胀完全是货币现象。正因为如此，以弗里德曼为代表的货币主义学派主张通过中央银行调控货币总量来治理通胀，货币也自然成为货币政策调控的核心变量。这种政策主张被1979年开始担任美联储主席的保罗·沃尔克所采纳。然而从现实情况看，虽然采纳货币主义学派的政策主张对于应对通胀问题效果明显，但是也带来了美国1979—1983年经济大幅波动的负面效应。

简而言之，1979—1986年保罗·沃尔克所实践的货币主义学派政策主张并未达到理想的效果，而且在20世纪80—90年代诸多新凯恩斯主义学派的著名经济学家通过学术研究证明，货币政策采取价格型指标实现的政策效果要远优于数量型指标（即货币总量），从而促使此后的美联储主席摒弃了货币主义学派主张，特别是Gertler，Gali和Clarida（1999）。另外，20世纪50年代之后，货币主义学说在理论模型的复杂性和科学性发展方面几乎没有实质性的进展，与经济系统复杂度不断增加相比，货币数量论的解析模型显得过于简单，无法全面捕捉经济体系各部门之间的动态关系，这也使得货币主义学说的现实竞争力逐渐衰弱。正是这些历史背景综合起来，使得如今货币主义以及货币主义学派几乎淡出了学界以及决策层的视野。因此，无论如何辉煌的学派理论，如果不能与时俱进提升科学性，终将退出历史舞台。

五、20世纪60年代：托宾Q理论

20世纪60年代，微观金融学理论的日益兴盛与传统宏观理论的继续发展相互交织，诞生了另一个著名的金融学理论，即托宾Q理论。托宾Q理论是由1981年的诺贝尔经济学奖得主詹姆斯·托宾（James Tobin）在1969年提出的企业投资行为理论，它将公司发行的股票市场价值与和公司资产相关的重置成本联系起来，核心指标是所谓的Q比率，即

$$Q\ 比率＝公司的市场价值/资产重置成本 \tag{1-7}$$

在托宾 Q 比率中，分子是金融市场上公司的市值，分母是公司的"基本价值"——重置成本。公司的金融市场价值包括公司股票的市值和债务资本的市场价值。重置成本是指现在要用多少资金能买下公司的所有资产，或者说从零开始创建该公司需要花费的资金。

虽然托宾 Q 理论的核心指标是基于微观市场构建的，但是该理论在宏观金融领域具有广泛应用，特别是在货币政策分析领域具有重要应用价值。因此，托宾 Q 理论可以视为宏观金融学发展历程中的一个重要理论内容。

根据 Q 比率的定义不难看出：当 $Q>1$ 时，购买新生产的资本产品更有利，因此此时会增加资本投资需求；当 $Q<1$ 时，购买现成的资本产品比新生产的资本产品更便宜，这样就会减少资本需求。因此，如果 Q 比率高，那么意味着公司市场价值要高于资本的重置成本，也就是说新厂房设备的资本要低于公司市场价值。在这种情况下，公司发行较少的股票就可以买到较多的投资品，所以它就会有动力增加固定资产等投资支出。如果 Q 比率低，即公司市场价值低于资本的重置成本，那么企业就没有动力去投资购买新的厂房设备等，此时企业投资降低。

不难看出，Q 比率对于货币政策调整具有重要意义，为货币政策增加了新的传导渠道：当货币政策宽松（如货币供应增加）时，股票价格上升，托宾 Q 上升，企业投资增加，从而总产出也增加；反之则总产出减少，经济萎缩。这一传导机制可以概括为

$$货币供应\uparrow \rightarrow 股票价格\uparrow \rightarrow Q\uparrow \rightarrow 投资支出\uparrow \rightarrow 总产出\uparrow$$

托宾 Q 理论再次体现了宏微观金融学理论的交织，而且诺贝尔经济学奖对托宾的贡献说明也强调了其为财政与货币政策宏观模型、金融市场及相关的支出决定、就业、商品和价格等方面的分析做出的重要贡献。值得一提的是，1985 年诺贝尔经济学奖得主弗兰科·莫迪利安尼同样也是一位宏微观结合的典范，他是储蓄生命周期理论的提出者，同时又是微观金融领域企业资本结构理论（MM 定理）的重要奠基人。由此可见，金融学是宏微观并重的大金融学科理念的沿袭和传承。

六、20世纪70年代：卢卡斯批判与理性预期假说

20世纪50—70年代发展起来的微观资产定价理论以及这个时期的宏观金融理论有一个共同关注点，就是预期问题。这也使得预期理论成为20世纪70年代涌现出来的一个重要经济理论。特别是1976年，著名经济学家罗伯特·卢卡斯（1995年获得诺贝尔经济学奖）提出的卢卡斯批判（Lucas，1976）以及理性预期理论将预期理论推到了阶段性的高潮。

卢卡斯批判指出，传统宏观经济政策效应的计量分析中至少存在两方面问题。第一个方面是传统的宏观模型本质上是一种缩减形式的模型，很多分析属于局部均衡分析，缺乏对不同市场和部门的行为刻画，即宏观等式普遍缺乏微观基础。因此，20世纪70—80年代之后的宏观政策分析框架从之前的局部均衡转向一般均衡，从静态均衡转向动态均衡，从而形成了后来的动态随机一般均衡模型框架（DSGE模型）。

第二个方面则是关于传统宏观政策分析模型武断地使用适应性预期机制，即使用滞后变量来刻画预期形成机制，这种机制无法克服经济结构性变化带来微观模型底层参数变化从而导致经济变量的结构性关系发生变化的问题。因此，卢卡斯提出了理性预期的概念，并且倡导宏观政策分析框架使用理性预期替代传统的适应性预期。

虽然在诺贝尔奖颁奖词中卢卡斯的主要贡献是发展了理性预期与宏观经济学研究的运用理论，但是理性预期理论的应用同样广泛渗入金融领域的多个方向。归纳来看，理性预期是在有效地利用一切可用信息的前提下，对经济变量作出在长期平均来看最为准确而又与所使用的经济理论、模型相一致的预期。如果从技术角度来刻画理性预期的含义，则是指平均来看人们认为未来经济变量的预期值与现实值相等；即使预期值有误差，这种误差的均值也是0。

事实上，预期与金融价格联系起来形成预期收益率或者预期利率等指标，也是联通金融学宏微观研究的重要纽带。例如，在动态随机一般均衡模型中的多个部门设定中都要使用预期变量；在投资决策中，需要依据预期未来价格等预期要素对现值进行计算；甚至在微观金融学的资产定价模型中，资产价格的定义本质上也是基于预期未来价格进行刻画的。

预期理论说明，影响当前经济走势的因素并不简单地仅由当前相关经济变量的具体水平决定，还受未来相关指标的预期情况影响。这一结论代表了主流经济学派的共识。事实上，自 20 世纪 70 年代以后，经济学界就逐渐形成了这种共识。甚至有评论认为，经济学与自然科学的核心区别就在于现代经济理论强调了经济主体的前瞻性决策行为。因此，预期是现代经济理论的基础性支柱，也是金融理论跨越式发展的重要基础。

消费理论中的生命周期假说和永久收入假说都强调预期未来收入的重要性。投资决策理论中现金流的计算也是基于预期价格与预期销售（而非当期变量）指标。再如，投资储蓄模型中（即 IS 曲线）产出与真实利率呈反向关系，而此处真实利率的定义是基于名义利率与预期通胀率的差，同样反映出预期的重要性。注意，在计算真实利率的过程中，使用的预期通胀率又可以分为事前和事后预期（即 ex ante 和 ex post）。我们在计算真实利率时，必须澄清对应的是事前（以区间开始点为截止）还是事后（以区间结尾点为截止）。当然，从预期的基本定义来说，事前预期才是真正意义上的预期，而事后预期主要是从便于测度的角度出发给出的一种度量办法。

如果要追溯预期概念的确切原始出处，恐怕并不容易。根据已有资料记载，经济预期（预测）最早可能零星出现在古希腊哲学家的相关思想和理论中。在 19 世纪，较早讨论预期问题的研究出现在 Thornton（1802）关于纸币信用问题的研究中。虽然 19 世纪陆续出现过一些关于预期问题的研究（如 Fisher，1930），但是并未形成完善的基于预期的经济学说。直到 1936 年凯恩斯《就业、利息和货币通论》（以下简称《通论》）的发表，预期开始进入经济学说的聚光灯下（Keynes，1936）。

凯恩斯虽然没有给出预期的具体形成机制，但却激发了希克斯、托宾等经济学名家对预期问题的极大关注，而且形成了基于预期的经济学理论体系。自 20 世纪 50 年代开始，预期几乎出现在宏微观领域的各个角落。此后，随着卢卡斯批判的提出，以及以卢卡斯、托马斯·萨金特（Thomas Sargent；2011 年获得诺贝尔经济学奖）等为代表的含有理性预期的宏观经济理论的日益发展，20 世纪 60—70 年代发展起来的理性预期逐渐成为现代经济学理论的中流砥柱。[1]

主张理性预期假设的诸多新古典经济学家假定，在完全信息下的有效市场中，经济人可以预见政府政策，从而可以随时修正他们对政策的反应。例如，当政府推行扩张性货币政策以提振经济时，人们可以预见政策效果，所以价格预期就会相应更新，因此真实经济变量可能并不会发生变化。只有经济运行中出现不可预见的随机性冲击才会造成真实经济变量偏离自然值。与此同时，含有理性预期要素的线性模型与非线性模型求解算法的不断突破也极大地推动了理性预期在宏微观领域中的广泛应用，特别是在宏观价格预期（如通胀预期）和微观价格预期（如预期收益率）层面的应用最为典型。在一定程度上，预期理论的发展进一步推动了金融价格在金融学诸多理论中扮演核心角色。

七、20 世纪 80 年代：价格型货币政策论

谈及 20 世纪 80 年代价格型货币政策论的发展，不得不提及当时的两位美联储主席，一位是 1979—1986 年担任美联储主席的保罗·沃尔克，另一位是 1987—2006 年担任美联储主席的艾伦·格林斯潘（Alan Greenspan）。前者执掌美联储时采纳了货币主义学派的政策主张，重视货币在货币政策调控中的核心地位，特别是强调以调控货币总量应对通货膨胀；而后者则主张以利率为核心进行货币政策调控[2]。美国的发展实践以及学术研究都表明，以货币总量为核心指标的货币政策调控会带来宏观经济的大幅波动，不利于经济的平稳发展。

1987 年之后，随着"格林斯潘时代"的来临，以及货币主义学派政策主张的实践失败 [表现为 1979—1986 年美国真实 GDP 增长率和居民消费价格指数（CPI）的波动加大，1979—1983 年经济增长率大幅下滑，见图 1-10]，从而推动了价格型货币政策论的快速发展，形成了以利率变

---

[1] 所谓理性预期，是指对于经济活动和经济现象，人们总会充分利用他们能得到的所有信息来进行理性分析，从而做出理性的行动，因此所犯的错误都是随机的，不会犯系统性的错误。

[2] 在格林斯潘 20 年的美联储主席任期内，美国经济维持持续稳定增长，出现了长期繁荣景象，仅在 1991 年和 2001 年出现过短暂的统计意义上的衰退期（根据美国国家经济研究局的统计报告），而且通胀率一直维持在 2%～4%的较低水平。

量为核心的货币政策分析框架，甚至诸多经济学家提出了没有货币的货币政策，暗示货币总量指标应该退出货币政策传导机制的分析框架。

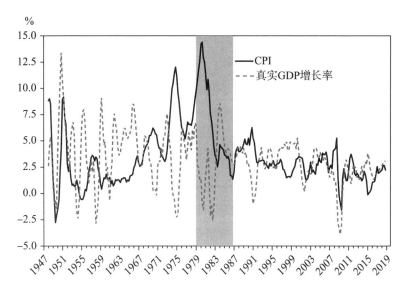

图 1 - 10　美国真实 GDP 增长率与 CPI（同比）：1947—2019 年

说明：原始数据来源于美联储，经作者计算；图中阴影部分的区间为 1979—1986 年。

八、20 世纪 90 年代：货币政策规则论

20 世纪 90 年代的货币政策规则论是价格型货币政策论的深化。货币政策规则论的代表性内容是斯坦福大学的约翰·泰勒在 1993 年提出的泰勒规则（Taylor，1993）。虽然同时期也有其他基于规则的货币政策理论（McCallum，1988，1993），但是货币政策的泰勒规则具有里程碑意义，不仅在宏观分析的理论框架中被广泛使用，而且成为很多中央银行用于调整货币政策的基本规则。

泰勒规则是中央银行根据通货膨胀和真实经济产出指标的变化来调整利率的一种反应机制。概括来说，泰勒规则刻画了中央银行如何调整短期名义利率，用以对通胀率与真实经济增长率（或者产出缺口）的变化进行反应。也就是说，当中央银行观察到经济运行过程中通胀率上升、经济增长加速时，它会通过一定的政策工具来上调短期名义利率，从而对通胀率和经济增长率进行调控。反过来，如果中央银行认为通胀率下降、经济

增长放缓，则会通过货币政策工具的调整来下调短期名义利率，用以刺激企业进行投资生产等，进而带动经济增长。

以泰勒规则为代表的货币政策规则论也为现代利率决定理论提供了一个较为完整的体系，即之前介绍的 IS-PC-MP 框架。在这个分析框架内，利率的核心决定部门是中央银行而不是商品市场或者货币市场，这与以往的古典利率决定论、可贷资金利率决定论等利率决定理论存在本质区别，也更符合现代经济运行的现实规律。

进入 21 世纪之后，微观金融学和宏观金融学理论依然在不断发展和前行，也不断涌现出颇具影响力的理论内容。不过，这些理论在进入标准的金融学教材之前，还需要经历更多的学术与实践验证，以达成更广泛的共识。相信若干年后的金融学教材会把这些内容逐渐纳入进来。

九、2000 年以来：新凯恩斯货币理论与新货币主义理论的角逐

货币理论比传统货币银行学中介绍的货币需求理论的含义更广，是指货币及货币政策与宏观经济的互动机制，而不是仅强调货币需求的影响问题。传统货币需求理论的发展停留在 20 世纪 70 年代，可以视之为传统货币理论的一部分。此后，只聚焦于货币需求问题的单纯的货币需求理论难以适应经济发展的现实需要，而且这些基于局部均衡分析框架的已有理论也受到新的经济理论发展的实质性冲击（特别是 1976 年提出的"卢卡斯批判"）。因此，20 世纪 80 年代之后，传统的货币需求理论逐渐被基于一般均衡分析方法阐释货币及货币政策与宏观经济的互动机制的理论模型所取代，形成了以新凯恩斯主义和新货币主义为代表的新货币理论。

新凯恩斯主义分析框架的核心是总需求-总供给（AD-AS）均衡分析，聚焦于以利率为中间目标的货币政策与宏观经济的互动影响机制。而新货币主义理论则提出"货币搜寻"理论，分析框架在旧的货币理论基础上引入了更复杂的微观基础。与新凯恩斯主义分析框架相比，新货币主义理论框架的模型等式略显烦琐，模型机理更加抽象。这些都是导致新货币主义理论模型在现实中的应用没有新凯恩斯主义理论框架那么广泛的重要原因。

基于新凯恩斯主义货币理论框架，可以分析货币政策与宏观经济的互

动机制。从相关研究的共识来看，新凯恩斯主义货币理论表明货币政策非中性，即货币政策调整可以带来真实经济产出的变化；新凯恩斯主义货币理论强调了以利率为核心的货币政策传导机制的循环逻辑线条；同时，新凯恩斯主义货币理论还对如何实施货币政策提供了重要的实践指导建议。

对于新货币主义学派而言，21世纪同样是理论成果非常丰硕的时代，而且诸多华人经济学家在新货币主义理论的发展中扮演了重要角色，相关研究成果也逐渐走进世界范围内的教材中。新货币主义理论也继承了卢卡斯批判提出的宏观理论需要微观基础和一般均衡分析框架的思想，从微观交易存在搜寻和匹配摩擦的视角切入，分析货币交易职能的重要性。注意，在新凯恩斯货币理论中，名义价格黏性是基本摩擦，货币是作为价值尺度进入模型的，其交易媒介的职能并没有得到刻画；而新货币主义理论主要关注交易中的不完全承诺、信息不对称以及搜寻和匹配中遇到的协调失灵等摩擦，货币是作为交易媒介进入模型分析框架的，并以此为基础分析货币、银行等制度如何在相应摩擦下改进福利。当然，从广义角度看，新货币主义理论包含货币理论与政策、银行与金融中介、支付与资产等内容，并特别强调货币在经济交易的搜寻和匹配过程中扮演重要角色，关注货币和其他资产的流动性本质，以及信用和金融中介如何促进交易。本书第十七章将对新凯恩斯货币理论和新货币主义理论的内容进行详细阐释。

第四节　宏微观金融理论的融合

从金融学的两大支柱——宏观金融学和微观金融学的核心理论及其各自发展的历史逻辑比较来看，20世纪50—60年代不仅是微观金融学快速发展的起点，而且是传统宏观金融学各分支领域发展的分水岭。在1950年之后，宏微观金融学从表面上看是日益分化，但本质上却共同走向以金融价格为核心的发展历程，能否融入价格要素成为对应理论是否能够得到快速发展的关键。

从宏微观金融学历史演进的共同逻辑来看，各理论内容中的核心变量从总量指标（如货币总量）到金融价格指标（如利率）的转变，折射出的背景因素和信息相当丰富。第一是国际货币体系和世界金融体系格局的微妙变化。1945年以后，国际货币体系成为布雷顿森林体系，货币体系规则和标准相对明确，传统货币问题的研究逐渐失去了大时代背景。同时银行理论也面临前所未有的大洗牌格局，根本原因是微观金融产品日益丰富、微观金融市场日益多元使得传统银行业务受到极大冲击，金融脱媒日益严重。大洗牌格局倒逼银行体系改革的同时，也推动银行理论（特别是银行的金融中介理论和贷款创造存款理论）进入分歧更大的时代，而由于现实金融业务变得更加复杂，究竟哪个银行理论能够诠释现实情况则更加难以明确。第二是以美国为代表的发达市场资金要素价格放开，从利率管制转变到利率市场化，利率以及收益率等金融价格指标逐渐成为联结宏微观金融学的枢纽。第三是各界对科学性研究范式的一致追求。对于科学性的理解，一是分析框架的严谨性，宏观模型需要具有微观基础，新凯恩斯货币政策分析框架是成功典范，而货币主义学派理论则是失败案例。二是计量和算法的精确性，不仅针对模型，而且要求变量测度的精确性，而货币总量指标与金融价格相比在这一层面也存在劣势，因为随着 1960 年之后发达金融市场上金融创新的快速发展，影子业务大行其道，货币总量的精确统计也日益困难，这为货币总量退出发达市场的货币政策分析框架埋下了伏笔，也为货币理论的衰败埋下了种子。

虽然金融学的宏微观支柱日益明晰，但是对于微观金融和宏观金融的概念和界定，要找到权威文献更加困难，原因不仅在于这两个分支领域的内容都在不断发展和变化，还在于各界对微观和宏观范畴的理解存在相当大的差异。例如，Cochrane（2017）使用"宏观金融"作为文章标题，但是研究内容却集中于资产定价与宏观经济波动之间的关系，这比 Miller（2000）提出的金融学划分的宏微观流派或者说宏微观范式的范畴要小很多。

另外，从术语表达的国际标准来看，"宏观金融"在国内外学术界普遍使用，对应的英文也非常明确（即 macro-finance），尽管不同研究所涉及的外延宽窄不同。但是，"微观金融"在金融领域与另外一个术语（即小微金融）产生了冲突，可能限制了其使用范畴，特别是在英文资料中表现得更加明显。由于历史发展原因，英文 micro-finance 已经被广泛用于特指小微金融（即对相对贫困的个体进行的金融服务），这或许也是 Miller（2000）在讨论宏观金融和微观金融时使用宏观范式和微观范式而没有使用宏观金融和微观金融表述的原因。

　　总之，宏微观金融的融合是学科发展的历史趋势，并已经成为现代金融学的两大支柱。本书对宏微观金融学领域的理论发展脉络和文献进行梳理，读者将会看到，宏微观金融学理论的演进既有时间轴上的交叉，又有学理内容方面的融合。

第二章　投资组合理论

第一节　风险与分散化投资理念的兴起

在讨论金融领域的投资组合问题时，我们很自然地会想到金融投资的收益和风险。但是在 1952 年之前，并没有真正学术意义上的投资组合选择理论（portfolio selection theory），普通公众对于风险的认识还非常模糊，学术界也没有用数学语言对风险进行准确的描述，风险常被理解为金融投资的损失（Miller，1999）。不过，在 20 世纪 50 年代之前，在很多金融投资理论中就已经出现了风险和分散化等基本概念。这一阶段涌现出不少有关风险定性分析的文章，这些研究为现代投资组合理论的诞生奠定了基础，其中比较有代表性的有 Hicks（1935）、Marschak（1938）、Williams（1938）和 Leavens（1945）。

Hicks（1935）认为风险对投资的影响体现在两个方面，即影响投资者的投资期限和投资产出，并得出投资者通过持有货币来降低风险的结论。希克斯认为，现实中交易成本的存在使得人们无法将资金分散到足够多的风险资产中；而通过持有部分货币来减少投资风险资产的比例，人们可以减少自身承担的风险，这比将资金完全投入少数几种资产的决策更为理智。Hicks（1935）的理论后来在 Tobin（1958）的经典文献中得到了充分的发展。

Marschak（1938）提出了不确定性条件下的序数选择理论（ordinal theory under uncertainty），但是他的目标是优化已有的货币理论，并非是解决投资组合的相关问题。Marschak（1938）首先对人的偏好做出了假设，他认为人们不仅偏好于高回报，也偏好于确定性。同时，在模型中，他利用均值和方差对消费者与生产者未来消费数量、生产数量进行刻画，并且用协方差衡量两种消费品或产品之间的相关性。这两点与之后的 Markowitz（1952a）十分相似，但遗憾的是，马尔沙克（Marschak）并没有用均值-方差分析投资组合的选择问题。

关于 Marschak（1938）的贡献，学术界一直存有争议。一方面，Constantinides 和 Malliari（1995）提到："投资组合挑选的过程涉及在不确定性下抉择的过程，新古典经济学家并没有处理这种不确定性抉择的合适方法论……值得注意的是，Marschak（1938）做出了重要的尝试。"另一方面，也有很多学者对马尔沙克的贡献提出了质疑。因为 Marschak（1938）的本意是为了完善已有的经济学理论，而并非提出一种用于分析投资组合选择的理论，因此有些学者认为 Marschak（1938）并没有对现代投资组合理论的发展做出重要的贡献。而在 Markowitz（1999）看来，马尔沙克作为他毕业论文的指导老师，在知道他有意运用统计方法衡量金融市场不确定性的时候，并没有提及其在 1938 年的文章，而是给他推荐了 Williams（1938）等一系列书目，等到马尔沙克看到他的投资组合理论初稿时，也并没有提及 Marschak（1938）。尽管如此，Markowitz（1999）依然认为 Marschak（1938）是不确定性下市场理论的里程碑，也为后来的托宾分离定理（Tobin，1958）和 CAPM（Sharpe，1964）奠定了重要的理论基础。

Williams（1938）提出了股利贴现模型（dividend discount model，DDM）。该模型认为股票（债券）价值是未来红利（息票与本金）的现值。由于红利分发具有不确定性，投资者应该最大化资产组合的期望价值。同时威廉姆斯（Williams）也提出，在最大化资产组合期望价值的同时，还应该使组合中包含足够多的资产以完全消除风险。威廉姆斯的理论有一个隐含假设：市场中有足够多的价值最高的资产，投资者可以构造出一个既有最大期望收益，又有最小风险的资产组合。[①] 威廉姆斯的理论建立在大数定律基础上：分散化投资使组合未来真实收益等于其期望收益。

---

① 这是之后讨论的 Markowitz（1952a）的一个特殊情形。

但各个资产间的收益并不是完全独立的，而是具有一定的相关性，因此大数定律并不能成立，分散化也并不能消除全部的风险。

Leavens（1945）是 Markowitz（1952a）和 Roy（1952）之前在风险理论研究方面的代表性著作。Leavens（1945）一文中写道："在过去的 25 年里，大多数相关研究都提到了投资分散化的好处，但仅仅是泛泛而谈，并没有很确切地讨论为什么分散化对投资有好处。"他的贡献在于，在各种资产间风险彼此独立的假设下，讨论了分散化的好处。Leavens（1945）的分析是基于"不同资产之间风险相互独立"的假设。但在现实中，不同资产的风险之间存在相关性，此假设与实际并不相符，忽略了各资产间的协方差。

第二节　现代投资组合理论的提出：均值-方差分析方法

尽管 20 世纪 50 年代以前资产投资理论受到了很多学者的关注，人们对于风险的认知也在逐步加深，但是并没有学者对风险进行准确的量化，资产投资理论无法上升到实践的层面。直到 1952 年，马科维茨在《金融杂志》上发表了《投资组合选择》一文，第一次使用方差来衡量资产的风险。[①] Markowitz（1952a）标志着现代投资组合理论的诞生。同样在 1952年，Roy（1952）也运用方差衡量资产的风险。在 Markowitz（1952a）和 Roy（1952）之后，许多文献（例如 Tobin，1958；Hicks，1962）为现代投资组合理论的发展做出了卓越的贡献。我们下面选取 20 世纪 50 年代最为经典的几篇文献著作进行讨论，文献选择的主要标准是 Markowitz（1999）中提到的 1950—1960 年对投资组合理论有重大贡献的论文。

一、马科维茨的均值-方差模型

Markowitz（1952a）提出的均值-方差理论应该是最具代表性的研究成果。均值-方差理论源于马科维茨 1950 年在芝加哥大学攻读经济学博士学位期间阅读 Williams（1938）时的思考。威廉姆斯在文章中提到，股票价值是未来红利贴现值的期望，并且投资者仅仅关注资产期望收益率的现值

---

① 　准确来讲是 Markowitz（1952a）和 Roy（1952）第一次用方差来衡量资产的风险。

$$R = \sum_{t=1}^{\infty} \sum_{i=1}^{N} d_{it} r_{it} X_i = \sum_{i=1}^{N} X_i \left(\sum_{t=1}^{\infty} d_{it} r_{it} \right) = \sum_{i=1}^{N} X_i R_i \tag{2-1}$$

$$R_i = \sum_{t=1}^{\infty} d_{it} r_{it} \tag{2-2}$$

其中 X_i、r_{it} 和 d_{it} 分别表示资产 i 所占总资产的比例、资产 i 在 t 时刻的期望收益率、资产 i 在 t 时刻收益率的贴现率。R_i 表示资产 i 的期望收益率的现值。如果投资者仅仅关注资产期望收益率的现值（R），他们就只会投资期望收益最高的一只或几只股票。在威廉姆斯的资产组合选择逻辑下，分散化投资一定不如非分散化投资。这就与现实中"分散化投资策略"形成了矛盾。进一步，马科维茨认为这种差异的关键在于没有将风险纳入投资组合选择的研究。

Markowitz（1952a）利用方差来衡量资产的风险。他将资产的收益率 R 看作离散型随机变量，其可能的取值为 R_1，R_2，...，R_N。R 的期望、标准差和方差分别记为 E、σ、V。若某资产组合中包含 n 种资产，用 σ_{ij} 表示资产 i、j 之间的协方差，则资产的期望收益和方差可表示为

$$E = \sum_{i=1}^{n} X_i E_i \tag{2-3}$$

$$V = \sum_{i=1}^{n} \sum_{j=1}^{n} X_i X_j \sigma_{ij} \tag{2-4}$$

这里要求 X_i 大于零。换言之，Markowitz（1952a）仅仅讨论了资产不允许卖空的情况。投资者可以通过选择不同的（X_1，X_2，$\cdots$，X_n），得到不同的资产组合。相应的，不同资产组合的（E，V）存在差异。

马科维茨均值-方差理论认为，投资者在挑选资产组合时，应该同时关注期望收益（E）和方差（V）。同时，均值-方差理论假设投资者偏好高期望收益、低方差的投资组合。因此同时满足"期望收益固定时，方差最小"和"方差固定时，期望收益最高"的投资组合（E，V）是有效的。这些有效资产的集合被称为有效边界（efficient frontier）。[①]

为了让读者更直观地体会均值-方差理论。我们对 Markowitz（1952a）中的例子稍加讨论。假设市场中仅有三种资产，投资者通过调整（X_1，

---

① 本部分的有效边界均表示（E，V），而非（X_1，X_2，$\cdots$，X_n）

X_2，X_3）得到不同的资产组合

$$E = \sum_{i=1}^{3} X_i E_i \qquad (2-5)$$

$$V(R) = \sum_{i=1}^{3} \sum_{i=1}^{3} X_i X_j \sigma_{ij} \qquad (2-6)$$

$$\sum_{i=1}^{3} X_i = 1 \qquad (2-7)$$

将 X_3 代入上述公式，我们可以得到 E 和 V 的仅关于 X_1 和 X_2 的解析表达式〔在此不详细阐述，感兴趣的读者请参考 Markowitz（1952a）〕。每个投资组合都对应一个特定的（X_1，X_2）。

为了更方便地给出有效边界，我们需要引入几个概念（见图 2-1）：

- 可行集（图中三角形 AOB）：表示所有可供选择的投资组合（X_1，X_2）。
- 等均值线：表示收益率相同的资产组合（X_1，X_2）的集合。
- 等方差线：表示方差相同的资产组合（X_1，X_2）的集合。

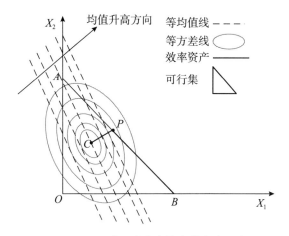

图 2-1 三种风险资产的有效资产组合

可以证明，等均值线是斜率为负的直线，等方差线是同心椭圆曲线。如图 2-1 所示，等均值线截距的不断上升说明了等均值线代表的期望收益率升高；离 C 点（C 表示方差最小的投资组合）越近的等方差线，其代表的方差越小。因此有效资产组合就是等均值线和等方差线切点的连线在 C 点右端的部分。可以证明切点的连线是一条直线，代表有效资产的

线为折线 CPB。马科维茨把线段 CPB 称为临界线（critical line）。

求解临界线是计算有效边界的一种非常重要的方法。得到临界线后，按照图 2-2 构建三维坐标系，其中 Z 轴表示期望收益（E）或者方差（V），我们将得到 E 和 V 的三维曲线图像。通过整理，我们能得到图 2-3 所示的（E，V）曲线图。可以证明，（E，V）曲线图是由两段抛物线拼接而成。

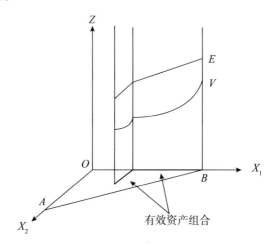

图 2-2 有效资产组合的期望收益与方差

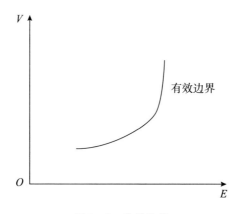

图 2-3 有效边界

二、罗伊的安全第一投资组合模型

除马科维茨之外，1952 年还有一些学者对现代投资组合理论的发展做出了卓越的贡献。其中最具代表性的就是罗伊（Roy）。罗伊在 1952 年提出了安全第一（或者安全首要）投资组合理论（safety first portfolio theory）。与 Markowitz（1952a）中的均值-方差理论类似，Roy（1952）认为在挑选投资组合的时候，不仅需要考虑资产的期望收益，还需要考虑资产的标准差以及资产间的协方差。Roy（1952）用一个非常形象的比喻来阐述上述理论："如果航行在没有地图的海域，你往往会更加关注如何避开未知的岩石，而不是如何提高自己的满意度。"

Roy（1952）给出了在一个存在 n 种风险资产并且允许卖空的市场中，资产组合所对应的期望收益和标准差之间的函数关系。若用 m_i、σ_i 和 r_{ij} 分别表示资产 i 的期望收益、资产 i 的标准差和资产 i 与 j 的相关系数，则投资者持有资产组合的收益与方差满足如下三式：

$$m = \sum_{i=1}^{n} x_i m_i \tag{2-8}$$

$$\sigma^2 = \sum_{i=1}^{n} x_i x_j r_{ij} \sigma_i \sigma_j \tag{2-9}$$

$$1 = \sum_{i=1}^{n} x_i \tag{2-10}$$

其中 x_i 表示资产 i 所占总资产的比例，值得注意的是，罗伊并没有要求 x_i 大于零。我们无法通过以上三式确定唯一的 (m, σ) 曲线。但是上述三式代表着一族 (m, σ) 函数曲线，我们仅仅需要关注函数族的边界。Roy（1952）在附录证明了此函数族的边界是双曲线。

与 Markowitz（1952a）不同的是，Roy（1952）还考虑了固定收益率 (d)。具体来说，罗伊用 $\dfrac{\sigma}{m-d}$ 作为投资组合收益率低于固定利率的概率的上限值。[①] 而 $\dfrac{\sigma}{m-d}$ 同时也是图 2-4 中双曲线上的点与 D 点连线斜率的倒数。因此连线斜率越大，说明资产组合收益低于固定利率的概率的上限值越小。因此点 P 对应的资产组合"最安全"，也更值得投资者持有。

---

① 根据切比雪夫不等式：$P(R \leqslant d) \leqslant P(|R-m| \geqslant m-d) \leqslant \dfrac{\sigma^2}{(m-d)^2}$

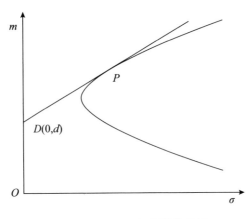

图 2 - 4　(m，σ) 函数族边界

总的来说，罗伊的理论与马科维茨的现代投资组合理论十分相似，但也存在一定的差别，主要表现在两个方面：其一，马科维茨在 1952 年的文章中假设投资者不能卖空资产，而罗伊的理论没有这个假设；其二，马科维茨给出了有效边界，允许投资者根据自身偏好挑选资产组合，但罗伊仅仅提供了一种最优资产组合（P 点）。

读到这部分时，读者也许会有疑问：同样是现代投资组合理论的重要奠基人，为什么马科维茨被授予诺贝尔经济学奖，而罗伊却没有？Markowitz（1999）解释道："1952 年罗伊的文章是他第一篇也是最后一篇有关金融领域理论的文章。他为现代投资组合理论的发展做出了巨大的贡献，然后便在金融领域销声匿迹了。"

在罗伊之后，Telser（1955）基于安全首要模型提出了新的模型。Roy（1952）仅仅关注了 $P(R \leqslant d)$，认为 $P(R \leqslant d)$ 最小的组合就是最优投资组合。而特尔泽（Telser）表示只要将 $P(R \leqslant d)$ 的大小控制在某一个值 α 之内，该组合就被认为是安全的。基于这一思想，他提出最优投资组合是给定破产概率 α 使得期望收益最大的投资组合：

$$Max\ E(R)\ s.t.\ P(R \leqslant d) \leqslant \alpha \tag{2-11}$$

Arzac（1974）讨论了特尔泽安全首要模型解的特点与存在性。Arzac 和 Bawa（1977）基于 Telser（1955）提出了新的安全首要模型。在 Arzac-Bawa 安全首要模型中，破产概率 α 是可变的，投资者的效用函数定义如下：

$$U(R)=\begin{cases} R, & P(R\leqslant d)\leqslant\alpha \\ R-c, & P(R\leqslant d)>\alpha \end{cases} \tag{2-12}$$

其中 $c>0$。最优投资组合被定义为最大化期望效用 $\mathrm{E}[U(R)]$ 的资产组合。

三、托宾的分离定理

在 Markowitz（1952a）的基础上，Tobin（1958）考虑了无风险资产存在的投资组合问题，明确了使用均值-方差理论的所需条件以及提出了分离定理（separation theorem）。托宾既完善了 Markowitz（1952a）的均值-方差理论，也为 Sharpe（1964）的 CAPM 模型奠定了重要的基础。

托宾在投资组合分析中引入了无风险资产：假设市场中只有现金资产与一种公债（consols）资产，现金资产的价值是固定的，即现金资产期望收益与方差为 0。公债资产的未来价值不确定。假设投资者投资现金资产、公债资产的比例分别为 A_1、A_2（其中 $A_1+A_2=1$），公债的期望收益和标准差分别为 r、σ_g。则投资组合的期望收益 μ_R 和标准差 σ_R 可表示为

$$\mu_R=A_2 r \tag{2-13}$$

$$\sigma_R=A_2\sigma_g \tag{2-14}$$

进而，通过联立式（2-13）和式（2-14）消除 A_2，μ_R 和 σ_R 的关系可以被确定为图 2-5 中的斜线，图 2-5 所示曲线为投资者效用函数的无差异曲线，当 r、σ_g 变化时，投资者的最优资产组合（P_1，P_2，P_3）也会随之变化。值得注意的是，在这里，我们假设投资者的效用函数仅仅与资产的期望收益和方差有关。效用函数的斜率为正，这意味着投资者是风险厌恶型的，即当资产的风险（这里用方差衡量风险）增加时，资产的期望收益也必须增加，这样才能保证投资者效用不变。风险厌恶型投资者又分为两类：风险分散者（diversifier）和风险投机者（plunger）。前者的无差异曲线是凹向上的，反映了风险分散者随着风险的增加对风险越来越敏感（需要更多的期望收益补偿）；而后者的无差异曲线是凸向上的，反映

了风险投机者随着风险的增加对风险越来越迟钝。Tobin（1958）假设投资者都是风险分散型的。

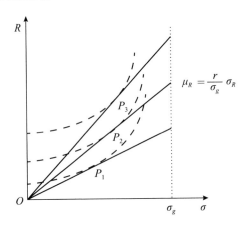

图 2-5　投资者效用函数的无差异曲线

　　除此之外，托宾讨论了均值-方差理论的合理性及其适用条件。之前的研究都是建立在"投资者仅关心资产的期望收益和方差"假设基础上的，但现实往往不是如此。在效用函数仅与资产的未来收益有关［即 $U=U(R)$ ］的情形下，均值-方差理论便不再成立，即投资者不会利用期望收益和方差来选择投资组合。[1] 因此 Tobin（1958）对均值-方差理论的适用条件展开了讨论。他认为只有对 R 的主观概率分布[2]或者投资者的效用函数加以限制，上述均值-方差理论才能适用于投资组合选取的问题。具体的限制为：第一，R 的主观概率分布是双参数概率分布（例如，均匀分布、正态分布等）；第二，投资者的效用函数是关于 R 的二次函数[3]。后面我们会针对如何利用均值-方差理论处理 $U(R)$ 形式的效用函数的问题进一步讨论。

　　上述分析只针对市场中仅存在一种风险资产的情形，Tobin（1958）同时考虑了市场中存在 n 种风险资产的情形。在这部分分析中，托宾得出了一个著名的结论：在一个存在 n 种风险资产和 1 种无风险资产的市场

---

① 单纯依靠 E 和 V，投资者无法最大化自身效用。
② 这里的主观概率分布指的是单一投资者对于资产未来收益的概率分布的主观估计。
③ 具体证明见 Tobin（1958）。

中，假设投资者无法借入资金，那么当投资者以"给定期望收益，最小化组合方差"的原则挑选资产组合时，风险资产中各个资产的比例与风险资产占总资产的比例无关。这也说明风险资产中各个资产比例的选择与投资者的偏好无关。以两种风险资产为例，假设两种风险资产的比例、期望收益和标准差分别表示为 X_1、X_2，μ_1、μ_2，σ_1、σ_2。当投资者投资风险资产比例（记为 A）小于 1 时，最优风险资产组合为图 2－6 所示的线段 $OCC'E$。显然不论风险资产占总资产比例（A）如何，风险资产中两种资产所占的比例$\left(\dfrac{X_1}{X_1+X_2}\text{和}\dfrac{X_2}{X_1+X_2}\right)$是不变的。

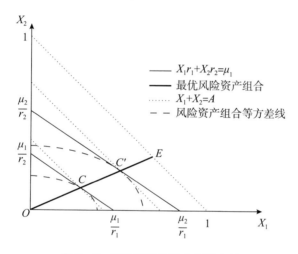

图 2－6　两种资产的托宾分离定理

这就是著名的托宾分离定理。因此，即使市场中存在 n 种风险资产，投资者也仅会投资 1 种特定的风险资产，如此一来，n 种风险资产和 1 种现金资产的问题就转化成了 1 种现金资产和 1 种特定风险资产的问题。托宾分离定理意味着：当所有投资者按照均值-方差理论挑选投资组合的时候，他们都会选择市场组合作为最终资产组合的风险资产，不同投资者选取的组合的差异在于风险资产和市场组合的配置比例。

值得一提的是，希克斯在 1962 年提出了类似托宾分离定理的投资组合纯理论（the pure theory of portfolio investment）。该理论认为：在包含现金的投资组合中，有效边界（在 $E-\sigma$ 坐标系中）是一条直线，并且有效边界上任意一个资产组合的风险资产中各个资产占比是常数。但是与 Tobin（1958）不同的是，Hicks（1962）的分析建立在"两两资产间的相关系数为 0"的假设上。事实上，早在 1935 年，希克斯就从交易成本的角度提出了投资者的持币需求。但遗憾的是，Hicks（1935）并没有对风险进行量化，没有给出资产组合所含风险的数学表达式，也没有区分有效资产组合和非有效资产组合。因此一提起分离定理，人们往往想到的是托宾而不是希克斯。

在 Tobin（1958）之后，分离定理也得到了极大的发展。共同基金定理（mutual fund theorem），也称消极投资策略，就是建立在托宾分离定理的基础上发展起来的。共同基金定理的内容是：所有的投资者只需用货币市场基金（无风险资产）和指数基金（市场组合）就可以构造出最优资产组合。共同基金定理意味着投资者不需要甄别资产的优劣，只需要复制市场组合就可以获得最优资产组合。基于这一定理，Ross（1978）讨论了当效用函数及资产特征的假设发生变化时，为了得到最优资产组合，投资者需要关注的基金[①]数量会如何变化。例如，当市场中允许卖空股票并且借贷利率不同时，投资者需要关注四种基金：任意两个在有效边界上的不同的风险资产、贷款利率的无风险资产和借款利率的无风险资产。

四、马科维茨的有效分散化投资组合模型

随后，马科维茨在 1959 年对自己的均值-方差理论进行了进一步的完善。Markowitz（1959）对 Markowitz（1952a）进行了更为细致的讨论，修正了后者的错误，给出了严谨的数学推导。我们这里只讨论二者不同的部分。

到目前为止，我们只提到了"分散化"的概念，但并没有阐述分散化的好处。Markowitz（1959）将分散化的好处称为平均协方差定律（law of the average covariance）并提供了简单的数学推导。让我们来考虑一种简单的情形，假设我们平均投资 N 种资产，每种资产的方差是 σ^2，两两资产之间的相关系数为 ρ，当投资足够分散时（N 趋于正无穷），资产组

---

① 这里的"基金"可以理解为之前我们讨论的"资产"。

合的方差会趋近于 $\rho\sigma^2$：

$$VAR\left(\frac{1}{N}\sum_{i=1}^{n}R_i\right)=\frac{1}{N^2}\sum_{i=1}^{N}\sum_{j=1}^{N}\sigma_{ij}=\frac{1}{N}\sigma^2+\frac{N-1}{N}\rho\sigma^2 \qquad (2-15)$$

其中 R 表示资产收益，σ_{ij} 表示资产 i 和资产 j 的协方差。通过分散化投资，投资者可以消除部分风险，这部分被分散化消除的风险称为非系统性风险。但经过分散化的投资组合方差仍不为零，组合的收益依然会受到组合中各个资产协方差的影响，这种无法被分散化投资消除的风险称为系统性风险。

　　Markowitz（1959）另一个重要的内容是如何度量风险。Markowitz（1952a）用方差衡量资产的风险。Markowitz（1959）提出了半方差（semi-variance）的概念，尝试利用半方差刻画风险。半方差（S_c）定义如下：

$$S_c=E\left((R-c)^-\right)^2 \qquad (2-16)$$

$$(R-c)^-=\begin{cases}R-c, & R\leqslant c \\ 0, & R>c\end{cases} \qquad (2-17)$$

其中 c 为常数。从定义可以看出，与方差相比，半方差仅衡量了收益率负面的风险。

　　对于究竟使用方差还是半方差衡量风险，学术界一直没有定论。与半方差相比，方差在计算成本、方便程度和熟悉度三个方面更有优势。首先，基于半方差计算有效边界所需时间大概是基于方差的 $2\sim4$ 倍。其次，基于方差的分析只需要知道资产的均值、方差和协方差，但基于半方差的分析必须知道所有资产的联合分布。最后，对于大多数人而言，半方差可能是一个陌生的概念。但是方差在这三方面的优势并不能阻止半方差在投资组合领域的应用，因为基于半方差的策略分析可以为投资者提供更好的资产组合。方差考虑收益对平均值的偏离程度（向上偏移和向下偏移），均值-方差理论意在期望收益给定的情况下，消除资产收益的大幅度向上和向下偏移，在降低损失的同时，也降低获得大幅收益的可能性。半方差仅关注资产收益向下偏移的程度，更符合人们对于风险的认知。用半方差衡量风险得出的投资组合，对投资者而言也更有吸引力。但是，如果收益率的分布是对称的或者有相同的对称程度（具体定义见 Markowitz，

1959），则基于方差和半方差计算的有效边界是相同的。

除了以上两部分，Markowitz（1959）还针对 Tobin（1958）中提出的均值-方差理论适用条件做出了拓展性研究。当投资者的效用只与资产未来收益率 R 有关，即 $U=U(R)$ 时，均值-方差理论便无法适用。当且仅当收益率 R 的概率分布为两参数概率分布（例如，均匀分布、正态分布等）或者 $U(R)$ 是二次函数时，才可以利用有效边界（E，V）最大化期望效用 $E[U(R)]$（Tobin，1958）。但是如果上述关于 R 和 $U(R)$ 的假设不成立，投资者便无法单纯地利用有效边界（E，V）最大化期望效用。与均值-方差理论相比，最大化期望效用是一个较为复杂的过程。因此很多研究者希望可以找到 $E[U(R)]$ 与有效边界（E，V）的关系。基于此问题，Markowitz（1959）给出了两种用有效边界（E，V）最大化期望效用的方法：

$$U(R) \cong U(0) + U^{'}(0)R + 0.5U^{''}(0)R^2 \tag{2-18}$$

$$U(R) \cong U(E) + U^{'}(E)(R-E) + 0.5U^{''}(E)(R-E)^2 \tag{2-19}$$

式（2-18）和式（2-19）分别为效用函数在 $R=0$ 和 $R=E$ 处的泰勒展开式，用 R 的二次函数拟合效用函数。通过最大化式（2-18）和式（2-19）来代替最大化期望效用，这就将问题转换为均值-方差理论的框架。Markowitz（1959）针对特定的效用函数 $[U(R)=LN(1+R)]$ 通过验证若干股票的年化收益率得出，当 R 在 $[-0.3, 0.4]$ 时，式（2-18）和式（2-19）左右两端值几乎相同。

Levy 和 Markowitz（1979）提供了一种更为一般的拟合效用函数 $U(R)$ 的方法：

$$f_k(E,V,U(\cdot)) = U(E) + \frac{U(E+k\sigma) + U(E-k\sigma) - 2U(E)}{2k^2} \tag{2-20}$$

$$f_1(E,V,U(\cdot)) = \frac{U(E+\sigma) + U(E-\sigma)}{2} \tag{2-21}$$

$$f_0(E,V,U(\cdot)) = U(E) + \frac{1}{2}U^{'}(E)V \tag{2-22}$$

k 的不同表示用于拟合 f 的点不同。值得注意的是当 $k=1$ 时，f 变为 $U(E-\sigma)$ 与 $U(E+\sigma)$ 的算术平均值；而当 k 趋于 0 时，f 变为 U 在 $R=E$ 处的泰特展开式的期望。同时，Levy 和 Markowitz（1979）也通过验证某些特定的效用函数，得出 f 和 EU 相关系数在 0.99 以上。因此即使投资者不知道自身效用函数的形式，也可以通过最大化式（2-20）右端的函数来近似地最大化自身的效用。Dexter，Yu 和 Ziemba（1980），Pulley（1981，1983），Kroll，Levy 和 Markowitz（1984）和 Hlawitschka（1994）也得出了类似的结论。

以上学者对于期望效用与均值-方差理论的讨论拓宽了均值-方差理论的适用领域，即不再要求组合收益 R 的概率分布为两参数概率分布或者效用函数 $U(R)$ 是关于 R 的二次函数，只需要利用泰勒展开等数学方法就可以使用均值-方差理论近似地最大化投资者的期望效用，为投资者提供最优的资产组合。

第三节　现代投资组合理论的进一步发展

一、考虑高阶矩的投资组合选择

马科维茨的均值-方差理论仅考虑了资产组合的期望收益和方差，Tobin（1958）提出了均值-方差理论的适用条件，即效用函数是关于组合收益率 R 的二次函数或者 R 是两参数概率分布（例如正态分布）。换言之，只有当期望收益和方差可以完全刻画投资者的期望效用或者收益率的概率分布时，均值-方差理论才是有效的。Markowitz（1959）、Levy 和 Markowitz（1979）通过泰勒展开等数学方法，用均值和方差近似地刻画期望效用，在一定程度上拓宽了均值-方差理论的适用范围。但这种方法只能适用于某些形式的效用函数，例如 $U(R)=\ln(1+R)$ 等。

此外，当组合收益率 R 的绝对值较大时，这种方法得出的近似期望效用与真实期望效用相差较大。随后，很多学者验证了现实中效用函数和组合收益率并不满足 Tobin（1958）提出的条件。Fama（1965）、Elton 和 Gruber（1974）认为比起正态分布，未来资产收益服从对数正态分布或者经验分布更符合实际。Samuelson（1970）指出资产收益率的概率分布具有明显的非对称性和尖峰厚尾特征，单纯利用期望收益与方差已经无法完全地刻画收益率的概率分布，并证明了投资者效用函数与组合收益率的高阶矩（偏度和峰度等）具有相关性。Campbell，Lo 和 Mackinlay（1997）发现日收益率数据比月收益率数据具有更明显的非正态特征，即随着数据频率的升高，收益率数据越发偏离正态分布。

后续的很多学者针对这些问题进行了延展讨论，根据改进方向的不同，他们的研究大体可以分为两类。第一类是直接将高阶矩纳入目标函数，建立均值-方差-偏度模型或者均值-方差-偏度-峰度模型。Granito 和 Walsh（1978）等研究在投资组合选择的原则中引入三阶矩偏度。但直接在目标函数中引入高阶矩会使得目标函数不再具有凸性或者可行集不是凸集，给模型的求解带来了极大的困难（Briec，Kerstens，and Jokung，2007），所以很多研究仅仅提出了模型的近似解，例如，Konno，Shirakawa 和 Yamazaki（1993）将偏度纳入目标函数，提出均值-绝对方差-偏度模型，并将目标函数和约束条件线性化，给出了近似线性的求解方法。

第二类是用组合收益率高阶矩的函数逼近期望效用来体现高阶矩在资产组合选择中的作用。Jondeau 和 Rockinger（2003）验证了当收益率的概率分布严重偏离正态分布时，最大化 CRRA 型效用函数的高阶泰勒展开比二阶泰勒展开能更好地近似效用函数。但与此同时，也有一些学者对使用泰勒级数展开效用函数的方法提出反对意见。Lhabitant（1998）等的研究表示对于某些形式的效用函数，泰勒级数是有条件收敛的，即只有收益率落在某个区间时，效用函数的泰勒级数展开才会收敛于效用函数本身，即泰勒级数法只能用于某些特定的效用函数，并非一种普适性的方法。

二、多阶段动态投资组合选择

除此之外，1952 年的均值-方差理论假设资产未来收益率的概率分布不变，投资者在确定最优投资组合后不会在未来对组合中各个资产的权重进行调整。但是现实中资产未来收益率在不同时期的概率分布往往不同，投资者面临的是多期投资组合选择问题，需要根据市场的变化及时调整各个资产的仓位。静态的均值-方差理论无法满足投资者的需求。在 20 世纪 50 年代之后，很多学者致力于动态资产组合选取模型的研究。其中比较有代表性的是效用函数模型，即投资者在财富和资产价格的动态约束中，确定最优消费与投资决策以最大化其一生的总消费量。可见，效用函数模型是在经济学的一般均衡分析框架下衍生出的理论，并非马科维茨均值-方差理论的拓展。

Merton（1969，1971，1973a，1973b）、Fama（1970）、Hakansson（1970，1974）标志着效用函数模型的开端。Merton（1969，1971，1973a，1973b）讨论了连续时间下的投资组合选取问题。Fama（1970）、Hakansson（1970，1974）则利用动态规划的方法讨论了离散时间下多期投资组合的选取问题，将多期投资组合选取问题转化为一系列单期投资组合选择的问题。这其中最重要的假设是不同时期的资产的期望收益和方差是独立的。

但是最近几十年来，很多研究（Fama and French，1989；Campbell and Shiller，1988）发现，不同时期的资产的期望收益和方差是相关的。未来这一领域的研究重点是，这种实证结果将会如何影响多期资产组合的选择。值得注意的是，以上动态资产组合选取模型是效用函数模型而不是动态均值-方差理论。静态均值-方差理论一经提出便受到了市场的极大认可，但动态均值-方差理论却没有在 20 世纪后半叶得到广泛的发展，其原因在于动态均值-方差理论求解较为困难，无法使用动态规划方法。但在近十几年，动态均值-方差理论得到了一定程度的发展，例如，Li 和 Ng（2000）使用嵌入的方法将动态均值-方差理论转化成可以使用动态规划方法求解的离散问题，得到了有效边界的解析表达式。

三、参数估计误差修正

马科维茨的均值-方差理论中各个资产的期望收益、方差以及两种资产之间的协方差都是未知参数。在实践中若想使用均值-方差理论投资，需要通过历史数据进行矩估计。但是通过矩估计得出的参数与参数真实值之间存在误差，因而投资组合在样本区间外表现较差，且资产权重值具有较大的波动性。针对均值-方差理论没有考虑参数估计误差的缺陷，后续很多学者进行了修正。Jorion（1986）、Pástor 和 Stambaugh（2000）通过贝叶斯估计减少参数的估计误差。MacKinlay 和 Pástor（2000）通过对资产收益的各阶矩添加限制条件，得到了更稳定的协方差矩阵估计值。还有学者对某些传统方法增加不允许卖空的限制，可以有效减少参数估计值和真实值间的误差。

Kan 和 Zhou（2007）提出了三基金（three funds）组合。与之前讨论的共同基金定理不同，Kan 和 Zhou（2007）要求最优投资组合要包含三种资产，而不是两种。三基金组合中的前两种资产是共同基金定理中要求的两种资产——无风险资产与市场组合。第三种资产是用来最小化"估计风险"（estimation risk）的。

然而，DeMiguel，Garlappi 和 Uppal（2009）发现，马科维茨的均值-方差理论及其考虑估计误差后的 13 个修正模型的表现[1]几乎都不如 1/N 规则[2]。针对 DeMiguel，Garlappi 和 Uppal（2009）的结论，Tu 和 Zhou（2011）验证发现如果将 1/N 规则与考虑估计误差的均值-方差理论结合，那么几乎所有结合模型的表现都优于单纯的 1/N 规则或者单纯考虑估计误差的均值-方差理论，说明了均值-方差理论的有效性。Tu 和 Zhou（2011）对这种结论做了较为通俗化的解释。假设马科维茨均值-方差理论估计的参数不存在估计误差，则用该理论得出的投资组合是最优投资组合。由此可知，1/N 规则得出的投资组合中各个资产的权重向量估计量与最优投资组合相比，有偏但是方差为 0；考虑估计误差的均值-方差理论的估计量无偏，但是在样本较小的情况下方差较大。结合模型相当于用 1/N 规则中和考虑估计误差的均值-方差理论，使其估计量稍有偏但大幅降低了估计量的方差，因此结合模型的表现优于单纯的 1/N 规则或者考虑估计误差的均值-方差理论。

---

[1] 这里的表现具体指，利用某一段或几段估计区间的数据得出的最优投资组合在估计区间外的收益率变化。

[2] 1/N 规则是指，幼稚 1/N 分散化规则（naive 1/N diversification rule），即投资者平均投资市场中的全部风险资产。这意味着 1/N 规则既不依赖于投资组合理论的发展，也不依赖于任何历史数据。

四、风险度量方法的发展

自马科维茨的均值-方差理论利用组合收益率的方差度量风险以来，人们对于风险的理解有了质的飞跃，在此之后，人们对如何度量风险进行了更深入地探讨。在前文我们已经讨论过，Markowitz（1959）尝试通过半方差度量风险，仅考虑组合收益下行的风险。随后 Fishburn（1977）将 Markowitz（1959）的均值-半方差理论扩展到了更为一般的形式。菲什伯恩（Fishburn）考虑了投资者的风险敏感程度，利用 α 阶下偏矩衡量风险：

$$F_a(t) = \int_{-\infty}^{t} (t-x)^a \, \mathrm{d}F(x) \qquad (2-23)$$

其中 x 表示组合未来收益率，$F(x)$ 表示组合未来收益率的累计分布函数。$\alpha > 0$，表示投资者风险敏感程度，$0 < \alpha < 1$ 表示投资者对风险不敏感，$\alpha > 1$ 表示投资者对风险敏感。t 表示给定的目标收益率。

除了利用半方差及类似指标度量风险，很多学者选择利用 VaR（value at risk）以及之后衍生出的 CVaR（conditional value at risk）等指标度量风险。VaR 是指在给定概率的情况下，资产在未来某一段时间内的最大损失值。VaR 最早于 1994 年被 J. P. 摩根公司（J. P. Morgan）使用，随后成为度量风险的主流方法之一。后续学者对 VaR 的计算进行了不同程度的改进。Hull 和 White（1998）利用 GARCH 模型衡量收益率的波动性，计算出可以刻画收益率尖峰厚尾分布的 VaR 值。Hu（2006）在 Copula 方法的基础上计算 VaR。但与此同时，也有很多学者认为 VaR 并非是度量风险的良好指标。Artzner 等（1999）指出 VaR 估计值不具有一致性，Pflug（2000）发现 VaR 不满足次可加性公理。为了解决 VaR 的缺陷，Rockafellar 和 Uryasev（2000）提出了 CVaR 指标，定义 CVaR 为组合损失超过一定概率水平下的 VaR 值的平均损失值。随后很多学者给出了 CVaR 计算方法的改进，Scaillet（2004）提出计算 CVaR 的核估计方法。Beliakov 和 Bagirov（2006）、Schultz 和 Tiedemann（2006）运用数学规划的方法求解 CVaR 值。

此外，还有一些学者利用其他学科中的指标（例如熵①）度量风险。还有一些学者提出了感知风险测度模型，考虑人们主观认识下的风险问题，其中有代表性的为卢斯（Luce）、萨林（Sarin）、菲什伯恩等人的模型。

第四节 均值-方差理论的挑战

在之前均值-方差理论的分析中，我们通常假设投资者是风险厌恶型的，但现实中并非如此。举个例子，买保险暗示着个体是风险厌恶型的，买彩票暗示着个体是风险偏好型的，但现实中很多个体或家庭都同时买过彩票和保险，这便与之前的假设相矛盾。Friedman 和 Savage（1948）提出了一种效用函数（F-S 函数）用来解释经济人同时购买保险和彩票的行为。如图 2-7 所示，纵轴代表效用（utility，后用 U 表示），横轴代表财富（wealth，后用 W 表示），F-S 函数两端是凹曲线，中间由一段凸曲线连接，以此来表示同一经济人在不同财富水平下具有不同的风险偏好程度。

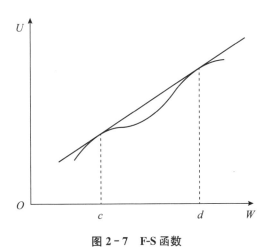

图 2-7 F-S 函数

Markowitz（1952b）指出 F-S 函数的一些不合理性。一方面，F-S 函

---

① 熵本是热力学中的概念，表示物体的混乱程度。

数意味着当某一经济人的财富水平为 $\frac{c+d}{2}$ 时，其最偏好的公平赌博①是：有 0.5 的概率使其财富变为 c，有 0.5 的概率使其财富变为 d。但是这种中产阶级经济人通常不会接受此类赌博。另一方面，F-S 函数意味着，财富水平小于 c 的"穷人"不会购买彩票，而财富水平接近 d 的"富人"不会购买保险，这与现实中的现象相悖。

Markowitz（1952b）认为只有 F-S 函数左边的拐点是有意义的，并将左拐点处对应的财富值定义为通常财富（customary wealth），即去除最近意外所得和损失之后的财富。他认为当经济人获得意外之财后，他对风险的态度偏向于喜好，因为即使遭受了损失，其财富也能维持在通常财富左右以维持正常的生活。反之，当经济人承受了意外损失时，他对风险的态度偏向于厌恶。除此之外，马科维茨认为效用函数有上界和下界，提出了如图 2-8 所示的通常财富效用函数（customary wealth utility function，后用 C-W 函数表示）。

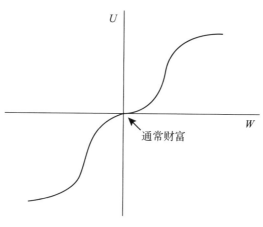

图 2-8　C-W 函数

Kahneman 和 Tversky（1979）基于 Markowitz（1952b）的 C-W 函数，提出了前景理论（prospect theory）。该理论假设，每个投资者在评估未来产出的时候，都存在一个参考点（reference point）。参考点左边表

---

① 公平赌博即期望收益为 0 的赌博。

示损失，右边表示收益。前景理论中的效用函数是以参考点为拐点的S形曲线，如图2-9所示，反映了投资者对待收益的态度是风险厌恶的，而对于损失的态度是风险偏好的。此外，该效用函数是非对称的，参考点左边的曲线比右边的曲线"陡"，说明比起获取收益，投资者更愿意规避损失。该理论与Markowitz（1952b）的区别主要体现在以下两个方面。一是二者的效用函数不同，上文已经详细阐述，在此不做赘述。二是Markowitz（1952b）的最终目标是最大化期望效用，即

$$EU = \sum_{i=1}^{n} p_i u_i \qquad (2-24)$$

其中p_1，…，p_n表示概率。而前景理论的最终目标是最大化效用的加权平均，即

$$\tilde{EU} = \sum_{i=1}^{n} \pi(p_i) u_i \qquad (2-25)$$

其中$\pi(\cdot)$表示概率的权重函数。因为Kahneman和Tversky（1979）发现人们有时会对小概率事件反应过度而对大概率事件反应不足，所以"最大化期望效用"的决策原则不适用现实情况。

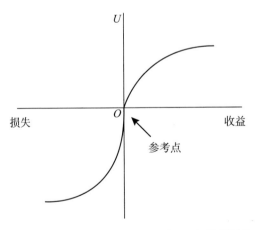

图2-9 Kahneman和Tversky（1979）效用函数

随着对效用函数形式理解的深入以及行为金融学的发展，行为投资组合理论（behavioral portfolio theory，BPT）逐步进入人们的视野，其中较有代表性的就是Shefrin和Statman（2000）提出的两种BPT模型：单

一心理账户模型（single mental account BPT，BPT-SA）和多元心理账户模型（multiple mental account BPT，BPT-MA）。本部分只略加阐述BPT-SA 模型，对 BPT-MA 模型感兴趣的读者请自行参阅 Shefrin 和Statman（2000）。

Shefrin 和 Statman（2000）的 BPT-SA 模型建立在 Lopes（1987）的基础之上。Lopes（1987）认为人们面对不确定性时，同时存在两种情感——恐惧和希望。恐惧和希望会改变投资者眼中投资组合的期望收益：

$$E(W) = \sum_{i=1}^{n} p_i W_i \qquad (2-26)$$

其中 p_i 和 W_i 分别表示未来第 i 种情况发生的概率和投资组合收益率，且 $W_1 < \cdots < W_n$。恐惧使投资者计算组合期望收益时人为地提高组合低收益率的概率值（即 p_1）并且降低组合高收益率的概率值（即 p_n）。换句话说，恐惧使投资者以一种悲观的态度作决策。同理，希望使投资者人为地提高组合高收益率的概率值（即 p_{n-1}、p_n 等）并且降低组合低收益率的概率值（即 p_1、p_2 等）。在两种情感的作用下，投资者计算的组合期望收益记为 $E_h(W)$。$E_h(W)$ 是经过投资者情感加权平均的组合期望收益。

马科维茨的均值-方差理论的核心是有效边界（E，V）。与之对应，BPT-SA 模型摒弃了有效边界（E，V），提出了 BPT-SA 边界 [$E_h(W)$，$P(W<A)$]，其中 $P(W < A)$ 表示组合收益率小于给定的期望收益阈值 A 的概率。与均值-方差理论的有效边界相似，BPT-SA 边界是在固定 $P(W<A)$ 条件下，最大化 $E_h(W)$ 得到的。BPT-SA 模型在均值-方差理论基础上考虑投资者的情绪因素，用 $E_h(W)$ 代替组合期望收益 E。此外，BPT-SA 模型参考了 Roy（1952），用 $P(W<A)$ 而不是组合收益率的方差度量风险，仅关注了资产组合收益的下行风险。

在提出 BPT 之后，很多学者致力于研究 BPT 和均值-方差理论间的联系与差异。Shefrin 和 Statman（2000）表明 BPT-SA 边界 [$E_h(W)$，$P(W<A)$] 对应的组合在大多数情况下并不是均值-方差意义上有效的。但 Alexander 和 Baptista（2011），Levy，De Giorgi 和 Hens（2012）验证表明，BPT 和均值-方差理论因为有某些相同的特征，二者得出的资产组合是十分相似的。Das 等（2010）提出了 BPT 和均值-方差理论结合的新

模型。较新的研究 Pfiffelmann，Roger 和 Bourachnikova（2016）表明 BPT-SA 模型得出的有效组合中有 70% 是均值-方差理论意义下的有效组合，BPT 和均值-方差理论提供的资产组合在大部分情况下是相同的。

第五节　本章小结

现代投资组合理论开始于马科维茨于 1952 年发表的论文《投资组合选择》。事实上，在 20 世纪 50 年代之前，分散化投资的思想已经成形，也有很多学者致力于研究投资组合选取问题。例如希克斯、威廉姆斯、莱文斯（Leavens）等。但是他们并没有明确地用数学语言刻画风险，也不能证明分散化投资的好处。尽管如此，他们的研究丰富了人们对于风险的认知，也极大地推动了现代投资组合理论的诞生。

20 世纪 50 年代是现代投资组合理论诞生与高速发展的时期。1952 年，《投资组合选择》的发表标志着现代投资组合理论的诞生。马科维茨在文章中提出了均值-方差理论，首次用数学语言刻画风险，明确了投资组合的选择不能仅关注资产的期望收益，还应该关注资产的方差，提出了有效边界的概念，为后续现代投资组合理论的发展奠定了重要的基础，同时也为投资者提供了量化分析的可能。

与此同时，罗伊在同年使用标准差刻画资产组合的风险并提出安全首要模型。与均值-方差理论不同的是，安全首要理论只关注了最小化破产风险，只提供一种最优资产组合，而均值-方差理论提供最优资产组合的集合，即有效边界。随后 Tobin（1958）在马科维茨均值-方差理论的基础上引入了无风险资产，并提出了托宾分离定理。

几乎在同一时期，Tobin（1958）也讨论了均值-方差理论最大化期望效用的适用条件，针对这一问题，Markowitz（1959）利用二阶泰勒展开式估计期望效用，将最大化期望效用问题近似地转化为均值-方差问题，Levy 和 Markowitz（1979）等研究进一步丰富了 Markowitz（1959）的方法。

20 世纪 50 年代之后，随着人们对风险的理解更为深入，马科维茨的均值-方差理论得到了快速发展。根据改进方向的不同，本章把后续文献大体分为四类。第一类是利用高阶矩优化均值-方差理论。由于收益率数

据具有明显的尖峰厚尾特征，许多研究［Samuelson（1970），Granito 和
Walsh（1978），Jondeau 和 Rockinger（2003）］指出利用方差无法完全刻
画资产组合的风险，将偏度和峰度纳入组合选择的考虑。第二类考虑动态
投资组合理论。现实中投资者需要根据市场的变化及时地调整各个资产的
仓位，静态的均值-方差理论无法满足实践的需要，部分学者［Merton
（1969，1971，1973），Mossin（1968），Fama（1970），Hakansson
（1970，1974）］讨论了连续时间或离散时间下的多期资产组合选取问题。
第三类是修正参数的估计误差。实践中均值-方差理论所需参数的估计存
在误差，对最优组合的稳定性和盈利性产生了较大影响。针对此类问题，
许多研究［Jorion（1986），MacKinlay 和 Pástor（2000），Kan 和 Zhou
（2007），Tu 和 Zhou（2011）等］提出了修正的均值-方差模型减少估计
误差。第四类丰富了风险的度量方法，有学者［Markowitz（1959），
Fishburn（1977）］仅关注收益率的下行风险，使用半方差度量风险；还
有部分研究［Hull 和 White（1998），Rockafellar 和 Uryasev（2000）等］
利用 VaR 和 CVaR 衡量风险；此外，熵等其他学科的概念也被用于风险
的度量。

与此同时，随着行为金融学的发展，以均值-方差理论为代表的现代
投资组合理论受到了行为投资组合理论的挑战。Shefrin 和 Statman
（2000）分别以 Lopes（1987）及 Kahneman 和 Tversky（1979）为基础提
出了 BPT-SA 模型与 BPT-MA 模型，用 BPT-SA 或 BPT-MA 边界代替马
科维茨的有效边界，并指出 BPT 得出的有效组合与均值-方差理论得出的
有效组合不同。但近十余年的研究［Alexander 和 Baptista（2011），
Levy，De Giorgi 和 Hens（2012），Das 等（2010），Pfiffelmann，Roger
和 Bourachnikova（2016）］表明 BPT 的有效组合与均值-方差的有效组合
有很大相似性，并提出了均值-方差理论与 BPT 的结合理论。

目前，仍然有很多学者致力于投资组合理论的研究。有些学者选择利
用更为复杂的统计学模型和计算机技术处理优化投资组合理论的过程中
遇到的问题（Guerard，Xu，and Markowitz，2020）。也有一些学者力求
构建更符合现实情况的模型，例如 Way 等（2019）将投资者的"学习曲
线"纳入模型，讨论了分散化投资和投资者精力与学习能力的权衡问题。

经过 70 多年的发展、修正与挑战，马科维茨的均值-方差理论仍然是现代投资组合领域应用最为广泛的理论之一。

当然，上述分析或许仍然留有疑问，仅仅考虑均值和方差就足够了吗？这是一个合理的资产组合选取的原则吗？为了回答这些问题，我们必须将可行性纳入投资组合理论的评价体系。在很多时候，比起精确但无法在实践中应用的投资组合理论，我们更偏好具有可行性但精确性相对不足的投资组合理论。投资者在实践中如果想运用均值-方差理论，需要获取大量的数据来估计理论所需的参数（期望收益、方差、协方差）。实现更为复杂的投资组合理论需要更为庞大的数据，增加了计算的成本，并且没有直接证据表明这些复杂的投资组合理论提供的资产组合明显优于均值-方差理论提供的资产组合。

第三章　MM 定理与公司金融

第一节　MM 定理

公司金融是金融学的重要领域之一，与资产定价、市场微观结构共同构成微观金融学基础理论的核心内容。公司金融理论立足于公司这一微观主体，从公司价值的视角出发，分析公司的融资决策问题。公司的管理层可以选择的主要融资工具包括：普通股（股权）和企业债券（债务）。[①]公司管理层面临的资本结构选择问题，就是决定公司使用多少比例的负债和多少比例的权益，以达到价值最大化的目标。在 MM 定理之前，这一问题缺乏合理而完善的解释，甚至连问题本身都缺乏清晰的界定。

MM 定理的提出，被认为是现代公司金融理论的开端，该定理所研究的问题、所采用的研究范式和得出的结论，均为现代公司金融理论的后续研究奠定了重要基础。无税 MM 定理基于完美市场的假设，得出简明而优美的结论：杠杆率不影响公司价值；有公司税的 MM 定理说明能够通过税盾效应合法减少缴税额度，进而增加公司价值，因此公司更偏好债务融资。但是无税 MM 定理和有公司税的 MM 定理所描述的结论，均与现实情况不完全相符。

为了更准确地刻画现实情况，权衡理论将财务困境成本引入有公司税

---

① 介于普通股和企业债务之间还有大量混合证券（包括优先股、浮动利率优先股、认股权证、可转换债券等），但我们可以将公司的资本结构问题简化为股权和债务的比例，或者说，公司的杠杆率。

的 MM 定理：高杠杆率的公司，一方面，其债务具有税盾效应，能增加公司价值；另一方面，公司的财务困境成本更高，会降低公司价值。公司选择债务融资的比例时面临着税盾效应的好处与财务困境的成本之间的权衡取舍，便存在公司的最优资本结构问题。

20 世纪 70 年代之后信息不对称和委托代理问题逐渐进入公司金融理论的视野，产生了代理成本理论和优序融资理论等。代理成本理论在 MM 定理的基础上，关注所有权和经营权分离产生的问题，即分析管理层和股东、债权人和债务人（即股东）之间的委托代理问题。随着杠杆的增加，债权人要求转嫁给股东的代理成本随之提高，但是管理层的代理成本将会下降，所以适度的杠杆率下代理成本最小，公司价值最大。优序融资理论在 MM 定理所使用的完美市场假设的基础上，增加公司内外部信息不对称的假设。优序融资理论的主要结论是：发行股票的公告会传递负面信息并立即引起股价下跌。公司偏好内源融资，如果需要外源融资，公司将先发行债券后发行股票。

公司金融理论在 MM 定理的基础上先后引入税收、代理成本、逆向选择等影响因素，构建了丰富的融资结构理论，但其关注的核心问题不变：公司应采取何种资本结构以使公司价值最大化。

莫迪利安尼和米勒两人于 1958 年和 1963 年的两篇研究，提出了重要性足以比肩投资组合理论的 Modigliani-Miller 定理（MM 定理）。MM 定理作为微观金融中最重要的定理，奠定了公司金融领域研究的基础。

Modigliani 和 Miller（1958）的研究开篇就对 MM 定理的意义做出了精辟而独到的总结："在资金用于投资收益不确定的资产，资本可以从固定收益的债务工具或只按比例给投资者经营收益的纯粹的股权等不同渠道获得的世界中，公司的资本成本是什么？"莫迪利安尼和米勒意图解决这一问题。他们认为在收益不确定的世界中利润最大化的行为准则已经失去意义，因此他们选择了公司市场价值最大化的标准。我们注意到在当时的历史环境下，他们 1958 年的研究的开创意义不仅在于 MM 定理本身，还在于确立了公司行为的标准——公司价值最大化，这一思维范式推动了微观金融学的公司金融这一分支在半个世纪以来的极大发展。注意，不存在税收时，股东权益最大化即等价于公司价值最大化，因此通常可以用股东权益最大化来代替公司价值最大化的标准。

Modigliani和Miller（1958）被誉为现代资本结构理论的开端，而MM定理所进行的研究，也是基于早期的资本结构理论的。1952年的"公司金融研究"会议上，Durand（1952）认为没有出现公认的证券评估方法，因此公认的衡量融资成本的方法也还不存在，遑论资本结构（恰恰是MM定理做出了突破）。Durand（1952）还梳理了早期资本结构理论，并逐一指出其潜在假设的不合理之处。以历史的视角看，Durand（1952）所评述的早期资本结构理论同样是重要的成果，但是仍然远不及MM定理，重要原因是该理论的初始假设模糊且不全面，难以达成共识，也不便修改、拓展。因此直至MM定理问世之前，哪怕是公司的财务经理人，都无法有理有据地解释公司应该采取何种融资结构。

MM定理具有重要地位的原因之一就是具备明确而严密的假设。MM定理（无税）对完美资本市场的基本假设包括：（1）不存在税收；（2）市场不存在交易成本、信息不对称和代理成本，市场价格能充分反映相关信息；（3）不存在财务困境成本；（4）个人和公司的借贷利率相同。

在上述假设条件下，个人能够通过复制杠杆使公司内融资活动无效，所以杠杆率不应影响公司价值。如果杠杆率的高低能够使公司价值增加或者减少，个人投资者可以通过在市场上借贷的方式，使用无杠杆公司的股票复制有杠杆公司的股票，那么市场上就会存在价格不同、收益却相同的资产组合，套利机会随之出现。此时投资者会购买价格较低的资产组合，抛售价格较高的资产组合，直至有杠杆公司和无杠杆公司的价值重新回到两者相等的均衡水平，即无套利。

因此，基于无税的完美市场假设，公司的价值不受财务杠杆作用的影响，有杠杆公司的价值等于无杠杆公司的价值，即任何公司的市场价值与其资本结构无关，这就是著名的MM命题 I（无税）的基本思想；投资有杠杆公司的股东所面临的风险要高于投资无杠杆公司的股东，他们将要求更高的期望收益率作为补偿，且满足有杠杆公司股东权益的期望收益率 r_S（即权益资本成本）是公司债务和权益比（B/S）的线性函数：

$$r_S = r_0 + \frac{B}{S}(r_0 - r_B) \tag{3-1}$$

式（3-1）即为 MM 定理（无税）的命题 II，既反映了有杠杆公司和无杠杆公司权益融资资本成本的关系，又反映了不同杠杆下股东所要求的期望收益率之间的关系。这里 r_0 是无杠杆公司的权益资本成本，r_B 是债务融资的资本成本，B 指公司债务规模，S 指公司权益资本规模。因为风险权益应该具有比无风险债务更高的期望收益率，所以 $r_0 > r_B$。通过 MM 定理（无税）命题 II，有杠杆公司和无杠杆公司的加权平均资本成本相等。[①]

在完美资本市场下不存在税收，所以公司的价值与债务无关。但是在其他假设不变、考虑公司税的情况下，债务融资就有重要的优势。因为利息在税前支出而股利在税后支出，所以公司支付的债务利息可以抵减应纳税额，而现金股利和留存收益不能。个人投资者无法复制公司增加债务获得的公司税的税盾（这是抵减应纳税额的好处，税盾作为永续年金的现值时为 tB[②]），所以在含有公司税的世界中个人投资者的套利机会不存在，有杠杆公司的价值将会高于无杠杆公司的价值。

Modigliani 和 Miller（1963）更正了他们在 1958 年研究中的疏漏，重新对有公司税的情况进行了讨论，得出 MM 定理（含公司税）。首先考察无杠杆公司的价值，假设无杠杆公司的息税前收益 $EBIT$ 是永续年金，那么税后现金流是 $EBIT(1-t)$，无杠杆公司的价值就是

$$V_U = \frac{EBIT(1-t)}{r_0} \tag{3-2}$$

当存在公司税时，公司的价值就与其债务正相关，有杠杆公司的价值 V_L 等于无杠杆公司的价值 V_U 加上税盾效应的价值 tB，即 MM 定理（含公司税）的命题 I：

$$V_L = V_U + tB \tag{3-3}$$

股东期望的股利的现金流加债权人的利息现金流应等于有杠杆公司

---

① 加权平均资本成本的计算公式为：$r_{WACC} = \frac{B}{B+S} r_B + \frac{S}{B+S} r_S$

② t 为公司税税率。

期望的现金流量①，即

$$V_U r_0 + t B r_B = S r_S + B r_B \tag{3-4}$$

对该式进行化简，得到有杠杆公司的权益资本成本 r_S 等于无杠杆公司的权益资本成本 r_0 加风险报酬，风险报酬取决于公司的资本结构和公司税税率 t，即

$$r_S = r_0 + \frac{B}{S}(1-t)(r_0 - r_B) \tag{3-5}$$

我们可以计算得到式（3-5）的 r_S 比无公司税时［即式（3-1）］更低，所以负债多的公司的加权平均资本成本更低，这就是 MM 定理（含公司税）的命题 II。

MM 定理（含公司税）两个命题的推论非常明显：杠杆的引入将增加公司的价值，那么进一步来说，公司将会为了得到债务税盾效应的价值而选择全债务融资，以提升公司价值。对于这一推论与现实情况不符的问题，Modigliani 和 Miller（1963）给出了这样的解释：债务所能产生的税盾效应造成的公司借款的增加倾向和现实中贷款人所施加的限制，这两者之间的对立与矛盾有着比资本成本问题更为深远的影响。

Miller（1977）将存在个人所得税的假设引入 Modigliani 和 Miller（1963）的 MM 定理，原本仅有公司税的世界新增了对股利和利息收入征收的个人所得税。当对股利征收的个人所得税税率等于对利息收入征收的个人所得税税率时，问题退化为 MM 定理（含公司税），个人所得税不影响公司资本结构选择；个人所得税提高，且个人获得的债券利息收入的税率高于对股利征收的个人所得税税率时，公司会降低负债水平；公司税提高时，债券融资所获得的税盾效应更大，公司将会提高负债水平，增加其价值。

当同时存在公司税和个人所得税时，无杠杆公司价值的公式变为：

$$V_U = \frac{EBIT(1-t_C)(1-t_S)}{r_0(1-t_S)} = \frac{EBIT(1-t_C)}{r_0} \tag{3-6}$$

---

① 税盾与债务利息的风险相同，计算税盾的现值时应该选用的贴现率是利息率 r_B。

其中 t_C 是公司税税率，t_B 是对利息收入征收的个人所得税税率，t_S 是对股利征收的个人所得税税率，其他与前文相同。有杠杆公司的价值是

$$V_L = (EBIT - Br_B)(1-t_C)(1-t_S) + Br_B(1-t_B) \qquad (3-7)$$

因此综合两式有

$$V_L = V_U + B\left[1 - \frac{(1-t_C)(1-t_S)}{1-t_B}\right] \qquad (3-8)$$

可以看出有杠杆公司与无杠杆公司的价值孰高孰低取决于三种税率的大小关系。存在公司税和个人所得税时，亦有股东和债权人的期望现金流等于公司的期望现金流，即

$$V_U r_0 (1-t_S) + B\left[1 - \frac{(1-t_C)(1-t_S)}{1-t_B}\right]$$
$$= Sr_S(1-t_S) + Br_B(1-t_B) \qquad (3-9)$$

代入 $V_L = V_U + B\left[1 - \dfrac{(1-t_C)(1-t_S)}{1-t_B}\right] = B + S$ 得到公司的权益资本成本

$$r_s = r_0 + \frac{B}{S}(1-t_C)\left(\frac{1-t_S}{1-t_B}r_0 - r_B\right) \qquad (3-10)$$

可以看出，有杠杆公司股东权益的期望收益率与公司杠杆水平有关，但是影响不确定，取决于两种个人所得税之间的关系和公司税税率的大小。

在金融经济学的发展过程中，有学者将 MM 定理通过清晰的数学表述严格化，如 DeMarzo（1988）借由事件树的概念刻画每个状态下的价格路径空间，进行数学推导证明 MM 无关性定理在不完全市场经济中同样成立，即公司没有动机进行融资与证券交易，且任何交易都不会影响均衡状态商品价格。DeMarzo（1988）还据此复现了 Modigliani 和 Miller（1958）的重要见解——个人能够通过交易策略使公司内（包括借贷等负头寸的广义的）投资组合的财务策略无效化。

尽管 MM 定理的完美市场假设以及得出的与资本结构无关（无税）

和全债务融资（含公司税）等结果与现实并不相符，但是 Modigliani 和 Miller（1958）作为领域的先行者提出的假设简洁的 MM 定理，为融资结构问题奠定了基础。后续研究对 MM 定理中明确而简洁的假设不断地放宽与修正，最终构筑起公司金融理论的理论大厦。

第二节　权衡理论

MM 定理的理论图景清晰，但是与现实中混乱的实证结果格格不入，我们也并没有见到公司纷纷采用 100% 债务融资的资本结构的壮观景象。后续研究在 MM 定理确立的公司市场价值的思维范式上继续发展，形成了权衡理论乃至后来的代理成本理论和优序融资理论等经典理论。

权衡理论的主要观点是公司的融资决策是在债务融资增加所带来的税盾价值等债务收益和财务危机风险增大的财务困境成本等债务成本之间进行的权衡取舍。[①] 权衡理论毫无疑问是 MM 定理的延伸，它在仅考虑债务能够增加公司价值的含公司税 MM 定理基础之上，同时考虑债务能够减少公司价值，由此权衡理论认为公司存在某一最优的资本结构，这一最优的资本结构是围绕公司价值最大化进行的融资收益和融资成本的折中。权衡理论是经济学的权衡取舍思想的集中体现，理性人将会考虑每一选择的成本和收益，而以公司价值最大化为目标的公司同样将会考虑选择债务融资的成本和收益。

最先被引入权衡理论的债务成本就是公司的财务困境成本，Baxter（1967）最早指出财务困境成本也许能够解释最优资本结构的存在。财务困境成本指的是因为公司负债融资比例较高造成的（已实现的或可能的）公司对债权人履约困难的情况产生的成本，而公司的财务困境成本具有直接和间接两种表现形式。在完美市场中不存在破产成本，股东和债权人能够获得全部的公司价值，公司破产不会影响公司的价值。如果市场不是完美的，公司破产时将会付给律师、会计师、投行等机构和人员报酬以进行

[①]　诸多学者对权衡理论的建立和完成起到了重要作用，例如 Baxter（1967），Robichek 和 Van Horne（1967），Farrar，Farrar 和 Selwyn（1967），Warner（1977）均对财务困境成本概念的引入和发展有所贡献，而 Rubinstein（1973），Kraus 和 Litzenberger（1973），Stiglitz（1974）都在提出静态权衡理论的基本思路与范式方面有卓越贡献。

破产清算或重组，以及资金在破产流程中损失了时间价值，这些破产成本会降低公司价值，因此有一部分公司价值最后没有到股东和债权人的手中，公司价值受到损失，这是财务困境成本的直接表现形式。

财务困境同样具有间接成本，而间接成本的内涵比较广泛，且往往比直接财务困境成本更大，也更不易估量。公司濒临破产时，需要与律师、债权人等进行大量谈判与交涉，这分散了管理层的能力；公司在面临财务困境时，客户和供应商会担心公司服务受到影响，终止交易的倾向更大，公司的正常销售活动会受限，导致利润下降；员工等公司的利益相关者，可能因破产的可能性而采取提前行动（如员工离职），进一步影响公司的经营状况。

权衡理论中最优资本结构是债务具有的税盾效应的好处和财务困境的成本的平衡，这一观点可以追溯到 Kraus 和 Litzenberger（1973）。公司的财务困境成本随公司杠杆率提升而提升，且杠杆率越高，财务成本提高得越快。因为每一份额债务的税盾效应是固定的，所以存在某一杠杆率，使得新增债务的税盾效应的收益等于新增的财务困境成本，这一杠杆率就是公司的最优资本结构，见图 3-1。

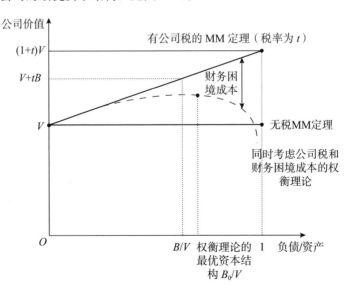

图 3-1 权衡理论的最优资本结构

同时，我们要注意到，不是财务困境降低了公司价值，而是与财务困境相关的成本降低了公司价值。另外，财务困境成本是随着公司的不同而变化的。无形资产占比较高的、现金流的波动性较大的、成长机会更多的公司，往往有着较高且随着负债增加而快速增长的财务困境成本，因此这类公司的最优负债比率往往较低。

随着理论的进一步发展，学界更深入地讨论在资本结构中选择债务融资的利弊，继续完善了静态权衡理论。DeAngelo 和 Masulis（1980）认为折旧、投资税收减免和税务亏损递延等非债务税盾因素都可以有效地替代负债融资的税盾效应，这一情况下债务融资的收益减少，其弊端更加凸显。Bradley，Jarrell 和 Kim（1984）综合前述权衡理论的发展以及 Miller（1977）的研究，构建了全面的权衡理论以刻画最优资本结构，模型内容包括对股利和利息收入征收的个人所得税、财务困境的预期成本（破产成本和代理成本）以及正的非债务税盾（固定资产折旧和无形资产摊销等）。他们的理论分析表明，公司最优杠杆率与财务困境的预期成本及（外生的）非债务税盾的规模成反比，财务困境成本明显的公司的最优杠杆率与公司收益的变化率成反比。

20 世纪 80 年代的实证研究支持了经典的静态权衡理论的资本结构具有行业特征的推论。Bowen，Daley 和 Huber（1982）发现了不同行业公司的资本结构之间的显著差异，并且折旧和亏损递延等造成的税盾水平明显支配最优资本结构的选择，这支持了 DeAngelo 和 Masulis（1980）的理论。而 Bradley，Jarrell 和 Kim（1984）以及 Kester（1986）均支持静态权衡理论对资本结构具有行业特征的推断。但是经典的静态权衡理论具有很大的局限性，Myers（1984）指出静态权衡理论难以解释以下实证现象：公司的平均债务比率较低，盈利能力强的公司具有相对较低的债务比率，在部分国家历史上没有公司税和税盾效应但仍然会出现债务融资，提高杠杆的交易将导致股价上涨。而 Bradley，Jarrell 和 Kim（1984）及 Titman 和 Wessels（1988）的实证结果也不支持非债务税盾对债务比率的负面影响。

坚持权衡理论这一资本结构研究范式的学者推动了动态权衡理论的发展，其先驱者包括 Stiglitz（1974），Scott（1976），Brennan 和

Schwartz（1978）。Kane，Marcus 和 McDonald（1984）是动态权衡理论的重要文献，它考虑了个人所得税、破产成本以及债权人所采用的价值评估模式，但凯恩（Kane）等人的模型没有考虑调整成本，因此较难解释现实中资本结构波动的现象。Fischer，Heinkel 和 Zechner（1989）引入调整成本，这时公司的最优策略就不是连续地将资本结构调整到最优水平，而是任由杠杆率在某区间内变动，只有偏离最优值较大时才调整资本结构。

权衡理论不断发展，但是该理论中影响资本结构选择的主要是税收、破产等公司外部因素。与这一思维范式不同，信息与激励经济学的思想涌入了公司金融领域，催生了关注公司内部架构以及公司内外信息关系的代理成本理论与优序融资理论。

第三节　代理成本理论

在 20 世纪 70—80 年代，资本结构理论研究发生了剧烈变化，大批分析信息与激励对资本结构影响的研究涌现。此类文献多使用委托代理理论或信号理论的范式进行分析，将资本结构选择的利弊权衡问题转化为现代公司制度设计问题，极大地丰富了公司金融领域的理论框架及实证方向。

随着公司治理实践中代理成本的问题越发明显，Jensen 和 Meckling（1976）开创了公司金融领域的代理成本理论。他们认为公司不是追求利润最大化的投入产出黑箱，而是由利益诉求不同的主体构成的。Jensen 和 Meckling（1976）研究公司经理人与所有者（股东）之间的代理成本以及所有者（股东）和债权人之间的代理成本。代理成本是因资产的所有权和使用权的分离产生的损失与解决潜在损失所需要的成本。代理成本理论是在融资结构上对 MM 定理的拓展，主要是引入了代理成本的问题，不同主体之间形成的代理成本构建了融资结构对公司价值的崭新的影响渠道。

在现代市场经济下，公司规模扩大，公司的所有者数量普遍增加，公司之间的竞争更加激烈，对公司经营的要求逐渐变高，公司经营者的专业性越来越重要。拥有资本的投资者聘请具有管理才能的经营者，总体而言这种分工提高了社会生产效率。Berle 和 Means（1932）在《现代公司与私有财产》一书中提出了两个相关联的问题：公司所有权分散，更少的所有权能够实现对公司的控制；所有权没有相应的控制权，控制权没有相应的所有权。Stigler 和 Friedland（1983）将 Berle 和 Means（1932）提出的这两个问题命名为"Berle-Means 命题"，该命题是代理成本的研究起源。在这种两权分离的设置下现代公司不得不面临的是所有权和经营权分离之后出现的代理成本。代理成本是指两权分离导致的委托代理问题所产生的损失，以及为了解决代理问题所产生的成本，包括监督成本、约束成本和剩余损失等。

　　Jensen 和 Meckling（1976）划分了两种委托代理问题，分别是经理人和股东之间，以及股东和债权人之间的委托代理冲突。在现代公司制度下，资产的所有权和使用权常常分离，公司经理人往往不拥有公司的全部剩余收益。Jensen 和 Meckling（1976）指出，经理人有强烈的消极怠工的动机，也有着将公司的资源进行奢侈浪费以满足个人的享受需求的动机，从而产生了公司经理人和股东之间的冲突。又因为现代的股东有限责任制度，股东的损失不会超过投入这一公司的所有股本，但股东的盈利是公司的所有剩余收益。Jensen 和 Meckling（1976）还认为，股东有可能选择承担过高的风险，将主要的潜在损失转嫁给债权人，而享有风险投资项目的收益，从而产生了债权人和股东之间的冲突。股东和债权人之间围绕财务困境成本分担展开博弈，股东先行动，发行垃圾（高风险高收益）债券；债权人后行动，购买此类高收益债券；最后，股东采取利己的策略，比如冒高风险、倾向于投资不足以及"撇脂"，将相当部分的财务困境成本转嫁给债权人。债权人预料到股东所采取的策略，所以会在行动时要求更高的收益率，以及采取合适的保护性条款，维护自己的权益。由于债务人要求更高的收益率以及各种保护性条款，最终仍会由股东自己承担利己策略的成本。

　　Jensen 和 Meckling（1976）认为只要资本市场有效（投资者理性预期），债务融资和股权融资的价格就会体现代理成本的无偏估计值，而且这一成本将会由公司所有者和管理者承担。一方面，公司的杠杆率越高，公司债务的违约风险就越高，随着公司金融杠杆的增加，债务人的监督成本会提升，因此债务人会要求更高的利率，代理成本会增加。另一方面，当杠杆率升高时，公司管理层与股东之间的委托代理问题所导致的代理成本降低（见图3-2）。Jensen（1986）提出的债务的"控制假说"认为债务的好处在于降低自由现金流产生的代理成本，负债有利于管理层提高工作效率、减少在职消费，有利于避免组织效率低下或过度投资；Stulz（1990）和Zwiebel（1996）的实证研究也表明，债务可以减少公司管理层使用自由现金流过度投资问题，即减少代理成本。因此总代理成本随着杠杆率的升高呈现出先降低后升高的趋势，而公司应选择最优的资本结构使总代理成本最小。

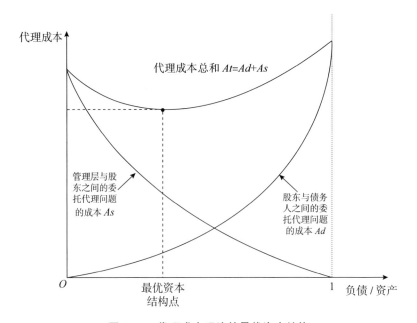

图3-2 代理成本理论的最优资本结构

20世纪80年代之前资本结构选择理论更强调公司内部治理的作用，而20世纪80年代中后期之后，资本结构选择理论开始将产品市场、要素市场等外部控制因素纳入考虑。这种资本结构理论的文献仍然使用代理成本的分析框架。

Titman（1984）在Jensen和Meckling（1976）的基础上引入其他实体，考察了公司资本结构和产出品、投入品特征之间的关系，认为公司破产可能会给上下游以及雇员造成困扰。这些实体与公司之间存在代理关系，因为公司（作为代理人）所控制的清算决定会影响其他实体（客户、工人和供应商作为委托人）。Titman（1984）还认为低债务水平导致了留在市场上的承诺，意味着公司未来可以为耐用性商品提供服务，提高了公司的竞争力。Brander 和 Lewis（1986）则更进一步研究公司资本结构和产品市场上的竞争战略之间的互动关系，他们认为产品市场和金融市场具有重要联系。Brander 和 Lewis（1986）构建了寡头垄断的融资和产出决策模型，表明有限责任可能会使有杠杆公司采取更激进的产出策略。由于企业将有动机使用融资结构来影响产出市场，这表明了杠杆率可能存在新的决定因素，即产品市场。因为股东与债权人之间委托代理问题的存在，所以杠杆率的上升可能导致股东采取高风险的投资策略。Maksimovic（1990）、Glazer（1994）、Wanzenried（2003）从股权价值最大化、长期债务、不确定需求等方面对 Brander 和 Lewis（1986）的模型与理念进行了拓展。

代理成本理论与公司治理的关系密切，资本结构的代理成本理论反映了公司治理理论中公司治理系统的丰富和完善。Jensen（1993）从四个方面阐述了公司治理系统：法律监管机制[①]、内部控制机制、外部控制机制和产品市场竞争。从资本结构的代理成本理论的文献发展脉络来看，Jensen 和 Meckling（1976）建立了代理成本的分析范式，开始研究资本结构对内部控制机制和外部控制机制的影响，而 Brander 和 Lewis（1986）使用这一框架分析资本结构与产品市场竞争的相互作用。[②]

存在代理关系就很容易产生代理成本，既包括直接的代理成本，比如监督成本；也包括间接的代理成本，比如管理层出于自身考量而放弃的对股东有价值的投资机会。不过由于代理成本难以量化，所以它在资本结构理论的实证过程中不及权衡理论重要。但不可否认的是，代理成本理论具有开创性的贡献，是公司治理相关研究的理论基础。

---

①　同样有文献阐释法律制度对公司治理的影响。如 Jensen（1993）认为法律监管机制过于生硬，无法处理管理层的浪费行为。La Porta 等（1997）发现大陆法系的国家投资者保护薄弱，影响公司治理环境等。

②　随着产业组织理论的思想不断进入公司金融领域并且在交融中发展，产业组织理论与资本结构的互动关系同样形成了一个思想内涵丰富的流派。限于篇幅，本书中不再讨论。

第四节　信息不对称和优序融资理论

20 世纪 70 年代信息经济学的发展基本成熟，大量信息经济学的著作、论文发表出版，例如 Akerlof（1970）因为揭示"柠檬市场"中的逆向选择问题而广为人知。[①] 公司金融领域的理论也因为不对称信息理论的发展而得到了极大丰富。在分析资本结构的信息不对称理论中，最为著名的则是 Myers 和 Majluf（1984）以及 Myers（1984）建立的优序融资理论（pecking-order theory）。优序融资理论对 MM 定理的最大拓展就是引入了信息不对称所引发的逆向选择问题。

实际上在 Myers（1984）及 Myers 和 Majluf（1984）之前，描述公司"优序融资"的论述早已有之，Donaldson（1962）提出公司管理层更偏好于内源融资等，但是缺乏扎实的信息经济学基础，这些现象缺少完善的解释。Ross（1977）是将信息不对称引入资本结构选择问题的先行者。Ross（1977）使用信号传递理论解释公司的资本结构选择问题：当存在信息不对称时，公司的管理层拥有公司优劣的信息。在同等的债务水平下，低质量的公司具有更高的边际财务困境成本，因此高质量公司可以选择发行更多债券，作为本公司是高质量公司的可置信信号，而低质量公司无力模仿。因此，投资者将高债务水平视为公司质量较高的信号，而公司可以通过调整融资方式来传递公司盈利能力与运营状况的信息。Korwar（1982）、Asquith 和 Mullins（1983）、Mikkelson（1984）等诸多文献表明，公司宣布新股发行计划时股价有显著下降。尽管这些文章描述了相关现象，但是公司管理层具有信息优势时的投融资决策的完善理论模型是由 Myers 和 Majluf（1984）以及 Myers（1984）构建的。

Myers 和 Majluf（1984）以及 Myers（1984）的模型假设与 Modigliani 和 Miller（1958）的完美市场假设的主要区别在于，前者假设

[①] "柠檬市场"指次品市场。Akerlof（1970）这样阐述该类市场中的逆向选择问题：譬如在二手车市场中，卖家拥有更多车的质量的信息，如果车的卖价更低，有可能车的质量就更差；而买家预料到这一点，会压低购买的报价避免买到差车的损失，质量较好的二手车卖家不愿意以这样的低价出售，因此二手车市场只有质量较差的车以较低的价格进行交易。由于乔治·阿克洛夫（George Akerlof）与迈克尔·斯宾塞（Michael Spence）、约瑟夫·斯蒂格利茨为不对称信息的一般理论奠定了基础，他们共同获得了 2001 年诺贝尔经济学奖。

公司内部和外部投资者之间存在信息不对称，且发行决策以发行前股东的价值最大化为目标，因此MM定理不适用。他们的讨论也比Ross（1977）更进一步，不仅考虑了信号从公司内向公司外传递的问题，还考虑了公司预料到投资者可能做出反应并采取决策，这时候公司与投资者之间展开了信息不完全的动态博弈。另外，Myers（1984）表示优序融资理论不考虑委托代理关系及其成本的影响，即优序融资理论中公司管理层与股东利益保持一致[1]，且回避了Miller（1977）的"中性转变"（neutral mutation）的概念[2]。

Myers（1984）这样描述优序融资理论的逻辑：公司和外部投资者将会基于对方的决策做出理性的应对，首先公司决定融资方式，然后不了解公司股价是否高估的投资者会基于公司的融资决策决定自己的投资策略。在公司股价高估时，发行股权融资公司会获益，而本公司管理层具有信息优势，知道股价是否高估，并且倾向于在股价高估时多发股票。投资者理性地预料到了这一点，所以会重新调整对股价的评价，因此投资者不会在此时购买公司的股票。

Myers和Majluf（1984）根据公司内部和外部的信息不对称得出结论：（1）因为公司内部掌握更多的信息，资金成本更低，所以如果可能的话，公司将尽量使用盈余公积以筹集资本；（2）由于股权融资传递了股价高估的信号，所以会导致股价下跌，因此发行安全型证券（使用债务进行外部融资）一般优于风险性证券（股权融资）；（3）公司更应该选择在信息不对称程度低的时候发行股权融资，减少影响；（4）公司应保持足够的内部资金，有时不应发放股息，然而股息有助于传递公司运营良好的信息；（5）在公司管理层拥有信息优势时发行股权，股票价格将降低；（6）好公司与差公司的合并会增加公司的总体价值，但是除非差公司能够将其特有的信息传递给潜在的买家，这一合并是不会发生的。

---

[1]　在Myers（1984）中作者谦虚地说自己"独断地、可能不公地"排除了管理者理论，即两权分离、委托代理理论以及分析管理者个人所面临的风险收益的细分理论。尽管这可能不符合实际，但是在建立优序融资理论时凸显逆向选择的重要性无疑是明智的。

[2]　Miller（1977）提出"中性转变"：公司的管理者具有采取某种融资结构的习惯，这类习惯对公司价值没有实质影响，也就没有人会要求其改变。Myers（1984）表示，这种观点十分重要，但是如果采纳它，相关研究就几乎无法进行下去。

Myers（1993）重新总结 Myers 和 Majluf（1984）优序融资理论关于资本结构的核心论述如下：（1）股利政策具有"黏性"；（2）公司更偏好内源融资而非外源融资，但如果有必要，公司会寻求外源融资来为净现值为正的投资融资；（3）如果确实需要外部融资，公司将首先发行最安全的证券，即债务；（4）随着公司寻求更多的外部融资，公司将逐步降低所采用的证券的优先级，从安全型证券、可转债或其他准股权工具，直至行股权。这一论述明确地印证了"优序融资"的字面含义，即内部资金优先于债务融资，债务融资优先于股权融资。Myers（1993）认为，优序融资理论中没有明确的目标负债率，投资机会有限的高利润公司无需发债，而投资机会超过内源资金的公司被迫介入越来越多的资金，这一理论直接解释了同行业中盈利能力与杠杆率的负相关关系。

综上，优序融资理论并不像权衡理论一样存在最优资本结构。与之相反，优序融资理论的融资准则为优先考虑内部融资，即企业偏好积累现金；只有当内源融资不能满足时才采用外源融资，外源融资优先选择发行稳健的债券，最后才选择发行股票进行融资。

第五节　资本结构理论的相关验证

20 世纪 80 年代末 90 年代初至今，资本结构领域罕有堪比 MM 定理、代理成本理论或信息不对称理论的重大突破[①]，但是由于信息革命的不断发展，各类数据的详细程度和丰富程度不断提升，涌现出一大批资本结构相关的实证研究。主要包括探究权衡理论中各相关因素对公司资本结构的影响，比较优序融资理论与权衡理论，以及研究资本结构对公司运营的影响作用。

资本结构的影响因素的研究是长盛不衰的话题。在 20 世纪 80 年代，众多研究如 Bowen，Daley 和 Huber（1982）早已发现行业特征是重要的影响因素。至 90 年代，相关文献逐渐增多，主要包括税收、公司规模、

---

① 诚然，诸多理论为资本结构理论做出了贡献，如解释公司的股市择时行为的理论，但是股市择时理论之中的理性模型流派仍然使用本章第三节所采用的代理成本分析框架，而股市择时理论的非理性模型流派又更贴近第 6 章中行为金融学的相关分析而与资本结构的理论距离较远，所以本章不再新开一节阐释股市择时理论，其他理论亦然。

现金流波动性、资产的类型等。

依照权衡理论，税收因素是债务节税效应的重要好处，而部分实证研究检验了这一结果是否成立。MacKie-Mason（1990）发现对大部分公司而言，非债务税盾的规模对公司的目标杠杆率并无影响。可能的原因是，非债务税盾中的一大部分是投资税收抵免，而高利润、资本支出高的公司更可能产生投资税收抵免。MacKie-Mason（1990）还发现发行债务这一行为与税收损失结转负相关，但是发行债务与投资税收抵免无关，而投资税收抵免不影响盈利公司的边际税率。Graham（1996a，1996b）通过定量方法计算公司的边际税率，其实证结果发现具有更高边际税率的公司更多地进行债务融资，这与静态权衡理论的预测一致。文献中也运用税率变化和税制改革等外生冲击检验税收的影响。Givoly 等（1992）发现公司税削减后公司债务融资变少，且高税负公司的债务减少最多。

公司规模关系到相当多的财务困境成本的相关因素，如公司规模将会影响公司破产的概率进而影响公司的财务困境成本（Shumway，2001），面临财务压力的大规模公司变卖资产的损失更小（Shleifer 和 Vishny，1997）。公司规模因素往往被视为与公司杠杆率正向相关，但实证结果对具体相关性存在些许分歧。[①]

公司的现金流波动性对公司资本结构的影响也是重要的议题之一。在 Bradley，Jarrell 和 Kim（1984）之后，Wald（1999）和 Booth 等（2001）等研究同样认为现金流波动性越大的公司，其负债越少，但是 Long 和 Malitz（1985）持有相反的实证结论，而 Titman 和 Wessels（1988）发现两者的关系并不显著。按照权衡理论的范式来看，现金流更不稳定的公司，在相同的负债水平下财务困境成本更大，所以理应选择更低的杠杆水平，但实证结果似乎不是这么简单。Kale，Noe 和 Ramirez（1991）的模型暗示公司现金流的波动性对公司债务水平的影响不是线性的，这可能是一种解释。

资产的类型也是影响公司资本的重要因素，因为财务困境成本会因为

---

① 如 Titman 和 Wessels（1988），Rajan 和 Zingales（1995），Mehran（1992）分别给出了弱正相关、强正相关和不显著的实证结果。

公司资产类型的不同而不同，比如较多投资于有形资产的公司会比大量投资于无形资产（如研发）的公司具有更高的目标负债权益比。公司的有形资产占比会正向影响公司的杠杆率，而无形资产越多的公司，其杠杆率越低，Titman 和 Wessels（1988），Rajan 和 Zingales（1995）以及 Frank 和 Goyal（2004）的实证结果均是如此。对于这种实证结果，学界有不同的解释：Williamson（1988）认为有形资产在清算时更容易顺利售卖，而无形资产对各个潜在的投资人具有不同的价值；Harris 和 Raviv（1991）给出的解释是债权人认为无形资产更难评估与处理，这两种机制都增加了无形资产比例高的公司的潜在破产成本，提高了财务困境成本。Hart 和 Moore（1994）认为公司面临财务困境售卖资产时有形资产的折价更低，相比于无形资产，有形资产更多的公司在财务危机中具有更高的议价能力，杠杆率更高时财务困境成本更小。

我们可以清晰地看到，对税收的实证检验了节税效应的收益，而对公司规模、现金流波动性、有形资产和无形资产的关注，最后落在了公司的财务困境成本上。上述绝大部分实证研究为权衡理论提供了相当大的支持。但这些研究局限于分析以上因素是否会影响公司的负债水平，并未定量估计税盾收益与财务困境成本，并借此分析公司所选择的杠杆率是否满足权衡理论中的最优资本结构。

同样有文献试图定量估计债务的成本与收益，以检验静态权衡理论。Graham（2000）首先对节税效应的规模进行了前瞻性的定量估计，认为公司可发掘的节税效应的价值很大，但大多数公司都没有完全利用债务这一避税手段。Graham（2000）认为在节税效应开始降低之前，大多数公司过于保守地选择了资本结构，大多数公司本可以选择既有债务规模的两倍以获得更多的税盾价值。由于财务困境成本包含了间接的财务困境成本，因此直接量化财务困境成本并不容易，Opler 和 Titman（1994），Andrade 和 Kaplan（1998）进行了这类尝试。更常采取的方法是使用信用评级所体现的违约概率，估计公司陷入财务困境的概率，如 Molina（2005），但这种方法被 Almeida 和 Philippon（2007）所诟病。

部分文献转向动态权衡理论，研究存在调整成本时，影响公司杠杆率变化的因素①，如公司管理层择时发行新股将会对公司杠杆率产生长期持续性的影响（Baker and Wurgler，2002），过往的股票收益与现在的债务水平呈现强负相关关系（Welch，2004）等。

　　在实证检验中，优序融资理论是权衡理论的重要竞争者。Shyam-Sunder 和 Myers（1999）实证比较了静态权衡理论和优序融资理论在样本公司中的表现，发现优序融资理论在解释债务发行和到期的时间序列时更胜一筹。但 Frank 和 Goyal（2003）分析了样本公司金融赤字（投资、股息和净营运资本变化之和减去公司经营性现金净流入）中各成分的变化对资本结构的影响，试图检验是否逆向选择成本最高的公司（具有良好成长前景的小规模公司）的优序融资模式更为明显，但结果不支持上述推断。Frank 和 Goyal（2003）暗示采用优序融资模式的原因可能在于其他市场不完美（税收或委托代理问题等）而非逆向选择问题。Kayhan 和 Titman（2007）认为公司在长期中做出的选择会抵消短期内优序融资理论所描述的影响。

　　上述文献为公司的哪些因素在何种程度上影响其资本结构给出了阶段性的答案，而资本结构是否对企业实际经营决策存在其他影响，也是资本结构相关研究所关注的问题。资本结构会影响公司的投资行为，高负债率会降低企业投资水平。Lang，Ofek 和 Stulz（1996）处理了反向因果导致的内生性之后，依旧发现杠杆作用会显著负向影响所有度量口径下的实际投资和增长率。Peyer 和 Shivdasani（2001）的实证表示偿还较高债务的压力会使公司管理层选择具有更高即时现金流的投资项目。Chava 和 Roberts（2008）发现债务违约之后，投资受到重大影响。更高的负债水平还会减少公司对内的工资发放（Sharpe，1994；Hanka，1998）和损害对外的客户关系（Zingales，1998）以及与供应商的关系（Banerjee，Dasgupta，and Kim，2008）。

　　归功于信息技术的发展，实证公司金融领域使用大量样本数据，检验了 20 世纪 50—80 年代的理论发展，并且发现了诸多资本结构相关结论，

---

　　① 当然，动态权衡理论推演出的某些现象与优序融资理论所推出的结论有相似之处，支持两个理论之一的学者在某些领域展开了争论。如 Leary 和 Roberts（2005）认为优序融资理论"公司没有最优资本结构目标"所推演的现象，其实是动态权衡理论中调整成本的体现。

为现实中公司管理层的资本结构选择实践带来了极大的助益。

第六节　MM 定理的宏观应用

近年来，宏观视角和微观理论在很多方面有所结合，并产生了一些引人注目的成果。MM 定理及其他资本结构理论，作为微观金融学的关键理论，也得到了宏观层面的应用。MM 定理至少为宏观研究提供了如下视角：一是可以将宏观主体视为类同企业的存在，并对政府或国家的资本结构情况使用 MM 定理进行分析；二是 MM 定理的分析论证过程提供了一套分析存在摩擦的世界的成熟范式，即首先得到无摩擦世界的无关性定理，并据此不断引入摩擦来逼近现实。

Bolton 和 Huang（2018）将国家纳入公司金融的分析视角，提出了国家资本结构理论。Bolton 和 Huang（2018）将一国的货币和以本币计价的债权视为该国的股权，而把以外币计价的债务视为该国的负债，这时一国为投资而进行的融资就有了发行股权（本币）或债券（负债）两种渠道。

Bolton 和 Huang（2018）建立了一个三期模型来描述开放经济下国家的投资行为：在第 0 期国家为投资项目进行融资、提高生产技术，在第 1 期生产发生、消耗消费品，在第 2 期产出实现。因此，货币在这一模型中既扮演着交换媒介的角色，又发挥着价值贮藏的功能。这一模型假定国家是风险中性的代表性代理人，其最大化目标函数是消费者的效用。

Bolton 和 Huang（2018）从无摩擦世界的经济开始分析，以此为依据建立了国家的 MM 无关性定理：在完美的无摩擦经济中，国家如何为投资项目融资并不重要，印发货币（发行股权）和发行外币债务，或者以任何比例组合两种融资方式，都将获得相同的预期效用。在这一经济中，经典的货币数量论成立，而李嘉图等价（Ricardian equivalence）和价格水平的财政决定理论也成立。

Bolton 和 Huang（2018）以国家层面的 MM 无关性定理为基础，考虑两种摩擦成本：第一，国家有主权债务违约的可能性，这导致了国家层面债务融资的财务困境成本。如果第 2 期实现的产出水平相对于国家的债务水平而言太低，国家就有债务违约的倾向，即使债务违约会带来相应的无谓损失。第二，投资者可能担心通货膨胀问题，放大该国货币贬值风险，产生股权融资的"稀释成本"，即通货膨胀引发国民之间的财富转移。Bolton和Huang（2018）的模型中，如果没有再分配就没有通货膨胀的代价。这也和Myers和Majluf（1984）描述的现象类似：如果公司完全地配股发行，或国家按比例向现在的货币持有者发放新的货币，那么不涉及财富向新股东的转移，在国家资本结构视角下也就没有通货膨胀成本可言。Bolton和Huang（2018）强调货币是通过购买实物资产和新发行的证券进入经济体系中的，而非（直升机撒钱式地）直接投放至经济体系中。

值得注意的是，这里Bolton和Huang（2018）引入的摩擦的来源是典型的信息不对称问题，而其文献基础正是本章第四节所讨论的优序融资理论，所以国家资本结构理论不仅在形式上与MM定理相合，在实质上也与微观的资本结构理论相通。

Bolton和Huang（2018）对预期违约成本和通货膨胀成本的考虑与权衡构成了国家选择最优资本结构的理论基础，他们据此计算出了国家资本结构的最优债务股权比例。Bolton和Huang（2018）认为如果增加货币发行的收益足够大（为极有价值的投资提供融资或避免不可持续的债务高企），那么就足以弥补社会支出通货膨胀的成本。正如Myers和Majluf（1984）所指出的，即使股票发行会导致股价下跌，公司发行新股票为有价值的投资融资仍可能是最优的，这一观点放在国家视角下依然适用。但是当国家面临货币信用问题时，即使预期通胀成本低于预期违约成本，也无法用本币债务的方式为投资项目提供足够的融资，这一发展中国家常面对的现实问题被既往文献称为"原罪"（Eichengreen，Hausmann，and Panizza，2003）。

Bolton和Huang（2018）将对国家资产负债表的分析拓展至在第0期就已经存在大量外币负债的国家。他们指出国家外债较多时有效投资决策可能会被扭曲，并且将投资决策偏离原始项目额度的情况定义为债务积压。Bolton和Huang（2018）发现通过发行股权的方式为投资项目融资时，如果初始债务（在第0期就已经存在的债务）是安全的，就不会出现债务积压问题；如果初始债务是有风险的，就不会出现债务积压问题。当初始债务具有风险时，人们通常期望国家会全力减少债务，以避免债务违约的沉痛代价，但模型给出的结果表示，这并不符合国内居民的最佳利益，因为降低违约风险的主要受益者是初始债务持有人，而国家债务增加时利益受到损害的也是初始债务持有人。

Bolton 和 Huang（2018）在进一步的分析中还引入了货币当局，而货币当局独立于前述模型中管理国家投资的财政当局。拓展的模型中财政当局在第 0 期产生了通过发行债务方式筹资的固定的公共品支出，而这些债务将通过税收和债务货币化的组合进行偿还。Bolton 和 Huang（2018）发现将以本币计价的债务货币化总是可以避免债务违约，此外，即使国家债务是以外币计价的，如果国家遭受冲击后的实际产出水平大于其外币负债，货币化就仍然能够避免违约。当然，如果债务水平相对于生产总值的水平过高，国家实际上无力偿还债务，债务货币化就无法避免违约。

国家应如何管理外汇储备的问题也在 Bolton 和 Huang（2018）的框架中给出了初步的阐释。他们认为外国投资者的信念能反映国际货币形势的宽松或紧缩，由此得出了外汇储备的最优规模。换言之，类似于公司在股价错误估计时实施增发、回购股票的操作，国家在外汇储备过高或过低的情况下也应该积极管理外汇储备。国家可以通过积极管理外汇储备而受益，因为外汇储备不仅可以直接支付投资项目支出，还可以因为在离岸机构存托而增强国家的信誉，提高负债能力，放松财政约束。

Bolton 和 Huang（2018）对现实世界有一定的解释力。他们的理论模型结论之一是如果国际投资者比国内居民更倾向于认为央行是强硬的，那么国家不会发行外币债券筹集资金，而是会选择发行本币债券，这与中日英美的低外币债务水平相符。他们将中国比作成长型公司，特点是持续积累外汇储备、保持低杠杆水平，以在未来需要时具备较强融资能力；而英美更像是使用低成本的融资渠道的蓝筹股公司，不必维持较高的外汇储备水平。Bolton 和 Huang（2018）还分析了阿根廷的债务高企问题和瑞士的外汇储备积累政策，发现现实情况与国家资本结构理论的预测基本相符，这些结果都体现了微观视角引入宏观领域的思维方式的强大生命力。

沿着 Bolton 和 Huang（2018）的思路，Barth，Ni 和 Sun（2019）将其拓展至动态国家资本结构理论，这一动态理论仍然是在印发货币的通胀成本和发行外债的违约风险之间进行权衡取舍。Barth，Ni和Sun（2019）的研究思路无疑是从动态权衡理论中得到了启发。他们认为债务余额会同时减少本币债务发行和外币债务发行，以及初始投资水平越高，以本币计价的债务的发行量越低，而以本币计价的债务的发行量越高。Barth，Ni和Sun（2019）使用22个发展中经济体2004—2015年的国家资本结构进行实证检验，初步验证了动态国家资本结构理论。他们认为将国家类比为企业的思想，尽管新奇，但是在理论模型和实证分析两方面都是合理的。

Bolton和Huang（2018）首先得到无关性定理，然后主要参考了优序融资理论（Myers and Majluf，1984）的思想，Barth，Ni和Sun（2019）则引入了动态权衡理论的思想。由此看来，在相同的框架上借用Jensen和Meckling（1976）的代理成本理论的思想，关注经理人和所有人之间的委托代理冲突，即国家资本结构理论中的货币当局、财政当局与本国居民可能存在的代理成本问题，可能是Bolton和Huang（2018）继续发展完善的可行方向。

尽管现有的MM定理宏观应用文献如Bolton和Huang（2018）等所考虑的假设相对简单，但是定义清晰，形式简明。在可预见的未来，我们有希望看到微观范式继续应用于宏观的国家资本结构理论的发展，如同20世纪的学者亲历了权衡理论、代理成本理论、优序融资理论对MM定理的不断发展与完善。

第四章　资本资产定价模型

　　资本资产定价模型（capital asset pricing model，简记为 CAPM）由 Sharpe（1964）、Lintner（1965）和 Mossin（1966）分别独立提出，因此又被称为 Sharpe-Lintner-Mossin CAPM 模型。CAPM 的诞生标志着现代资产定价理论的开端（Fama and French，2004），不仅 CAPM 最早的提出者威廉·夏普因其做出的开创性工作获得了 1990 年的诺贝尔经济学奖，在 CAPM 的基础上将资产定价理论发扬光大的尤金·法玛也于 2013 年获得了诺贝尔经济学奖。如今，CAPM 已经作为资产定价的经典理论进入了金融学教科书，本章将对这一理论及其后续拓展进行介绍。

　　CAPM 关注的核心是金融资产收益率与风险之间的定量关系。尽管 Markowitz（1952a）提出的投资组合理论已经暗示了资产组合的风险和收益之间存在正相关关系，但是并没有指出具体是哪种风险（市场风险或个体风险）与组合的收益率相关，也没有给出相关关系的具体形式，更没有回答这种关系对于单个资产是否成立。CAPM 从资本市场一般均衡的角度回答了上述问题，其核心思想是风险资产的风险溢价与其承担的系统性风险正相关。

　　尽管从理论上来看 CAPM 形式简洁，含义清晰，然而其实证检验却遇到了相当的困难，CAPM 早期的检验结果可谓处处碰壁。后续的研究除了对检验方法进行种种修正外，还进一步寻找市场因素以外其他影响资产收益率的因素，这方面的集大成者是 Fama 和 French（1993）提出的三因素模型，他们发现除了市场因素外，规模因素和账面价值-市值比因素也对资产价格有显著的解释能力。除此之外还有 Carhart（1997）引入动量因素提出的四因素模型，Fama 和 French（2015）引入盈利能力和投资模式提出的五因素模型等。

第一节　CAPM 的基本形式与扩展

一、CAPM 的基本形式

CAPM 的思想植根于 Markowitz（1952）的投资组合选择模型。马科维茨的模型假设投资者是风险厌恶型的，投资期限为一期。投资者只关心资产收益率的期望和方差（标准差），在给定期望收益率的条件下选择收益率方差最小的投资组合。[①] 这些假设被 CAPM 所继承。此外，Sharpe（1964）和 Lintner（1965）在马科维茨投资组合选择模型的基础上添加了两个关键的假设，其一是"同质预期"假设，即所有投资者对投资期内所有资产收益率的联合分布具有相同的、正确的预期；其二是"无限制借贷"假设，即投资者可以无限制地以无风险利率借入或贷出任意数量的无风险资产。此外，模型还假设投资者是价格的接受者，资产无限可分，市场上没有税收、交易和信息费用等。

在以上假设下，投资者所面临的投资组合选择情形相当于前面章节介绍的多种风险资产和一种无风险资产的情形，如图 4-1 所示。曲线 abc 代表投资者的风险资产投资可行集，其中只有 b 点以上的部分是有效率的，从而 bc 是风险资产投资组合的最小方差边界，即有效边界。市场中有且只有一种无风险资产，其收益率为 r_f。投资者在风险资产投资组合有效边界过无风险资产的切线上选择其投资组合，这条切线称为资本市场线（capital market line，CML）。资本市场线与有效边界的切点 M 被称为市场组合（market portfolio）。根据 Tobin（1958）证明的"分离定理"[②]，所有投资者持有的风险资产投资组合均为市场组合，区别只在于市场组合与无风险资产之间的相对比例。因此，在 CAPM 的假设下，均衡的资本市场具有以下特征：

---

① 关于马科维茨投资组合模型的详细内容，参见本书第二章。
② Lintner（1965）提出了不同的证明方法。

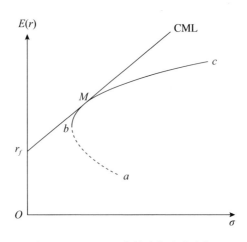

图 4 - 1 CAPM 中的均衡资本市场

第一，如前所述，所有投资者都持有相同的风险资产组合，即市场组合，市场组合在有效边界上，而且是有效边界与资本市场线的切点。第二，市场组合中包含所有可交易的风险资产。这些资产不仅包括股票，还包括可交易的债券、衍生品等，但不包括不可交易的人力资本、私人股权等。假如市场组合中不包含某种资产，这就意味着任何投资者都没有投资于该资产。随着对该资产的需求下降，其价格越发降低，对投资者的吸引力越发上升，最终吸引投资者将其纳入投资组合。将所有投资者持有的资产加总，此时市场中的借贷相互抵消，风险资产的总价值就等于经济中的价值总额，各种风险资产的比例即为其市值比，考虑到所有投资者持有的风险资产组合相同，因此市场组合中各资产的比例即为各资产的市值占总市值的比例。

Sharpe（1964）、Lintner（1965）和 Mossin（1966）证明了在以上市场均衡的情形下，假设市场中有 N 种风险资产，则其期望收益率可以写成如下简洁的形式：

$$E(r_i) = r_f + \beta_i \big(E(r_M) - r_f \big) \quad i = 1, 2, \cdots, N \qquad (4-1)$$

其中，r_i 表示第 i 个资产的收益率，r_f 表示无风险资产的收益率，r_m 表示市场组合的收益率，β_i 为单个风险资产与市场组合的协方差和市场组合方差的比值，即

$$\beta_i = \frac{\text{cov}(r_i, r_M)}{\sigma_M^2} \qquad (4-2)$$

β_i 为单个资产的市场 β 值，这一概念也能推广到资产组合上。从直观上来看，市场 β 值衡量了单个资产的风险溢价对市场组合风险溢价变动的敏感程度。进一步观察 β_i 的定义，其分子 $\text{cov}(r_i, r_M)$ 衡量了资产的系统性风险，分母 σ_M^2 衡量的则是市场组合的总风险，因此，单个资产的市场 β 值还度量了该资产对市场组合风险的贡献程度。系统性风险是由资产价格的共同运动带来的、不能通过分散化投资降低的风险，在利用资产收益率的二阶矩衡量风险的框架下，资产收益率与市场组合收益率的协方差就代表了其系统性风险。CAPM 的结论意味着在定价过程中，资产的期望收益率只与系统性风险有关，与其非系统性风险无关。换言之，在资产的全部风险中，个体风险由于能够通过分散化投资降低直至消除，所以承担个体风险是无法获得收益补偿的，能够获得补偿的只有无法通过分散化投资消除的系统性风险，β 值度量的就是这种能够获得收益补偿的风险。

对 CAPM 的表达式稍作变形可以得到

$$\frac{E(r_i) - r_f}{\text{cov}(r_i, r_M)} = \frac{E(r_M) - r_f}{\sigma_M^2} \qquad (4-3)$$

等式的右端是市场组合承担单位风险获得的超额收益，即市场组合风险的市场价格。左端是单个资产风险溢价与收益率和市场组合收益率的协方差之比，代表了资产 i 承担每单位系统性风险所要求的超额收益，即系统性风险的市场价格。由于等式左端可以代表市场中的任何资产，式（4-3）就意味着市场均衡时任何资产系统性风险的市场价格均相同，且等于市场组合风险的市场价格。

CAPM 给出了资产的期望收益率与市场组合期望收益率之间的关系，Jensen（1968）在此基础上推导了二者实际收益率之间的关系。他首先引入 Fama（1968）提出的描述资产实际收益率的"市场模型"（market model）

$$r_{it} = E(r_{it}) + b_i \pi_t + \varepsilon_{it} \qquad (4-4)$$

其中 π_t 是第 t 期影响市场中所有资产的市场因素，r_{it} 是资产 i 在 t 期的收益率，b_i 表示系数，ε_{it} 是只影响资产 i 的个体因素，且假设市场因素和个体因素都服从期望为零的正态分布，且二者在当期不相关。利用 CAPM 的表达式和市场模型的设定就能推导出单个资产和市场组合实际收益率的关系为：

$$r_{it} - r_{ft} = \beta_i (r_{Mt} - r_{ft}) + e_{it} \tag{4-5}$$

其中误差项 e_{it} 期望为 0，上面的结果表明资产的实际收益率同样符合 CAPM 的形式，这一形式在 CAPM 的实证检验中非常有用，这一点将在本章的下一节中详细介绍。Jensen（1968）进一步指出，对于主动管理的投资组合 j，其收益率可以写成如下形式：

$$r_{jt} - r_{ft} = \alpha_j + \beta_j (r_{Mt} - r_{ft}) + u_{jt} \tag{4-6}$$

其中 α_j 称为资产组合 j 的 α 值，α 值度量基金经理预测资产价格的能力，u_{jt} 表示影响资产组合 j 收益率的其他因素。随机选取的投资组合的 α 值为零；如果基金经理具有预测资产价格的能力，就有能力提前将 e_{it} 为正值的资产纳入资产组合，从而长期中具有正的 α 值；反之，如果基金经理长期对资产价格具有错误的预测，则其投资组合的 α 值就为负值。单个资产的 α 值也有意义，正的 α 值说明资产收益率高于期望值，其价格被低估，反之则说明价格被高估。

二、CAPM 的基本扩展

CAPM 一经提出，就很快受到了学术界的关注，不少学者试图放松 CAPM 的假设以扩展其运用情形。Black（1972）总结了 CAPM 的四个关键假设：（1）所有投资者对期末资产价格的联合分布具有相同的看法；（2）所有资产收益率的联合分布是联合正态分布；（3）所有投资者都是风险厌恶型的，且选择投资组合以最大化期末财富；（4）投资者可以自由借贷任意价值的无风险资产。他指出假设（2）和假设（3）是对现实的合理近似，而假设（1）和假设（4）则有放松的空间。Lintner（1969）放松了假设（1），分别考察了投资者对期末各资产价格与价格的方差-协方差矩阵具有异质性预期的情形，发现投资者无论对二者之一或二者皆有异质性预期，市场均衡中资产价格的形式都未发生本质改变。

Black（1972）考察了假设（4）放松的情形。他假设投资者的无风险借贷受到限制，但是可以自由卖空风险资产。在这种情形下，市场均衡中的资产期望收益率如下式所示：

$$E(r_i) = E(r_Z) + \beta_i \big(E(r_M) - E(r_Z) \big) \qquad (4-7)$$

$E(r_Z)$ 是 Black（1972）引入的新概念，它表示收益率与市场组合不相关的投资组合 Z 的期望收益率。然而，在可以自由卖空风险资产的假设下，这样的资产组合可以构造无穷多个。所以，Z 特指上述投资组合中标准差最小的一个，称为零 β 资产组合。作者将这一模型称为"两因素模型"（two-factor model），用以区别于资产价格只受市场因素影响的单因素模型（CAPM 的基本形式），这是因为式（4-7）容易改写成如下形式：

$$E(r_i) = (1 - \beta_i) E(r_Z) + \beta_i E(r_M) \qquad (4-8)$$

在此形式下能够看出共有两个因素影响资产收益率，其一为市场因素 $E(r_M)$，其二为与市场因素无关的因素 $E(r_Z)$，Black（1972）称其为"贝塔因素"。后续文献常称 Sharpe（1964）与 Lintner（1965）提出的基本形式 CAPM 为 Sharpe-Lintner CAPM，而称 Black（1972）提出的形式为 Black CAPM 或零 βCAPM。不难看出，Sharpe-Lintner CAPM 实际上是零 βCAPM 的特殊形式，如果市场中允许无风险资产的自由借贷，则标准差最小的与市场组合无关的资产就是无风险资产。零 βCAPM 在解释 Sharpe-Lintner CAPM 的实证检验中出现的异象时发挥了重要作用。

第二节 CAPM 的实证检验

CAPM 在形式上十分简洁，且其含义直观而有说服力，这样的理论在多大程度上符合现实中资产价格的运行就成为许多文献关注的焦点。Fama 和 MacBeth（1973）总结了 CAPM 实证检验中的四条关键原假设：（1）资产的收益率与其 β 值之间的关系是线性的；（2）除了市场 β 值之外没有其他变量对资产收益率有解释能力；（3）β 值的溢价为正值，且等于市场组合的风险溢价；（4）对于 Sharpe-Lintner CAPM，零 β 资产组合的收益率等于无风险利率。CAPM 的实证检验大多围绕这四条原假设展开。

对 CAPM 的检验多采用横截面回归的设定，即将某一样本期内市场上资产的收益率的算术平均值 $\bar{r}_i$ 回归于其 β 值的估计值，如下式所示：

$$\bar{r}_i = \hat{\gamma}_0 + \hat{\gamma}_1 b_{1i} + e_i \tag{4-9}$$

其中 b_{1i} 来自基于市场模型的时序估计，也就是将样本期内资产 i 的收益率回归于市场组合代表（如标准普尔 500 指数）的收益率并取其系数的估计值，即

$$\bar{r}_{it} = b_0 + b_1 E(\bar{r}_{Mt}) + u_{it} \tag{4-10}$$

最早公开发表的对 CAPM 的实证检验是 Douglas（1969），不过道格拉斯（Douglas）在这篇文章中透露，在自己之前 CAPM 的提出者之一林特纳（Lintner）就曾在其未公开发表的文章中对 CAPM 进行了实证检验。由于年代久远且未公开发表，我们难以阅读到当年的原文，不过幸运的是，Douglas（1969）总结了其中的检验方法和结果。林特纳以 1954—1963 年美国普通股票收益率数据为样本对 CAPM 进行了横截面检验。他在上述方法的基础上在式（4-9）的右侧额外加入了式（4-10）回归中误差项的方差 $\sigma^2(u_{it})$，由于假设 $\mathrm{cov}(u_{it}, u_{jt}) = 0$，$\sigma^2(u_{it})$ 就代表资产 i 的（可分散的）个体风险。按照 CAPM 检验的原假设（2）、（3）和（4），$\hat{\gamma}_0$ 应等于无风险收益率，$\hat{\gamma}_1$ 应等于市场组合的风险溢价，且 $\sigma^2(u_{it})$ 的系数应为 0。令人惊奇的是，林特纳的检验结果拒绝了上述全部三个原假设：其结果显示 $\sigma^2(u_{it})$ 的系数显著大于零，$\hat{\gamma}_0$ 远大于无风险收益率且 $\hat{\gamma}_1$ 远小于市场组合的风险溢价。Douglas（1969）的检验设定与林特纳稍有不同，但结果相似。他同时将资产收益率与市场组合收益率的协方差和资产收益率本身的方差作为回归元，结果与 CAPM 的预测恰恰相反：资产收益率与其本身的方差有显著为正的相关性，但是与市场组合收益率的协方差的相关性却不显著。

Miller 和 Scholes（1972）指出林特纳及道格拉斯的估计存在偏误。包括对单个资产 β 值的测度容易出现误差，β 值与 $\sigma^2(u_{it})$ 存在明显的相关性，对市场组合的选取不够准确，以及资产收益率服从偏态分布，等等。

然而，他们同时承认，这些偏误不足以直接否定研究中发现的资产定价"异象"，CAPM 成立与否尚待进一步检验。

Miller 和 Scholes（1972）提出的 β 值测量误差问题受到后续文献的普遍重视，具体而言，低 β 资产的测量值比真实值低，而高 β 资产的测量值比真实值高。为了解决这一问题，Blume（1970），Friend 和 Blume（1970），Black，Jensen 和 Scholes（1972）以及 Fama 和 MacBeth（1973）等文献采用投资组合而非单个资产收益率来进行检验。构造投资组合的方法能够有效消除测量的随机误差。随机构造投资组合的方式会缩小样本 β 值的范围，降低估计的效力，解决方案是先将所有资产的 β 值排序，再根据结果将所有资产等分为 β 值从高到低的若干个投资组合。然而，采用这种方法又会造成低 β 组合和高 β 组合的系统性误差问题。为此，Black，Jensen 和 Scholes（1972）以及 Fama 和 MacBeth（1973）提出利用滞后期的 β 值数据对资产排序构造组合，并利用当期数据进行检验来避免这一问题。

Fama 和 MacBeth（1973）是 CAPM 检验的横截面方法的集大成者，他们提出了一个较为完善的设定，如式（4-11）所示：

$$r_{pt} = \gamma_{0t} + \gamma_{1t}\beta_{p,t-1} + \gamma_{2t}\beta_{p,t-1}^2 + \gamma_{3t}s_{p,t-1} + \eta_{pt} \tag{4-11}$$

其中 $\beta_{p,t-1}$ 表示利用 $t-1$ 期数据构造的投资组合的第 t 期 β 值，$s_{p,t-1}$ 是式（4-10）回归残差的标准差，用以代表除市场因素以外影响资产收益率的因素，η_{pt} 表示影响收益率的其他因素。根据 CAPM 检验的原假设（1）~（4），应有 $\gamma_{0t}=r_f$，$\gamma_{1t}=E(r_M)-r_f$，$\gamma_{2t}=0$ 以及 $\gamma_{3t}=0$。

Fama 和 MacBeth（1973）进一步指出，对于不同证券，横截面回归的残差可能具有相同的波动源（如行业因素），扰动项的相关性同样会造成估计的偏误。他们提出的解决方法是逐月对式（4-11）进行估计，得到每个系数的估计序列，再分别根据每个原假设对相应系数的序列进行 t 检验，从而避免了残差相关性带来的偏误。这一方法被后续文献广泛沿用。

除了横截面检验外，还有些学者采用时间序列回归的框架进行 CAPM 的检验。这一方法的代表是 Black，Jensen 和 Scholes（1972）。时间序列回归多基于 Jensen（1968）提出的式（4-6）的设定。在时序检验中，非零的 α 值代表资产收益率中不能由 CAPM 解释的部分，如果 CAPM 成立，则对任意资产（组合）j，应有 $\alpha_j = 0$。应用这一方法的研究还包括 Friend 和 Blume（1970）、Stambaugh（1982）等。

上述文献采用的检验设定虽不尽相同，但得出的结论却出奇地一致，且与林特纳和道格拉斯早期的检验结果相似。第一，（横截面回归的）截距项大于无风险利率（常用一年期国库券利率代表）；第二，β 值的系数小于市场组合的风险溢价，即收益率和 β 值的关系比 CAPM 的预测值要"平坦"。这一现象在时间序列回归中表现为低 β 组合具有正的 α 值，而高 β 组合具有负的 α 值。

Black，Jensen 和 Scholes（1972）认为零 βCAPM 能够对 α 值和 β 值的系统性关系做出解释，在零 βCAPM 的设定下，α 值不再对所有资产均为 0，资产（组合）j 的 α 值是

$$\alpha_j = (r_Z - r_f)(1 - \beta_j) \tag{4-12}$$

这符合数据呈现出的低 β 资产 α 值为正，高 β 资产 α 值为负的特征。然而，零 βCAPM 仅仅预测了收益率与 β 值具有正相关性，含义不如 Sharpe-Lintner CAPM 那样丰富。而且，后续文献在对 CAPM 做进一步考察后发现，影响资产收益率的其他因素远不止市场因素一种，这正是本章下一节将要介绍的内容。

第三节　多因素 CAPM

一、资产定价的异象

CAPM 的结论意味着资产的市场 β 值是解释资产收益率的唯一因素，换句话说，市场组合在所有资产的最小方差有效边界上，从横截面回归的角度来讲，在回归方程的右端加入任何变量均不能增强对资产收益率的解释能力。Fama 和 MacBeth（1973）运用横截面方法最早对这一结论进行了检验，他们采取的设定是在回归方程右端加入 β 值的平方项和市场模型回归的标准差，如式（4-11）所示。检验结果显示上述两项的系数均不

显著，意味着市场组合在最小方差边界上。

利用时序方法同样可以检验这一假设，具体做法是根据可能影响收益率的因素（如市盈率）将所有资产划分为若干个资产组合，对每个组合分别进行式（4-6）的回归，并对每个回归的 α 值做联合检验，如果市场因素是影响收益率的唯一因素，则无论如何划分资产组合都不会产生异于零的 α 值。利用时序方法进行检验的文献如 Gibbons（1982）和 Stambaugh（1982）同样没有发现能显著增强模型解释力的其他因素。

上述检验似乎已经证明了市场因素作为解释资产收益率因素的唯一性，如果这一点确实为真，则放松了自由借贷假设的 Black CAPM 就是成立的。然而，更多的研究很快发现了实际资产价格与 CAPM 冲突的种种"异象"。Basu（1977，1983）的研究表明，高盈利-价格比（E/P，市盈率的倒数）的股票具有高于 CAPM 预测的收益率；Ball（1978）进一步指出一系列形如 X/P（如 E/P）的价格比率变量均能揭示 CAPM 定价的不足；Banz（1981）将股票按照其总市值排序，发现低市值的股票具有高于 CAPM 预测的收益率；Stattman（1980）以及 Rosenberg，Reid 和 Lanstein（1985）发现高账面价值-市值比（B/M）的股票具有不能被 β 值解释的高收益率；最后，Bhandari（1988）则发现负债-权益比率（杠杆率）较高的股票具有异常高的收益率。

上述资产定价的"异象"在美国以外的市场同样得到了印证。Chan，Hamao 和 Lakonishok（1991）的研究表明在日本股票市场中，B/M 值较高的股票也具有更高的收益率；Capaul，Rowley 和 Sharpe（1993）利用欧洲四国的股票市场作为样本同样印证了这一关系；Fama 和 French（1998）发现以收益-价格比和账面价值-市值比为代表的一系列价格比率对资产收益率的异常影响在包括美国在内的 13 个主要资本市场中是一致的。

Fama 和 French（1992）对解释收益率的因素进行了总结性的检验。他们采用横截面检验的方法，同时考虑了 β 值、市值、E/P、B/M 和杠杆率对资产收益率的影响，得出了两点主要结论：第一，无论对 β 值单独进行回归还是同其他变量一起回归，β 值的影响均不甚显著，这一点与早期实证文献和后续文献（Reinganum，1981b；Stambaugh，1982；Lakonishok and Shapiro，1986）得到的收益率和 β 值的关系过于"平坦"的结论相吻合，在 Fama 和 French（1992）所采用的样本期间内这一现象甚至比早期文献中还要突出。第二，用收益率对市值、E/P、B/M 和杠杆率分别单独进行回归，发现这四个因素对收益率均有显著的影响；然而如果同时将四个因素作为回归元，则只有市值和 B/M 值是显著的，这意味着 E/P 与杠杆率所反映的影响收益率的潜在因素可以被市值和 B/M 值所覆盖掉。Fama 和 French（1996）利用时序方法进行检验也得到了相同的结论。

二、多因素模型

关于上述与 CAPM 冲突的资产定价"异象"，即非市场因素的市值、B/M 值等因素对资产收益率有显著解释能力的原因，文献提出了两种不同的观点：第一种是投资者的非理性行为，即行为金融学；第二种是市值和 B/M 值等因素代表了与市场因素不同的风险来源，从而需要更复杂的多因素资产定价模型对其进行定价。

行为金融学解释的支持者认为 B/M 值带来的异常收益率来源于投资者对过去信息的过度推论。Lakonishok，Shleifer 和 Vishny（1994）及 Fama 和 French（1995）等学者指出，较高的 B/M 值通常暗示公司处于衰退阶段，盈利能力较弱，而较低的 B/M 值则表示公司处于成长期，发展前景良好，盈利能力较强。显然，投资者观测到的公司 B/M 值只能反映其过去的盈利能力等信息，然而投资者倾向于用公司过去的表现对未来进行过度推论，这就造成了高 B/M 值公司（价值型企业）股票定价过低，而低 B/M 值公司（成长型企业）股票定价过高的现象。持有这一观点的文献包括 De Bondt 和 Thaler（1987）以及 Lakonishok，Shleifer 和 Vishny（1994）等。

另一种观点认为市值和 B/M 值等因素背后隐藏着不同于市场风险（β 值风险）的风险来源，并在此基础上提出了更为复杂的多因素资产定价模型（区别于 Sharpe-Lintner CAPM 的单因素模型和 Black CAPM 的两因素模型），这类文献的代表包括 Fama 和 French（1993，1996，2015）、Carhart（1997）等。虽然文献对因素的选取和其背后的风险来源的解释不尽相同，但多因素模型的理论均是基于两篇重要的文献，其一是 Merton（1973a）提出的跨期 CAPM，其二是 Ross（1976）基于无套利思想提出的套利定价理论。

Merton（1973a）提出的跨期CAPM（intertemporal capital asset pricing model，ICAPM）放松了原始版本的CAPM中投资者只关心当期投资收益情况的假设，在ICAPM中，投资者在连续的时间内进行交易，并且试图最大化其生存期间的总效用，效用的来源包括连续时间内的消费和终止期的财富总额。这就意味着投资者作决策时不仅要考虑当期的财富总额（事实上，在连续时间内也不存在"当期"的概念），还需要考虑其财富总额如何随未来外生的"状态变量"（state variable）的变化而变化，这些状态变量包括投资组合可行集的状态、消费品的价格、未来的消费和投资机会等，默顿还进一步假设投资者总是在均衡状态下进行交易，状态变量的变化服从马尔可夫过程等。

在ICAPM的假设下，投资者仍然偏好较高的期望收益率和较低的收益率波动，不过除了资产之间的方差-协方差矩阵外，投资者还会考虑资产收益率与状态变量之间的协方差。默顿的推导结果表明，ICAPM下的市场均衡不再是只与资产之间协方差构成的系统性风险有关的"单因素均衡"，而是与系统性风险和所有状态变量均相关的"多因素均衡"。Merton（1973a）的推导只考虑了将投资组合可行集（在期望-方差平面上）的变化作为状态变量的情形，其具体形式为

$$E(r_i) = r_f + \beta_{M,i}\big(E(r_M) - r_f\big) + \beta_{n,i}\big(E(r_n) - r_f\big) \qquad (4-13)$$

其中 $E(r_n) - r_f$ 是投资者由于承担投资组合可行集变化的风险而获得的补偿，$\beta_{M,i}$ 表示资产 i 的收益率对市场风险的敏感程度，$\beta_{n,i}$ 是资产 i 对上述风险的敏感程度。默顿在其文章结论部分指出，上述情形很容易就能推广到考虑其他状态变量的情形。一般地，如果存在 L 种影响投资者财富总额的外生状态变量，则市场均衡中资产 i 的期望收益率就可以写成形如式（4-14）的形式：

$$E(r_i) = r_f + \beta_M\big(E(r_M) - r_f\big) + \beta_{F_1,i}\big(E(r_{F_1}) - r_f\big) + \cdots$$
$$+ \beta_{F_L,i}(E(r_{F_L}) - r_f) \qquad (4-14)$$

式中 r_{F_j} 表示资产组合 F_j 的收益率（$j=1, 2, \cdots, L$）。

Fama（1996）指出 ICAPM 与 CAPM 具有相似的内在逻辑，CAPM 均衡中的市场组合是已知资产收益率之间相关性时的"单变量有效"组合，在 ICAPM 的均衡中，与每个状态变量分别相关的 $F_1, F_2, \cdots, F_L$ 是已知资产收益率与相应状态变量方差-协方差矩阵时达到最大期望收益率的"多变量有效"（multifactor efficient）组合。

另一篇为多因素模型提供理论基础的重要文献是 Ross（1976），罗斯（Ross）将其提出的模型称为套利定价理论（arbitrage pricing theory, APT）。套利定价理论主要基于两个关键假设：一个是任何风险资产收益率都能用以下公式表示：

$$r_i = E(r_i) + \beta_{F_1,i} F_1 + \beta_{F_2,i} F_2 + \cdots + \beta_{F_L,i} F_L + e_i \qquad (4-15)$$

其中 $F_1, F_2, \cdots, F_L$ 表示影响资产收益率的 L 种宏观因素，如 GDP、通胀率、汇率等，$\beta_{F_1,i}, \beta_{F_2,i}, \cdots, \beta_{F_L,i}$ 衡量了资产 i 对各因素的敏感程度，称为因子载荷（factor loading）。另一个假设是市场中不存在套利机会。除上述两个关键假设外，APT 的假设还包括市场中风险资产的个数 N 远大于因子个数 L，市场中的投资者对资产具有相同的看法等。在以上假设下，资产 i 的期望收益率就能写成以下形式：

$$E(r_i) = r_f + \beta_{F_1,i}(\pi_1 - r_f) + \beta_{F_2,i}(\pi_2 - r_f) + \cdots$$
$$+ \beta_{F_L,i}(\pi_L - r_f) \qquad (4-16)$$

其中 π_L 是对第 L 种因素敏感度为 1，对其他因素敏感度为 0 的投资组合期望收益率。

APT 与 CAPM 和 ICAPM 基于非常不同的基本假设，如 CAPM 假设投资者对资产收益率的分布（期望和方差-协方差矩阵）有相同的看法，而 APT 没有对资产收益率的分布做任何假设，而是假设了资产收益率的具体形式；又如 CAPM 讨论的是市场均衡时资产收益率与市场组合收益率的关系，而 APT 中不存在市场组合的概念，甚至不要求市场达到均衡，而仅要求市场中不存在套利机会。然而，ICAPM 和 APT 这两种基于不同假设的理论得出的资产期望收益率式（4-14）和式（4-16）却具有非常相似的形式。事实上，这两种理论都得到了后续文献的广泛支持。

　　ICAPM 和 APT 共同构成了多因素资产定价模型的基础，二者的共同缺陷是均未对影响资产收益率的因素（ICAPM 称为状态变量）的具体选取进行说明。Roll 和 Ross（1980），Reinganum（1981a），Chen（1983）以及 Fama 和 French（1992）等学者在这方面做了大量工作。而多因素模型的集大成者当属 Fama 和 French（1993，1996）提出的三因素模型（three-factor model）。

　　Fama 和 French（1992）的检验证明了公司规模和 B/M 值对收益率有显著的解释能力，然而，这一检验并未论证二者是否对应，以及对应着何种 β 值风险以外的风险。Fama 和 French（1993）发现小规模公司之间收益率的相关性高于小规模公司和大规模公司之间收益率的相关性，低 B/M 值公司（成长性企业）之间收益率的相关性高于低 B/M 值公司和高 B/M 值公司（价值型企业）之间收益率的相关性。他们据此认为规模和 B/M 值本身并非 ICAPM 中的状态变量，而是代表着某种未被 β 值定价的、不可分散的风险。Fama 和 French（1995）进一步发现高 B/M 值公司在长期具有较低的盈利水平，低 B/M 值公司则在长期营利能力较强；在不同 B/M 值的公司分组内部再对规模进行分组，发现小规模公司的营利能力不及大规模公司；进一步用公司营利能力对规模因素和 B/M 值进行回归，发现二者对营利能力有显著的解释能力。上述结果暗示规模因素和 B/M 值可能代表了与公司营利能力相关的风险。

　　Fama 和 French（1993，1996）提出的三因素模型的具体形式是

$$E(r_{it}) = r_{ft} + \beta_{M,i}\big(E(r_{Mt}) - r_{ft}\big) + \beta_{s,i}E(SML_t)$$
$$+ \beta_{h,i}E(HML_t) \tag{4-17}$$

式中 $\beta_{s,i}$ 表示资产 i 收益率对规模因素的敏感程度，$\beta_{h,i}$ 表示资产 i 收益率对 B/M 值的敏感程度。将市场上的所有股票分别按照总市值大小和 B/M 值高低分为高、低两组和大、中、小三组，SML_t（small minus large）表示第 t 期（充分分散的）小规模公司组合与大规模公司组合之间的收益率之差，HML_t（high minus low）则表示高 B/M 值公司组合与低 B/M 值公司组合之间的收益率之差，亦即小规模公司的风险溢价和高 B/M 值公司的风险溢价。二者与市场组合的风险溢价一起构成了三因素模型中的三个

因素。将式（4-17）写成实际收益率的形式就是

$$r_{it} = \alpha_i + r_{ft} + \beta_{M,i}(r_{Mt} - r_{ft}) + \beta_{s,i}SML_t + \beta_{h,i}HML_t + \varepsilon_{it}$$

$$(4-18)$$

与 CAPM 的时序检验相似，式（4-18）是检验三因素模型所采用的设定，α 值代表资产收益率中不能被三因素模型解释的部分。Fama 和 French（1996）证明三因素模型可以解释 CAPM 所不能解释的盈利-价格比、现金流-价格比、销售收入增长率与收益率的相关关系；Fama 和 French（1998）利用 13 个国家的样本再次证明了三因素模型较 CAPM 具有更强的解释能力。

市值因素和 B/M 值看上去似乎并不完全符合 ICAPM 中"状态变量"的概念和 APT 中"因素"的概念。不过 Fama 和 French（2004）指出，这一问题并不致命，因为 ICAPM 和 APT 的思想本质上在于"在模型中加入分散化的投资组合以解释那些市场因素所不能解释的收益率波动和收益率之间的联动"，在这个意义上，三因素模型很好地达成了它的使命。

三因素模型一经提出就被学者们所广泛接受并应用，如今，它已经成为了资产定价领域研究中的标准设定。但三因素模型并不是完美无缺的，资产定价中仍然存在三因素模型也不能解释的"异象"。例如 Jegadeesh 和 Titman（1993）所指出的"动量效应"（momentum effect），在过去 3～12 个月内收益率表现良好的股票倾向于在接下来的数个月内保持其良好的表现，而过去表现欠佳的股票也有维持其现状的倾向。为了解决这一问题，Carhart（1997）在三因素模型的基础上加入了动量因素，即短期内高收益率股票组合与低收益率股票组合的收益率之差，进一步提出了四因素模型。学者们后续还发现盈利（Novy-Marx，2013）、应计利润（Richardson，Tuna，and Wysocki，2010）、资产增长（Cooper，Gulen，and Schill，2008）等指标对股票收益率均存在较强的解释能力。近年来，Fama 和 French（2015）还在三因素模型的基础上加入盈利能力和投资模式因素提出了五因素模型。

第四节 CAPM 的微观基础

CAPM 阐明了单个风险资产的风险溢价与所承担的系统性风险之间

的比例关系，系统性风险由风险资产与市场组合收益率之间的相关性刻画。然而，市场组合本质上也是由单一资产构成的。也就是说，CAPM并未阐明系统性风险的微观基础是什么。Lucas（1978）和 Breeden（1979）提出的以消费为基础的资本资产定价模型（consumption-based CAPM，CCAPM）对这一问题做出了回答，CCAPM 将风险资产的价格（收益率）纳入理性消费者效用最大化的分析框架，进而建立了资产价格与消费者偏好和消费决策之间的联系。

我们通过简化的 Lucas（1978）模型介绍 CCAPM 的基本思想。考虑一个两期模型，经济中有一单位的代表性家庭，代表性家庭最大化加总期望效用：$\max U(C_t) + \beta E_t U(C_{t+1})$。$U(\cdot)$ 是二次可微且满足 $U'(\cdot) > 0$，$U''(\cdot) < 0$ 的效用函数，β 是主观贴现率，E_t 是期望算子。代表性家庭在第 t 期作出消费决策 C_t 和投资决策，家庭可以购买一种资产，资产价格为 P_t，数量为 Q_t。每单位资产在第 $t+1$ 期实现随机支付 D_{t+1}，家庭在第 $t+1$ 期的消费为 C_{t+1}，在第 t 期和第 $t+1$ 期禀赋分别为 W_t 和 W_{t+1}。代表性家庭的预算约束就是

$$C_t + P_t Q_t = W_t \tag{4-19}$$

$$C_{t+1} = W_{t+1} + D_{t+1} Q_t \tag{4-20}$$

整理上述约束效用最大化问题的一阶条件就能得到家庭的最优投资决策条件：

$$P_t U'\left(C_t\right) = \beta E_t \left[U'\left(C_{t+1}\right) D_{t+1}\right] \tag{4-21}$$

式（4-21）（Clarida，Gali，and Gertler，2000）左侧为家庭在第 t 期增加一单位投资带来的当期效用损失，右侧为第 t 期增加一单位投资而导致第 $t+1$ 期效用增加的期望折现值。最大化加总折现效用的家庭的最优投资水平使得增加投资的边际成本等于边际收益，即式（4-21）左右两侧相等。简单整理式（4-21）即可解出资产价格 P_t：

$$P_t = E_t(\delta_{t,t+1} D_{t+1}) \tag{4-22}$$

$$\delta_{t,t+1} = \beta \frac{U'(C_{t+1})}{U'(C_t)} \tag{4-23}$$

其中 $\delta_{t,\,t+1}$ 称为随机折现因子（stochastic discount factor），是 CCAPM 模型的核心。$\delta_{t,\,t+1}$ 的含义是一单位第 $t+1$ 期支付的折现边际效用 $[\beta U'(C_{t+1})]$ 相对于一单位第 t 期支付的边际效用 $[U'(C_t)]$ 的价值，资产价格 P_t 就是第 $t+1$ 期支付利用随机折现因子的期望折现值。当资产价格如此确定时，是否购买风险资产对于家庭在期望效用上无差异。上述资产定价公式很容易推广到无穷期的情形，假设资产在第 $t+i$ 期的支付为 D_{t+i}，则资产价格 P_t 为

$$P_t = E_t\left(\sum_{i=0}^{\infty}\delta_{t,t+i}D_{t+i}\right) \tag{4-24}$$

$$\delta_{t,t+i} = \beta_i\frac{U'(C_{t+i})}{U'(C_t)} \tag{4-25}$$

即资产的价格是未来各期支付的期望折现值之和，折现系数即为未来各期相对于 t 期的随机折现因子 $\delta_{t,t+i}$。

为了简便起见，下面仍然考虑两期模型。假如资产是无风险的，即未来的支付是确定值，将无风险资产的价格标准化为 1，则其第 $t+1$ 期支付就等于无风险收益率 R_{t+1}^f。则式（4-22）就可以改写为

$$R_{t+1}^f = \left[E_t(\delta_{t,t+1})\right]^{-1} \tag{4-26}$$

即无风险利率是期望随机折现因子的倒数。对于风险资产 z，利用式（4-22）和式（4-26）并结合协方差的定义可得

$$P_t^z = \frac{E_t(D_{t+1}^z)}{R_{t+1}^f} + \mathrm{cov}(\delta_{t,t+1},D_{t+1}^z) \tag{4-27}$$

根据 $\delta_{t,\,t+1}$ 的定义，上式可进一步写成：

$$P_t^z = \frac{E_t(D_{t+1}^z)}{R_{t+1}^f} + \frac{\beta\mathrm{cov}(U'(C_{t+1}),D_{t+1}^z)}{U'(C_t)} \tag{4-28}$$

由于消费的边际效用大于零（$U'(\cdot) > 0$），未来消费的边际效用与资产未来支付的协方差和资产价格正相关。由于边际效用递减（$U''(\cdot) < 0$），如果 D_{t+1}^z 与 $U'(C_{t+1})$ 正相关，与未来消费 C_{t+1} 就负相关。也就是说，未来消费低时，资产的支付反而会更高，此时的高支付对家庭是"雪中送炭"

的，起到了平滑消费的保险作用，其他条件不变时，家庭愿意为这类资产支付更高的价格。相反，若 D_{t+1}^z 与 $U'(C_{t+1})$ 负相关，未来支付与消费水平同向变动。未来消费降低时，资产的支付也同样较低，虽然消费水平高时资产同样会有较高的支付，但这种高支付是"锦上添花"的，反而会加剧消费水平的波动，因此投资者只愿意为这种资产支付较低的价格。在以上简单的两期模型中，未来消费包括资产支付和家庭禀赋两部分，均衡中资产收益与未来消费的相关性实际上就是与家庭禀赋代表的其他收入（如工资收入）的相关性。以上分析说明，投资者具有平滑消费的倾向，因此愿意为与其他收入反向变动的"保险"资产支付更高的价格。

将式（4-28）中第 t 期风险资产的价格标准化为 1，并代入无风险收益率式（4-26），就可以得到资产 z 的风险溢价：

$$
\begin{aligned}
E_t(R_{t+1}^z) - R_{t+1}^f &= -R_{t+1}^f \operatorname{cov}(\delta_{t,t+1}, R_{t+1}^z) \\
&= -\frac{\operatorname{cov}(\delta_{t,t+1}, R_{t+1}^z)}{E_t(\delta_{t,t+1})}
\end{aligned}
\tag{4-29}
$$

CCAPM 中的风险溢价取决于风险资产收益率与随机折现因子之间的相关性。当 R_{t+1}^z 与 $\delta_{t,t+1}$ 负相关时，R_{t+1}^z 与未来消费正相关，从而是一种风险资产（反之则是一种保险）。相关性越大，风险溢价就越高。

CAPM 中，单一资产风险溢价与其 β 值具有正比例关系，其中 β 值刻画了风险资产收益率与市场组合收益率的相关性，度量了资产的系统性风险。在 CCAPM 中，资产的系统性风险则由收益率与随机折现因子之间的相关性度量，（负）相关性越大，资产承担的系统性风险就越大，从而风险溢价与系统性风险之间同样具有正比例关系。

从思想上来看，CAPM 和 CCAPM 具有统一性：资产的风险溢价与收益率成正比。二者的差异在于 CAPM 中的系统性风险由资产与市场组合收益率的相关性度量，而市场组合又是由单个资产构成的，所以 CAPM 并未从本质上揭示风险溢价，或者说系统性风险的根源何在；而 CCAPM 中的系统性风险由资产收益率与随机折现因子之间的相关性度量，从而将资产收益率与未来消费联系在一起，明确解释了系统性风险的来源。从形式上来看，Campbell 和 Cochrane（2000）以及 Cochrane

（2005）指出，将投资者的效用函数 $U(\cdot)$ 设为二次或对数的形式均能够在形式上从 CCAPM 推导出 CAPM。

第五节　基于投资的 CAPM

CAPM 和 CCAPM 认为，市场因素（系统性风险）是影响资产收益率的唯一因素。从这个角度说，经验证据与 CAPM 的种种不符被称为资产定价的"异象"。经典的多因素模型如 Fama 和 French（1993）、Carhart（1997）等虽然在实证上将"异象"归因为与公司特征相关的种种"因素"，但是其结果不能用 CCAPM 提供的微观基础来解释。相比之下，基于投资的 CAPM（investment CAPM，简记为 ICAPM）则为公司特征解释股票收益率提供了微观基础。ICAPM 最早由 Lin 和 Zhang（2013）提出，Hou，Xue 和 Zhang（2015）在 ICAPM 的基础上提出了 q 因素模型，Hou，Xue 和 Zhang（2016）的实证研究发现，q 因素模型比 Fama 和 French（2015）五因素模型对资产定价"异象"的解释力更强。Zhang（2017）对 ICAPM 的理论进行了系统阐释，认为 ICAPM 把财务会计领域中的"异象"研究与新古典经济学融合起来，从而成功地从有效市场假说跨越到行为金融学。

与 CCAPM 从消费者效用最大化出发不同，ICAPM 从公司的角度出发，考虑最大化权益价值的公司的投资行为。仍然考虑一个两期模型，经济中存在异质性的公司，记为 $i=1，2，3，\cdots$。公司生产一种商品用于消费和投资。在第 t 期，公司 i 拥有用于生产的资本 K_{it}，盈利能力为 X_{it}，利润为 $\Pi_{it}\equiv X_{it}K_{it}$。第 $t+1$ 期的盈利能力 X_{it+1} 是一个随机变量，资本的折旧率为 100%，因此第 $t+1$ 期的资本 K_{it+1} 等于第 t 期的投资 I_{it}，投资承担二次调整成本为 $(a/2)(I_{it}/K_{it})^2 K_{it}$，$a>0$ 是常数。资本在第 $t+1$ 期末的清算价值为零。公司在第 t 期末将自由现金流全部用于分红，即 $D_{it}=X_{it}K_{it}-I_{it}-(a/2)(I_{it}/K_{it})^2 K_{it}$，分红后的权益价值为 P_{it}。因为经济只有两期，第 $t+1$ 期公司不再投资，将全部利润用于分红，即 $D_{it+1}=X_{it+1}K_{it+1}$，分红后的权益价值 P_{it+1} 等于零。

设第 t 期家庭的随机折现因子为 $\delta_{t,t+1}$。公司在第 t 期初决定投资 I_{it} 来最大化公司第 t 期末的附股息的权益价值，即

$$P_{it} + D_{it} = \max_{\{I_{it}\}} \left[X_{it} K_{it} - I_{it} - \frac{a}{2} \left(\frac{I_{it}}{K_{it}} \right)^2 K_{it} + E_t \left[\delta_{t,t+1} X_{it+1} K_{it+1} \right] \right]$$

$$(4-30)$$

上述问题的一阶条件为

$$1 + a \frac{I_{it}}{K_{it}} = E_t (\delta_{t,t+1} X_{it+1}) \tag{4-31}$$

式（4-31）的右侧是单位投资在第 $t+1$ 期的边际收益的折现值，左侧为单位投资的边际成本，等于边际资金成本（1）与边际调整成本 $[a(I_{it}/K_{it})]$ 之和。

从式（4-30）两侧消去第 t 期的分红就可以得到第 t 期分红后的权益价值，等于第 $t+1$ 期末价值的折现值，即

$$P_{it} = E_t (\delta_{t,t+1} X_{it+1} K_{it+1}) \tag{4-32}$$

将第 t 期末的股权价值以及第 $t+1$ 期末的股权价值和分红代入股票收益率的定义得到

$$r_{it+1} = \frac{P_{it+1} + D_{it+1}}{P_{it}} = \frac{X_{it+1} K_{it+1}}{E_t (\delta_{t,t+1} X_{it+1} K_{it+1})} = \frac{X_{it+1}}{E_t (\delta_{t,t+1} X_{it+1})}$$

$$(4-33)$$

最后再代入公司投资的一阶条件式（4-31）即可得到 ICAPM

$$r_{it+1} = \frac{X_{it+1}}{1 + a \left(I_{it}/K_{it} \right)} \tag{4-34}$$

根据式（4-34），公司股票收益率与投资水平（I_{it}/K_{it}）和盈利能力（X_{it+1}）有关，投资水平越低，盈利能力越强，股票收益率越高。ICAPM 在直观上是净现值法则资本预算。投资水平可以预测收益率，是因为给定了预期的盈利能力，较高的资本成本意味着较低的新资本净现值和较低的投资，而较低的资本成本意味着较高的新资本净现值和较高的投资。获利能力能够预测收益率，因为高预期盈利能力和低投资水平必然意味着高折现率。为了使新资本的净现值和投资水平降低，必须要求较高的折现率来抵消较高的预期获利能力。如果折现率不够高，则

企业将观察到较高的新资本净现值并进行更多投资。相反，较低的预期盈利能力和较高的投资水平必然意味着较低的折现率。如果折现率不足以抵消预期的较低获利能力，则企业将观察到较低的新资本净现值，从而减少投资。

ICAPM 从理论上解释了为什么公司特征能够解释股票收益率，进而认为早期多因素模型寻找到的解释资产定价"异象"的因素本质上都是通过影响公司投资水平和盈利能力来影响股票收益率的。例如，根据式（4-31）和式（4-32），投资的边际成本 $1+a(I_{it}/K_{it})$ 等于市场价值和资本之比 P_{it}/K_{it}，假设公司不存在债务，上述比值就等于公司市值-账面价值之比，即 B/M 值的倒数。Fama 和 French（1993）三因素模型指出 B/M 值与收益率正相关，ICAPM 则指出这种关系本质上是由收益率和投资水平（I_{it}/K_{it}）的负相关关系造成的。Hou，Xue 和 Zhang（2015）根据 ICAPM 的思想提出了 q 因素模型，认为市场因素、市值因素、投资水平因素和盈利能力因素影响了资产收益率，即

$$E[R_i]-R_f = \beta^i_{MKT}E[MKT]+\beta^i_{SIZE}E[SIZE]+\beta^i_{I/A}E[I/A]$$
$$+\beta^i_{ROE}E[ROE] \tag{4-35}$$

事实上，CCAPM 和 ICAPM 是"一枚硬币的两面"，二者分别从投资者和公司的角度刻画了资产收益率的决定机制。CCAPM 公式（4-29）可以进一步写为：

$$E_t[R^i_{t+1}]=R^f_{t+1}-\frac{\text{cov}(\delta_{t,t+1},R^i_{t+1})}{\text{var}(\delta_{t,t+1})}\frac{\text{var}(\delta_{t,t+1})}{E_t[\delta_{t,t+1}]}=R^f_{t+1}+\beta^M_{it}\lambda^M_t \tag{4-36}$$

其中 $\beta^M_{it}\equiv-\text{cov}(\delta_{t,t+1},R^z_{t+1})/\text{var}(\delta_{t,t+1})$ 称为资产 i 的消费 β 值，λ^M_t 是随机折现因子的方差与均值之比。当市场达到均衡时，CCAPM 与 ICAPM 得到的资产收益率相等，即

$$R^f_{t+1}+\beta^M_{it}\lambda^M_t=\frac{X_{it+1}}{1+a(I_{it}/K_{it})} \tag{4-37}$$

消费 β 值和公司特征都是资产收益率的充分统计量。从 CCAPM 的角

度来看，如果控制了消费 β 值，公司特征就不能对资产收益率提供额外的解释能力；相反，从 ICAPM 的角度看，如果控制了公司特征，消费 β 值同样不能提供额外的解释能力。

第五章 期权定价理论

　　金融学的微观范式的发展是与金融实践中金融市场的快速发展相辅相成的，而这种双向互动共同发展的现象在衍生品市场尤其是期权交易中非常典型。在期权交易的研究历史中，BS 期权定价公式是期权领域里程碑式的研究，正是这一研究极大地推动了期权交易市场的繁荣，并催生了后续一系列相关研究。

　　期权作为现代金融市场有效管理风险的工具，交易的是基础资产的波动特性（二阶或以上的矩）而非期望值（一阶矩），期权的交易对象的特点极大地拓展了金融市场中风险交易的灵活程度，为各种各样复杂的金融工具的创造提供了可能性。

　　金融学的微观范式的基础是价格，可见期权的定价问题是期权的学术研究中的重点。从 20 世纪初路易斯·巴舍利耶（Louis Bachelier）的研究开始的定量期权价格研究，为期权定价理论提供了思想基础。但直至 20 世纪 70 年代由费希尔·布莱克和迈伦·斯科尔斯提出的期权定价公式，对期权的定价的研究才取得了重要的突破。

　　BS 期权定价公式是期权的估值模型，用以计算期权的价格，反映的是计算的过程。BS 期权定价公式的设立蕴含了金融学中的关键思想原则，典型的是随机游走模型与无套利思想。而各类求解 BS 期权定价模型的最终表达式的方法，也将偏微分方程解法、鞅过程等数理方法与概念引入金融学领域，为其后数理金融学的爆发式发展做了铺垫。

　　BS 期权定价公式极大地推动了期权交易实务的开展与繁荣，以其提出为重要时间节点，期权定价理论的研究广泛地开展，并迅速运用到期权交易之中。20 世纪 70 年代美国乃至国际金融市场期权交易盛行，BS 期权定价公式的提出与发展功不可没。

1997 年诺贝尔经济学奖被授予迈伦·斯科尔斯和罗伯特·默顿两位教授，以表彰他们与已故的费希尔·布莱克教授在期权定价领域所做出的杰出贡献。诺贝尔奖的颁奖词表明，这三位教授的工作为 20 世纪末衍生金融市场的快速发展奠定了坚实基础，并且为金融学开创了新的研究领域。

第一节　早期的期权定价

期权是重要的金融衍生工具，是赋予持有人在某一特定时刻或某一时间段内以固定价格买入或售出某种资产的权利的合约，使持有者能够避免巨大的亏损而同时保有潜在的获利可能。期权的标的可以是股票、期货合约、大宗商品、利率、认股权证等可交易或不可交易的金融工具，甚至可以是某段时间内的平均气温等数值指标。公元前 1750 年左右，期权的雏形概念就出现于《汉谟拉比法典》中，公元前 350 年左右亚里士多德（Aristotle）的《政治学》就记载了天文学家泰勒斯（Thales）依靠期权获得橄榄压榨机的使用权从而大赚特赚的故事，直至近代 17 世纪荷兰的"郁金香泡沫"中也有期权交易的存在。

尽管期权的历史很悠久，但是对于期权价格的科学探讨相对而言出现得很晚。因为期权是典型的在波动率的基础上交易的金融工具，这与现货或期货市场中直接地交易期望值不同。换言之，期权交易的对象是二阶甚至更高阶矩，而股票现货或期货交易的对象是一阶矩。这意味着期权的定价更为复杂，因此现实中适用的期权定价理论出现较晚，即使是只讨论欧式期权的 BS 期权定价公式，也直至 1973 年才面世。

在 BS 期权定价公式问世之前，巴舍利耶、克鲁辛格（Kruizenga）、斯普伦克莱（Sprenkle）和博内斯（Boness）等人均为期权定价理论做出了不可磨灭的贡献，其中 Bachelier（1900）是公认的期权定价理论领域的鼻祖。

数学家巴舍利耶在 1900 年写就的博士论文《投机理论》首先以布朗运动刻画了股票价格的随机过程，并率先给出了计算期权价格的方法。这一论文最先将布朗运动这一数学概念引入金融领域，日后对期权定价理论的研究沿袭了这一范式。值得一提的是，这篇开创性的博士论文的指导老师就是名扬四海的数学家庞加莱（Poincaré）。

Bachelier（1900）在引言中表示无法得出对股票价格精确的预测："影响证券交易所中股票价格变动的因素不可胜计……这些变动取决于无穷多的因素，因此不能奢望得到精确的数学预测……毫无疑问，概率论永远不会适用于报价的变动。看待股票价格的意见相互矛盾，差异极大，乃至于买方认为市场价格上涨的同时卖方却认为市场价格下跌。"但是Bachelier（1900）认为期权的价格是可以计算的，"然而，可以使用数学方法研究给定静态时点下市场的状态，即建立该时刻下市场价格波动的概率分布。事实上，市场无法预见波动，但是它考虑了波动或多或少的可能性，而这样的可能性能够用数学方法评估。"

Bachelier（1900）是当之无愧的期权定价理论的奠基之作，它搭建了行之有效的分析框架，主要表现有三：一是使用了公平赌博（fair game）的思想，二是首次使用随机过程的概念描绘市场的动态，三是给出了计算期权价格时重要的因素。

当代金融学中处于重要地位的公平赌博和无套利原则，今天的金融学爱好者已然对此司空见惯，但是在 20 世纪初并未普及。Bachelier（1900）认为"在任意时间节点市场不相信真实价格的上升或下跌"，并由此引入了公平赌博的概念。他还考虑到买卖双方获利的数学期望值之和为 0，并提出了"投机者获利的数学期望值为零"的普遍原则，并表示"市场不仅认为当前的交易操作盈利预期为 0，还认为基于后续价格变动的交易操作盈利预期也是 0。"公平赌博的思想在金融学后续的发展中逐渐演变至举足轻重的无套利条件。

Bachelier（1900）给出了计算期权价格的重要因素：标的资产价格 S、期权执行价格 K、波动率 σ 和时间 T。Bachelier（1900）还给予股票价格以严格的数学描述，假设股票价格过程是漂移项为 0、每单位时间具有方差 σ^2 的标准布朗运动。

根据上述假设 Bachelier（1900）得到了看涨期权的价格为：

$$C(S,T) = SN\left(\frac{S-K}{\sigma\sqrt{T}}\right) - KN\left(\frac{S-K}{\sigma\sqrt{T}}\right) + \sigma\sqrt{T}\varphi\left(\frac{S-K}{\sigma\sqrt{T}}\right)$$

$$(5-1)$$

其中 $C(S,T)$ 表示距到期日还有时间 T 且股票价格为 S 时看涨期权的价格，S 表示股票现时刻的价格，K 表示期权的执行价格，N 和 φ 分别是标准正态分布的分布函数和密度函数。

Bachelier（1900）的研究无疑是卓越的，其所得到的期权价格公式的形式已经与 BS 期权定价公式有相当的相似之处。如若立足于当代视野、略显苛责地评价这一开创性研究，我们可以发现 Bachelier（1900）的期权定价模型的主要缺陷是将股票价格而非收益率视为布朗运动明显是脱离现实的，另外该模型也没有考虑资金的时间价值。

在该研究结果问世之前，人们甚至认为期权的内在价值只能通过用市场的试错来反映市场的供给和需求而决定。Bachelier（1900）首次将期权定价过程从交易的经验法则推向了科学方法的怀抱，并发现期权价值依赖于时间和标的资产的波动率。Bachelier（1900）的研究是超前的，甚至导致半个多世纪中该论文对期权定价理论的贡献都被埋没在文献材料中，直至 1956 年才被 Kruizenga（1956）重新发掘出来。在 20 世纪 60 年代，期权定价方向的研究开始受到金融领域的关注，Sprenkle（1961）、Boness（1964）和 Samuelson（1965）相继给出了看涨期权的定价公式。

在 20 世纪 60 年代，学界对股票价格分布的认识更加深刻，因此 Sprenkle（1961）发现了 Bachelier（1900）在股票价格分布假设上的缺陷，将其修改为股票价格服从具有固定均值和方差的对数分布。Sprenkle（1961）得到的看涨期权价值公式是：

$$C(S,T) = Se^{aT}N(d_1) - (1-\pi)KN(d_2) \qquad (5-2)$$

$$d_1 = \frac{1}{\sigma\sqrt{T}}\left[\ln\left(\frac{Se^{aT}}{K}\right) + \frac{1}{2}\sigma^2 T\right]$$

$$d_2 = d_1 - \sigma\sqrt{T}$$

其中 α 是股票预期收益率（注意该参数不是无风险收益率），参数 π 是市场"价格杠杆"的调节量，是风险厌恶程度的指标。该模型虽然与 BS 模型的形式略有相似，但是从投资者效用的角度出发的，就涉及 π 这一无法观测或计算的未知参数。

Boness（1964）不仅同样假定股票收益服从固定的对数分布，还进一步简明地假设"投资者不关注风险"，并得到了如下期权定价公式

$$C(S,t) = SN(d_1) - Ke^{-\alpha(T-t)}N(d_2) \tag{5-3}$$

$$d_1 = \frac{\ln\left(\dfrac{S}{K}\right) + \left(\alpha + \dfrac{\sigma^2}{2}\right)(T-t)}{\sigma\sqrt{T-t}}$$

$$d_2 = d_1 - \sigma\sqrt{T-t}$$

其中 S 表示股票现时刻的价格，$C(S, t)$ 表示在时间 t 且股票价格为 S 时看涨期权的价格，α 是股票预期收益率，K 表示期权的执行价格，N 是标准正态分布的分布函数。粗看 Boness（1964）提出的期权定价公式与如今耳熟能详的 BS 期权定价公式完全相同，但实际上 α 不是无风险利率而是股票的期望收益率，这一差别影响了该公式指导实践的能力。这是由 Boness（1964）原假设中"投资者不关注风险"这一太过简化的条件导致的，本质上，Boness（1964）的指导思想依旧是投资者效用的传统思维方式，也没有触及现代金融学中无套利的思想内核。

Samuelson（1965）认为期权和股票的预期收益率在大多数情况下是不同的，这一认知无疑是正确的，但是他认为期权的预期收益率更高且恒定不变（此处假设为 β）。基于这一思想，Samuelson（1965）扩展了 Boness（1964）得到的欧式期权看涨模型

$$C(S,t) = e^{(\alpha-\beta)(T-t)}SN(d_1) - Ke^{-\beta(T-t)}N(d_2)$$

$$d_1 = \frac{\ln\left(\dfrac{S}{K}\right) + \left(\alpha + \dfrac{\sigma^2}{2}\right)(T-t)}{\sigma\sqrt{T-t}} \tag{5-4}$$

$$d_2 = d_1 - \sigma\sqrt{T-t}$$

Boness（1964）提出的期权公式无疑是萨缪尔森期权定价公式在 $\alpha = \beta$ 时的简化形式。但是 Samuelson（1965）仍然没有运用无套利的思维方式，所以尽管他将 Boness（1964）的期权定价公式修改得概括性更强，

也依然距离实际情况有一定的距离。

20世纪60年代的期权定价理论均从投资者效用和风险厌恶程度框架入手，如Ayres（1963），Baumol，Malkiel和Quandt（1966）也都据此给出了各自的期权定价方法。Samuelson和Merton（1969）还给出了完整简单的期权定价公式的一般均衡形式。

直至20世纪60年代末，Kassouf（1969）已经意识到20世纪60年代的期权定价理论对预期和风险厌恶程度做出假设是存在问题的。Kassouf（1969）总结了当时存在的期权价格理论假设个人投资者的预期与风险态度可以用某些参数来表达，并指出了这些参数可能在投资者之间存在差异。由于Kassouf（1969）认为对个人的期望或效用函数做出假设是值得怀疑的，他在期望效用和风险厌恶框架下为观测到的价格给定计量模型进行实证，对投资者的期望和风险态度随时间的变化进行了推断。

令人唏嘘的是，斯普伦克莱、博内斯等经济学家拥有对经济学现象更准确的把握，却执着于经济学思维范式中对风险厌恶程度的度量，努力将风险厌恶程度等无法度量的指标纳入模型。总体而言，他们的尝试没有把握住金融学中的无套利原则，也因此错过了像布莱克和斯科尔斯一样在现代金融学中开宗立派的机会。

第二节　BS期权定价的基本原理

BS期权定价公式解决的无疑是欧式期权的定价问题，该项学术成果不仅极大地开拓了期权定价领域的研究空间，而且为期权交易实务提供了实践中的指导。

上一节所述模型提供了各类期权定价公式的最终表达式，甚至与BS期权定价公式的最终表达式在形式上十分相似，但是学术领域将BS期权定价公式之前出现的公式视为铺垫，1997年诺贝尔经济学奖的颁发更是印证了这一点。那么为什么唯独BS期权定价公式享受了如此殊荣？

Black和Scholes（1973）的研究至少有三点明确的优势，是BS期权定价公式成为学术里程碑并走上诺贝尔经济学奖坛的重要原因：一是Black和Scholes（1973）的思想基础是无套利思想，相比于Sprenkle（1961）、Boness（1964）引入风险厌恶和股票增长率而忽视金融学一价原

理的效用函数思想，更加科学且符合现代金融学的思维范式；二是 Black
和 Scholes（1973）引入了随机微分方程等数学工具作为求解的有力武器，
在随后的数十年里随机微分方程等复杂数学工具在金融学领域显露锋芒、
开疆拓土，极大地推动了现代金融学的发展；三是模型假设明确、条理分
明，给后续研究以极好的拓展条件，对任意原假设的放松都能够拓展出新
的科学的结论。

与前文中为公司金融领域奠基的 MM 定理相似，Black 和 Scholes
（1973）的假设明确而严密。Black 和 Scholes（1973）在"估价公式
（The Valuation Formula）"一节首先明确提出，该文为市场中股票和期
权进行了如下理想化的假设：（a）短期利率已知且是常数，为 r；（b）在
连续时间下股票价格服从方差率正比于股价平方的随机游走过程，因此在
任意有限区间的末端，股价的分布均是对数正态分布，股票收益率的方差
是常数，即假设股票价格 S_t 遵循几何布朗运动：$\dfrac{\mathrm{d}S_t}{S_t}=\mu\mathrm{d}t+\sigma\mathrm{d}W_t$，其中
μ 代表期望收益率，σ 是波动率，且 μ 和 σ 均为常数，$\mathrm{d}W_t$ 是标准布朗运
动；（c）股票没有分红也没有其他形式的分配；（d）期权是欧式期权，即
仅能在到期日执行；（e）在到期日买卖股票没有交易成本；（f）资产无限
可分，可以自由买卖；（g）做空没有任何限制。

依据这七条假设，Black 和 Scholes（1973）构造了一个对冲投资组合
Π，头寸取决于时间和已知常数的值。该投资组合 Π 包括一个做多股票的
头寸$\left(\text{份额为}\dfrac{\partial f}{\partial S}\text{，价值为}\dfrac{\partial f}{\partial S}S\right)$和一个做空期权的头寸（价值为$-f$），
那么该投资组合的总价值是

$$\Pi=-f+\frac{\partial f}{\partial S}S \tag{5-5}$$

Black 和 Scholes（1973）使用随机分析（stochastic calculus）的
方法。[①]

---

① 具体而言，这里使用的是伊藤引理（Ito's lemma），Black 和 Scholes（1973）原文没
有明确指出，但援引了 McKean（1969）。

将 Δf 展开，则有

$$\Delta f = \frac{\partial f}{\partial t}\Delta t + \frac{\partial f}{\partial S}\Delta S + \frac{1}{2}\sigma^2 S^2 \frac{\partial^2 f}{\partial S^2}\Delta t \qquad (5-6)$$

注意到投资组合 II 的风险均被对冲，即不存在随机项（即使对冲头寸不是持续变换的，因为该投资组合的风险很小，所以也可以视为被分散化）

$$\Delta \Pi = -\Delta f + \frac{\partial f}{\partial S}\Delta S = \left[\frac{\partial f}{\partial t} + \frac{1}{2}\sigma^2 S^2 \frac{\partial^2 f}{\partial S^2}\right]\Delta t \qquad (5-7)$$

因为式（5-7）中投资组合的价值 II 与投资者的风险偏好无关，是无风险的，且市场可以自由买卖及做空，所以投资组合 II 应该服从：$\Delta \Pi = \Pi r \Delta t$。将 II 和 $\Delta \Pi$ 的表达式代入可得到 BS 偏微分方程

$$rf = \frac{\partial f}{\partial t} + rS\frac{\partial f}{\partial S} + \frac{1}{2}\sigma^2 S^2 \frac{\partial^2 f}{\partial S^2} \qquad (5-8)$$

因为上述期权是看涨期权，记时间为 T（即为到期日），执行价格为 K 时，看涨期权的价格公式可以提供偏微分方程的边值条件

$$f(S,T) = \begin{cases} s-k, & s \geqslant k \\ v, & s < k \end{cases} \qquad (5-9)$$

Black 和 Scholes（1973）通过这一偏微分方程及其边值条件，使用热传导方程[①]在区域 Σ：$\{0 \leqslant S < \infty, 0 \leqslant t < T\}$ 解出在时刻 t 期权价格 $f(S,t)$ 的最终表达式

$$f(S,t) = SN(d_1) - Ke^{-r(T-t)}N(d_2) \qquad (5-10)$$

$$d_1 = \frac{\ln\left(\frac{S}{K}\right) + \left(r + \frac{\sigma^2}{2}\right)(T-t)}{\sigma\sqrt{T-t}}$$

$$d_2 = d_1 - \sigma\sqrt{T-t}$$

----

① 热传导方程是偏微分方程的标准形式之一。Black 和 Scholes（1973）原文直接使用了该标准形式，解法出自 Churchill（1963）。

这就是著名的 BS 期权定价公式。尽管 BS 期权定价公式刚刚问世时由于所谓的数学太多及缺少风险厌恶测度而经受质疑，但是由于其建立思想、基本假设和推理过程的科学性，还是迅速地被期权交易商程序化并投入到期权交易的实践之中。

BS 期权定价公式论文发表的同一年，即 1973 年，芝加哥期权交易所建立，期权合约的买卖开始统一并标准化。芝加哥期权交易所中最先开始交易的是 16 只股票的看涨期权，然后在 BS 期权定价公式的指导下交易对象的范围迅速扩大至更多种类的看涨期权。1975 年加拿大蒙特利尔交易所、美国证券交易所、费城证券交易所纷纷开始上市股票看涨期权，到 1976 年上市股票看涨期权的交易所变得更多。1977 年以芝加哥期权交易所为代表的美国交易所纷纷上市看跌期权。此后，期权交易逐渐风靡全球金融市场，债券期权、商品期货期权、外汇期权等不同种类的期权纷纷在 20 世纪 80 年代应运而生。

Cohen，Black 和 Scholes（1972）[①] 使用 Black 和 Scholes（1973）看涨期权的估值公式进行实际检验，发现期权买卖的实际价格与公式预测价格存在一定的系统性差异。期权的购买者支付的价格高于 BS 期权定价公式的预测价格，但是期权立权人收到的价格约为 BS 期权定价公式所预测的水平。Black 和 Scholes（1972）认为这一原因是市场交易成本较高。

默顿是较早认识到布莱克和斯科尔斯的工作价值的学者之一，他认为因为期权是特别简单的或有求偿权资产，所以期权定价理论可能通向或有求偿权定价的一般理论。他还表示"期权定价理论的发展至少是迈向某个统一理论的中间环节，可以用以回答有关公司债务定价、利率期限和风险结构及市场投机理论的问题。"这些观点无疑是有先见之明的，时至今日，伴随着期权理论发展起来的各类衍生品定价成果以及实物期权理论，证明了期权定价理论的重要地位。

Merton（1973b）使用更加严格的数学语言来更严谨地阐释 BS 期权定价公式。Merton（1973b）所做的关键工作之一就是放宽了 BS 期权定

---

① 由于早在 1970 年 BS 期权定价公式已经问世，但是直至 1973 年才在《政治经济学杂志》上刊载，所以 Cohen，Black 和 Scholes（1972）一文引用了 BS 期权定价公式并进行了实证检验。

价公式所要求的完美市场的假设条件，而改为期权不能是某资产的占优资产或被占优资产（占优关系是指在任何情况下都更优）。Merton（1973b）发现不存在股利支付时，美式看涨期权的价值等于 BS 期权定价公式所计算的欧式期权价值。

Merton（1973b）还将 BS 期权定价公式推广至考虑稳定股利的模型，这一欧式看涨期权的价格公式如下：

$$f(S,t) = Se^{-(r-b)(T-t)}N(d_1) - Ke^{-r(T-t)}N(d_2) \qquad (5-11)$$

$$d_1 = \frac{\ln\left(\dfrac{S}{K}\right) + \left(b + \dfrac{\sigma^2}{2}\right)(T-t)}{\sigma\sqrt{T-t}}$$

$$d_2 = d_1 - \sigma\sqrt{T-t}$$

其中参数 b 是资产的预期风险中性价格升值率参数。

由于默顿对 BS 期权定价公式进行补充和扩展的杰出贡献，他在 1997 年荣获诺贝尔经济学奖。

第三节 BS 期权定价公式推导

从 Black 和 Scholes（1973）开始，学界通过多种不同的方法得到 BS 期权定价公式。这些方法不是数学家百无聊赖中炫耀的技巧，而是通往罗马的崭新道路。一方面，这些方法在需要放松某些假设时提供了比 Black 和 Scholes（1973）更加方便的模型基础。另一方面，Duffie（1988）指出这些方法后续在金融学领域提供了新思想，其作用远超期权定价的应用范围。

期权定价的二项定价模型最为著名，该模型也被称为 Cox-Ross-Rubinstein 模型或二叉树模型，它的主要思想来自 Cox 和 Ross（1976a）。Cox 和 Ross（1976a）在使用二项定价模型推导期权定价公式时提出风险中性定价原理：市场不存在任何套利机会时，如果衍生证券的价格依赖于可交易的基础证券，那么该衍生证券的价格与投资者的风险态度无关。风险中性定价原理的数理表现是衍生证券的微分方程中不包含关于投资者风险态度的变量。实际上，Black 和 Scholes（1973）推导期权定价模型的过程已经蕴含了这种思想，这也正是 BS 期权定价公式能够从当时的期权定价模型理论中脱颖而出的原因之一。此后金融学学者在衍生品价格推导过程中，往往直接接受了风险中性定价原理的条件，认为所有的投资者都是风险中性的，或者说价格是在风险中性的经济环境中决定的且适用于任何风险偏好的投资者。

Cox，Ross 和 Rubinstein（1979）采用将时间区间离散化的方法并利用中心极限定理推导 BS 期权定价公式。这里期权定价是建立在冗余（redundant）概念上的：风险证券 S 和无风险证券 β 能够精确地复制证券 C 的分红时，C 是冗余的。证券 C 的市场价值可以通过无套利假设借由 S 和 β 给出，等于复制所要求的对 S 和 β 的投资额。

Cox，Ross 和 Rubinstein（1979）假设给定一种证券（股票）S 在上涨情况下收益为 U，在下跌情况下收益为 D，而一种无风险证券（债券）有确定的收益率 r，且满足 $0 < D < r < U$。他们构造股票与债券的证券组合以复制衍生债券，其收益在股票上涨时为 C_u，在股票下跌时为 C_d。设股票与债券的份额分别是 a 和 b，可以得到方程组

$$\begin{cases} aUS_0 + br\beta_0 = C_u \\ aDS_0 + br\beta_0 = C_d \end{cases} \tag{5-12}$$

其中 S_0 和 β_0 分别是股票与债券的初始市场价值，均不为 0。可以解出

$$\begin{cases} a = \dfrac{C_u - C_d}{(U-D)S_0} \\ b = \dfrac{UC_d - DC_u}{(U-D)r\beta_0} \end{cases} \tag{5-13}$$

由于无套利条件，衍生证券的初始市场价值 $C = aS_0 + b\beta_0$，代入 a 和 b 并整理可得

$$C = \frac{1}{r}\big[pC_u + (1-p)C_d\big] \tag{5-14}$$

其中 $p = \dfrac{r-D}{U-D}$。由此我们得到了证券的初始市场价值 C 和证券在不同状态下的支付 C_u 和 C_d 的关系，可以推广至两个时间段的场景甚至更多时间

段的场景。类比上述过程，可以得到两个时间段的场景下期权的初始价值
C 为：

$$C = \frac{1}{r^2}\big[p^2 C_{uu} + p(1-p)C_{ud} + p(1-p)C_{du} + (1-p)^2 C_{dd}\big]$$

$$(5-15)$$

式中 C_{uu} 指的是证券组合在股票在第一期和第二期均上涨时的收益，C_{ud}
指的是证券组合在第一期上涨、第二期下跌时的收益，以此类推。

这一过程可以向第 n 期延拓，形成二叉树。如果假设所有证券都不
立刻派发分红，可得

$$C = \frac{1}{r^n}E(C_n)$$

$$(5-16)$$

其中 C_n 是第 n 期衍生证券的随机市场价值，E 表示以概率 p 和概率（1−
p）独立上升和下降的期望运算。这里的概率不是真实发生的概率，而是
"人造"的，是通过证券的收益计算出来的。

考克斯等人的二叉树形态如图 5-1 所示。

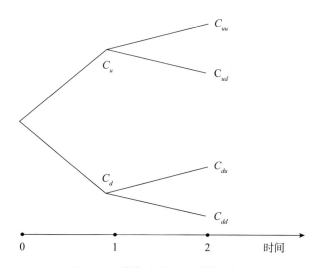

图 5-1 期权定价的二叉树示意图

考克斯等人将股票上涨 j 次下跌 $n-j$ 次时的价值记作 $u^j d^{n-j}S$，这一
情况所对应的期权价值记作 $C_{u^j d^{n-j}}$，则符合 $C_{u^j d^{n-j}} = \max\,[0,\ u^j d^{n-j}S-K]$。

根据看涨期权的支付函数使用递归方法，计算看涨期权 C 的初始价值

$$C = \frac{1}{r^n}\left[\sum_{j=0}^{n}\left(\frac{n!}{j!\,(n-j)!}\right)p^j(1-p)^{n-j}\max[0,u^jd^{n-j}S-K]\right]$$

$$(5-17)$$

考克斯等人认为至此公式已经是完整形式，但是式（5-17）稍作变换可以变成更方便的形式：假设 i 代表在期权到期时股票价值高于行权价的最小上涨次数。那么 i 就是大于 $\dfrac{\ln(K/Sd^n)}{\ln(u/d)}$ 的最小正整数。可以将看涨期权 C 的初始价值公式写为

$$C = S\left[\sum_{j=i}^{n}\left(\frac{n!}{j!\,(n-j)!}\right)p^j(1-p)^{n-j}\left(\frac{u^jd^{n-j}}{r^n}\right)\right]$$
$$- Kr^{-n}\left[\sum_{j=i}^{n}\left(\frac{n!}{j!\,(n-j)!}\right)p^j(1-p)^{n-j}\right] \qquad (5-18)$$

考克斯等人令 $p' \equiv (U/r)p$ 并使用二项分布的记号 $\Phi[i;n,p]$ 代替 $\sum_{j=i}^{n}\left(\dfrac{n!}{j!\,(n-j)!}\right)p^j(1-p)^{n-j}$ 得到二项期权定价公式

$$C = S\Phi[i;n,p'] - Kr^{-n}\Phi[i;n,p] \qquad (5-19)$$

当 n 趋于无穷时，二项期权定价公式趋于 Black 和 Shcoles（1973）所得到的 BS 期权定价公式。考克斯等人还指出如果股价的变动是跳跃过程（不服从几何布朗运动的假设）或在期权到期日股票会分红，那么也可以通过二项期权定价公式的方法解出相应的期权价格。

二项分布方法的威力在扩展 BS 期权定价公式的适用范围时得到了广泛的发挥，详情见下一节求解各类期权价格的部分。

Harrison 和 Kreps（1979）提出的期权定价的思想是鞅定价方法。Harrison 和 Kreps（1979）指出使用等价鞅测度可以很好地刻画证券市场的套利以及完备性。他们发现无套利机会意味着等价鞅测度的存在。而当市场完备时，等价鞅测度存在且唯一。这时计算衍生品的现值只需要计算该证券未来收益折现值在该等价鞅测度下的数学期望即可。Harrison 和 Kreps（1979）通过将确定的债券价格过程 $\beta_t = e^{\int_0^t \rho_s ds}$ 中债券作为市场价值

的单位（p 代表复利形式利率，t_0 代表初始时间，T 代表时间），得到以

新单位计价的债券价格过程 $\hat{\beta}_t = 1$ 和风险证券价格过程 $\hat{S}_t = \dfrac{S_t}{\beta_t}$。存在等价

鞅测度 Q 使得 $\hat{S}$（关于给定的滤波概率空间）是鞅。通过一系列的计算以

及吉尔萨诺夫（Girsanov）定理，可以得到衍生证券的最初市场价值是

$$f(S_0, t) = E^Q\left[\frac{f(S_T, T)}{\beta_T}\right] = E^Q\left[\frac{f(\hat{S}_T\beta_T, T)}{\beta_T}\right]$$

$$= E\left[e^{-\int_T \rho_t \, dt} f(S_T, T)\right] \tag{5-20}$$

式（5-20）在 Black 和 Scholes（1973）的假定下，对于看涨期权

$f(S_T, T) = (S_T, K)^+$，可以变为

$$f(S_0, t) = E\left[e^{-rt}\left(Se^{(r-\frac{1}{2}\sigma^2)(T-t)+\sigma W_t} - K\right)^+\right] \tag{5-21}$$

同样可以推导出常见的 BS 期权定价公式的形式。

Delbaen 和 Schachermayer（1994）一般化地证明了对于有界的实值

半鞅过程，存在等价鞅测度等价于该过程满足不存在无风险套利。

Duffie（1988）给出了另一种著名的推导期权定价公式的方法，并给

出了股利和清算价值依赖于扩散价格过程的证券市场价格计算公式。

Duffie（1988）引入了 Feynman-Kac 公式，以求解衍生证券套利价值的偏

微分方程。在证券扩散价格的情况下，Feynman-Kac 公式具有一定优势：

一是明确规定了使用原始证券复制衍生品时的交易策略，二是不需要改变

数值，三是识别和定价冗余证券不需要假设确定性的利率。这些基本思想

与 Cox 和 Ross（1976a，1976b）认为"风险中性"偏好下证券的价值一

致的论点相同。

Duffie（1988）使用 Feynman-Kac 公式求解偏微分方程。求解 Black

和 Scholes（1973）推导出的偏微分方程时，如果 $f(S_T, T)$ 和其前两节

导数均存在且满足利普希茨条件（Lipshcitz condition）和增长条件，那

么由 Feynman-Kac 公式可以得知 Black 和 Scholes（1973）的偏微分方程

在边值条件是 $f(S_T, T) = g(S_T)$ 时的解是

$$f(S_t, t) = E\left[e^{-r(T-t)} g(X_{T-t})\right] \tag{5-22}$$

其中 X 是随机微分方程 $\mathrm{d}X_t=rX_t\mathrm{d}t+\sigma X_t\mathrm{d}W_\tau$，$X_t=S_t$ 的解。衍生证券的价值等于用漂移率 rX_t 代替原股票价格过程漂移率 $\mu(X_t,t)$ 的价格过程的期望的贴现

$$\ln X_{T-t}=\ln S_t+\left(r-\frac{1}{2}\sigma^2\right)(T-t)+\sigma W_t$$

$$X_{T-t}=S_t e^{(r-\frac{1}{2}\sigma^2)(T-t)+\sigma W_t} \tag{5-23}$$

令 z 服从标准正态分布，可得

$$\begin{aligned}
f(S_t,t)&=E\left[e^{-r(T-t)}g(X_{T-t})\right]\\
&=e^{-r(T-t)}E\left[g(S_t e^{(r-\frac{1}{2}\sigma^2)(T-t)+\sigma W_t})\right]\\
&=e^{-r(T-t)}\int_{-\infty}^{+\infty}g(S_t e^{(r-\frac{1}{2}\sigma^2)(T-t)+\sqrt{T-t}z})\frac{1}{\sqrt{2\pi}}e^{-\frac{1}{2}z^2}\mathrm{d}z
\end{aligned}$$

$$\tag{5-24}$$

如果分析的是执行价格为 K 的看涨期权，那么 $g(S_T)=f(S_T,T)=(S_T-K)^+$。为保证函数可微，从而可以满足 Feynman-Kac 公式的使用条件，可以使用下面的可微函数逼近看涨期权在行权日的价值表达式

$$g_\varepsilon(S_T)=\frac{(S_T-K)+\sqrt{(S_T-K)^2+\varepsilon}}{2} \tag{5-25}$$

当 ε 趋于 0 的时候，该函数趋于 $(S_T-K)^+$，计算看涨期权的初始价格的极限即可得出常见的 BS 期权定价公式。

时至今日，风险中性定价原理已经成为衍生证券定价中堪称基础的内容。下一节中对各类期权的讨论都是从风险中性定价原理出发获得数理表达式的。

第四节　期权定价公式的进一步发展

随着衍生品市场的不断发展以及衍生品日趋复杂，BS 期权定价公式扩展形式的适用范围逐渐扩张，从股票期权的定价演变至基于各类资产（期货、外汇等）的欧式看涨期权的定价。Black（1976）研究了商品期

货，他认为在常数利率的风险中性世界里，期货不涉及现金支出，所以期货（价格为 F）的期望价格升值率参数为 0，由此可以获得常称为"Black 模型"的期货期权价格公式

$$f(F,t)=Fe^{-r(T-t)}N(d_1)-Ke^{-r(T-t)}N(d_2)$$

$$d_1=\frac{\ln\left(\frac{F}{K}\right)+\frac{\sigma^2}{2}(T-t)}{\sigma\sqrt{T-t}} \tag{5-26}$$

$$d_2=d_1-\sigma\sqrt{T-t}$$

Asay（1982）根据 Black（1976）的研究，为期货式期货期权（该类期权的交易方式类似于期货，买方支付部分权利金并每日结算）定价

$$f(F,t)=SN(d_1)-KN(d_2)$$

$$d_1=\frac{\ln\left(\frac{F}{K}\right)+\frac{\sigma^2}{2}(T-t)}{\sigma\sqrt{T-t}} \tag{5-27}$$

$$d_2=d_1-\sigma\sqrt{T-t}$$

与此相似的还有 Garman 和 Kohlhagen（1983）为外汇交易的定价，在这一情况下，外汇期望价格升值率等于本国利率与外国利率之差，所以 Garman 和 Kohlhagen（1983）在形式上与 Merton（1973b）相同，只需要把 Merton（1973b）中的无风险利率 r 替换为本国无风险利率，将 $r-b$ 代入国外的无风险利率。

随着时间的推移，期权本身的种类也逐渐增加，期权定价公式的发展者们为层出不穷的期权定价。Geske（1979），Roll（1977），Whaley（1981），Rubinstein（1991），Gray 和 Whaley（1997），Goldman，Sosin 和 Gatto（1979）以及 Rubinstein 和 Reiner（1991）分别给出了复合期权、派发股利已知时的美式看涨期权、任选期权、重置期权、障碍期权的定价公式。

尽管期权定价领域得到了极大发展，但是许多种类的期权定价问题没有明确的解决方法，其中最为著名的是标准的美式期权定价。这些问题往往在数学上难以解决，即无法得到期权价格的解析解。但是我们依然可以

利用 BS 期权定价公式的思想，构造期权与基础资产的资产组合，将风险对冲，并以此运用 BS 期权定价的风险中性估值方法，得出近似解。

期权价格求解中较为常用的近似方法有三种：一是网格化方法，即使用离散状态的资产价格去近似连续状态的资产价格。最著名的方法是 Cox，Ross 和 Rubinstein（1979）及 Rendleman 和 Bartter（1979）分别独立得到的二项式方法，Jarrow 和 Rudd（1983）也给出了用二项式方法推导出 BS 期权定价公式的方法。类似的还有 Kamrad 和 Ritchken（1991）三项式方法，及 Schwartz（1977）与 Brennan 和 Schwartz（1979）使用的有限差分迭代求解法。二是蒙特卡洛方法，Boyle（1977）模拟资产价格的所有可能路径，然后获得大量行权日的价格用以确认期权价值的分布，并贴现到当期获得期权的价格。该方法需要大量的试算来提高精度，适用于处理亚式期权、障碍期权和百慕大期权等，但是由于该法不能处理期权支付依赖于其价值的情况，所以不适用于美式期权。三是用于对美式期权估值的准分析法，该方法是使用多次迭代从期权行权的简化边界前倒推的。Geske 和 Johnson（1984）以及 Barone-Adesi 和 Whaley（1987）分别使用该方法为美式期权估值。

进入 21 世纪之后，与 BS 期权定价模型直接相关的文献依然在为其推广做进一步的努力，这表现出该模型旺盛的生命力。例如 Duffie，Filipović和 Schachermayer（2003）针对价格跳跃为期权定价提供了变换的处理分析方法，Cruz 和 Ševčovič（2018）将模型推广至股价有跳跃的非完全流动的市场等。

随着计算机技术的发展，业界所采用的期权定价方法日趋复杂，计算或模拟所使用的程序代码的规模也越来越庞大。然而，期权定价实务的技术手段纵有万变，终归万变不离其宗，都是基于 BS 期权定价公式中的思想基础：以标的资产价格计算衍生资产价格的无套利思想。这一思维方式是期权定价乃至于衍生品定价思路中的核心。

第六章　有效市场假说

　　有效市场假说是现代金融学的重要范式之一和关键基石。相当多的资产定价理论都建立于有效市场假说之上，而对资产定价模型的检验往往都是该模型与有效市场假说的联合检验。Bachelier（1900）在 20 世纪初就形成了有效市场概念的雏形，并提出了资产价格序列的随机游走理论。随机游走理论在随后的数十年里被断断续续地研究，直至 20 世纪 60 年代引起了较大的反响，直接推动了有效市场假说的产生。

　　Fama（1970）创立了有效市场假说，"证券价格充分反映全部可获得信息"的陈述随着有效市场假说而进入金融学殿堂。法玛把有效市场分为三个层次：反映历史价格信息的弱式有效市场，反映公开信息的半强式有效市场，反映所有信息的强式有效市场。因为他基于有效市场假说做出的卓越贡献，法玛于 2013 年获得诺贝尔经济学奖。有效市场假说正式提出之后不断发展，市场的有效性与信息的关系得以被更清晰严格地阐述。

　　有效市场假说在 20 世纪 60 年代的初创期得到了大量的实证支持，也被各种异象所冲击。日历效应、规模效应、账面市值比率、股价过度波动等市场异象被逐渐发现，并且被视作对有效市场假说的挑战。这些异象直接推动了定价模型的更新换代，并且催生了行为金融学理论的发展。

　　行为金融学是与有效市场假说相对立的学说，因为在有效市场假说中市场的有效性是由市场参与者在某种意义下的理性以及套利者的行为所保证的，所以行为金融学针对理性和套利分别提出了心理学解释和套利限制。虽然目前的行为金融学尚且缺乏统一的框架和相容的理论基础，但是它解释了有效市场假说框架下难以说明的现象，为理解金融现象做出了巨大贡献。行为金融学理论领域的先驱们丹尼尔·卡尼曼（Daniel Kahne-man）教授、罗伯特·席勒教授和理查德·塞勒教授因为在行为金融学方面的贡献于 2002 年、2013 年和 2017 年分获诺贝尔经济学奖。

第一节　有效市场假说的文献基础

有效市场假说的历史底蕴丰厚，研究有效市场的文献经历了从形成有效市场的概念，到由浅入深地分析有效市场的现象，再到逐渐触及信息这一有效市场内核的过程。首次在学术论著中显露出有效市场思想的研究可以追溯到路易斯·巴舍利耶在 1900 年写就的博士论文《投机理论》。

学界多强调 Bachelier（1900）提出的资本市场上价格的时间序列是随机游走过程这一观点。Bachelier（1900）通过对法国国债价格序列进行实证检验，认为"过去、现在乃至将来的折现值已在市场价格中反映出来，但价格的变化没有明显的联系。"他首先提出并检验资产价格序列与随机游走的关系，并以标准布朗运动描述股票价格过程，为后续的研究指明了方向。

事实上，Bachelier（1900）为有效市场假说做出的铺垫远不止对随机游走的实证研究。本书在第五章中论述了 Bachelier（1900）在期权定价领域的奠基性地位，而 Bachelier（1900）计算期权价格公式的过程，正是在有效市场思想的指导下进行的。Bachelier（1900）在文中明确写道"在任意时间节点市场不相信真实价格的上升或下跌"，并且提出了"投机者获利的数学期望值为 0……市场不仅认为当前的交易操作盈利预期为 0，还认为基于后续价格变动的交易操作盈利预期为 0"。这些表述中蕴含的思想已经与有效市场假说的后来者所使用的鞅的概念无异。这样看来仅凭博士论文，巴舍利耶已足以在现代金融学中占有一席之地。

在 Bachelier（1900）问世数十年之后，检验资产价格变化是否服从随机游走的实证文献逐渐出现。Cowles（1933）的实证分析认为股票价格不可预测；Working（1934）发现小麦价格序列在相当程度上可以认为是随机差分序列；Cowles 和 Jones（1937）提出顺序和反转检验的方法，谨慎地认为证据不足以支持投机者能获得持续或较大的利润。

同一时代，本杰明·格雷厄姆（Benjamin Graham）的《证券分析》

于 1934 年问世，价值投资理论较为完整地出现在世人面前，并在随后的二十年里逐渐取代股市技术分析的道氏理论，被证券交易界的主流人士奉为圭臬。与技术分析和价值投资理论相比，在 20 世纪 30 年代随机游走理论领先于时代太多，先驱们的思想难以被学界和市场所掌握。

另一位让随机游走的价格序列重回学术界视野的是 20 世纪 50 年代的英国统计学家莫里斯·肯德尔（Maurice Kendall）。Kendall（1953）分析英国工业股指数指标股、美国纽约市场上棉花和芝加哥市场上小麦的月平均价格序列，认为从某一时段到下一时段价格变化是随机的，而且变化极大，无法看出系统性影响。价格序列与随机游走序列相似。这一研究结果既与证券交易的价值投资理论相对立，又貌似与经济基本规律相抵触。但是由于乘着现代金融学发展的浪潮，科学概念和数理范式被引入金融学，Kendall（1953）中蕴含的有效市场的思想没有被搁置，而是焕发出了强大的生命力。

Robert（1959）和 Osborne（1959）分别使用随机游走和布朗运动概念分析股市，指出股票价格变化属于布朗运动。推动了经济学数理化的大师保罗·萨缪尔森在 Samuelson（1965）中进一步肯定股价服从几何布朗运动。

更为关键的是，Samuelson（1965）和 Mandelbrot（1966）严格地构造了"公平赌博"的期望收益模型，证明了市场价格序列是鞅过程（平赌序列）。为后续的实证检验和理论发展提供了科学基础。至此，围绕随机游走持续数十年的讨论以及"公平赌博"概念的严格化，为有效市场假说的问世完成了铺垫。

第二节 有效市场假说的提出与发展

有效市场假说的提出者是著名经济学家尤金·法玛。法玛因为对有效市场假说的贡献，于 2013 年与汉森（Lars Peter Hansen）和席勒分享了当年的诺贝尔经济学奖。瑞典皇家科学院认为这三位经济学家"为资产价格的认知奠定了基础"。值得一提的是，席勒堪称法玛的论敌，是行为金融学的开创者之一，也是市场有效假说的反对者。

法玛在 1965 年完成的博士论文中就对有效市场假说形成了完整而成

体系的讨论。Fama（1965）首先讨论了随机游走模型的理论基础，提出股票价格随机游走理论实际上包含两个独立的假设：价格的变动彼此独立，价格变动服从某种概率分布。Fama（1965）表示不可能找出彼此完全独立的序列，他认为只要一系列连续的价格变化的依赖性不超过某个可接受的最小水平，就可以接受价格变动的独立性假设。法玛使用一系列方法详细地检验了这两个假设，并得出大量证据支持随机游走理论的结论。

Fama（1965）为有效市场给出了定义：价格变化彼此独立，与证券有效市场的存在相一致，有效市场意为给定可获得的信息集，每一时点上证券的实际价格等于其内在价值的最优估计。Fama（1965）指出可能有助于使股票价格序列具有独立性的是"许多老练的图表阅读者积极地相互竞争"和"专业的分析师力图更好地预测将会改变价格的政治经济事件"，这些参与者的竞争使得价格彼此独立，使得高超的、比普通人预测得准确的分析师们的活动并不能获得比那些执行"买入并持有"政策的人更多的利润。为支持自己的观点，Fama（1965）分析既往数值，指出共同基金的收益表现得不比市场更好。Fama（1965）还认为当资产内在价值改变时，有效市场的实际价格将会瞬间调整。

Fama（1970）对有效市场的分析是建立在 Samuelson（1965）将"公平赌博"严格化的工作以及 Roberts（1967）对市场有效性划分层次的建议上的。相比于其博士论文，Fama（1970）对有效市场的剖析更加严格而深刻，将"有效市场"定义为"价格总是充分反映全部可获得信息的市场"，直指有效市场假说的信息核心。

Fama（1970）根据信息集的不同将对有效市场假说的检验分为三个层级：弱式有效市场（价格反映历史价格信息集）、半强式有效市场（价格反映公开可获得信息集）和强式有效市场（价格反映全相关信息集）。市场的弱式有效是指当前价格完全反映了历史价格所包含的全部信息。这也就意味着，投资者基于历史价格或历史收益的交易策略不能获得超额收益。这就是上一节中为有效市场假说提供铺垫的随机游走理论。市场的半强式有效是指当前价格不仅反映了历史价格中的所有信息，还反映了所有公开可获得的信息。在半强式有效市场中，分析师基于公开的信息对公司基本面等进行的分析，并不能帮助其获得持续超额收益。市场强式有效是指股票的当前价格充分反映了所有可获得的信息，包括内幕信息和私人信息。在强式有效市场中，即使是内幕交易，也无法保证获得持续的超额收益。

上述 Fama（1970）关于有效市场假说的论述意味着，市场在某个层次上有效时市场价格充分反映了某信息集的信息，投资者再使用该信息集内的信息将无法获得超额收益，可以理解为这时市场"知道"的信息比投资者多，那么投资者自然无法持续地战胜市场。

Fama（1970）梳理有效市场假说检验的发展历史，发现实证研究的文献脉络是从检验弱式有效市场，到检验半强式有效市场，再到检验强式有效市场。检验弱式有效市场的大多数结果来自随机游走文献，大量的文献支持市场弱式有效。然后学界转向检验半强式有效市场，往往关注公开信息下的价格调整速度。再之后检验市场是否达到强式有效的文献，主要关注是否有任何投资者或机构能够垄断地获取信息而获益。

Fama（1970）的绝大多数参考文献是支持市场有效的，较为具有代表性的有随机游走的检验文献 Kendall（1953），Moore（1962），Alexander（1961），Granger 和 Morgenstern（1963），Godfrey，Granger 和 Morgestern（1964）等；检验"公平博弈"的 Roll（1968）；检验半强式有效性的 Fama 等（1969），Ball 和 Brown（1968），Scholes（1969）等；检验强式有效性的 Jensen（1968，1969）等。上述文献都支持不同层次上的市场有效性。只有两处文献提供了反面的证据，Niederhoffer 和 Osborne（1966）指出纽约证券交易所的专家们利用了垄断信息以及 Scholes（1969）表示公司职员可以获得公司内幕信息，可能对强式有效层次的有效市场假说形成一定的质疑。

Fama（1970）总结：在弱式和半强式有效的检验中，没有重要的证据反对这一假设，价格似乎根据公开信息有效率地调整；而在强式有效检验中，只有有限的证据反对这一假设。后续的研究在法玛贡献的基础上继续发展，从市场有效的含义、可预见性、信息成本、市场参与者理性等方面对有效市场假说进行修改。

有效市场的含义逐渐发展，变得更加丰富。Fama（1976）认为，如果信息不改变价格，那么该信息市场是有效的。Fama（1976）重新定义了有效市场的含义，设 φ_{t-1}^m 是 $t-1$ 时刻市场上的信息集合，市场据此得到的 t 时刻证券价格联合分布 $f_m(P_{1t}, P_{2t}, \ldots, P_{nt} \mid \varphi_{t-1}^m)$ 与根据 $t-1$ 时刻的全信息集得到的 t 时刻证券价格联合分布相同。Rubinstein（1975）和 Latham（1985）认为如果信息不改变投资组合的变化就说明市场是有效的，因为可能出现投资者以原价格更改资产的持有头寸的情况，这一定义比强式有效市场更严格；Malkiel（1992）认为，即使在某信息集上有效的市场里利用这些信息也无法获得超额回报。自 20 世纪 70 年代开始有效市场假说的拥护者们清晰地认识到信息的重要地位，文献中越发强调信息与价格、信息与投资组合选择的关系。

有效市场的概念日益清晰而明确，与随机游走、完美市场的关系逐渐厘清。一方面，有效市场的分析更加严谨科学，尤其表现在有效市场假说与随机游走理论的关系上。LeRoy（1973）表明随机游走模型既不是有效市场假说的充分条件，也不是必要条件。这一观点得到了 Rubinstein（1976）、Lucas（1978）、Lo 和 Mackinlay（1997）在理论和实证上的支持。另一方面，有效市场假说的理论开始向不完美市场进军。Grossman 和 Stiglitz（1980）将信息成本和交易成本引入有效市场假说，其理论证明了在信息的边际收益和边际成本相等处，价格可以充分反映信息，此时市场不完美但有效，由此有效市场假说与完美市场的界限进一步划清。

有效市场假说对投资者理性的要求也被深入地讨论。Rubinstein（2001）同意市场投资者可能存在非理性的现象，因此他将市场理性分为三种：要求最高的是市场最大理性，即所有投资者都是理性投资者；其次是严格理性，理性的投资者足以通过套利等手段纠正市场的错误定价；要求最低的是最低限度理性，尽管市场存在相当的非理性行为，但是对于理性投资者来说依然没有超额利润可以获取。Rubinstein（2001）认为市场至少达到了最低限度理性。

第三节　有效性检验与市场异象

在 20 世纪 70 年代之后，实证研究得出的结论对于有效市场假说是否成立这一问题的态度逐渐发生了明显的变化。20 世纪 60 年代学界普遍地支持有效市场假说，之后学界关于市场有效性的观点没有达成一致意见，直至 20 世纪 80、90 年代似乎转向质疑和反对有效市场假说。这一方面是由于对 20 世纪 60 年代支持有效市场假说的证据的反思，另一方面则是因为新的实证证据和许多市场异象的发现对有效市场假说形成了强有力的挑战。

20 世纪 60 年代实证研究对有效市场假说的普遍支持，可能因为该类结果在学界占据主导地位而将反面的结论排斥在外。LeRoy（1989）表示"在证据不支持有效市场假说时，市场效率被视为需要保留的假设，而不是错误"，这可以视作对反思 20 世纪 60 年代有效市场假说证据浪潮的思想支持。

对 20 世纪 60 年代的实证证据可靠性的反思表现在统计方法和解释上。Taylor（1982）使用更强的检验统计量而非传统的自相关系数检验统计量时，实证结果拒绝随机游走假设而支持价格趋势的存在。Boldt 和 Arbit（1984）指出 Fama 等（1969）中的"如果市场半强式有效，那么股价不应该需要数月才能对即将到来的股票分割做出反应"表明资本市场不是半强式有效的，另外 Fama 等（1969）认为股票分割事件不影响实际价值，那么在这一研究中有效市场的命题将不可证伪。

20 世纪 70、80 年代对于有效市场假说的成立与否没有达成较为统一的意见。这种现象的原因可以援引 Jensen（1978）的话阐述："在大多数情况下，检验市场的有效性时检验的是一个联合假设"，即市场有效性与均衡模型（资产定价模型）正确性的联合假设问题。这意味着多数情况下，明确相关实证结果是否能够以及在何种程度上能够拒绝有效市场假说是较难以回答的问题。

1978 年《金融经济学杂志》（*Journal of Financial Economics*）以市场有效性为主题出版了一期特刊，刊载了八篇关于有效市场假说的实证研究。其中 Charest（1978a）关于股票分割的实证研究支持了市场的有效性，而查雷斯特（Charest）本人在同一期上刊载的另一篇关于股票红利派发的研究（Charest，1978b）得到的结论却与有效市场假说相冲突。Watts（1978）、Chiras 和 Manaster（1978）、Long（1978）分别从季度盈利的超额收益、产生超额利润的期权交易策略、股利支付方面提出了与有效市场假说的预测不符的现象而认为市场低效，Galai（1978）发现纽约证券交易所的股票和芝加哥期权交易所的期权表现不同步，但是套利利润可能被交易成本抵消，而 Ball（1978）、Thompson（1978）把出现异常收益的原因归咎于资产定价模型的不完善并对此加以讨论。

市场异象是有效市场假说无法解释的价格序列中的规律性模式，通过这些模式投资者可以获得超额收益。市场异象本就是针对有效市场假说所产生的概念，其范围也随着有效市场假说以及资产定价模型的发展而变化。市场异象领域的文献在近三十年非常之多，每一个市场异象都意味着对有效市场假说的可能挑战、新的投资策略的产生以及对新的更高效的资产定价模型的暗示。值得注意的是，Lo 和 Mac Kinlay（1990）指出"数据探测"（data-snooping）现象可能造成误导，因此我们选取最经典的市场异象进行文献回顾，本文中所解释的市场异象包括规模效应、价值效应、动量效应、日历效应、股价过度波动之谜、股权溢价之谜、封闭式基金折价之谜。

规模效应（size effect）、价值效应（value effect）、动量效应（momentum effect）是著名而经典的市场异象。在这些异象的基础上建立的三因素模型（Fama and French，1993）、四因素模型（Carhart，1997）在今日早已被金融学者耳熟能详，成为资产定价初学者在学习过程中必不可少的基础公式。Banz（1981）和 Reinganum（1981）发现纽约证券交易所的小市值股票有着比 CAPM（Sharpe，1964；Lintner，1965）的预测值更高的收益率，即规模效应。而 Levis（1985）及 Brown，Kleidon 和 Marsh（1983）在英国和澳大利亚也发现了规模效应，该异象在不同国家的金融市场具有普遍性。价值效应几乎与规模效应同时被发现，Rosenberg，Reid 和 Lanstein（1985）发现即使考虑了 CAPM 中 β 的影响，高账面市值比的股票仍然能获得正的超额收益。De Bondt 和 Thaler（1985）发现了反转效应，即过去 3~5 年低收益率的股票将会有较高的收益率，而 Jegadeesh 和 Titman（1993）发现了动量效应，即上一年表现良好的股票将会继续获得较高的收益率。

日历效应是指股票的超额收益与月、周、日、时等时间有关的市场异象，其中较为著名的日历效应包括一月效应、周末效应、月度反转、节日效应等。Rozeff 和 Kinney（1976）发现一月份股票平均收益率比其余月份高约 3%，即一月效应。French（1980）及 Gibbons 和 Hess（1981）发现，周一股票期望收益为负，其他工作日期望收益为正，这一现象被称为周末效应。Ariel（1987）发现每个月前半个月的股票收益高于后半个月，即月度效应。Ariel（1990）发现美国全国性节日前的两个交易日内日平均收益明显超过其余的交易日，即节日效应。日历效应是非常直观而容易理解的市场异象，由于极为简单的买卖规则就可以产生超额收益，所以对有效市场假说构成了直接的挑战。

股价过度波动之谜是指相对于实际短期利率、消费和股票红利而言股价的波动程度太高［该异象由 Campbell（1999）命名］。Shiller（1981）及 LeRoy 和 Porter（1981）假设股价和分红平稳，指出对未来分红期望值的估计的波动远远小于实际股价的波动。Kleidon（1986）及 Marsh 和 Merton（1987）认为这一现象的问题在于股价是单位根过程，但是 Campbell 和 Shiller（1988）及 West（1988）发现即使假设股价为单位根过程，也存在过度波动。随后试图解释股价过度波动之谜的文献做出了一定的努力，例如 Sundaresan（1989）及 Campbell 和 Cochrane（1999）从习惯入手，Heaton 和 Lucas（1999）等从消费者异质性入手，分别为股价过度波动之谜提供了解释。股权溢价之谜是由 Mehra 和 Prescott（1985）提出的，他们发现在 Rubinstein（1976）和 Lucas（1978）框架下，美国约 8% 的股票收益率和 1% 的无风险证券利率将会导致非常高而不切实际的风险厌恶系数，这一情况被称为股权溢价之谜。

封闭式基金折价之谜是指封闭式基金的交易价格在大多数时间低于其资产的价值。Thompson（1978）首先仔细地验证封闭式基金折价的现象存在，Lee，Shleifer 和 Thaler（1991）认为该现象是由市场情绪驱动的，当市场情绪乐观时折价会减少。Pontiff（1995）发现这一现象不是由基金持有资产的超额收益导致的。由于封闭式基金折价的现象与投资组合无关，多由个人投资者持有，所以这可能意味着不同投资者（个人投资者和机构投资者）收益模式的差异。

这些市场异象是重新考量资产定价公式以及重新确定金融学思维范式的重要推动力量。这些异象的提出和分析，驱动资产定价领域在 CAPM 模型、BS 期权定价公式后取得了因素模型等重要成就，也推动了行为金融学范式的崛起。

进入 21 世纪之后，Fama（1970）和 Jensen（1978）所强调的联合假设检验的问题依然在干扰着金融学家的判断，因此没有明确的结论，关于市场有效性的争论仍然在延续。有效市场假说的支持者 Malkiel（2003）认为文献中市场异象和统计上显著的可预测模式，在更换样本期后并不可靠，而某些指标是风险的度量，因此这些现象在某些样本期内存在并不能反驳有效市场假说。而着力敦促行为金融学范式取代有效市场假说的行为金融学家们，如 Shiller（2003），表示"我们必须远离金融市场总是运转良好、价格变化总是反映真实信息的假设……面临的挑战，是要把这一现实状况纳入模型。"

尽管争论还在延续，但是 2002 年、2013 年和 2017 年诺贝尔经济学奖均有行为经济学和行为金融学理论领域的先驱获奖，这无疑代表着金融学界中涌动的行为金融范式的热潮。

第四节　行为金融学理论的宏微观融合

行为金融学是金融学理论的新兴领域，行为金融学的思维范式正在逐步获得金融学界主流的青睐。随着多名代表人物获得诺贝尔经济学奖的殊荣，行为金融学的相关内容也日益走进普通公众的视野，甚至成为新闻媒体的热门话题。

行为金融学与有效市场假说是对立的。有效市场假说中市场参与者在某种意义下的理性以及套利者的行为导致市场的有效性，所以行为金融学针对理性和套利这两点分别提出了心理学解释和套利限制，这是行为金融学的两大基石。

如果套利行为能够存在，行为金融学在逻辑上就不足以与有效市场假说对抗，因为理想环境下的套利者将在一众"待宰羔羊"之中大发横财，纠正价格错误。因此，行为金融学的一大基石是套利限制，套利限制分为噪音交易、实施成本等方面，有了套利限制这一情况，套利者将对价格错误心有余而力不足。

De Long 等（1990）提出的噪音交易风险是套利限制的一个重要原因。相对于投资所固有的基本面风险，噪音交易者的噪音交易可能造成套利者面临的严重风险。Shleifer 和 Vishny（1997）进一步研究了套利者所利用的错误定价在短期内恶化的风险。噪音交易风险可能严重影响套利者的资金状况和保证金水平，迫使套利者提前平仓而蒙受巨大损失。更加值得注意的是，大多数现实世界中的套利者为机构投资者，而投资经理所管理的资金往往是客户的资金，客户可能的评估和清算将会使套利者功亏一篑。

实施成本是套利限制的另一个重要原因。除了佣金等交易成本之外，卖空限制、发现成本也是实施成本的重要组成。D'Avolio（2002）表示对大多数股票而言卖空成本很小，范围在 10～15 个基点，但是在某些情况下（例如缺乏标准合约、法律限制）可能会大得多。发现错误定价消耗的资源实际上比普遍估计的要多。人们曾经认为如果噪音交易在很大程度上影响了股票价格，就会立即体现在资产收益的可预测性上，Shiller（1984）和 Summers（1986）证明了这一论点是错误的，Shiller（1984）甚至将该论点批驳为"经济学思想史上最大的错误之一"。

尽管上一节提到的各类市场异象实实在在地推动了行为金融学的产生与发展，行为金融学范式下的解释貌似更受欢迎，而且行为金融学的先驱者席勒教授甚至因率先研究股价过度波动之谜而声名远扬，但是大多数市场异象仍不能作为行为金融学中套利限制存在的坚实证据。因为定价模型和有效市场的联合假设问题尚没有良好的解决方案，学界暂时没有对各类异象盖棺定论，诸多异象的解释权仍然是修改定价模型的有效市场假说拥护者和阐述现象的行为金融学家争论的焦点。

值得称赞的是，行为金融学研究者们克服困难，绕过了定价模型科学性的阻碍，发现了一些几乎必然是错误定价的持续存在的金融现象，支持了投资者非理性和套利限制的观点。较为知名的现象包括孪生股权（Froot and Dabora，1999）、指数成分变动（Harris and Gurel，1986）、分拆上市（Lamont and Thaler，2003）等。

行为金融学的另一大基石则是心理学解释。传统金融范式下人是理性的，这意味着获得新的信息时，按照贝叶斯法则，人会更新自己的信念，因此作出的选择是规范可接受的。这一框架简单而易用，但是市场的各种异象逐渐驳斥了这一假设。由此，认知心理学家们收集了人们形成信念、作出决策时的行为模式，为行为金融学家解释金融现象提供了帮助。

虽然在行为金融学的建立与发展过程中心理学家功不可没，但是经济学家早已看出市场情绪（或者说，动物精神）的影响，Keynes（1936）对动物精神概念加以叙述："除了投机所造成的经济上的不稳定性之外，人类本性的特点也会造成不稳定性，因为我们积极的行动的很大一部分是源于自发的乐观情绪，而并非取决于对前景的数学期望，不论乐观情绪是出自伦理、苦乐还是经济上的考虑。对于日久方见结果的积极行动，我们的大多数决策很可能起源于动物精神：一种自发行动而非无所事事的冲动。它不是用利益量乘以概率后而得到的加权平均数所导致的后果。"对动物精神的解释，也成为了凯恩斯呼吁政府参与经济活动的重要理由。

在认知心理学家的帮助下，经济金融学家们建立起行为金融学中关于信念和偏好的心理学范畴。行为金融学中关于信念的理论包括过度自信（Alpert and Raiffa，1982）、一厢情愿式的乐观（Weinstein，1980）、代表性偏差（Tversky and Kahneman，1974；Rabin，2002）、过度保守（Edwards，1968）、信念固着（Lord，Ross，and Lepper，1979）、锚定效应（Tversky and Kahneman，1974）、可得性偏差（Tversky and Kahneman，1974）。行为金融学中关于偏好的理论包括前景理论（Kahneman and Tversky，1979；Tversky and Kahneman，1992）和模糊规避（Ellsberg，1961）。

行为金融学理论沿着这些心理学概念的方向不断延伸，形成了庞大的行为金融学的研究领域。行为金融学不仅力图解释市场价格的异象，与传统的有效市场的堡垒争斗到底，还逐渐向公司金融等领域延伸，逐渐在各个维度上开展对决策的研究。

行为金融学概念为解释金融学现象提供了良好的途径，给行为金融学家以解释本章第三节的异象的理论基础，例如对封闭式基金折价之谜、股权溢价之谜和动量效应的解释。Lee，Shleifer 和 Thaler（1991）提出了基于过度乐观的行为视角来解释封闭式基金折价之谜；Benartzi 和 Thaler（1995）最早将前景理论和股权溢价之谜联系起来；Maenhout（2004）使用模糊规避解释股权溢价之谜，认为投资者担心股票收益率模型错误时会收取更高的股权溢价；Barberis，Shleifer 和 Vishny（1998）使用过度保守和代表性偏差构建模型，用以解释动量效应和反转效应。

　　行为金融学的研究范式在最近十数年还广泛地应用到了各类对非理性及其后果的研究中，甚至触及各类社会学相关的概念。这一类研究甚至大有将人类行为决策在该范式下"一网打尽"之势，典型的研究包括：分析社会联系如何影响证券市场中的信息流动（Cohen，Frazzini，and Malloy，2010；Ozsoylev，et al.，2013）；宗教、社会意识和意识形态如何影响金融行为（Hilary and Hui，2009；Hong and Kostovetsky，2012；Hutton，Jiang，and Kumar，2014）等。

　　值得注意的是，尽管行为金融学在解释上述异象时获得了相当的成功，对有效市场假说有压倒性的优势，但是它也有明显的缺点。一方面，行为金融学的预测作用没有充分地表现，只解释现象但缺少对行为的逻辑结果的预测；另一方面，行为金融学的不同范畴依然难以整合，特别是宏微观领域的研究几乎很少彼此引用。另外，行为金融学不仅面临着依附于传统金融学范式进行修改的问题，而且有着不同的心理学范畴难以在同一框架下共存的隐患。以行为金融学当今的发展状况来看，想要取代主流金融学，仍然有一段漫长的路要走。

第七章　银行理论

银行理论（theories of banking）的内容极为丰富，文献分支众多，有时也可以用"银行经济学"来概括这一领域的理论内容。区别于商业银行经营理论，本章所介绍的银行理论并非聚焦于微观层面某一银行个体对其内部经营活动的安排，而是宏观地来看"银行"这一类型的机构能够实现怎样的功能。基于此可将银行理论的研究归纳为两类，一类是从货币创造的角度研究银行职能，另一类是从实物经济的角度研究银行职能。

第一节　基于货币创造角度的银行理论

第一类银行理论是从货币创造的角度出发研究银行职能，这类银行理论的发展经历了很长的时间，历史文献可以追溯到 19 世纪 50 年代甚至更早。研究银行业务（主要关注存贷款业务）所带来的货币现象，核心内容落脚于存款货币如何产生，进而判断整体上银行在货币创造方面体现出的职能。因为随着时代的发展，货币体系、银行会计规则和银行业务内容都在不断变化，所以基于银行业务与货币创造角度的银行理论也在不断变化。而且，即使对同样的会计规则也可能有不同的含义解读，因此不同理论对不同层面的问题的解释各有优势，长久以来很难形成唯一正确的理论内容。

归纳起来，大致可以将基于货币创造角度的银行理论分为两种：（1）贷款创造存款的理论，认为每个银行在发放贷款时创造了存款，也直接创造了新的信用和货币；（2）存款约束贷款的理论，认为银行发放贷款必须以存款的增加为前提，且存款货币增加的过程无法由单个银行完成，而只能由整个银行系统共同完成。虽然这两种理论的特色都更鲜明地体现在对银行存贷款业务的分析上，但其实核心思想也适用于解释除贷款外的其他资产业务，如买入证券，以及除存款外的其他负债业务，如发行其他信用工具。只不过由于银行的存贷款业务最具有代表性，在实践中也占据最主要的地位，所以我们主要以存贷款业务为例进行介绍。

银行业务与货币的关系和货币形态的历史演进密不可分。早期理论更关注银行业务导致黄金和存款量的相对变化。而到了 20 世纪 30 年代，美国存款保险制度的施行大大提升了银行存款的安全性，存款代替金属货币取得了主要流通媒介的地位，银行的许多业务从原来必须由现金支付变化为可以通过发行存款支付，这使得银行存款在货币体系中的地位越发重要。再到 20 世纪 50—60 年代，其他非银行金融中介迅速发展，资金盈余方的选择从持有现金和银行存款拓展到包含由其他中介所发行的其他金融资产，此后对银行存款和货币之间关系的讨论需要基于更广泛的考虑。

在介绍具体的理论内涵之前，我们需要先辨析货币的概念，这是理解两种理论的关键。"currency" 和 "money" 两个单词虽都可以译为货币，但切不可混淆。为了区分，我们最好将 currency 译为"通货"，即被广泛接受可用于流通的货币，一般指国家的法定货币（legal tender）。在当代货币体制背景下即为一国货币当局所发行的信用货币，按货币形式可分为纸钞和硬币，按流通领域可分为银行体系的库存现金和流通中的货币两部分，后者即 M0。money 一词则侧重于指广义上的货币。一切可以承担货币职能的物体都可以称为货币，但并不是所有货币都能够被大范围接受，所以只有其中一小部分可以成为通货。我们知道，除了 M0 以外，更广义的货币供应量统计口径都或多或少地包含各种不同类型的银行存款。直观地理解，银行存款也是一种"钱"，可以较为广泛地满足生活中各种支付需求，但其流行程度仍然低于法定货币，所以它并不是通货。假设这样一种不太符合现实的情形：经济体中的某些具有特殊偏好的个体拒不接受 A 银行的存款作为自己所持有的"钱"，但任何个体都会接受被赋予了法定地位的通货。我们现在之所以能够对银行创造货币的问题加以讨论，就是因为银行存款已经可以被广泛接受为一种"钱"，也就是一种货币。

一、贷款创造存款理论

贷款创造存款（LCD）理论的最大特色是提出了银行"先有贷款、后有存款"的逻辑。银行在发放贷款时，虽然没有新的外来存款，但可以将贷款金额记入借款人的账户（相当于贷款给客户后，客户又存回银行），从而体现为银行存款随之增加，资产负债两端同时增加，扩大了银行资产负债表的规模。这一理论强调贷款行为可以由银行的意愿决定，而并不一定需要以现金、央行准备金或其他银行资金为前提。学术界也常将该理论称为银行的信用创造理论（credit creation theory of banking），这些文献从银行发放贷款的角度研究所创造的信用对宏观经济的影响，不局限于对货币问题的讨论，在这种宏观分析中对贷款和存款关系的认识只是逻辑出发的起点，是一种提炼出的观点副产物。

根据这一理论，实质上银行贷出的不是通货而是自己发行的信用，不属于狭义货币，而是可以纳入广义货币的范畴。因此，银行创造的信贷与其他金融中介的信贷有着本质的区别：一是在贷款本身代表的信贷关系的基础上，银行又增加了一层反向的信贷关系，后者来自银行发行的存款，是银行的信用；二是银行的信用可以作为购买力成为货币。唯有在两个原因的递进关系下，双边的信贷才能产生多边的信用货币，而非银行金融中介难以将这种双边信贷关系拓展延伸。对于非银行金融中介的信贷，即便再增加一层反向关系也无法像银行一样创造信用货币，因此信贷活动受限于中介能够吸收的存款。

当然，本质上存款人与银行之间的关系必然是借贷关系，存款在银行的资产负债表上必然以负债的形式呈现。但 LCD 理论强调这种信用关系不同于普通的信贷关系，因为存款不是被动地借入，而是银行通过贷款业务主动创造产生的。不难看出，LCD 理论的基石不再是储蓄，而是信贷。银行创造存款，而不是储户。Schumpeter（1954）就明确指出"银行的存款是借来的"这种表述并不合适，因为这给存款人强行扣上了贷款人的帽子，他还批判了利率决定论给人们带来的"储蓄增加信贷供给"的思维定势，认为存款行为并不能与存款人愿意贷出资金划等号。为了便于理解，我们可以将银行存款看作一种"证券"，这种证券的发行没有时间限制，且发行后买方随时可以赎回，存款人综合考虑自己的投资意愿与流动性需求后选择买入这种"证券"，但并不是有意成为信贷的供给方。

在这种理解之下，银行贷款的过程似乎变得十分轻松。这一过程之所以备受关注，一是因为与中央银行发行购买力相比，商业银行发行购买力的同时形成了不由中央银行直接决定的信贷关系，对宏观经济有着更为复杂的影响；二是因为与私人信贷相比，银行信贷创造出了新的购买力，因此可以满足总名义需求的增长。事实上，Wicksell（1907）最早系统地阐释贷款创造存款的理论并非缘于发现了银行业务对货币总量的影响，而是来自对银行信贷影响宏观经济变量的关注，这篇文章的主题是利率上升对物价的影响。不仅如此，后续一段时间内这一理论不断得到完善，但贡献基本都来自在探讨经济现象时所体现出的思维契合，如 Hahn（1920）的《银行信贷的经济理论》，Hayek（1931，1933）的《价格与生产》和《货币理论与贸易周期》，Schumpeter（1934，1954）的《经济发展理论——对于利润、资本、信贷、利息和经济周期的考察》和《经济分析史》，甚至 Macleod（1856）最早提出银行不是存贷中介而是在创造信用的思想也是在《银行业的理论与实践》一书中。总的来看，这些经济学家的学术思想只是在银行信贷所产生的经济影响上存在分歧，对银行存贷款业务的理解都有着极其相似的内核。

不过，LCD 理论只关注了银行贷款业务与存款货币创造之间的关系，不够全面。银行作为存款类金融机构，吸收的存款并非全部来自主动开展的资产端业务。所以在这一理论框架下，应该格外注意区分两类银行存款。一是外部资金支持的存款，即原始存款，存款人存入通货后，在会计处理上银行会增加该存款人的存款，相当于以内部货币（由私人金融机构发行的购买力）交换存款人持有的外部货币（由货币当局发行的购买力），货币总量不受影响；二是贷款支持的存款，即派生存款，由银行在其贷款或其他资产购买交易中发起，货币总量增加。虽然在实践中二者的功能完全一致，外界从结果上无法分辨，但这两类存款产生的途径其实是存在本质区别的，LCD 理论只能说明贷款可以创造第二类存款。

如果从动态视角看银行的业务与经营活动，这一理论是具有现实合理性的，毕竟准备金和资本要求等只需要在特定时间点得到满足，因此其并不总是发放贷款的实际先决条件。所以，在一定情况下，即使银行没有收到任何新的存款或准备金，也可以发放新的贷款，从而创造新的存款。但是，从银行的实际经营活动来看，一方面银行间清算一般很难恰好出现彼此抵消而没有准备金转移的情况，另一方面贷款发放也不是在任何情况下都能完全脱离存款业务的制约。现实中各商业银行存贷款利率差别并不大，净息差较为一致，因此在存贷业务上的利润更多地取决于资金数量而非价格，大大小小的银行网点也都承担着"揽存"的任务，这与 LCD 理论的核心主张并非完全相符。

二、存款约束贷款理论

存款约束贷款理论则认为发放贷款必然以吸收存款为前提。这一理论的核心在于将存款视为银行的资金来源，将贷款视为银行的资金运用，因此可以得到存款约束贷款的结论。具体来看，初始存款进入一家银行以后，这笔存款按照一定比例要求缴存存款准备金（即部分存款准备金制度），余下部分可以用于发放贷款，借款人收到款项后会将其再存到其他银行，因此这家银行发放的贷款之后还会回到银行体系成为存款货币，而收到这笔存款的银行又可以继续贷款。周而复始，在部分存款准备金制度下，整个银行体系内的存款总和最终会多倍于第一家银行所接受的初始存款的数额。一般以"部分存款准备金理论""多倍存款派生"等类似词汇进行概括的理论，在内容上都支持存款约束贷款的观点。

马歇尔最早将存款派生的过程归纳为数学公式（Humphrey，1987），且具体地通过求和推导出了存款派生乘数。而 Phillips（1920）将存款派生理论推向了成熟，区分了单个银行的准备金损失与整个银行体系的多倍派生，并对这一过程中无论是单个银行还是整个银行体系所呈现出的存款派生能力都做出了完备的解释。单从存款约束贷款的观点来看，Keynes（1930）似乎也是支持者，他指出银行确实创造了存款，毕竟存款本身就是银行（的）存款，在银行编制会计分录，计入资产负债表之后，存款人才有了提取存款的权利，但事实上银行的存款不仅仅是这样"创造"出来的，而且他强调在顺序上，以贷款等业务创造存款必须在存款人自愿存款之后。

最为广泛接受和沿用的是萨缪尔森《经济学》(Samuelson，1948) 经典教材中的例子。假设 A 银行新增加了来自外部的 1 000 元存款。如果银行选择持有 100% 的现金储备，那么 A 银行资产负债表的变化如表 7-1 所示。

表 7-1　完全储备情况下的 A 银行资产负债表

资产		负债	
现金储备	+1 000	存款	+1 000
总计	+1 000	总计	+1 000

从会计视角来看，银行存款确实增加了，但并非银行自己创造出了这笔存款，而是必须有客户的存款意愿在先。宏观地考虑整个经济体，在完全储备情况下，银行创造出的存款货币刚好被流通中现金的减少所抵消，所以整体的货币总量并没有变化。

与古代的金匠铺相比，现代银行体系不再需要 100% 的储备。因为尽管存款需要即刻支付，但所有存款都被一同提取的可能性极低，所以只要银行能够持续经营，部分准备金的制度就是可以维持下去的。所以接下来萨缪尔森考虑了部分存款准备下的情形，假设法定存款准备要求是 20%，则 A 银行的资产负债表如表 7-2 所示。

表 7-2　部分存款准备下的 A 银行资产负债表

资产		负债	
现金储备	+200	存款	+1 000
贷款和投资	+800		
总计	+1 000	总计	+1 000

也可以将表 7-2 视为表 7-1 的下一步，在允许部分存款准备的情况下，银行可以不将收到的 1 000 元现金全部储备起来，而是在留有满足存款准备要求的 200 元的情况下，将剩余的 800 元贷出。存款发生前有流通中现金 1 000 元，而现在 200 元现金退出流通，存款货币增加 1 000 元，总体来看交易货币增加了 800 元。所以，银行的贷款和投资行为可以增加整体货币量，但在这种情况下存款货币的增加仅限于初始存款增加的 1 000 元，单个银行无法达成多倍存款派生。

接下来，在收到 A 银行贷出的 800 元现金后，借款人可以选择将其存到 B 银行，由此 B 银行可以贷出 $800×(1-20\%)＝640$ 元现金，B 银行的借款人再将其存到 C 银行……不断循环的结果是整个银行体系的存款余额增加了 1 000（A）＋800（B）＋640（C）＋…，即

$$总存款增加＝1\,000＋1\,000×80\%＋1\,000×80\%^2＋\cdots$$
$$＝1\,000×\frac{1}{1-80\%}＝\frac{1\,000}{20\%}＝5\,000 元$$

这实现了从 A 银行初始接受的 1 000 元存款，到整个银行体系内共 5 000 元存款的多倍派生。从货币总量的角度看，初始的 1 000 元流通中的现金变为了 5 000 元的存款货币。同理，

$$总现金储备＝1\,000×20\%＋1\,000×80\%×20\%$$
$$＋1\,000×80\%^2×20\%＋\cdots$$
$$＝5\,000×20\%＝1\,000 元$$

可以看出，在萨缪尔森的解读下，单个银行只是一家普通的金融中介，业务开展以从储户收到的存款为限。这一逻辑隐含的假设是，银行只能贷放自己已经拥有的货币，而贷出的货币马上就会离开银行。由此，书中明确地反对了"银行似乎可以神秘地凭空创造货币"的说法，因为即使以存款的形式发放贷款，虽然贷款资产的增加可以同时引起负债端存款的等额增加，但这些存款可以随时被借款人取走使用，存款余额也并不能维持。因此，银行贷款不会增加存款而是来源于存款，这显然与 LCD 理论的主张针锋相对。萨缪尔森在书中还特地举了一个例子，在同样的假设下，如果按照 LCD 理论的观点，A 银行的资产负债表应如表 7－3 的形式，萨缪尔森将这张表命名为"单个小银行不可能实现的情形"。

表 7－3　LCD 理论下的 A 银行资产负债表

资产		负债	
现金储备	＋1 000	存款	＋5 000
贷款和投资	＋4 000		
总计	＋5 000	总计	＋5 000

　　尽管一切看起来都恰到好处，资产和负债的增加持平，现金准备也满足存款 20% 的要求，但这是不可能实现的。银行确实可以在增加贷款时以增加对手方存款的方式支付，但无法保证对方会一直将存款放在银行不动，毕竟借款人有着消费或者生产经营的需要。而一旦对方选择提取这 4 000 元的存款，A 银行实际收到的 1 000 元现金就明显不足。问题的关键在于这 4 000 元的新存款与 1 000 元银行收到的原始存款有着本质差别①，前者并非存款人（借款人）自愿存到银行的，所以银行不能贷出自己没有收到的钱，表 7-3 的情形不可能出现。值得注意的是，根据多倍存款派生过程，在整个银行体系的共同作用下，总存款金额与总现金储备金额与表 7-3 中的数字相同，整个体系内所有银行的合并资产负债表与表 7-3 完全相同。因此，萨缪尔森认为这一形式只能由整个银行体系共同完成，而单个银行无法实现。

　　萨缪尔森的分析假设存款以现金形式收取，贷款以现金形式发放，因为借款人对贷款资金的运用使其无法以存款的方式留在银行。但是，如果借款人获得现金后还会继续存款，那么他并不一定会存到其他银行。事实上，存款人完全可以仍然在 A 银行存款，这笔现金留在 A 银行就又可以作为给其他借款人发放贷款的资金，因此 A 银行自己也可以实现存款货币创造。这种考虑是与现实情况相符的，现代商业银行的贷款通常情况下并非以现金形式发放，贷款申请人一般要先在该银行开立账户，然后银行才能通过增加该账户的存款来发放贷款。所以，在现实背景下，与其如萨缪尔森所说，贷款是以现金发放后再被存回银行体系，不如说贷款是以存款方式发放后再被提取为现金或转存入其他银行。虽然最后现金数和存款数的结果可能一样，但这代表了看待问题的两种不同角度。而且，借款人以现金还是 A 银行存款的形式持有这笔资金也并不是互斥的，而是往往同时存在的。在菲利普斯（Phillips）的完整模型中，除了基础存款派生推导部分与萨缪尔森具有相同形式，他还以 k 设定了银行贷款创造出的存款中自身留存的比例，基于这一参数可以推导出单家银行存款派生的乘数。

---

　　①　前文 LCD 理论中提到的两类存款货币的区分恰好可以解释此处的逻辑。

需要强调上文所述的模型，以及如今众多基础货币金融学教材中对存款派生过程的介绍都是采取了最为简洁的形式，没有考虑各种复杂的因素，对准备金率的设定也是最理想化的情形，因此使用时必须小心谨慎。本章可以帮助读者理解银行存贷款业务的货币本质及二者的相互关系，如此才能区分可以变更的模型假定和绝对不变的真正原则。基本模型只设定了存款准备金率一个参数，而且是法定存款准备金率，由此得到的乘数代表了存款派生所能实现的最大理想规模。以这个简单框架为基础，后续也有许多文献陆续纳入了现金漏损[①]、超额存款准备金率、不同存款类型对应的不同准备金率等可以使模型更贴近实际的因素。

就理论学习而言，全现金收付假设是一个很好的切入点，但在现代背景下已经与实践操作相去甚远。除了贷款不一定以现金形式发放，存款也并非必然以现金形式获得，还可能来自与其他同业银行之间的资金账户划转。举个例子，存款的增加可能来自某客户将在 B 银行的存款转入了 A银行，而这一行为要在两家银行间实现结算，一般有两种划转方式：增加A 银行在 B 银行的存款和通过 A、B 两家银行在中央银行的存款账户转账。A 银行负债端的客户存款依然增加，但资产端增加的科目由现金变为存放同业款项或存放中央银行款项。《经济学》后续的修订版本已经改善了对现金收支假设的过度依赖，在第 19 版中，将表 7‑1、表 7‑2 和表7‑3 中的"现金储备"（cash reserves）科目改为了"储备"（reserves）。且与 1948 年的原版相比，第 19 版只字未提贷款创造存款的观点，批判论调全无，表 7‑3 也仅仅作为银行体系合并资产负债表的形式出现，而不作为分析单个银行的错误示范。

不过，从单笔业务的角度分析，对单个银行施加这种"存款＝现金储备＋贷款及投资"的"现金融资约束"也是无可厚非的。上文所提出的各种问题只是指出了考虑的欠缺，而没有全面否定存款约束贷款的理论贡献，实际上在后续一些研究货币和信用创造过程的文献中，很多遗漏都通过添加其他设定得到了形式上的弥补，模型具有可拓展性才使得这一理论

---

① 现金漏损，指贷款资金中的一部分由借款人自己以现金形式持有，既没有留在 A 银行也没有存入其他银行，因而整个银行体系的存款总量减少，存款派生能力会被削弱。

能够一直得到发展。只是实际操作中约束显然不会严格成立，商业银行的业务纷繁复杂，现代背景下现金收支的业务十分有限，存款准备的要求也不是体现在每笔存款业务上，而是更多地体现在一定时期内基于会计科目余额计算的比例。所以存款准备并不必然来自获得的存款，发放贷款也并不必然以先获得存款为前提。

最后，除了储户存入现金带来存款增加之外，跨行资金划转或央行货币操作所导致的存款准备金增加也可以成为存款派生的起点。因为存款准备金增加意味着银行可以吸收的存款数量增加，银行可以直接使用后续的储户存款而不必再机械地从中留出准备金，在这种情况下就不是初始存款而是存款准备的增加派生出了多倍的存款。但不论是二者中的哪一种情况，存款派生过程都起始于外部货币的增加，因为通货和在央行的准备金存款都属于货币当局发行的外部货币，且在整个过程中外部货币的数量是不变的。所以我们可以提炼出存款约束贷款理论下货币创造的真正本质：以银行持有的外部货币增加为基础，发行几倍于外部货币增量的内部货币的过程。

值得注意的是，不管是贷款创造存款，还是存款约束贷款，实际上都主要关注名义货币如何被创造，区别只在于货币创造的源头是存款还是贷款。虽然两种理论从各自的角度都能比较清楚地解释一些现象，具有一定的现实意义，但要想使用单一理论进行全面阐释都还有较大困难，因此应用时必须结合地看待两种理论的思想。

第二节　基于实物经济角度的银行理论

第二类银行理论是从实物经济的角度研究银行职能，这类研究主要考虑的是银行的职能对真实经济（以及福利）的影响。例如，在一个完全无摩擦的经济体中，债券市场和资本市场可以达到和银行相同的资源配置。因此银行不同于债券市场和资本市场的实物经济职能就成为了学界的热点话题之一。这一类研究从银行是一个"借短贷长"的金融中介出发，关注银行运营呈现出的整体效果和影响，而不是货币量的变化。因此，实物经济职能研究以金融中介理论的发展为基础，其核心内容是商业银行与其他非银行金融中介并无明显不同，"借短贷长"都是它们的典型特征，只是在准备金要求、资本充足率或利率规定方面或许有所差别。

一、早期金融中介理论

早期金融中介理论强调银行是一种金融中介，这一观点在 von Mises（1912）的书中就有所体现，他指出银行的作用是帮助借贷双方进行磋商，银行业务的关键在于其贷出的资金是从其他个体借入而非自有的，这与资本家的行为形成了对比。到了 20 世纪上半叶，美国的金融中介机构迅速发展。1900—1949 年间，国民财富仅增长到稍多于十倍的水平，然而金融中介的资产规模增长了超过 23 倍（Goldsmith，1954）。以主要金融机构（商业银行、人寿保险公司、储蓄和贷款协会、互助储蓄银行）的总资产衡量，1945—1956 年间，商业银行的份额从 70％下降到了 55％，商业银行的存款负债占总负债的份额从 64％下降到 52％（Shelby，1958）。因此在 20 世纪 50—60 年代，理论开始聚焦于广义的金融中介机构（financial intermediaries），而非仅局限于传统的商业银行（commercial banks），研究金融中介能够发挥的作用，如创造信用和带来不稳定性等，并由此引发关于银行与其他非银行金融中介是否存在区别，中央银行的货币、信贷政策是否有效以及是否应对两类机构施以同类型监管的讨论。

对其他金融中介而言，贷款来自银行存款，这与部分存款准备金理论存款在先的理念相吻合，因此这一框架可以兼容对银行和其他金融中介信用创造的分析。在"贷款来自存款"的核心内涵上，部分存款准备金理论与金融中介理论是相通的，只是理论的落脚点不同，前者研究存款转化为贷款的循环过程后整体货币量的变化，而后者研究金融中介的实物经济职能。所以，其实二者共同与贷款创造存款的理论形成对立关系，毕竟后者否认银行是金融中介，而强调银行所能实现的信用创造，或者说购买力的创造。

二、20 世纪 50—60 年代：寻找商业银行的特殊性

Gurley 和 Shaw（1955）的《经济发展的金融方面》一文是金融中介理论的标志性文章，该文章认为商业银行和其他金融中介都是实现间接融

资的渠道，二者都可以创造信用①，区别并不在于能否创造信用，而是创造的信用工具不同，具体是谁在承担信用创造的职能由投资者对金融资产的选择决定，强调两类机构的相似性要远远重要于差异性（Gurley and Shaw，1960）。二者资产端的业务并没有明显区别，只是在负债端表现为不同种类的金融资产（对投资者来说）。然而在负债端，银行存款的特殊性也被大大削弱，商业银行在储蓄存款上的主导地位被逐渐壮大的其他金融中介日益侵蚀（Alhadeff and Alhadeff，1958）。

与传统商业银行的货币创造相比，金融中介的快速发展带来了更大规模的信用创造，创造出的信用对实体经济发展产生了影响，对央行的调控也提出了新的挑战。Shelby（1958）以改进货币创造乘数而得到的信用创造乘数为框架，研究投资者对不同资产的选择如何影响流动资产总量，认为央行虽不能影响公众对货币和类货币的偏好，但货币本身必然存在刚需，虽不能直接地控制其他金融中介的准备金，但这些机构的业务需要通过其在商业银行开设的存款账户进行，所以总的来看信用创造的规模存在限制。Aschheim（1959）也对中央银行的控制能力持积极态度，虽然准备金要求、再贴现政策和道义劝告等政策大都针对商业银行，但当时国债市场的发展使公开市场操作可以广泛地直接影响到各类金融机构的投融资活动。Alhadeff（1960）则认为在考虑其他金融资产的情况下，其他金融中介的活动会影响信贷政策的效果，紧缩政策会使利率上升，从而持有银行存款的机会成本上升，投资者选择持有其他金融资产，其他金融中介进行信用创造则会折损政策的紧缩效果。

所以，这一时期金融中介理论的重点并不在于否定银行的功能，而在于研究其他金融中介是否也具有相似的功能，从而基于众多的相似之处，对两类机构合并进行共同的、名为"金融中介"的研究，非银行金融中介

---

① Gurley 和 Shaw（1955）还认为银行和非银行金融中介都只是可贷资金（loanable funds）的中介而不会创造可贷资金。Aschheim（1959）则直接指出他们的结论来自对可贷资金定义的错误理解，通常可贷资金理论将其定义为事前的存款，即商业银行发放贷款前的存款量被视为可贷资金量，而二人使用国民收入的概念错误地将其理解为事后的存款量，若只关注事后的时间点则存款货币派生过程已经完成，自然体现不出可贷资金的增加。我们可以不使用可贷资金这一概念以免混淆，与讨论可贷资金是否增加相比，可以更清晰地理解为经由商业银行的业务操作，事后的存款量会多于事前的存款量。

的信用创造职能[①]基本得到了共识。因此商业银行存款不再是资金盈余个体的唯一金融资产选择，非银行金融中介创造的其他一些信用工具也可作为交易媒介且具有储藏价值，呈现出"货币性"的特点。整理这一时期相关问题的文献就可以发现一条清晰的脉络，关注点从仅包括通货和商业银行活期存款之间的选择，到考虑商业银行活期存款和定期存款间的转换，再到最终涵盖了市场上各种不同的金融资产。如按 McKinley（1957）的主张，将其他金融资产包含在货币的范畴内，那么信用创造也被纳入货币创造的含义，从而货币创造不再是银行特有的标签。

　　然而，虽然不一定针对货币内涵问题作详细阐述，但仍有许多文献在论述过程中默认"money"一词仅包括通货和银行存款，因此与其他金融中介相比，商业银行存款作为货币具有独特性，其货币创造过程也具有独特性，从而以能否创造货币区分商业银行与其他金融中介。在现实层面上，这种判断有着会计记账方面的基础。其他金融中介贷款增加的另一端表现为另一种资产的减少，贷款的发放以该机构在商业银行的存款作为支付方式，所以贷款增加的同时银行存款这一资产科目减少，其他金融中介的贷款和其他投资必然受限于吸收的存款和净资产，因此其仅承担中介职能。商业银行贷款增加的结果也是借款人的银行存款增加，但这在商业银行的资产负债表上表现为贷款增加的同时负债增加。在理论层面上，这种划分标准来自对货币仍然仅包括通货和存款货币的认知，不将其他流动性金融资产包括在货币的范畴内，从而否定其他金融中介的货币创造职能。然而如果应用广义货币的概念，信用创造职能就是广义货币创造职能的一部分。事实上，对信用创造与货币创造的研究是一脉相承的，以存款派生乘数为基础，进一步包含其他信用工具，考虑不同的准备金要求，推导出信用创造乘数。因此，其他金融中介究竟进行信用创造还是货币创造仅仅是一个概念辨析的问题，并没有实际意义，只是对货币的定义不同导致名称不同，背后的过程本质上是完全相同的。

---

　　① 注意此处信用创造中的"信用"一词指的是金融中介创造出的各种信用工具，包括活期存款、定期存款、储贷协会份额等等，而信用创造理论中的"信用"仅狭义地指向商业银行的信用。

那么应该如何解释银行的独特性呢？银行所特有的支付清算体系使得银行存款与其他金融中介发行的货币相比，使用起来更便捷，流通范围也更广（McKinley，1957）。从银行自身的经营角度来看，这种优势也使得银行吸收存款负债比非银行金融中介借入资金的成本更低（Klein，1971）。此外，作为这一支付体系的统筹者，银行的偿付能力和营运状况与社会公众息息相关，这赋予了其重要的地位（Aschheim，1959）。Smith（1959）在此基础上更进一步，认为真正的核心在于银行支付体系绝对的主导地位而不仅仅是优势，从整个银行体系的视角来看，某家银行由于贷款等资产购买行为所花出去的钱会迅速地再以银行存款的形式回到银行体系中去，这一点是其他金融中介无法做到的。换言之，其他金融中介的信用创造严格受限于投资者选择购买多少这些机构发行的信用工具，然而即便投资者选择了其他信用工具而非银行存款，这一购买行为依然要通过在商业银行存款账户的划转完成，因此银行创造出的存款规模不受投资者偏好的影响。①

Tobin（1963）则认为银行存款作为支付方式的便捷性不足以成为商业银行独特性的充分理由，支付方式这一概念本身并不是绝对的。借款人取得贷款后会将这笔资金用于生产经营活动，如果卖给他生产资料的人能够接受其他金融资产，那么这种金融资产也可以成为支付方式，因此发行该金融资产的金融中介也可以创造支付方式。虽然银行存款作为支付方式具有绝对的优势，但仅此一方面的优势不足以让银行免除竞争。其他方面的相似性使得银行存款与其他金融资产仍然可以相互替代，银行存款的优势是有限的，可以由其他金融资产更高的收益率所补偿，因而不足以成为特殊对待银行的理由。这种对银行存款重视程度的下降与当时其他金融中介和金融资产的发展有关，人们不再以银行存款便捷支付的性质将其与其他金融资产进行定性的分离，而是将包括银行存款在内的各种金融资产放在平等的地位上，让资产配置的选择由价格机制下的竞争均衡决定。如此

---

① 这里的表述不完全准确，考虑的投资者偏好只包括银行存款和可供选择的其他金融资产。如果将现金也纳入考虑，那么投资者对现金的偏好会减少其持有的银行存款，如部分存款准备金理论中所提到的，这会带来现金漏损的问题，削弱银行存款派生的能力，从而会对存款创造的规模产生影响。

一来，银行与其他金融中介一样只是可以发行负债的金融机构，并不因为其发行的是存款负债而变得特殊。曾经被用以区分银行的边界变得模糊，银行与其他金融中介具有管理水平高、资产负债分散以及享受政府最后流动性保障等共同的特征（Tobin and Brainard，1963），都是能够借短贷长、完成期限转换的金融机构。

由此，Tobin（1963）还进一步拓展了传统存款派生过程中，对发放的贷款必然留在银行体系内的假定，因为投资者可能选择持有其他金融中介发行的其他信用工具，而这种选择完全由市场价格决定。如果价格机制起支配作用，那么存款量是否增加并不取决于商业银行的经营活动，而是取决于投资者是否愿意持有。投资者对银行存款的持有量取决于对流动性需求和资产收益率的综合考虑，存款量会趋于自然的均衡水平而不会无限扩张。顺着这一逻辑链条，Tobin（1963）继续从成本收益分析的角度寻找对银行独特性的解释，并得出关键在于监管制度不同的结论。商业银行虽与其他金融中介共同竞争，然而对其更严苛的监管政策使其在经营上受到外力影响，无法与其他金融中介处于平等的地位。历史上美联储曾对商业银行施以最高存款利率的限制，这一限制使得商业银行吸收存款的边际成本始终低于投资的边际收益。但这种解读也存在一定局限性，究竟是银行与其他金融机构的差异使其受到独特的监管，还是这种监管让银行与其他金融机构产生了差异？因果关系难以辨明。

其他金融中介的迅速发展使其与银行形成了竞争格局，不仅是其他金融资产与银行存款具有了平等的竞争地位，而且对两类机构的一切经营活动都应以竞争的视角来看待。在价格起决定作用的机制下，并不是现有准备金数量决定业务规模，而是银行通过成本收益分析确定业务规模和准备金需求，然后向央行借贷或在同业拆借市场调节其所持有的准备金数量。银行存款的规模也并不仅取决于准备金的多少，还取决于其他替代资产的收益率和投资者的偏好。这种越发融通的格局使得货币与其他金融资产之间需要重新划分，需要更关注货币系统的整体供需而非货币数量和流通速度，将利率、资产收益率和信贷而非仅仅货币数量视为政策、金融机构与实际经济之间的联系（Tobin，1963）。货币形式的多样化给监控经济体的货币总量带来了难题，同时为价格机制和金融市场的成熟带来了机遇，这似乎也与 20 世纪中后叶货币数量论的没落和资产组合理论的崛起相呼应。

早年凯恩斯曾在其《通论》一书中提及过，这种划分并非原则问题，而只是在处理特定问题时最方便的地方划一条线而已。Newlyn（1962）以及 Friedman 和 Schwartz（1969）也都指出货币定义只是一种分析惯例，口径的选择应以分析效率为标准，而不是完全基于先验的理由。Melitz 和 Martin（1971）也认为应灵活地定义货币，但认为不一定要从实证中获得依据（Kaufman，1969），且反驳了中央银行只能对商业银行的信用施加控制的观点，认为能否有效控制取决于相应的货币总量指标是否容易预测，广义货币包含的资产种类较多，因此内部的转换不影响整体数量的稳定性，而狭义货币与其他资产很容易发生替代，因此可能更难以有效控制。

虽然讨论两类机构的相似之处是有益的，但在追踪政策动态或市场条件变化的经济影响方面，研究其差异性也是必要的。Smith（1966）创新性地以马尔可夫链描述资金在不同个体间的转移和信用创造的过程，将持有不同形式的金融资产作为不同的事件，并为银行和其他金融中介的转移矩阵设定了不同的构造，以体现银行存款由于具有货币地位而在不同金融资产中所具有的独特性。与 Smith（1959）对银行特殊性的观点大致相同，Smith（1966）认为投资者将其借给其他金融中介的资金变现一定会给该机构带来资金的损失，而银行债务的货币性质能够保证资金回到银行体系。由此，尽管二者在选择的过程中具有平等的地位，但与其他金融资产相比，投资者选择银行存款所带来的后续事件链存在本质的差别。

前文介绍的文献大都从理论的角度研究两类机构的信用创造，由于所发行的金融资产不同，信用创造乘数不同，Smith（1966）进一步指出了具体过程的不同。但一个更具现实意义的问题是继续向下延伸，二者的信用创造是否会产生不同的结果。Guttentag 和 Lindsay（1968）认为即便其他金融中介增长速度更快，商业银行信用创造的能力仍远大于它们，如果没有监管控制，银行准备金的变化更易引致不稳定性。二人构建了一个基于资产负债均衡的包含投资者偏好和两类机构准备金率的动态分析框架，能得出以上结论的关键在于这一分析框架假设其他金融中介的准备金以商业银行存款的方式持有。因此投资者选择持有其他金融资产并不会减弱商业银行信用创造的能力，即投资者花在其他地方的钱依然会以存款的方式再次回到商业银行，这实际上与 Smith（1959）的观点是一致的。

Guttentag 和 Lindsay（1968）认为银行的独特性在于更容易引致不稳定性，这种不稳定性来自其更强的信用扩张能力，而这种更强的能力来自银行发放贷款时不会漏损准备金，所以究其根本，存款作为支付方式的普遍性仍能成为银行独特性的解释，他们反驳了 Tobin（1963）只有存款利率上升才会带来存款量增加的观点。但是他们对投资者在银行存款和其他金融资产之间偏好的假设又过于简单。本书作者认为 Tobin（1963）基于市场价格机制的框架可以将有关投资者偏好的问题分析得更为全面透彻，因为资产价格会对投资者的偏好产生影响。在金融产品日益多样化的背景下，全然不考虑价格的分析机制一定是存在局限性的。

三、20 世纪 70 年代：基于成本收益分析的成熟应用

从 20 世纪 70 年代开始，学界便不再执着于在其他金融中介是否创造货币和信用的问题上分出绝对的正误，开始由初期对银行和其他金融中介区别的研究转向对金融中介功能的研究。受资产组合理论和公司金融理论发展的影响，大量文献尝试构建微观企业模型，考虑将银行或者广义的金融中介作为主体的选择，而不再提前给定准备金率和现金比率等变量。文章题目可能为"银行公司理论"或"存款机构"或"中介"等不同字眼，但金融中介整体在发行信用工具购买资产的营运模式上具有极高的相似性，因此虽然从字面含义来看研究对象不同，但其实都是基于相似的资产负债框架从微观企业的角度来研究金融中介的资产负债选择以及可能带来的结果。

Klein（1971）通过最大化银行的利润求解所得的资产选择完全不受存款方面因素的影响，因此他认为通过限制银行存款利率来限制银行从事高风险的资产投资是没有理论依据的。Pyle（1971）则持相反的观点，他构建了金融中介的效用函数并基于资产组合理论求解对贷款和存款的选择，结论是对资产（负债）的选择会受到负债（资产）利率等参数的影响，其中存贷款利率的正相关关系越强，中介行为越容易发生。这类文献关注金融中介的金融职能，研究金融资产买卖和负债发行等行为，整体的

分析工具为资产组合理论。还有一批文献完全基于另一种框架，将金融中介视为一般企业，用生产理论来描述银行业务，弥补组合理论对银行实际经营过程中生产和成本限制的忽视。这一框架下的模型将金融企业理解为最大化利润的生产者，而不是如投资组合理论一样将其视为理性的投资者。一般可将这一框架称为金融企业理论（theory of financial firm）。

在为金融企业建立生产和成本模型之前，必须先明确界定金融企业的产出和投入。Benston（1972）对这一理论的众多文献进行了总结，曾被使用的产出包括总资产、盈利资产、存款总额、活期存款、存贷款账户数量、营业总收入和（或）它们的组合。也有人认为产出的指标可以根据研究目的个性化地选取，总体来看未能形成统一。其中，Alhadeff 和 Alhadeff（1957）创新性地将银行业务与货币创造结合起来，试图打通将银行看作货币发行机构研究货币供应和看作一般行业研究银行业商业运营的两种独立考虑。Towey（1974）更为细致地以生产过程描述货币创造，将发行的存款视为产出，将提供存款服务的成本视为投入，以对生产要素的影响描述监管政策的效果。准备金要求对银行的限制可以由此分解为两种效应，一是盈利效应，是指增加准备金会损失投资于其他资产的收益；二是成本效应，是指对存款成本的外部性影响，由于准备金有限和行业竞争，想要吸收更多存款则需要提升服务质量，从而导致单位存款的成本增加。如果两种效应都不起作用，那么准备金要求无法有效控制银行的存款派生。但不论是银行存款还是其他金融中介发行的信用工具，这些产品本身的服务费等直接收入几乎可以忽略，因此不同于普通产品的成本与价格，分析金融产品时更重要的考虑是发行产品获得资金所能带来的投资收益。

Sealey 和 Lindley（1977）强调对金融企业生产的技术因素的关注，将其与经济因素共同考虑，并认为对这一角度的忽视是之前文献在产出指标选取上存在巨大分歧的原因。金融中介的生产过程是从盈余方借入资金，并借出给赤字方。因此从技术意义上讲，存款金融公司的产出是为公司的存款人（债权人）和借款者提供的一套金融服务。经济角度关注投入和产出的经济价值，而技术角度则关注这一生产过程达成的转换。二人将其总结为包含中间产品的多级生产过程，其他生产经营活动产出可贷资金，再投入资本、劳动力和材料，产出最终产品——盈利资产。与以往的理论模型相比，他们将金融企业的存款视为生产盈利资产所需的投入，而不是产出本身。

四、20 世纪 80 年代：回归银行本身

发展至此，分析金融企业行为和存贷款量的微观模型已经基本成熟，后续基于这一理论框架的文献层出不穷，基础模型得以多样化发展。到了 20 世纪 80 年代，学界开始集中于研究银行这一最受关注也最特殊的金融企业。在企业模型中加入与其他经济部门相关联的变量，或者对市场环境施以不同的假设，求解得到银行的实物经济职能，包括提供信息（Leland and Pyle，1977；Boyd and Prescott，1986），用利率或抵押品或其他信息来筛选借款者（Stiglitz and Weiss，1981；Bernanke and Gertler，1990），提供流动性、克服流动性问题带来的资源错配（Diamond and Dybvig，1983），降低信息不对称带来的道德风险及代理问题成本（Diamond，1984），帮助居民分散风险和转移风险（Allen and Gale，1997，2000），隐藏流动性冲击的信息、抑制无效率的信息生产（Dang，et al.，2017）等。Gorton 和 Winton（2003）对 20 世纪末的相关文献进行了较为全面的总结，将银行的特殊职能主要分为委托监管（delegated monitor）、提供信息（information provider）、平滑跨期消费（consumption smoother）、提供流动性（liquidity provider）等方面。

至此，我们可以大致梳理出银行实物经济职能研究的发展路径：首先，将银行看作"借短贷长"的金融中介；从 20 世纪 50 年代开始，将其他金融中介纳入和传统商业银行相似的信用创造分析框架，试图发现二者作用机制和经济影响的区别，一方面正确认识其他金融中介，另一方面寻找对银行特殊性的解释，包括信用创造能力和所受监管的区别等；到了 20 世纪 70 年代，基本将以资产组合理论或成本收益分析为基础的微观框架成熟应用于分析金融企业，兼容了银行和其他金融中介，既可以研究金融中介共同的功能，也可以从变量上体现二者的差异；而从 20 世纪 80 年代开始，理论的核心又回归到了银行本身，微观模型取得了极其多样化的发展，随着考虑因素增加，对银行职能的研究也越来越全面。

第八章　利率决定理论

　　利率决定理论主要研究利率的影响因素以及这些因素如何共同决定一段时期内的利率水平。对于利率是如何被决定的这个问题，不同时期的经济学家与金融学家根据特定的经济与社会环境给出了不同的答案。早在1691年英国经济学家约翰·洛克（John Locke）在其专著中用利息和地租的相似性来证明利息的合理性；同时他通过研究荷兰贷款利率低于英国贷款利率这一现象，总结出利率取决于贷款的供给与需求这一结论。可见早在17世纪利率决定理论的雏形就已经出现。

　　随着研究的不断深入，利率决定理论经历了从古典利率决定论、流动性偏好利率决定论、可贷资金利率决定论、IS-LM利率决定论到IS-PC-MP利率决定论的发展过程。在研究范式上，在凯恩斯提出流动性偏好利率决定论之前，经济学家的分析大多集中于产品市场；而凯恩斯主义将利率决定论的研究转移到了货币市场。之后新古典综合学派综合了两种学说的优点，综合考虑了国民收入水平和利率水平对产品市场和货币市场的影响，提出了著名的IS-LM模型。在此之后，针对IS-LM模型的思考和批判产生了一大批有影响力的成果，包括IS-LM-AS模型、IS-MP-IA模型等。最终随着流动性-货币（LM）曲线的退出和货币政策（MP）反应机制的进入，更符合现代央行制度的IS-PC-MP模型逐渐被学界主流认可。在一定程度上，IS-PC-MP利率决定论可以被称为现代利率决定论。

　　在梳理利率决定理论发展的历史脉络时可以发现，不同时期的利率决定理论是有鲜明的时代特色的，甚至可以说各种利率决定理论都是学者为解决其时代的问题而提出的。无论是资本主义早期的古典利率决定论，还是"大萧条"时期出现的流动性偏好利率决定论，抑或是在"大通胀"时期对 IS-LM 模型不断修正、最终在美国利率全面市场化和价格型货币政策工具取代数量型工具的背景下出现的 IS-PC-MP 模型，都为同时代经济的稳定发展做出了指导性的贡献。

第一节　债券供需平衡视角的利率决定

一般而言，资金从借出方到借入方并最终返回到借出方的过程需要经历一段时间，因此从货币在时间上的流转来看，利率是现在与未来之间的桥梁。费雪认为，资金借入方支付给借出方的利息实际上是理性人偏好现时消费的体现。为什么要支付利息呢？原因就在于人们更偏好现在拿到的钱：同样的资金，今天就能拿到手比明天才能拿到手更有吸引力，二者之间存在的价值差异体现在两个方面，一是资金借出方放弃了将资金用于其他用途所能获取的回报，也即机会成本，而选择将资金借出；二是资金借出后能否收回存在不确定性或者风险。资金借入方所支付的利息实际上就是对资金借出方的机会成本和风险的补偿。按照这一解读，可以用"利率＝机会成本补偿＋风险溢价"来理解利率。

补偿机会成本的部分也可称为无风险利率；风险溢价水平则由借款方或金融工具的风险特征所决定。由于金融工具种类繁多，因此风险特征存在很大的差异，相比之下，无风险利率便成为了市场的"基准"，它只包含借贷的机会成本，衡量了利率中最基本的部分。不过，由于投资的不确定性是普遍存在的，因此严格来讲，绝对无风险的资产并不存在，一般来说，我们将信用违约风险和市场风险极小的国债（treasury bill）利率等同为无风险利率。风险溢价部分则包括对通货膨胀风险、违约风险、流动性风险、政策风险等的补偿。

所以，利息可以理解为是资金供给方借出资金所能获得的收益。对于债券来说，利息指的就是投资于债券产品所能获取的收益，因此，从这个角度讲，利率实际上就是投资于债券产品的收益率。那么，债券的收益率是如何决定的呢？

无论是政府还是企业发行的债券，都有两个共同的要素：面值和票面利率。例如某支债券产品，票面价格为 1 000 元，票面利率为 10％，期限为一年。这意味着，如果你在现在这个时点买入这支债券产品，一年之后你就会获得本金 1 000 元和 100 元的利息。为了便于说明，我们用一种较为特殊的债券产品，也即零息债券来分析债券的供给和需求问题。零息债券指不支付利息的债券，例如当你买入一支面值为 1 000 元，期限为一年的零息债券，一年之后你将获得 1 000 元。那么问题的关键就在于，这支债券在现在这个时点的实际价格是多少？投资这支债券的实际收益有多少？

要解答这些问题，需要引入到期收益率（yield to maturity）的概念。债券的到期收益率指的是使未来现金流量的现值等于债券当前市价的折现率。例如，我们已经知道，投资一支面值为 1 000 元，期限为一年的零息债券，未来（一年后）可以获得的现金流量为 1 000 元，若现在这只债券的实际市场价格为 850 元，那么使得一年之后 1 000 元的现值等于 850 元的折现率就应该等于(1 000÷850)−1≈17.6％。

换句话说，站在现在这个时点以 850 元的价格买入面值 1 000 元、期限为一年的零息债券，到期收益率是 17.6％。一般地，若我们用 F 表示债券面值，用 i 表示到期收益率，用 P 表示债券市场价格，那么三者之间的关系用公式可以表达为

$$P = \frac{F}{1+i} \qquad\qquad (8-1)$$

进一步整理，到期收益率 i 可以表达为

$$i = \frac{F}{P} - 1 \qquad\qquad (8-2)$$

不难看出，债券的到期收益率和债券价格之间呈反相关关系，债券价格越高，到期收益率就越低，反之，债券价格越低，到期收益率就越高。

在给定债券面值的条件下，债券的价格是由市场供给和需求共同决定的：从市场供给方看，债券价格越高，政府或企业将倾向于发行更多债券，即市场供给方视角下的债券价格和市场上的债券供给量是正相关的；从市场需求方看，债券价格越高，需求量就越小，因此需求方视角下的债券价格和债券需求量是负相关的。图 8-1 更为直观地表现出债券价格和

市场上债券数量二者的关系。供给曲线和需求曲线将相交于 C 点，此时对应的债券价格为 850 元，而我们已经知道债券面值为给定的 1 000 元，因此当市场的供给和需求达到平衡时，决定债券价格为 850 元的同时也就决定了债券的到期收益率为 17.6%。

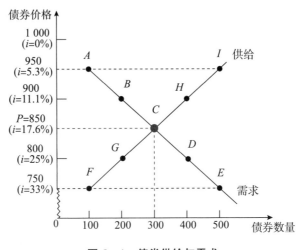

图 8-1 债券供给与需求

这里所讲的利率即债券的到期收益率，是由债券市场的供给和需求共同决定的，那么哪些因素会影响债券的供给和需求呢？

一般来说，在其他因素保持不变（包括价格）的情况下，债券的需求受以下几个因素的影响：

（1）需求方所拥有的财富，即持有的各类资产的总价值。财富总量越大，对债券的需求量越大；

（2）债券的预期真实收益率，即债券相对于可替代资产的预期真实收益率。预期收益率越高，需求量越大；

（3）债券的投资风险，即债券真实收益率所面临的不确定性程度。债券投资风险越大，需求量越小；

（4）债券的流动性，即将债券变现的难易和速度。债券的流动性越好，需求量越大。

同样的，在保持其他因素不变（包括价格）的情况下，影响债券供给的因素包括：

（1）预期投资机会的收益，即债券发行方预期投资机会的收益大小。投资的预期收益越大，债券供给线将向右移动。

（2）预期通货膨胀率。通货膨胀率预期增大将使债券供给线向右移动，这一效应又被称为"费雪效应"，指的是随着预期通货膨胀率的上升，预期真实收益率将下降，此时市场将自动调整，最终使得债券的名义利率升高。

（3）政府赤字。政府预算赤字增加，此时债券发行方（政府）将增大债券发行量以弥补赤字，使得债券供给线向右移动。

总的来看，从债券市场的供给和需求角度来探讨利率的决定过程，实际上是讨论债券的到期收益率，而到期收益率则是在债券供给和需求达到平衡决定债券市场价格的同时被确定下来的，到期收益率和债券价格之间呈现此消彼长的关系。

第二节　古典利率决定论

继承了约翰·洛克等早期古典经济学家的研究思想，古典利率决定论主要研究资本的供给和需求对利率的决定机制。这些理论的特点是都有着浓厚的古典经济学色彩，强调实物资本对利息的影响，认为利息是当期实物资本与未来实物资本之间价值的差异，这段时间内的利息等于实物资本的损耗加上实物资本所能创造的价值。

一、庞巴维克的时间偏好学说

Böhm-Bawerk（1890）率先对 1890 年之前所有的利率定价理论进行了研究和总结。该书关于利率理论的核心，也即时间偏好学说的观点是：现时价值和未来价值不一样，而这种差异正是利息存在的原因。庞巴维克将产生价值差异的原因归咎于三点：（1）经济原因，当前比未来更加供不应求，所以现时财富价值更高；（2）技术原因，在生产工序上需要现在的财富来创造未来的财富，所以现在的财富更重要；（3）心理原因，财富拥有者总是更重视当下的财富，所以给予其更高的价值。庞巴维克的时间偏好学说暗示了当前的利率蕴含了投资者对未来的预期：若利率较高，则普遍预期未来商品更加紧缺、价值更低；反之亦然。在一定程度上可以认为，这是一种包含"预期"的利率学说；同时，庞巴维克的时间偏好学说中的心理因素被认为是费雪的"人性不耐"理论的基础。

此书中，庞巴维克先对利息进行了定义，他认为利息是"……资本上得到经常性的纯收入……利息是由资本卵育而成"。值得注意的是，庞巴维克对资本的定义与现在通常意义下的资本有所不同，他对资本的定义是"被生产出来的生利手段集合体……不用于直接消费，而用于作为获取财货的工具"，所以土地不被包括在这种资本概念之中。同时庞巴维克也对自然利息和放款利息进行了界定，这为后来维克塞尔的研究奠定了基础。

庞巴维克在书中对货币是否有增值属性进行了讨论。亚里士多德认为，货币本质是不增值的，所以放贷者不能因为货币的特殊力量而取得收入，要取得收入只能向求借者进行欺骗夺取，所以利息是用欺骗与不正当方式获取的。庞巴维克认为这种判断不合理，他采用捕鱼的例子证明资本是具有生产性的，对亚里士多德的观点进行了反驳。

庞巴维克认为利息问题的本质就是分配问题。在书中庞巴维克认为同一类财货在不同条件下价值不同，影响财货价值最重要的条件就是使用的时间以及地点，他认为如果投资者今天要处理的 100 英镑，和十年后或者一百年后所接受的 100 英镑相同，这就很奇怪了。借贷就像现在财货与将来财货的真实交换，现在财货比同类同量将来财货更有价值，所以一定量的现在财货能买到更大量的将来财货，现在财货对将来财货有贴水，这种贴水就是利息。

二、维克塞尔的自然利率学说

Wicksell（1898）对利率与价格的关系、利息率和利润率的均衡等问题进行了讨论。维克塞尔的思想受庞巴维克的影响很大，他的自然利率学说的主要思想是：货币均衡的实现条件是实际利率和自然利率相等。实际利率是指提供信贷实际存在的利率，自然利率指货币贷款时预期获得的利率——这两个概念正是来自庞巴维克。维克塞尔认为当实际利率高于自然利率时，企业家无利可图，就会缩减生产，减少借款，减少投资，商品价格就会下降，使得银行储蓄大于投资需求，这时银行会降低实际利率，使得实际利率等于自然利率；反之亦然，因此实际利率取决于自然利率。

维克塞尔认为银行应该调节实际利率使得实际利率同自然利率相同，但自然利率是很难确定的；幸运的是银行不需要确定自然利率，因为实际上价格水平的变动是自然利率与实际利率是否吻合的一个指示器。银行只需要根据价格的情况变更利率即可。值得注意的是，当自然利率与实际利率相等时，货币实际是中性的，此时经济既不处于扩张状态、也不处于收缩状态。维克塞尔的自然利率学说已经涉及了利率对实体经济的影响，这在古典利率决定论中是很少见的。

三、马歇尔的利率理论思想

马歇尔的《经济学原理》虽然第一版出版时间很早（1890 年），但在再版中马歇尔对内容进行了不断的修订，总结吸纳了同时代关于利率理论的精华，因此其利率理论思想可以视为古典利率决定论的集大成者。其理论的特点在于强调利率是由可贷货币的供给与需求决定的，贷款利率围绕实物利率上下波动。实物资本在短时间内很难增加，故其实物利率相对稳定；而可贷货币的供给与需求始终波动，可能导致贷款利率暂时低于或高于实物利率，但随着供需关系恢复平衡，贷款利率最终将回到实物利率的水平上。这里的实物利率与贷款利率已经具有了实际利率和名义利率的雏形，为后世其他理论的出现奠定了基础。

Marshall（1890）对于利息的定义如下：利息是借款人为了使用贷款而付给贷款方的报酬，表明了在某段时间内报酬与贷款的比率。既然利息是在市场上使用资本要付出的价格，那么它经常趋向一个平衡，使市场在该利率下对资本的总需求量刚好和资本总供应量相等。他认为利息有时在广义上也可以表示从资本中得到的收入的货币价格，个人可以用其资本去经营来赚取利益，也可以贷出资本来收取利息，只有当利益大于利息的时候个人才会用资本去经营，否则还不如把资本贷出。

在书中马歇尔也提出了风险溢价的雏形。他认为，放款人收取风险保险费的必要性是显而易见的，但较不明显的是，各种放款对放款人来说总会有些麻烦；同时从放款性质上来看，如果风险很大，要尽量减小这种风险，就往往需要较大付出，其中很大一部分在借款人看来是利息，而在放款人看来，只不过是处理麻烦的报酬而已。基于这样的原因，马歇尔认为贷款利息不会像纯利息一样趋近相同,这种思想可以视为贷款定价理论的雏形。

此外,马歇尔在书中始终假定一切价值都用购买力不变的货币计算,因为货币购买力的改变对贷款条件的影响在短期借贷市场上是十分突出的。借款人所愿支付的利率,是使用资本所预期的收益的尺度,而这只能根据借款和还款时的货币购买力不变这一假设才能加以测量。例如,假设某人借款 100 镑,约定年终偿还 105 镑,其间如果货币购买力提高 10%,则他要比年初多出售十分之一的商品才能回收他所应还的 105 镑。

四、费雪的"人性不耐"利率决定理论

Fisher(1930)正式地提出了一套完整的以"人性不耐"为基础的利率决定理论。他认为人性不耐这种主观因素体现在对现时财富的强烈偏好上,只有给予一定的补偿才会使财富持有者从现时消费转向未来消费,这种补偿就是利息。而对资本的需求是由客观因素——投资机会决定的。可见主观因素和客观因素的均衡决定了利率的高低。

在费雪看来,人们一般都有着这样一种时间偏好,即对现在财货的主观评价高于对将来财货的主观评价。因此,如果牺牲现在财货以换得将来财货,则必须得到一定的补偿,而这一部分补偿就是利息。在费雪的理论中,投资不是资本生产力,相反,投资是对利率变动具有明显反应的量。也就是说,如果利率下降,投资就会扩大;如果利率上升,投资就会缩减。所以,利率的变动必将对投资规模及由此决定的经济增长产生有效调节作用。

同时费雪利率理论也是一个"非货币"利率理论,即利率的存在和决定与经济体系是否引入货币没有关系,亦被称为真实利率理论。一旦将货币引入经济体系,即有货币利率理论或名义利率理论。货币利率理论与真实利率理论之间的关系就是著名的费雪等式:$R = I + C$。R 是名义利率或货币利率,I 是真实利率,C 是预期通胀率。

综合来看,古典理论认为,经济参与者除了可以直接消费满足现时偏好之外,还可以将一部分商品(收入)进行储蓄或者投资以获取未来的消费,进行储蓄的时间等待成本或者说进行投资的收益就是利率。储蓄和投

资都是利率的函数，不同的是，储蓄和利率是正相关关系，即利率越高，延时消费获得的补偿越多，人们就越有动机进行储蓄；而投资和利率则是负相关关系，即利率越低，通过投资获取的预期收益超过储蓄获得的补偿的可能性越大，此时投资的需求就越大，反之，利率越高，放弃储蓄进行投资获取的收益可能还不如直接储蓄获得的补偿，此时投资需求将有所下降。

如果用 I 表示投资函数，用 S 表示储蓄函数，用 r 表示利率，用 Y 表示总产出（收入），则用图形可以表示为图 8-2。其中 S 和 I 曲线的交点对应的利率水平就是投资和储蓄达到均衡时的利率水平 r_0。假设从某一时点开始，储蓄增多（其他条件不变），对应图形上则表现为储蓄曲线向右移动到了 S' 的位置，此时经济将进行自动调节，人们自发增加投资，减少储蓄，使得均衡利率下降到 r_2。同样，在其他条件不变时，投资额增加，曲线 I 移动到 I' 的位置，此时人们将自发增加储蓄，减少投资，使得均衡利率上升到 r_1。

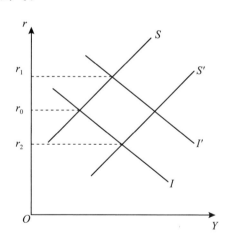

图 8-2 投资函数与储蓄函数决定利率

总结来看，古典理论认为，利率是由储蓄和投资共同决定的，其中储蓄取决于人们对现时消费的偏好程度，而投资则取决于资本的生产力，二者的平衡产生了均衡利率。我们不难发现，在古典利率决定论中，利率完全由市场自发调节所决定，货币政策在这个过程中不扮演任何角色。

第三节 流动性偏好利率决定论

在费雪之后，对利率决定理论进行进一步发展的是凯恩斯，凯恩斯的学派被我们划分为流动性偏好利率决定论。Keynes（1936）认为选择了利息就是选择了放弃流动性报酬；利率衡量的就是货币持有人不想改变的程度，即不想放弃对该货币的灵活控制权的程度。利率是一种让公众愿意以现金形式保留的财富和现有的现金量相等的价格。凯恩斯认为货币数量和灵活偏好是在特定情况下对实际利率起到决定性作用的两大因素。他假设利率已知，由 r 代表，货币量由 M 代表，灵活偏好函数由 L 代表，那么就可以得出 $M=L(r)$。

凯恩斯将灵活偏好分为三类：（1）买卖动机，也就是需要现金，用来给个人或业务上当前的交易做准备；（2）谨慎动机，也就是想要对未来予以保障；（3）投机动机，也就是认为自己比市场上的普通人在未来的观点上高出一筹，并想通过这种方式从中获利。

假设交易动机和谨慎动机所引发的灵活偏好所吸纳的现金数量对利率的变化并不敏感，那么总货币数量和这个数量相减后的差额就等于用于投机动机的货币量。利率和债券收益率一定也位于同一水平，使得愿意持有货币的那部分人持有的现金量刚好和可用于投机的现金量相等。

凯恩斯认为利率下降必然会引起货币的需求量上升。原因在于：第一，利率下降使国民收入上升，考虑交易动机，交易动机所需的货币量也会上升；第二，利率下降会增加某些人基于投机动机而持有的货币量，因为他们对利率所持有的观点和市场普遍观点不一样，认为债券价值在未来会下跌，所以持有货币是最优选择。反之同理，利率的上升会导致货币需求量的下降。因此，货币需求量是利率的减函数。

凯恩斯在书中写到，经典学派一直认为使投资需求和储蓄意愿趋向平衡的因素是利率。经典学派认为，当一个人产生储蓄行为时，利率会自然而然地下降，由此又会带动资本的生产；利率必须下降到使资本的增加量和储蓄的增加量正好相等的水平，而且这种调节是自发的。凯恩斯认为这种说法是站不住脚的，他指出经典学派的错误在于：他们认为，当资本的需求曲线发生移动后，储蓄曲线是固定的，新利率就取决于新资本需求曲线与旧储蓄曲线相交的那个点。但是收入取决于投资，投资发生了变化，收入就会变化，而收入的变化又会反过来影响储蓄曲线。

　　凯恩斯认为货币的供给是外生变量，由央行决定。当流动性偏好所决定的货币需求量与货币管理当局所决定的货币供应量相等时，利率便达到了均衡水平。此外，凯恩斯还提出了流动性陷阱：当利率下降到某一水平时，市场就会产生未来利率上升，而有价证券价格下降的预期，这样，货币的投机需求就会达到无穷大，这是因为央行无论供应多少货币，都会被相应的投机需求所吸收。

　　流动性偏好理论实际上是从货币的供给和需求角度来分析利率的决定机制。凯恩斯假定社会总财富（W）由两部分构成：一部分是债券资产，用 B 来表示，另一部分是货币资产，用 M 表示。则用公式可以表示成

$$W = B + M \tag{8-3}$$

　　进一步来看，对于市场供给方，发行的债券总额加上货币发行总量应该等于社会的总财富，即

$$B^s + M^s = W \tag{8-4}$$

　　同时，市场需求方所购买的债券和持有的货币资产总量等于总财富，即

$$B^d + M^d = W \tag{8-5}$$

　　当供给和需求平衡时，应当有如下等式成立：

$$B^s + M^s = B^d + M^d \tag{8-6}$$

　　我们将货币市场的供给和需求移到等式左侧，将债券市场的供给和需求移到等式右侧，得到

$$M^s - M^d = B^d - B^s \tag{8-7}$$

　　式（8-7）告诉我们，当货币市场达到均衡时（$M^s = M^d$），债券市场也将同时达到均衡（$B^d = B^s$），此时将产生一个均衡的利率水平。换句话说，通过流动性理论分析得到的均衡利率在结果上等价于通过债券市场供需平衡得到的均衡利率（或到期收益率）。相比于债券市场供需平衡

理论，流动性偏好理论是从货币市场来分析供给和需求对利率的决定，当我们要分析财富变动、货币政策等对利率的影响时，流动性偏好理论可以提供更简洁的分析框架。

那么，究竟什么是流动性偏好？凯恩斯假定，人们对货币的需求取决于三种动机：

（1）消费动机：用于满足日常消费需求而持有货币的动机；

（2）预防动机：用于预防流动性短缺而额外持有货币的动机；

（3）投机动机：用于抓住未来可能出现的投资机会而暂时持有货币的动机。

基于这三种动机，人们对货币的偏好就是流动性偏好。换句话说，流动性偏好实际上指的就是对货币资产的需求。注意，凯恩斯所定义的货币资产只包括流通的现金和支票账户存款，持有流通的现金显然无法获得利息回报，而支票账户存款的利息极低，几乎可以忽略，因此在凯恩斯的分析框架中，持有货币资产不产生任何收益，也即收益率为0。

那么利率是如何出现在流动性偏好理论中的呢？答案是债券投资。作为货币的唯一替代性资产，债券投资可以获得一定的预期收益，我们在前面分析债券供给和需求的时候也已经提到，债券的到期收益率实际上就是利率。保持其他条件不变，债券价格较低意味着利率较高，此时人们持有货币的机会成本变大，会倾向于持有债券资产，也即货币需求将会下降。换句话说，货币需求和利率之间是负相关的。同时，凯恩斯进一步假定货币供给是由中央银行控制的，不受市场利率的影响。我们用图8-3来表示货币需求曲线和供给曲线。

在图8-3中，由于货币供给量是由中央银行外生决定，不受利率的影响，因此货币供给曲线 M^s 是垂直于横坐标的直线。货币需求则与利率 r 呈负相关关系，因此曲线是向下倾斜的。我们假定货币供给数量为 $\overline{M_1}$，此时货币需求曲线将和货币供给曲线交于一点，对应一个均衡利率 r_1。当中央银行发行的货币量超过了社会的实际需求，体现在图形上即供给曲线向右移动到 $\overline{M_2}$ 所在位置，此时人们将会把额外的货币用于投资债券，债券需求上涨将推高债券价格，使得利率下降到新的均衡水平 r_2。货币供给从 $\overline{M_2}$ 移动到 $\overline{M_1}$（也即货币需求大于供给）也可以进行类似的分析。

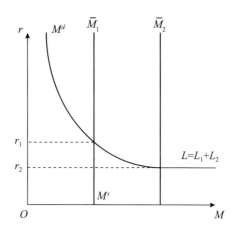

图 8 - 3　货币需求与供给曲线

图 8 - 3 中还隐藏着一个十分有趣的信息：当货币供给从 $\overline{M}_2$ 向右移动时，均衡利率不再发生改变，而是一直保持在一个较低的水平 r_2，这个现象又被称为 "流动性陷阱"。其实际含义是，当央行通过发行超额货币使得利率下降到一定程度后，人们不会继续将额外的货币投资于债券，这时货币需求（流动性偏好 L）主要取决于消费性动机（L_1）和投机性动机（L_2），无论央行增发多少货币，都无法使利率继续下降。

总结来看，流动性偏好理论认为，利率是由人们对货币的需求和中央银行控制的货币供给共同决定的。那么，有哪些因素会影响货币需求和供给呢？

导致货币需求发生改变的因素主要有以下两个：

（1）收入效应：当收入水平提升时，一方面人们会更愿意持有货币实现价值贮藏，另一方面财富的增加会提升人们对消费的需求，这两方面的因素共同推动了每一利率水平下货币需求的增长，在图形上表现为需求曲线向右移动。

（2）价格效应：凯恩斯认为，人们的货币需求实际上是由货币的真实购买力所决定的，也就是说，人们所持有的货币量是由所能购买的商品量决定的，因此当物价水平上涨时，单位货币的真实购买力下降，人们为了能买到和物价水平上涨之前数量相同的商品，就必须持有更多的货币。换句话说，给定利率水平，物价水平的上涨将推动货币需求的上涨，表现在图形上是需求曲线向右移动。

图 8-4 更直观地表现出收入效应和价格效应对货币需求和利率的影响。保持其他条件不变，当收入水平上升或价格水平上涨时，货币需求上涨，需求曲线将向右移动，和货币供给曲线的交点将从点 1 移动到点 2，对应均衡利率则从 i_1 上升到 i_2。

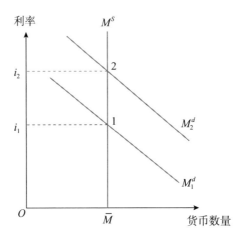

图 8-4　货币需求的变动

市场中的货币供给则完全由中央银行控制，因此当央行决定增加货币供给时，图 8-5 中的供给曲线将向右移动，使均衡利率从 i_1 下降到 i_2 的水平。注意，当利率下降到一定程度后，将出现流动性陷阱现象。

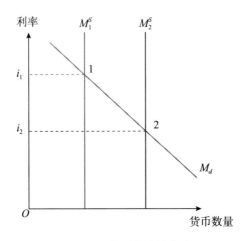

图 8-5　货币供给的变动

需要说明的是，上述分析着重强调了"其他条件不变"，事实上，货币供给的变动同时也会导致需求方的变化。例如，中央银行增加货币供给将增大收入效应，使货币需求上涨，从而导致利率上涨；同时，市场中货币量的增加将使通货膨胀率预期上升，从而增大价格效应，同样会使货币需求上涨，推动利率水平上升。这样看来，增加货币供给似乎并不一定能够起到降低市场利率的作用。

第四节　可贷资金利率决定论

与凯恩斯差不多同一时期，可贷资金理论也得到了快速的发展，这一理论是在对流动性偏好理论的批判与改进的基础上形成的。Robertson（1937）和 Ohlin（1937）部分赞同凯恩斯的观点，认为在货币市场上研究利率的决定因素是有一定道理的，但是也不能完全不考虑实物市场的影响。同时他们指出凯恩斯没有考虑资产（房屋、股权等）对人们储蓄和供给的意愿的影响，也没有考虑投资于旧资产的情况。

Robertson（1937）认为由货币当局决定的货币数量的增加在短期会导致利率下降，但是在长期会导致物价上涨，进而使利率重新上升。因此他认为凯恩斯的流动性偏好理论中货币的供给只能描述短期内利率的变化，长期来看利率最终还是在实物市场上由储蓄和投资决定的。他创造了可贷资金的概念。可贷资金是市场上可供借贷的货币，其供给由储蓄和新增货币数量决定，其需求由新增投资和窖藏决定。因此可贷资金的价格就是利率，可贷资金的供需决定了利率的高低。

Ohlin（1937a，1973b）将信用引入利率的决定机制，提出了另一种形式的可贷资金理论。他认为市场上债券的发行或出售决定了信用的需求，而投资者对债券的购买决定了信用的供给。如果将债券视为市场上普遍接受的可贷资金的流通形式，债券的供求就反映了可贷资金的供求，也就意味着利率是由债券的供求平衡决定的。市场上信用的需求增加导致债券的出售增加，使利率下降；市场上信用的供给增加导致债券的购买增加，使利率上升。

Lerner（1938）对丹尼斯·罗伯逊（Robertson）和俄林（Ohlin）的理论进行了总结和公式化，得到了较为完善的可贷资金理论。他认为可贷资金的需求由投资和窖藏决定，而供给由储蓄、货币数量和反窖藏决定。因此利率是由货币市场和实物市场上可贷资金的均衡决定的。需要注意的是，这里的均衡并不要求两个市场同时达到均衡状态，因此并不是一般均衡，而是从局部均衡向一般均衡过渡的"准一般均衡"分析。

通过比较债券供需理论和流动性偏好理论不难发现，无论是分析债券市场均衡，还是货币市场均衡，利率都是由市场的供给和需求所共同决定的，可贷资金理论同样也不例外。但与前面两种供需理论不同的是，可贷资金理论是从可贷资金的供给和需求角度来探讨利率的决定机制，换句话说，利率就是可贷资金供需达到平衡时的均衡利率水平。那么，可贷资金的需求和供给分别由什么因素决定？

不同于前面几种利率决定理论，可贷资金理论假定可贷资金的需求来源于家庭、厂商、政府以及国外资金净借入方四个部门的额外资金需求。保持其他条件不变，当利率较低时，家庭部门将借入更多资金以支撑消费需求；同时，低利率对于厂商和国外投资者来说意味着其他投资机会的预期收益相对提高了，因此他们也倾向于借入更多资金；对于政府而言，在低利率时借入资金将降低弥补财政赤字的成本。也就是说，可贷资金的需求和利率是负相关的。结合古典学派的真实利率决定理论和凯恩斯的流动性偏好理论，可贷资金的需求实际上就是投资加上货币资金的需求量，如果我们用 D_L 表示可贷资金需求，用 I 表示投资，用 ΔM^d 表示货币需求，则可贷资金需求可以用以下公式表示

$$D_L = I + \Delta M^d \qquad (8-8)$$

可贷资金的供给方则有两个来源：一是家庭、厂商、政府以及国外资金净借出方的资金供给；二是银行的信用货币创造。我们首先分析第一个来源，当利率较高时，将多余的资金借出的预期收益提高，因此可贷资金供给将增大；其次，我们分析银行的货币创造如何影响可贷资金。在前面的章节中我们已经具体分析了银行的货币创造过程，若中央银行下调存款准备金率，货币乘数将增大，使得商业银行系统的可贷资金总额相应增加，市场上的可贷资金就增多了，反过来说，当中央银行上调存款准备金率时，由商业银行系统发放的可贷资金也将减少。结合这两个来源，市场

上的可贷资金供给总额（S_L）就等于家庭、厂商、政府以及国外资金净借出方的额外资金量（储蓄资金 S）和货币供给的变化量（ΔM^s）之和，用公式可以表示为

$$S_L = S + \Delta M^s \qquad\qquad (8-9)$$

不难看出，利率实际上是通过第一个来源影响可贷资金的供给量，二者呈正相关关系。而中央银行则通过调整货币供给量直接改变市场上的可贷资金，进而影响家庭、厂商、政府以及国外资金方对可贷资金的需求和供给，间接地对市场利率进行调节。

市场上的可贷资金供给和需求达到平衡的同时也决定了市场利率的均衡水平。如图 8-6 所示，供给曲线和需求曲线相交点所对应的利率水平 r^* 就是市场的均衡利率。

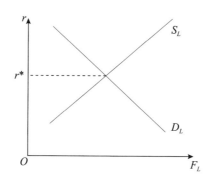

图 8-6　可贷资金供给和需求

可贷资金理论认为，影响市场上可贷资金需求的主要有以下因素：

（1）GDP：假设其他条件不变，GDP 上涨意味着经济发展形势较好，此时家庭部门有更高的收入和良好的就业前景，从而更愿意借入资金以满足消费需求；同时良好的经济状况刺激了厂商扩大机器厂房的投资需求，从而增加了对可贷资金的需求。

（2）资本投入的预期生产力水平：预期生产力水平提高将增大资本性投入的需求，从而使可贷资金需求上涨。

图 8-7 表示可贷资金需求的变动对均衡利率的影响。由于 GDP 上涨或生产力水平预期的提高，可贷资金需求上涨，体现在图形中是需求曲线

向右移动，此时市场对可贷资金的需求量大于供给量，从而推动利率上升，这时借出资金的预期收益将上升，使可贷资金供给增加，最终达到一个新的均衡利率。

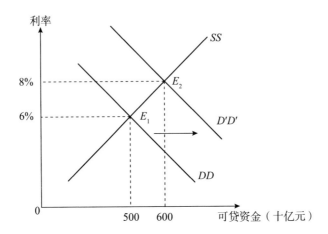

图 8 - 7　可贷资金需求的变动对均衡利率的影响

　　影响市场上可贷资金供给量的因素则主要是中央银行所控制的货币供给。保持其他条件不变，当央行增加货币供给时，市场上的可贷资金供给量将超过实际需求量，使得家庭、厂商等部门重新调整自己的资金需求量。由于可贷资金增多，家庭、厂商等部门借入资金的成本相对下降，因此对资金的需求将上涨，最终达到一个较低的均衡利率水平。图 8 - 8 表示可贷资金供给的变动对均衡利率的影响。当然，在流动性偏好理论中，央行的货币政策有时候并不能起到对利率的预期调节效果，原因是货币供给的变化还会通过收入效应和价格效应影响资金的需求，这一效应在可贷资金理论中同样存在。

　　需要注意的是，可贷资金理论和流动性偏好理论在特定条件下是等价的。Tsiang（1956）尝试证明了这两种理论的等同性。他首先做出以下两个假设：

　　（1）一个经济主体某一天的收入无法在当天被使用。

　　（2）贷款市场上的所有合同都是在每天一开始就签订的，而在一天的其余时间里，人们只是执行他们的支出计划。

　　依据假设（1）和（2），根据某天计划的所有支出，无论是消费还是

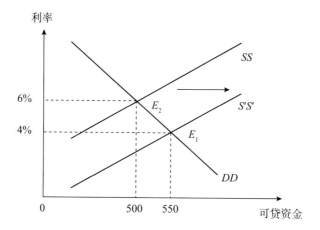

图 8 - 8　可贷资金供给的变动对均衡利率的影响

投资，都必须在当天开始时留出与这些计划支出金额相等的资金。

根据可贷资金理论，每天开始时贷款市场的可贷资金供给等于以下四项的加总：（1）当前计划储蓄，即前一天的净收入减去当天的计划消费；（2）前一天对固定资本或营运资本的投资缩减；（3）闲置资金需求净减少，即与前一天持有的闲置资金相比，计划减少闲置资金的数量；（4）信用货币创造。贷款市场对可贷资金的需求是（1）用于净投资支出的资金和（2）用于维护或更换固定资本或营运资本的资金。由于可贷资金供给的（1）和（2）以及可贷资金需求的（1）和（2）可分别总结为计划总储蓄和计划总投资，通过可贷资金理论确定利率的方程式可简化为

$$计划总储蓄＋闲置资金需求净减少＋信用货币创造＝计划总投资$$

$$（8-10）$$

此外，根据 Tsiang（1956）的定义，

$$计划总储蓄＝前一天的总收入－当前计划消费 \qquad （8-11）$$
$$闲置资金需求净减少＝前一天的闲置资金$$
$$－当前对闲置资金的需求 \qquad （8-12）$$

上述等式可改写为：

$$前一天的总收入－当前计划消费＋前一天的闲置资金$$

　　　　一当前对闲置资金的需求＋信用货币创造

　　　　＝计划总投资 　　　　　　　　　　　　　　　　　　（8－13）

　　依据假设（1），每天开始时，每个经济主体的货币存量等于前一天的总收入加上他的闲置资金存量。因此该等式可以进一步改写成

　　　　现有货币存量＋信用货币创造＝当前计划消费＋计划总投资

　　　　　　　　　　　　　　　　　　＋当前对闲置资金的需求

　　　　　　　　　　　　　　　　　　　　　　　　　　　　（8－14）

　　由于计划消费和投资之便是货币的交易需求，我们可以进一步改写可贷资金方程，如下所示：

　　　　现有货币存量＋信用货币创造＝当前的货币交易需求

　　　　　　　　　　　　　　　　＋当前对闲置资金的需求（8－15）

　　该等式反映了货币供给与货币需求的平衡。Tsiang（1956）与凯恩斯的分歧在于：凯恩斯认为货币的交易需求包括计划支出和交易性余额，而Tsiang（1956）认为在经济主体产生支出时，他所付出的只是之前计划好的数额。这也是为什么 Tsiang（1956）能推导出可贷资金的需求供给方程与货币的需求供给方程完全等价。

　　总结来看，可贷资金理论试图在古典学派的真实利率决定理论的框架内，纳入凯恩斯的流动性偏好理论中的货币因素，综合考虑货币因素和投资储蓄因素对利率的决定作用，从而完善利率决定理论。相比前面两种利率决定理论，可贷资金理论较为完整地刻画了市场上可贷资金的来源，弥补了古典学派真实利率决定理论和凯恩斯流动性偏好理论的不足。

第五节　IS-LM 利率决定论

　　IS-LM 中的 I 代表投资（investment），S 代表储蓄（saving），L 代表流动性偏好（liquidity preference），M 代表货币供给（money supply），故而 IS-LM 理论模型实际上是结合商品市场的投资储蓄均衡以及货币市场的供需平衡发展而成的分析框架，是对凯恩斯宏观经济理论的高度概括，描述了经济总产出和利率之间的一般均衡关系。

　　对 *IS-LM* 利率决定论的回顾可以追溯到 20 世纪 30 年代。尽管 Keynes（1936）用数学的语言描述了凯恩斯主义下的消费函数、流动性偏好和总供给函数等关键概念，但是他并没有系统地将其整理为简洁的模型。1943 年在牛津召开的计量经济学年会上，Hicks（1943）首先将凯恩斯理论的核心观点抽象成一组简单的联立方程式和几张清晰的图表。有趣的是，希克斯并不是一个凯恩斯主义者。Hicks（1943）这篇文章的写作目的是找到凯恩斯经济学与古典经济学的根本区别。在文章中，希克斯将凯恩斯理论抽象得到的模型命名为 *IS-LL* 模型，该模型与今天教科书上的 *IS-LM* 模型已经相差无几。希克斯指出，凯恩斯提出了一个相对普遍的模型：

$$\overline{M}=L(r) \tag{8-16}$$

$$I^n=I^n(r) \tag{8-17}$$

$$I^n=S^n(Y^n) \tag{8-18}$$

其中 Y^n 是名义收入，I^n 是名义投资，r 是利率，$\overline{M}$ 是外生给定的货币数量。根据这三个方程式，可以画出图 8－9 的曲线。希克斯将货币市场对应曲线称为 *LL* 曲线，商品市场对应曲线称为 *IS* 曲线。

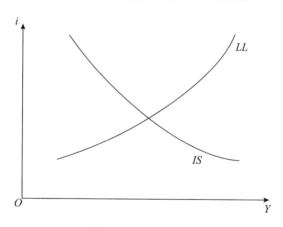

图 8－9　*IS-LL* 模型

　　Modigliani（1944）重塑了 *IS-LL* 模型，增强了古典模型与 *IS-LL* 模型的对比：前者更强调弹性工资和市场出清，后者则考虑刚性工资和非自愿失业情况下的经济。Hansen（1949）对希克斯的 *IS-LL* 模型进行了新

的解读，并在此篇论文中将 *LL* 曲线重新标记为 *LM* 曲线（如图 8 - 10），
此后 *IS-LM* 的名称被广泛使用。*IS-LM* 模型主要取决于两个市场的均
衡，一个是货币市场，另一个是产品市场。其中产品市场的均衡是指：
$Y=C+G+I(r)$，货币市场的均衡条件是：$M^s/P=L(Y，r)$。这两个市
场依存于变量 Y 和 r 达到平衡。其中货币市场的需求依旧是凯恩斯学派的
三大需求，即交易需求、预防需求以及投机需求，这三者由收入和利率所
决定。货币供给是中央银行确定的定值，因此在确定的收入水平下，可以
推出货币市场达到均衡的利率，但是利率反过来又会影响产品市场的投资
与消费，从而影响收入，而收入又会反过来影响货币市场均衡条件下的利
率。所以最终的利率水平，是由这两个市场的均衡所决定。

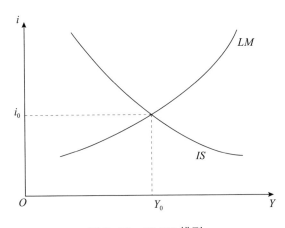

图 8 - 10 *IS-LM* 模型

Romer（2000）也对之前的 *IS-LM* 模型进行了总结，他认为对于 *IS*
曲线，高利率会减少投资需求与消费需求，同时会造成本国货币升值影响
出口，并且货物的需求等于货物的生产，因此利率和收入是负相关的关
系；对于 *LM* 曲线，货币的需求主要是流动性需求，流动性需求随着收
入的增加而增加，随着利率的增加而减少，当货币供给是固定的时，随着
对货币需求的增加，利率会上升，使得货币的需求等于供给，因此在货币
市场，产出和利率是正相关关系。这两条曲线的交点，就是这两个市场同
时达到均衡的点。该模型还假设了一个固定的价格水平，因此不能用来分
析通货膨胀。在 20 世纪 50—60 年代早期，因为关注通货膨胀的人少，因

此这个模型很有价值；但是在 20 世纪 60—70 年代，通货膨胀变得越来越重要，这个模型就需要调整了，因此产生了 IS-LM-AS 模型。

由此可以发现，可贷资金理论与 IS-LM 模型都是将古典的利率决定论与凯恩斯的利率决定论进行融合。但是可贷资金理论采取的融合方式，是将古典的利率决定论进行扩展，即在需求和供给因素上增加了凯恩斯的货币供给变化以及货币需求的因素；但是 IS-LM 模型认为凯恩斯提出的是货币市场的均衡，古典的利率决定论提出的是产品市场的均衡，最终的利率水平应该由两种共同均衡所决定。可贷资金理论与 IS-LM 的核心逻辑也存在一定的区别，可贷资金理论认为利率会直接影响储蓄，IS-LM 理论认为利率通过作用于投资进而影响储蓄，这种差异也决定了两种理论的不同形式。

IS-LM 理论认为，宏观经济的一般均衡是由商品市场和货币市场两者共同决定的，从而可以得到均衡利率和产出水平。对于商品市场，该理论假定经济的总产出 Y 由消费 C、投资 I、政府支出 G 和净出口额 EX 组成，即

$$Y = C + I + G + EX \qquad (8-19)$$

其中，消费、政府支出和净出口额均是产出的函数，而投资则是真实利率的减函数，对上式进行整理得到

$$Y - C(Y) - G(Y) - EX(Y) = I(r) \qquad (8-20)$$

此时，等式左侧可以认为是商品市场的总储蓄 S，是收入（或产出 Y）的函数。当商品市场达到均衡时，则有以下等式成立

$$S(Y) = I(r) \qquad (8-21)$$

这里需要提醒读者的是，在 IS-LM 理论分析框架中使用的利率 r 是真实利率而非名义利率，我们在第一节中已经提到，真实利率在名义利率的基础上剔除了物价水平波动的影响，当物价水平波动预期较大时，投资者更关注实际收益，因此对于投资函数而言，真实利率才是决策关键。

对于货币市场，IS-LM 理论假定，市场物价水平为 P，名义货币供给 M 由中央银行外生决定，货币需求（流动性偏好 L）则主要由两部分

决定：一是用于满足日常消费的流动性需求 L_1，是经济总产出 Y 的增函数，二是用于抓住可能出现的投资机会的投机性需求 L_2，是真实利率 r 的减函数。货币市场达到均衡时，实际货币供给量等于货币需求量，用公式表示为

$$\frac{M}{P} = L_1(Y) + L_2(r) \tag{8-22}$$

结合商品市场的均衡条件，就可以解出经济达到均衡状态时对应的均衡利率和均衡产出，图 8-11 直观表现了经济均衡状态。

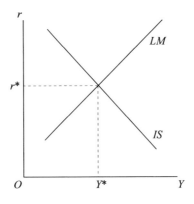

图 8-11   *IS-LM* 模型

在图 8-11 中，*IS* 曲线上的每一个点都对应商品市场的一种均衡状态，同样的，*LM* 曲线上的每一个点都处于货币市场均衡。两条曲线相交时就达到宏观经济的一般均衡状态，对应一个均衡总产出 Y^* 和均衡利率 r^*。

在 *IS-LM* 模型提出后，凯恩斯学派也对其做了很多改进。凯恩斯为了解决什么样的政策能够达到合理的经济增长和波动的问题，提出了三点假设：第一，他提出了私人部门的行为准则，消费和收入通过消费倾向相关联，资金需求通过流动性偏好决定；第二，经济的活动由预期决定；第三，凯恩斯认为合理的政策应该具体情况具体分析，并且认为当政府作出决策时，期望和消费偏好应该视为固定的，不会受政府的决策干扰。

关于 *IS-LM* 实证方面，Gali（1992）对第二次世界大战后的美国数据进行了研究，发现美国战后的经济波动 70% 是由总供给因素解释的，

剩下的是由 IS 冲击和资金供给导致的。对于 IS 冲击，Gali（1992）将其视为行为冲击，IS 冲击短期能够提高产量和名义利率，但是在不久之后会提高通货膨胀率，从而导致真实利率下降。之后也有部分学者对 IS-LM 模型进行了批判，King（1993）提到 IS-LM 模型忽视了预期的因素，而预期是总需求曲线的决定因素。

IS-LM 模型中的 Y 是真实收入，r 是名义利率。其中储蓄与收入正相关，投资和利率负相关，资金的需求和真实收入（交易的规模）正相关，与名义利率负相关。货币数量增加，会增加资金需求，同时降低真实利率和名义利率。但是由于投资的预期，又会导致真实利率和名义利率同时升高，真实利率会升高是因为投资对未来需求变动很敏感，预期未来的需求可能会持续上升；名义利率也会改变，因为现在的货币增加，意味着未来的价格水平会上升，产生预期内的通货膨胀，并且在给定的名义利率下会降低投资的成本。

但是对于学术研究者来说，理性的预期又会导致政策的改变从而作用于总需求，IS-LM 模型对此并无指导作用。作者认为凯恩斯学派和古典主义低估了预期的作用和忽视了对总供给影响的机制研究。凯恩斯学派更多关注的是为什么 20 世纪 50—60 年代价格具有黏性，但是他们应该更多思考为什么在那段时间价格具有黏性而在其他时间段价格调整很迅速。

之后 King（2000）对传统的 IS-LM 模型进行了修改，加入了预期项。这个新模型表明，以低通胀为目标的货币政策能够促进经济平稳发展；此外新模型还加入了通货膨胀的因素。新模型强调了货币政策的两个限制，第一，总产出不能持续远离它的真实生产水平；第二，当存在罕见的理性预期均衡时，央行需要停止货币政策规则；第三，新模型表示货币政策在短期能够使产出偏离它的生产能力水平，并且表明货币政策对于经济应对名义和真实的扰动是很重要的。总而言之，新模型能够指导央行应对通货膨胀。

后面 IS-LM 模型又进一步得到了发展，罗默（Romer）在 IS-LM 模型的基础上引入了通货膨胀，将其扩展成了 IS-LM-AS 模型。这个模型认为价格水平会影响 LM 曲线，从而对收入和利率造成影响。但这个模型有两个争议点：一是这个模型认为价格对于扰动不是迅速和立即调整，二是这个模型放弃了宏观的基础。一些宏观变量简单地由直觉的论据决定，而不是通过分析公司和家庭的目标和约束来决定。

Romer（2000）对这个模型做出了三点批判：第一，不同类型的利率和这个模型的不同组成部分相关，真实利率和 IS 曲线相关，名义利率和 LM 曲线相关。第二，总供给和总需求曲线影响的是总产出以及价格水平，但是我们却理解为总产出和通货膨胀，事实上，价格水平与通货膨胀存在差异。第三，这个模型假设央行设置固定的货币供给，但是事实上央行对于货币数量的供给并不太关注。

随着美国通货膨胀问题在 20 世纪 70 年代之后变得很严重，央行的货币政策开始逐渐从数量型转变为价格型，IS-LM 模型的适用性开始逐渐降低。Romer（2000）批判了传统的 IS-LM 模型，并且指出 IS-LM 模型缺乏宏观的基础，只假设价格的黏性，而没有引入期望，简单地将复杂的经济简化成粗糙的集合关系。并且美联储的关注点不再是货币数量的供应，但 IS-LM 模型的一个假设就是央行的目标是货币供应量。

Romer（2000）将 LM 曲线替换为货币政策曲线（即 MP，见图 8 - 12），认为央行遵循真实货币规则。罗默认为在几乎所有的工业化国家，央行在制定短期货币政策时的焦点都在银行短期贷款利率上，它们关注的是通货膨胀和产出。

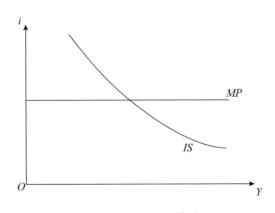

图 8 - 12　IS-MP 模型

Romer（2000）提出了新模型的几大优势：第一，央行遵循真实利率原则比遵循货币数量原则更加现实和具有优势；第二，新模型认为货币政策考虑的是真实利率，因此真实货币规则取代了 *LM* 曲线；第三，真实货币规则比 *LM* 曲线更加简单；第四，在新的模型中，总需求曲线考虑了通货膨胀和产出两方面因素；第五，这个模型没有同步性；第六，这个模型的相互作用方式是直接并且合理的；第七，在新模型中对货币的定义不再模糊不清；第八，此模型在分析总需求曲线时能够加入对通货膨胀预期的影响；第九，这个模型能够被用于分析封闭经济、浮动汇率和固定汇率。

Romer（2000）认为通货膨胀决定真实利率，真实利率又决定产出。当产出远离正常点时，会造成通货膨胀或通货紧缩，使得中央银行改变真实利率，从而使得产出又回到正常点。在 *IS-MP* 模型中，真实利率只受通货膨胀的影响。

在文章最开始，Romer（2000）提出了最原始的模型，即真实利率只取决于通货膨胀，因此 *MP* 曲线是水平的。在文章的后面，罗默又提出了另一种可能性，即真实利率不仅仅取决于通货膨胀，还取决于产出，当产出低迷时，央行倾向于降低实际利率，当产出较好时，央行倾向于提高真实利率，因此 $r=r$(inflation，output)，真实利率随着这两个变量的增加而增加，*MP* 曲线是向上倾斜的曲线，罗默认为这种情况更加符合现实。此外，Romer（2000）对通货膨胀也做出了假设

$$\pi=\pi^{*}+\gamma\times(Y-Y')\tag{8-23}$$

其中 π^{*} 是核心通货膨胀（core inflation），γ 是正数，这个方程表明，当产出高于自然产出时，通货膨胀会高于其核心水平，当产出低于自然产出时，通货膨胀会低于其核心水平，因此延伸出了 *IS-MP-AS* 模型，但是罗默对于这种方法是否符合现实持有怀疑态度，他认为这一公式夸大了通货膨胀的惰性，低估了需求曲线最开始的移动对通货膨胀的影响。

第六节 *IS-PC-MP* 利率决定论

IS-PC-MP 利率决定论又可以称为三方程新凯恩斯模型，是在新凯恩斯 *IS* 模型的基础上加入价格调整方程（即新凯恩斯菲利普斯曲线）和中央银行的利率规则方程所构成的用于描述宏观经济波动的分析框架。这

一框架包括了对均衡利率水平的决定。我们在 IS-LM 利率决定论中已经介绍过 IS 模型部分的核心理论，因此下面着重介绍新凯恩斯菲利普斯曲线和中央银行的利率规则。

新凯恩斯菲利普斯曲线最早由 Roberts（1995）利用卡尔沃定价模型（Calvo，1983）推导得到，它描述了通货膨胀率的动态变化过程，用公式可以简单地表示为

$$\pi_t = g(Y_t, \pi_{t+1}^e) \tag{8-24}$$

其中 π_t 为 t 期的通货膨胀率，是总产出 Y_t 和 $t+1$ 期通货膨胀率预期 π_{t+1}^e 的函数。新凯恩斯菲利普斯曲线表明，当期的通货膨胀率取决于总产出水平和对下一期通货膨胀率水平的预期。

在 20 世纪 90 年代之前，西方经济学界广泛使用完全受中央银行控制的货币供给来描述货币政策，但是随着经济的不断发展，逐步出现了一系列新的经济难题，到 20 世纪 90 年代之后，学者们逐渐发现，中央银行可以直接控制的基础货币规模和市场上实际的货币供给量很难建立严格的对应关系，因此中央银行实际上很难对货币供给做出直接调整进而调节市场利率水平，用简单的货币供给和需求分析不足以刻画中央银行的货币政策。于是，以 Taylor（1993）为代表的经济学家们假定中央银行遵循某些规则来调整名义利率水平，其中最知名的利率规则就是泰勒规则（Taylor rule），用公式可以简单表示为：

$$i = f(r, \pi, Y) \tag{8-25}$$

其中 i 为名义利率，是关于真实利率 r、通货膨胀率 π 和总产出 Y 的函数。利用这一规则预测得到的名义利率与现实情况很吻合，因此逐渐被经济学家用来描述中央银行的货币政策。结合商品市场的 IS 曲线，就构成了 IS-PC-MP 理论的三方程新凯恩斯模型。联立三个方程即可求解出均衡名义利率水平和总产出、通货膨胀和真实利率之间的关系。

本章介绍的六种利率决定理论从不同角度出发，适应各自时期经济发展的特点和需求，是顺应时代的产物。我们很难用某一个理论完整地描述经济运行的规律，对利率决定理论的完善永无止境。六种利率决定理论的基本理论和观点总结如下：

（1）债券供需平衡视角的利率决定：利率是债券市场上的到期收益率，是由债券供给和需求共同决定的，和债券价格负相关。

（2）古典学派的真实利率决定理论：认为投资来源于储蓄，储蓄是当期放弃的消费，利率在本质上是由于人们放弃了当期的消费而得到的报酬，是储蓄和投资达到均衡时所决定的。货币政策在利率决定过程中不扮演任何角色，属于货币中性理论。

（3）流动性偏好利率决定论：利率是使公众愿意以货币形式持有的财富量（货币需求量）等于现有货币存量（货币供给）的价格，是由货币供给和货币需求共同决定的。其中货币供给是由中央银行外生决定的，与利率无关，而货币需求由消费、预防和投机动机组成，其中投机需求与利率相关。中央银行可以通过调控货币供给来调节市场利率，但是当利率降到一定水平时，就会出现流动性陷阱：无论货币供给增加多少，人们都更偏好持有货币而非债券，此时利率不再下降。

（4）可贷资金利率决定论：同时考虑真实利率决定因素和货币因素，将整个社会的可贷资金供给划分为两部分，即家庭、企业等部门当期愿意储蓄的部分（真实部分）和银行体系决定的当期实际货币供给量的增加部分（货币因素），而可贷资金的需求则取决于家庭、企业等部门的投资和流动性需求。利率由可贷资金的供给和需求共同决定。

（5）*IS-LM* 利率决定论：结合商品市场的投资储蓄均衡以及货币市场的供需平衡，推导出宏观经济均衡时总产出和利率之间的关系。

（6）*IS-PC-MP* 利率决定论：结合总需求 *IS* 曲线、新凯恩斯菲利普斯曲线和泰勒规则，推导出宏观经济的一般均衡状态，均衡名义利率由总产出、通货膨胀和真实利率决定。

第九章　利率期限结构理论

收益率曲线所反映的利率期限结构在金融市场上有广泛的应用价值，例如企业债券定价、股票估值、商业银行确定贷款利率等等。因为利率期限结构（即不同期限利率之间的关系）不仅涉及不同期限，而且涉及不同时间点，所以利率期限结构还涉及即期利率与远期利率的概念。即期利率是指当前（当期）对不同期限的债权债务所标明的利率，可以是 1 年期或者 5 年期的即期利率；远期利率是指在当前时刻看未来某个时点的利率情况，例如 1 年以后各个期限的利率水平，就是远期利率，可以是远期的 1 年期、5 年期或者 10 年期利率。

利率期限结构理论就是用来刻画即期的长期利率与未来远期的短期利率之间关系的理论。相关理论可以追溯到 19 世纪末甚至更早。根据特定的期限结构理论，我们可以找到远期利率隐含在给定的即期利率中的某种联系，从而使即期利率与远期利率存在一种内在的紧密联系和约束关系，这种内在联系本质上使当前一次性投资与未来分期投资的获利结果无差异。

第一节　纯粹预期理论

利率期限结构理论中最基础的是纯粹预期理论，最早在 Fisher（1896）中提出。他强调了制度因素的重要性以及任何理论预测公式的不适用性。他对利率结构的观察表明，短期利率和长期利率方向趋于一致，短期利率在更大范围内波动。

Riefler（1930）对费雪的观点表示赞同，他用 1920 年的短期和长期私人债务的平均市场收益率的数据进行统计，发现短期和长期债券在移动的方向和时间上存在对应关系，短期收益率的移动幅度更大，符合费雪所说的理论。

Keynes（1930）接受了费雪的观点，并且用英国的数据去支持该观点。他认为由央行行为引发的短期利率的变动能够有效地传递给长期利率。然而在之后的《通论》中，凯恩斯的态度发生了改变，他将长期利率解释为"高度传统"或者"心理现象"，并且强调了对于未来长期利率预期的重要性（Keynes，1936）。与市场主流预期不同的是 Hawtrey（1938）的研究，他指出由央行货币政策引发的短期利率的变动对长期利率几乎没有影响，并且货币政策是有效的，因为货币政策通过直接影响短期利率来作用于经济。

之后该理论由 Lutz（1940）和 Hicks（1946）进行了发展。Lutz（1940）对纯粹预期理论进行了阐述，在市场具有准确预期、借贷双方投资无成本以及借贷双方具有完全可转移性这三大假设基础上，提出了以下结论：（1）长期利率的水平等于未来一系列短期利率的平均值；（2）长期利率永远不会像短期利率那样波动；（3）长期利率和短期利率可能存在方向相反的变动。

纯粹预期理论是最基本和最重要的，也是其他几种理论的基石。对于纯粹预期理论来说，其基本假设包括如下几点：

（1）投资者有最大化持有期收益的愿望；

（2）投资者对不同期限的债券没有机构偏好；

（3）交易成本为零；

（4）众多投资者对未来利率形成预期，并以此预期为行为指导。

基于以上假设，纯粹预期理论的基本内容是：即期长期利率是当期短期利率与预期远期短期利率的几何平均。纯粹预期理论认为，收益率曲线的形状由借款人与出借人对未来利率的预期决定，预期变化会引起收益率曲线形状的变化。

上述例子中的远期利率 $_{t+1}r_1$ 更准确的说法是隐含的远期利率（implicit forward interest rate）。我们以 2 年为投资周期，然后用 R_1 和 R_2 分别表示 1 年期和 2 年期的即期利率，那么隐含远期利率（$_{t+1}r_1$）与即期

利率之间的一般表达式可以写成

$$(1+R_1)(1+{}_{t+1}r_1)=(1+R_2)^2 \qquad\qquad (9-1)$$

当然，如果当期投资不是复利形式而是简单的单利形式，上式就变成

$$R_1+{}_{t+1}r_1=2R_2 \qquad\qquad (9-2)$$

为了简单起见，我们下面以复利形式作为基准进行介绍。基于复利形式的纯粹预期理论公式，可以把隐含的远期利率写出来，假设当前2年期利率是2.4%，1年期利率是2.25%，代入数据可得

$${}_{t+1}r_1=\frac{(1+R_2)^2}{1+R_1}-1=\frac{(1.024)^2}{1.0225}-1=0.025\,502\approx2.55\%$$

$$(9-3)$$

根据纯粹预期理论，隐含的远期利率2.55%是市场对于1年以后的1年期利率水平的一致性预期。

反过来，当市场预期的远期利率水平发生变化时，即期利率水平也会发生变化，从而改变当前的收益率曲线形势。例如，在上面的例子中，市场预期的远期1年期利率水平是2%而不是2.55%，那么显然投资者当前就会购买和持有2年期国债，而不购买（或者卖出手上持有的）1年期国债，当前1年期国债的价格就会下降，收益率相应上升；与此相对应，当前2年期国债的价格会上升，收益率相应下降。从数字上看，当前1年期国债收益率就会高于之前的2.25%，而当前2年期国债收益率就会低于2.4%。投资者的买卖行为会一直持续，直到纯粹预期理论对应的等式再次成立为止。

当然，如果市场预期未来的1年期国债收益率会上升到3%，那么上述情形就会反转。纯粹预期理论就是基于以上逻辑，认为市场预期主导投资策略变化，进而影响收益率曲线形状和利率期限结构，投资者在最大化投资收益过程中对于不同期限的投资处于无差异状态。

显然，如果对未来短期利率的预期发生变化，当前的长期利率就会变化，收益率曲线也会发生变化，因此收益率曲线形状受预期影响。如图9-1所示，在即期的1年期利率为5%时，预期1年后的1年期利率为

7％，则即期的两年期利率为 5.99％，而若预期一年后的 1 年期利率变为
9％，则即期的 2 年期利率变为 6.98％。

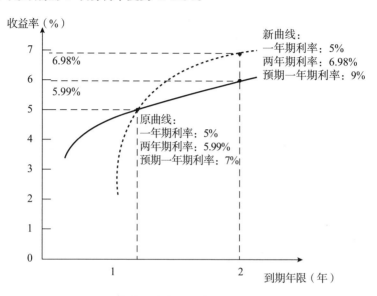

图 9-1　预期收益率变化对收益率曲线形状的影响

从式（9-1）还可以看出，如果预期的远期短期利率 $_{t+1}r_1$ 高于当前
短期利率 R_1，那么 R_2 必定高于 R_1。也就是说，如果预期未来利率上升，
那么当前的长期利率就会高于当前的短期利率，从而形成当前的向右上方
倾斜的收益率曲线。反过来，如果当前的情形是 R_2 高于 R_1，即收益率曲
线向右上方倾斜，那就预示着市场预期未来短期利率会上升。也就是说，
如果我们洞悉到市场预期的走势，就可以判断当前的收益率曲线形状；反
过来，如果我们观察到当前收益率曲线的形状，也就可以判断未来利率
走势。

以上例子是 2 年期的投资周期，下面我们拓展到 10 年期或者 n 年期
的情形，用 $_tR_1$ 表示长期债券收益率，此时纯粹预期理论对应的表达式可
以写成

$$(1+_tR_L)^{10} = (1+_tR_1)(1+_{t+1}r_1)(1+_{t+2}r_1)\cdots(1+_{t+9}r_1) \quad (9-4)$$

或者将长期债券收益率写成整个投资周期内当前 1 年期债券收益率和预期
未来 1 年期债券收益率的几何平均，这也是纯粹预期理论的核心内容：

$$_tR_L = \sqrt[n]{(1+_tR_1)(1+_{t+1}r_1)(1+_{t+2}r_1)\cdots(1+_{t+n-1}r_1)} - 1 \quad (9-5)$$

在纯粹预期理论框架内，隐含的远期利率就是市场预期远期利率的无偏估计。

已有文献对纯粹预期理论进行了一系列实证检验。Fuhrer（1996）使用一个简单的泰勒规则型反应函数、预期模型以及产出和通货膨胀的简化式方程来求解反应函数系数，从而得到与纯粹预期理论一致的长期利率。他发现反应函数参数中温和而平稳的时间变化足以使期望模型与长期债券数据相一致。Favero（2006）拓展了 Fuhrer（1996）的框架，推导出了符合纯粹预期理论的长期利率的标准误。Carriero，Favero 和 Kaminska（2006）利用美国的数据采用 VAR 对纯粹预期理论进行了检验，结果显示偏离纯粹预期理论的情形不显著，并且风险溢价的波动不大。

第二节　流动性溢价理论

纯粹预期理论假定了投资者对于长短期证券的取舍完全取决于各自的利率对比，也就是认为长短期利率可以完全互相替代，并没有考虑长期证券面临的市场风险更高的因素。流动性溢价理论（或称为流动性偏好理论）对这一假设进行了修正，认为证券的期限越长，则越应该有一定的流动性溢价补偿，这种流动性溢价称为期限溢价（term premium），这样才可以达到长短期完全可替代。所以，债券的期限，即流动性也会影响收益率曲线：一般情况下，债券期限越长，（价格波动带来的）市场风险越大。

从理论发展的历史演进来看，Hicks（1939）较早提出了流动性溢价理论并且进行了阐述。Hicks（1946）认为随着期限的延长，投资风险也随之增加，并且假设投资者都是风险厌恶的，因此流动性升水是时间的递增函数，投资者持有长期债券比持有短期债券风险更大，如果不向长期债券持有人进行补偿，则投资者将偏好于短期债券。Hicks（1946）认可预期利率在期限结构中的核心地位，同样认为长期利率是预期未来短期利率的函数，但更注重市场参与者风险偏好的影响，在这个函数关系中增加了流动性溢价（liquidity premium）要素，对持有较长期限产品的流动性风险给予补偿。在这样的框架下，因为存在对期限的流动性风险补偿的要求，即期限溢价一定是正值，所以远期利率总要比预期的未来即期利率（expected future spot rates）相应更高。

在纯粹预期理论中，我们假设投资者是风险中性的。但如果投资者是风险厌恶的呢？考虑如下策略：

（1）购买 1 年期债券；

（2）购买 2 年期债券，但 1 年后将其卖掉。

策略（1）没有风险，因为投资者确定知道收益率；策略（2）有风险，因为最终的收益率取决于利率的变化情况。由于策略（2）有风险，因此如果两个策略的收益率相同，则风险厌恶的投资者是不会选择策略（2）的。只有当策略（2）的预期收益率高于策略（1）时，风险厌恶的投资者才会认为策略（1）和（2）无差别。

在纯粹预期理论中我们可知，1 年后的即期利率是 $_{t+1}r_1$ 时，两个策略预期收益相同，因此在考虑到长期债券可能有更高风险之后，需要满足 1 年后的即期利率大于远期的即期利率才能实现两种投资方案无差异。事实上，债券期限不同从而流动性不同会影响收益率曲线，债券期限越长，（价格波动带来的）市场风险越大。期限的风险补偿是流动性溢价理论在纯粹预期理论基础上的拓展。因此，流动性溢价理论给出的长期债券利率公式可以写成

$$_tR_L = \sqrt[n]{(1 +_tR_1)(1 +_{t+1}r_1)(1 +_{t+2}r_1)\cdots(1 +_{t+n-1}r_1)} - 1 + TP \tag{9-6}$$

其中，TP 表示期限溢价。对比式（9-6）与之前纯粹预期理论中的式（9-5）可以看出，在其他条件相同的情况下，同一时刻流动性溢价理论对应的收益率曲线应该在纯粹预期理论对应的收益率曲线之上，参见图 9-2。而且，期限越长，对应的期限溢价也越大。

流动性溢价理论和纯粹预期理论的共同点在于两者都认为不同期限的债券存在替代性，但是纯粹预期理论认为短期债券可以完全替代长期债券，而流动性偏好理论认为短期债券不可以完全替代长期债券，因为在投资者风险厌恶的假设下，长期债券存在流动性风险需要补偿。

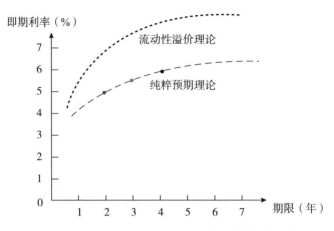

图9-2 流动性溢价理论与纯粹预期理论对应的收益率曲线图

第三节 市场分割理论

Culbertson（1957）指出，纯粹预期理论在理论基础上缺乏支撑，并且与第二次世界大战后的利率期限结构不一致。Culbertson（1957）对流动性溢价给出了自己的解释，他认为美国长短期国债利率与私人债务有紧密联系，并且短期利率和长期利率在短期的运动方向通常是一致的，但是短期利率的波动性更大，这种运动方向的一致性是一种巧合，反映了短期利率和长期利率同时受经济周期和货币政策变动的影响，也反映了短期债务和长期债务在借贷双方具有可替代性。但是他认为短期利率和长期利率的可替代性存在限制。当债券的期限结构经历短期的经济冲击时，比如国家财政变化或者私人借贷部分的变动，由于短期债券有更强的流动性，投资者对于短期债券的流动性偏好导致短期利率一般比长期利率更低，因此造成了期限溢价。对于长期利率的短期运动，主要是投资者短期的预期发生了变化所导致的，但是这种变化对于长期利率的平均水平影响很小。作者认为影响投资者选择长期还是短期债券的因素主要有以下四点：（1）长期债券与短期债券之间的流动性差异；（2）基于预期的债券价格未来变化，不同期限债券的吸引力；（3）债券供给期限结构变化的短期效应，加上需求期限结构的刚性；（4）与债券到期相关的贷款成本差异。

Culbertson（1957）指出，投机投资者将在短期而不是很长的计划期内进行操作。这一直接证据表明，基于较短计划期的投机行为在美国债券市场中确实更为重要；许多债券市场行为根本不受利率预期的制约，持有期收益率的行为表明，市场并非由投机行为主导；债券供求结构变化引起的可变流动性溢价似乎在期限结构的行为中起着重要的作用；纯粹预期理论应用于利率结构的实际行为所产生的预期是不可信的，与投资者行为的信息不一致。

因为不同期限的债券并不可以完全替代，而且投资者存在期限偏好，会形成彼此分割的市场，某一特定期限债券的供给和需求几乎不受其他相邻期限的债券影响，因此这一理论也被称为市场分割理论。市场分割理论认为，考虑到一些法规、规章制度以及市场参与者目标等因素，借款人和贷款人把他们的交易局限于一个特定的期限。这些因素归结起来主要表现在以下三个方面：第一，由于政府的某些规章制度，借款人和贷款人被要求只能交易特定期限的金融产品。第二，市场参与者为了规避风险而将投资者局限于某一期限的金融产品。第三，按照西蒙（Simon）的观点和行为金融理论，投资者并不追求最优解而是追求满意解。

市场分割理论把金融市场分为短期、中期和长期三大市场。短期市场的主要参与者是商业银行、非金融机构和货币市场基金等，它们更关注的是本金确定性而不是收入的确定性。长期市场的主要参与者是那些债务期限结构比较长的机构，比如人寿保险公司、养老基金等，这些机构具有较强的风险回避态度，更注重收入的确定性。虽然短期市场和长期市场的投资者的投资动机和目标各有差异，但是两个市场的参与者都同样受到法律、规章制度的制约以及降低风险的压力而集中于不同期限的市场，因此，这两个市场形成的市场分割基本上是强式的，参与者通常不会进行投资期限之间的转换。

市场分割理论具有一定的现实意义，一些研究成果表明，市场分割对期限结构具有一定程度的影响。例如，Modigiliani 和 Sutch（1966）在Culbertson（1957）的基础上提出了优先偏好理论，他们认为不同类别的投资者具有对某特定期限债券的偏好，这会使他们在特定的期限市场进行交易，但若出现重大收益率诱导因素，投资者将会放弃原有投资习惯，进入其他市场。相比于市场分割理论中参与者受到法律、规章制度的强约束，优先偏好理论中投资者对于投资期限的选择更多基于自身的消费偏好，即投资者在消费和储蓄之间的偏好会影响其对投资期限的选择。

Hendershott 和 Kidwell（1978）认为免税债券市场存在区域市场分割，更具体地说，区域市场中小规模免税债券相对供应量的增加，既增加了区域借贷成本，也增加了特定债券发行相对于全国债券发行的成本。另一个决定单个债券发行成本的因素是它们的平均或最终到期日，因为免税的收益率曲线实际上总是向上倾斜的，所以期限越长，利息成本就越高，基于这个理由，收益率曲线本身的斜率也是一个重要的决定因素。

Hendershott 和 Koch（1980）认为一个完全课税并且以利润最大化为目标的机构持有免税债券的主要决定因素很可能是预期净收入，但是由于有租赁、外国贷款和股权投资的替代品存在，机构投资者出于抵税动机对债券的需求可能有所减少。这也解释了为何部分课税的储蓄机构并非免税债券的主要需求者，以及其整体税率的相对微小变动有可能使其成为该市场的主要参与者。

Campbell（1980）对有关市政债券的市场细分性质和程度的假设提出了质疑，该文中的经验检验基于有限期限证券的有效市场模型，对市政债券和国库券市场进行有限的效率测试，涵盖了一年期内个别收益率的月平均值，并且得出由于商业银行持有规模的不同，市场分割并不是该期间每月收益率利差的重要决定因素的结论。

Kidwell 和 Koch（1983）通过对美国市政债券和联邦政府国债的比较研究发现，市政债券市场以到期日为口径存在明显的市场分割现象，由于市政债券的收益相对于国债有税收豁免的特点，故市政债券的投资者集中在有避税需求的公司和个人，代表类型为银行、保险公司和高收入群体。从供给方看，对于地方政府发行的市政债券，其发行的期限和资金用途受到严格的法律监管，并且其供给总量也要受到平衡预算的制约，短期债券用于补偿财政赤字，长期债券则用于支持较大型的资本项目支出，由于法律限制，长短期债券的资金用途受到严格监管，不可期限错配。

从需求方看，商业银行负债结构的特点决定了其对短期和中期债券的偏好，出于对风险的规避，随着债券到期期限的增大，商业银行购买该债券的比例不断缩小。对于边际投资者而言，随着债券期限的增大，其边际税率越来越接近于零，故长期债券有较强的吸引力。这也解释了市政债券的收益率曲线相比于国债更加陡峭的特点。

第四节 偏好栖息地理论

Modigliani 和 Sutch（1966）提出，如果短期债券的供给增加而长期债券的供给减少，那么短期债券的利率可能会上行而长期债券的利率会下行。Modigliani 和 Sutch（1966）也对当前已有的利率期限结构理论进行了回顾：纯粹预期理论认为利率期限结构由公众对于未来利率的预期所决定，他们认为这一理论对"未来利率的预期"的定义过于模糊；对于流动性偏好理论，他们将其看作是纯粹预期理论的一个变体，这一理论虽受凯恩斯主义启发，但主要由希克斯清晰阐述，Modigliani 和 Sutch（1966）将其称作风险溢价模型。该理论基本接受利率期限结构和对未来利率的预期相关的观点，但它提醒人们注意，短期内持有不同期限的债券所能获得的预期收益的不确定性程度存在差异。持有短期债券的收益更加确定（因为持有时间短，在持有到期后本金的价值有保障），但是由于未来利率的不确定性以及债券市场的变动，长期债券的收益无法得到保障。更进一步，期限越长，不确定性就越大。因为大部分投资者是风险厌恶的，所以长期债券必须提供更高的期望收益率才能吸引投资者；市场分割理论认为贷方和借方对于期限有明显的偏好。由于制度因素、对金融中介部门的限制等原因，机构一般会购买特定期限的债券而不考虑其他期限债券的收益率。因此，不同期限的债券被独立的市场决定，被独立的供给和需求决定。如果不同期限间的利差不是很极端，那么投资者一般会选择满足期限偏好的债券进行交易。

Modigliani 和 Sutch（1966）提出了一个新的模型，混合了上述三个理论，被称为偏好栖息地理论。该理论认为利率期限结构基本上是由未来预期利率的平均值决定的，但会结合风险溢价进行调整。在流动性偏好理论中，风险溢价被看作是对选择长期债券因而承担短期收益率不确定性的投资者的补偿。Modigliani 和 Sutch（1966）则认为，这种风险实际上建立在投资者短期内均希望将投资转化为现金以追求流动性的假设下；然而，正如市场分割理论所表述的那样，现实中不同的交易者很可能存在不同的时间偏好。他们观察到，投资者对债券利率风险的感知与其投资期限（偏好栖息地）有关，不同的投资者偏好不同的栖息地（即期限）。假定一位投资者具有 n 期偏好，因而资金在 n 期都会闲置，那么直接投资期限为n 的债券，其最终收益是确定的。但是，如果续短为长，他的收益就会不确定，交易手续费也会增加。因此，该投资者倾向于持有 n 期的债券，除非他认为未来短期利率的平均值会超过长期利率，且能够补偿交易成本和卖空的风险。类似地，如果他的投资期限超过 n 期，也会产生风险暴露。因此，规避风险不应使投资者倾向于短期投资，而应使他们通过留在偏好栖息地来对冲风险，除非其他期限的预期溢价足以补偿投资者移出栖息地时产生的成本和风险；对借款者而言同样如此。

在偏好栖息地模型中，利率期限结构相当于纯粹预期理论加上正的或者负的风险溢价（风险溢价指 n 期栖息地的资金供给和 n 期资金需求的差异）。如果 n 期资金需求超过 n 期栖息地的资金供给，第 n 期到期时就会存在"溢价"；反之，则会出现"折价"。这种"溢价"或者"折价"会造成资金在不同期限间移动，这往往是通过用更高的期望收益吸引投资者偏离他的自然栖息地进行投机，以及金融机构套利（低利率借入高利率贷出）来实现的。

总的来说，Modigliani 和 Sutch（1966）认为债券期限利差取决于长期利率的预期变化，但是也受主要借款人（即套利者以外的借款人）对主要贷款人相应需求的长期和短期债券供应的影响。

第五节　利率期限结构理论的后续发展

20 世纪 70 年代后，学术界对于利率期限结构的研究逐渐从定性研究转向了定量研究。在连续时间条件下构建期限结构模型的方法有两种。由 Cox，Ingersoll 和 Ross（1981，1985）率先提出的均衡方法始于对基本经济的描述以及对经济中一个或者多个外生因素或状态变量的随机演化的假设和对代表型投资者风险偏好的假设，最终利用一般均衡因素内生地推导出所有或有权益的利率和价格（Longstaff and Schwartz，1992）。套利方法则是从对一种或多种利率随机演化的假设出发，通过施加经济中不存在套利机会的条件来推导所有或有权益的价格（Vasicek，1977；Brennan

and Schwartz，1979；Lee，1986；Heath，Jarrow，and Morton，1992）。在两种方法下，根据模型中所包含的状态变量个数的不同，又产生了单因子和多因子（如双因子）两类模型。单因子模型主要包括默顿模型、瓦西塞克（Vasicek）模型和 Cox-Ingersoll-Ross（CIR）模型等；双因子模型主要包括 Brennan-Schwartz 模型、Longstaff-Schwartz 模型等。

Merton（1973a）提出了最早也是最简单的动态利率模型。他将对股票收益率的设定形式移植到利率模型中来，刻画了利率的动态变化，为利率期限结构问题的研究开拓了一种新思路。Vasicek（1977）提出了单因子的套利模型——瓦西塞克模型，该模型是第一个满足均值回归的模型。与默顿模型相比，瓦西塞克模型考虑了利率的均值回归特征，在刻画利率期限结构的静态特征和利率波动率方面有了较大的改进。Cox，Ingersoll 和 Ross（1985）提出了 CIR 模型，该模型与瓦西塞克模型一样具有均值回归特性，但其随机项的标准差随着短期利率的上升而上升，并且与利率的平方根成正比。对于 CIR 模型来说，套利将使得所有期限债券的风险价格相同。CIR 模型认为，利率期限结构在大多数情况下都存在正的期限溢价，因为它产生于经济中的内在实际变量和总体均衡，它包含了风险规避、风险补偿、财富限制及时间消费偏好等。Brown 和 Dybvig（1986）在 Cox，Ingersoll 和 Ross（1985）的基础上进行了进一步研究，对他们的模型进行了进一步的检验，结果显示 CIR 高估了短期利率，此外，该模型显著地高估了溢价问题和低估了折扣问题，部分符合被忽视的税收假设。

Brennan 和 Schwartz（1979）提出了双因子套利模型。他们认为，以往的单因子模型都假定不同期限债券的瞬时收益率完全相关，这与实际严重不符。因此，他们根据债券价格所遵循的随机过程，建立了一个具有均值回复性质的随机模型，分别用短期利率和长期利率来表示，之后运用伊藤定理计算出其收益率所遵循的随机过程。Schaefer 和 Schwartz（1984）主要关注无违约贴现债券和利率的期限结构，建立了与 Brennan 和 Schwartz（1979）相类似的双因子套利模型，假定所有无违约债券均可用两个状态变量表达，这两个状态变量分别为长期利率与长短期利差。两个变量的正交性在提供基本估值方程的近似解方面做出了关键的简化。

Longstaff 和 Schwartz（1992）对双因子模型进行了进一步的发展，他们建立了期限结构的双因素一般均衡模型，这些因素包括短期利率和短期利率的波动性，推导了折价债券的闭式表达式，研究了模型所隐含的期限结构的性质，发现收益率对波动率的依赖性使得模型能够捕捉到期限结构的许多观察特性。

除了上面所述的关于利率期限结构的模型外，还有部分学者提出了定量模型并进行了实证研究。例如，Langetieg（1980）建立了一个能够容纳任意数量经济关系的多变量无违约纯贴现债券定价模型。该模型认为即使有多种因素存在，对未来短期利率的预期加上流动性溢价仍然是期限结构的基本表现，但在多元模型中，风险最好用向量而不是单个数字来衡量。为了构建期限结构的多元模型，Langetieg（1980）将短期利率表示为遵循联合弹性随机游走的多个经济因素的线性函数。通用模型的发展允许应用任意数量的经济因素，使得该模型可以根据不同的经济情况和其他债券的定价或估价进行调整。

Engle，Robins 和 David（1987）利用自回归条件异方差（ARCH）模型对长期债券超额持有收益率进行研究，他们首先假设长期债券超额持有收益率的预期取决于其条件方差，并在 Engle（1982）的 ARCH 模型基础上进行了拓展，使条件方差成为均值的一个决定因素，称为 ARCH-M。由此，变化的条件方差成为风险溢价的决定因素，进入期望收益率的预测方程。通过估计和推理的方法，将该模型应用于三组债券持有收益率数据集。结果显示在大多数情况下，ARCH 过程和时变风险溢价是非常显著的。一组 LM 检验揭示了该模型对各种变化（如替代波动率或 ARCH 模型参数、区间变化和利率）的稳健性。该模型说明了利率期限结构预期假说的计量模型的失败。

Wallace 和 Warner（1993）研究了通货膨胀对短期利率和长期利率的传导机制，利用利率期限结构的预期模型，建立了短期通货膨胀变动传导到长期以及短期利率的条件。随后通过协整检验的方法，使用 1948 年 1 月—1990 年 4 月的季度数据来检测 3 个月的通货膨胀率、3 个月国库券利率和 10 年政府债券利率之间的长期稳定关系，发现不能否认一个时期的通货膨胀和任意一个利率之间存在一一对应关系。这样的结果同时支持了费雪效应和利率期限结构的纯粹预期理论。

Favero（2006）指出期限结构的预期模型经过了无数的实证检验，几乎总是被否定，其失败通常归因于系统预期错误或风险溢价的转移。按照泰勒的思路设计的货币政策规则规定，央行调整短期收益率以应对通货膨胀和产出缺口偏离目标水平的情况。这些规则对短期利率的行为给出了一个很好的经验解释。结合泰勒规则和纯粹预期理论，就有可能按照由坎贝尔（Campbell）和席勒开创的方法，产生一系列理论长期利率。当1980—2004年美国的理论利率被计算出来时，对纯粹预期理论的支持就出现了。因此 Favero（2006）对纯粹预期理论的合理性提供了支撑。

Balduzzi, Bertola 和 Foresi（1997）实证研究了美联储短期利率目标制对利率期限结构的影响，他们利用纽约联邦储备银行提供的一系列新的利率目标，开发了一系列模型，强调利率目标的离散变化对利率期限结构的影响。研究发现短期利率和隔夜联邦储备基金利率之间的利差主要是由对目标变化的预期所驱动，而不是由目标周围隔夜利率的短暂动态所驱动。因此，文中预期假设检验中的偏差主要归因于市场对未来货币政策变化的错误预期。

Roush（2007）指出在实践中，期限结构纯粹预期理论在货币政策分析中得到了广泛应用，尽管它在实证中失败了。他对与货币理论和政策直接相关的理论进行了条件检验。研究发现，这一理论对确定的货币政策冲击有很好的解释力，但对促使价格立即上涨的总供给冲击则不成立。研究还发现，正如 McCallum（1994）预测的那样，政策对期限结构变动的反应在揭示理论证据方面发挥了重要作用。

Isaenko（2008）针对不同的投资者结构对个人消费和投资组合配置以及均衡资产收益率的影响进行了研究。此前的文献都未能在投资者具有异质递归效用的一般均衡下给出明确的资产定价。Isaenko（2008）则建立了当投资者具有异质递归偏好时利率期限结构的均衡模型，由此实现将投资者的相对风险厌恶和跨期替代弹性分开控制，更好地描述市场的跨期和横截面属性。他考虑了一个纯交换经济，其中，两类投资者具有不同的相对风险规避和跨期替代弹性。相对风险规避和跨期替代弹性可以针对每个投资者独立变化。Isaenko（2008）使用该模型来检验投资者偏好的异质性对其投资组合-消费选择以及瞬时利率和债券收益率的影响。结果显示，只有相对风险规避中的异质性才会影响消费率、每个投资者的投资组合配置和瞬时利率的横截面和跨期变化。跨期替代弹性中的异质性只对这些过程的跨期变化起作用。

第十章 国际货币体系格局与汇率理论

第一节 从布雷顿森林体系到牙买加体系

在布雷顿森林体系建立之前，国际范围内的主要货币制度是金本位制，一国货币当局需要确保单位本国货币与固定数量的黄金等值，随时准备以该固定价格买入黄金（释放本币）或卖出黄金（赎回本币）。对于实行金本位制的国家，两国货币含金量的比值决定了铸币平价（mint parity）。黄金自由输出或输入国境的过程可以自动调节汇率，铸币平价加减黄金运输费用即为汇率的上界和下界。因此在金本位制下，汇率的波动是有限的，贸易部门和黄金投机者可以自行稳定汇率而无需政府干预。

与布雷顿森林体系相比，在金本位制下市场信心波动和投机带来的风险要小得多，因为当时金融政策的首要目标是保持该国货币单位与固定数量黄金的双向可兑换。而在布雷顿森林体系下，为了追求国内的充分就业目标，货币当局通常会直接干预外汇市场上的消极波动。布雷顿森林体系下各国汇率虽然钉住美元，但实际上在发生"基础不均衡"（fundamental disequilibrium）的情况下，各国可以调整其宣布的固定汇率价格。

然而，由于美元与黄金以及其他货币的兑换比例完全由官方给定，汇率缺乏自动调整机制，单边投机危机周期性地席卷整个布雷顿森林体系。赤字国以货币贬值为最终手段，而不是通缩。即便成功度过了危机，它对全球经济造成的破坏也是无法修复的。虽然汇率变化并不经常发生，但它往往表现为其他国家货币贬值，这也最终促成了美元的严重高估。相反，与货币升值相比，盈余国家更倾向于选择通胀。因此，布雷顿森林体系中的贬值和通胀因素导致其不可避免地偏离均衡（Yeager，1976）。

布雷顿森林体系在当时常被指出的三个主要问题是流动性问题、信心问题和调整问题。流动性问题是指各国为摆脱赤字需要更多的国际流动性，而这意味着作为国际流动性的主要提供者，美国将不得不出现巨额赤字。由此，对美元的信心动摇会导致信心问题。流动性问题和信心问题实质上均源于调整问题，如果汇率具有适当的调整机制，其他问题就不会出现。

1973 年前后，布雷顿森林体系正式消亡。虽然美国于 1971 年终止了美元兑换黄金的承诺，但实际上可兑换性此前早就因伦敦金库的崩溃而无法实现，转而被两层汇率价格体系取代。除了美国的"毁约"行为，开放经济体对钉住汇率的放弃也是重要诱因之一。例如，1973 年 3 月 1 日，德国联邦银行在投机者的压力下被迫购买了 27 亿美元，这是当时世界范围内"中央银行在一天之内购买的最大外汇额"（Bundesbank，1973）。第二天，德国就放弃了钉住美元并宣布汇率浮动。

1973—1974 年间，通货膨胀席卷全球。然而在固定汇率仍然得以维系的最后一段时间里，美国的货币增长速度处于相对较低的水平，并没有向其他国家输出通货膨胀。此外，虽然这段时期与多国开始实行浮动汇率制的时间相吻合，但通货膨胀的加速实际上在 1973 年固定利率制最终崩溃和 1973—1974 年的石油供应冲击之前就已经开始（Rabin，2004）。因此，通货膨胀产生的根本原因是多国为捍卫布雷顿森林体系而购入了巨额美元。

在布雷顿森林体系下，其他国家的货币政策需要让步于稳定汇率的目标，但美元作为主要交易、干预和储备货币的特殊地位使美国保留了本国货币政策的独立性。在美国，高能货币和货币供应的国内持有部分通常不受国际收支情况的影响。原因是外国货币当局通常不以货币和活期存款的形式，而是以短期美国国债的形式持有美元储备，实际的美元仍归美国所有。

布雷顿森林体系的崩溃彻底割断了主权货币与黄金之间的联系，信用货币体系格局得以确立。由此，国际金融领域研究的核心——汇率理论也得到了快速发展。易纲（2000）曾指出全球经济一体化是必然趋势，但主权国家及其货币天然存在，使得汇率成为维系一体化进程的主要桥梁与纽带。在开放经济中，作为核心经济变量，汇率调整和联系了各种宏观和微观经济因素，影响了各国经济的对内对外均衡。研究汇率问题的文献基本可以分为汇率决定理论和汇率制度选择理论两类，接下来本章将详细介绍这两支理论的演进。

第二节　汇率决定理论

汇率决定理论研究汇率的变动和决定。汇率波动不仅影响微观主体的决策，还关系着国民经济的内外均衡。只有深入研究汇率决定的影响因素，才能找到汇率变动的原因，对汇率走势作出合理预测。本质上，汇率就是两国货币的兑换比率，因此汇率决定的方式会随货币本位制度的历史变革而演进。除了时间之外，国际货币制度格局的变化是汇率决定理论演进过程的另一种标尺。由此，可将汇率决定理论的发展大致分为三个阶段：

一是布雷顿森林体系形成之前的金本位制时期。这一阶段各国货币的含金量有明确规定，国际范围内的贸易支付也都以贵金属为单位，不同货币的兑换比率可以简单地由铸币平价确定。除了最早由英国经济学家休谟（Hume）提出的"价格-金币-流动"机制外，主要还有英国经济学家戈申（Goschen）提出的国际借贷说、瑞典经济学家卡塞尔（Cassel）提出的购买力平价理论和英国经济学家凯恩斯提出的利率平价理论。

二是布雷顿森林体系时期。由于实行可调整的钉住汇率制，汇率决定有了人为规定的管理标准，汇率决定问题的重要程度有所下降。这一时期的研究主要是从国际收支均衡的角度阐述汇率的调节，即政府如何根据国际收支状况来确定适当的汇率水平。有关这些方面的汇率决定理论统称为国际收支理论。只有对汇率变动与国际收支的关系有一个明确的了解，才能够正确地运用汇率政策对国际收支及整个经济进行调节，使其达到预期水平。

三是20世纪70年代布雷顿森林体系瓦解之后。主要工业国家纷纷开始实行浮动汇率制，全球范围内汇率波动频繁而剧烈，汇率也成为该时期爆发的一系列金融危机的重大诱因。复杂的国际环境使汇率如何决定的问题获得了前所未有的关注，一系列新的学说和理论不断涌现，尝试从新角度分析汇率的决定。其中比较有影响力的有：布雷顿森林体系解体后在原有基础上得到扩展的传统汇率理论，包括以商品贸易为主的流量模型，如购买力平价理论、国际收支理论，以资产交换为主的存量模型，如利率平价理论、资产市场分析法，此外还有汇率目标区理论；20 世纪 90 年代后因融合了微观分析方法而成为主流的当代汇率决定理论，如新开放宏观经济学模型、外汇市场微观结构理论和混沌分析法；随现代计量经济理论发展而产生的现代均衡汇率理论，大体可分为基本要素汇率均衡理论（FEER）、行为均衡汇率理论（BEER）、自然均衡汇率理论（NATREX）和均衡实际汇率理论（ERER）四类。

总的来看，对汇率决定理论的研究由浅入深、由简单到复杂、由初级到高级、由具体到抽象，已逐渐形成了一整套较为独立完整的理论体系。本书主要对布雷顿森林体系时期及之后一段时间形成的几个重要理论进行介绍。

一、国际收支理论

国际收支理论的思想来自戈申的国际借贷说，认为两种货币之间的汇率是由供给与需求决定的。货币的供求主要由该国的国际借贷状况所决定。当一种货币的供给大于需求时，汇率将下降；反之，当需求大于供给时，汇率将上升。但国际借贷说阐述的是金本位制下汇率的决定过程，而国际收支理论将国际借贷这一因素发展到更为广泛的形式。

在纸币流通条件下，汇率依然由两种货币的相对供求决定，但货币供求取决于一国国际收支状况，而国际收支实质上包含且远超于国际借贷这一种形式。当一国国际收支出现逆差时，外汇需求大于供给，外币汇率上升，本币汇率下降；相反，出现顺差时外币汇率下降，本币汇率上升。因此该理论认为在分析汇率如何决定时，应从国际收支入手，着重研究对国际收支能够施加影响的各种因素，侧重于分析国际收支如何决定和变动。该理论的总体逻辑链条是，各种因素导致国际收支变动，进而影响外汇供求状况，最终影响汇率水平。

国际收支理论解释了汇率变动与国际收支的关系，虽然属于汇率决定理论，但由于其诞生在广泛实行固定汇率制的布雷顿森林体系时期，因此主要的讨论都集中在汇率对国际收支的影响这一单方向，即如何通过调节汇率达到目标国际收支水平，而非国际收支情况如何决定汇率。该理论的内容主要包括局部均衡分析的弹性论、一般均衡分析的吸收论和内外均衡分析的蒙代尔-弗莱明模型。

1. 弹性论

弹性论以进出口商品的供需弹性为基础，分析汇率变动对一国进出口贸易和整体国际收支具有哪些影响、怎样影响、产生影响的条件是什么。考虑的弹性包括本国出口商品的供给和需求弹性以及本国进口商品的供给和需求弹性四种，当某种弹性水平发生变化时，汇率对进出口的影响也随之改变。

弹性的概念最早在 20 世纪 20 年代由英国经济学家马歇尔提出并应用于国际贸易领域，使进出口对汇率的弹性正式进入人们的视野。随后于1944 年，美国经济学家勒纳（Lerner）在此基础上进一步研究了汇率变动对一国国际收支整体状况的影响，对汇率的弹性分析才形成了较为系统完整的理论。著名的"马歇尔-勒纳条件"（Marshall-Lerner condition）即由此而来，但该条件主要关注货币贬值对改善贸易收支的作用。一国货币贬值改善该国贸易收支的必要条件是，他国对本国出口商品的需求弹性与本国对外进口需求商品的弹性之和的绝对值大于 1；如果绝对值等于 1，贸易收支保持不变；而如果绝对值小于 1，则贸易收支恶化。

弹性论有几点明显的缺陷：首先，采用局部均衡分析方法，只考虑了汇率变动对进出口商品相对价格的影响和价格变动对进出口量及外汇收支的影响，不够全面；其次，忽略了汇率变动对进出口影响的时间维度，短期内货币贬值可能首先会导致贸易收支恶化，不过后来提出的"J 曲线效应"补足了这一方面的欠缺。

2. 吸收论

吸收论又称支出分析法，由英国经济学家米德（Meade）和当时就职于国际货币基金组织的亚历山大（Alexander）在 20 世纪 50 年代提出并系统阐释。虽同属于国际收支理论，整体脉络都是探讨汇率变动对国际收支的影响，但吸收论选取的角度与弹性论有着很大的区别。

吸收论采用一般均衡分析的框架，研究范围更广。该理论以凯恩斯的国民收入-支出分析框架为基础，着重考虑一国总体的经济活动对国际收支的影响，并以这一角度提出调节国际收支的相应政策主张。该理论认为，要通过汇率变动调节国际收支，只针对进出口商品贸易不够有效，而应该通过各种政策的配合，对本国经济包括消费、投资、政府支出和进出口在内的各个方面进行全面的调节。

根据凯恩斯的国民收入方程式，一国国民收入（Y）由消费支出（C）、投资支出（I）、政府支出（G）以及净出口（$X-M$）构成，$Y=C+I+G+X-M$。净出口额（$X-M$）代表贸易收支，（$C+I+G$）被称为"吸收"，变换收入方程式的形式即可得到 $X-M=Y-(C+I+G)$，即贸易收支等于收入和吸收的差额。因此，对国际收支的调节可以通过对国民收入和国内吸收的调节来实现，汇率变动也通过收入和吸收这两种途径对国际收支产生影响。

不难看出，吸收论的研究关注点从弹性论的进出口贸易拓展到了一国的总体收入和支出，从而把汇率变动的影响和国民经济的各种宏观变量都联系在了一起，而不仅局限于对进出口商品贸易的关注。不过吸收论仍存在明显的局限性，它只关注了经常项目的贸易收支而没有涉及资本项目。实际上汇率变动也会改变利率和预期等资本市场变量，引起资本流动发生相应的变化。因此，仅分析贸易收支所受影响不能全面反映国际收支的情况。

3. 蒙代尔-弗莱明模型

随着国际资本流动的日益迅疾，与只包含一国内部均衡的传统凯恩斯主义分析框架相比，开放经济条件下的宏观经济学问题得到越来越多的关注。早期的代表性理论是米德在开放经济框架内的政策搭配思想（Meade，1951），核心内容包括著名的"米德冲突"，即固定汇率制与资本自由流动的矛盾，后文的汇率制度选择理论部分将对其进行详细介绍。

20 世纪 60 年代，Mundell（1963）和 Fleming（1962）对米德的模型进行了重要的拓展，形成了著名的蒙代尔-弗莱明模型（Mundell-Fleming model）。尽管该模型最初也是为了分析开放经济中的政策效应，但它却为开放经济条件下的宏观经济分析提供了一个基本框架，标志着开放经济宏观经济学研究的诞生。

蒙代尔-弗莱明模型将对外贸易和资本流动引入了封闭经济下的 *IS-LM* 模型。假设没有资本流动，货币政策在固定汇率制下虽然可以有效影响一国收入，但在浮动汇率制下更为有效；在资本有限流动情况下，调整结构和政策的效应与没有资本流动时基本相同；在资本完全可流动情况下，货币政策在固定汇率制下无法影响一国收入，而在浮动汇率制下则是有效的。

蒙代尔-弗莱明模型的重要贡献在于它系统地分析了在包括商品和金融资产的开放经济中，不同汇率制度下国际资本流动对宏观经济政策有效性的重要作用。该模型的重大创新是在宏观经济分析框架内考虑了商品、劳务和资本流动的流量。之后，Dornbusch（1976）对该模型进行了修正和扩展，用黏性价格代替原来的固定价格，同时引入预期因素，建立了一个动态的汇率模型，其构建的新框架被称为蒙代尔-弗莱明-多恩布什模型。

但是，不论是米德、蒙代尔和弗莱明还是多恩布什（Dornbusch），他们的模型都完全忽略了对存量均衡的考虑，因而这种框架在分析浮动汇率制下的复杂资产市场均衡时存在严重的不足。尽管如此，蒙代尔-弗莱明模型依然是 20 世纪 70 年代后汇率决定理论发展的先驱，该模型和多恩布什扩展后的模型迄今为止仍是分析宏观经济内外均衡和政策搭配的重要工具。

二、资产市场分析法

在布雷顿森林体系时期，虽然国际货币制度从普遍的金本位制过渡到了固定汇率制，但美元与黄金仍保持固定的兑换比率，因此其他各国货币也仍间接地与黄金挂钩，汇兑平价依然是存在的。而在 1973 年布雷顿森林体系崩溃之后，各国金融政策越发自由化，浮动汇率制和资本自由流动的政策开始盛行，汇率稳定的平价基础受到动摇。随着汇率波动更频繁和剧烈，与固定汇率制下对国际收支状况的关注相比，汇率变量本身的均衡成为了这一时期汇率决定理论的核心。

因为资本流动的开放，资本项目和汇率的调整速度要远高于经常项目和国内物价，这使得国际收支理论对贸易收支调节的研究明显不足。此时，由于强调对资产市场均衡的关注，带有货币主义理念的资产市场分析法得以发展。正因为对资产市场的重视，该理论没有采用国际收支理论在研究贸易收支平衡时所使用的流量分析法，而是更强调资产市场的存量均衡对汇率决定的作用。它将汇率视为两国资产的相对价格，从资产市场的角度来考察汇率的决定，当两国资产市场存量的供需达到均衡时，汇率才实现均衡。

资产市场分析法来源于早期的货币分析法，由卡根（Cagan）在20世纪50年代结合了货币主义思想和汇率问题而产生。虽然在布雷顿森林体系时期诞生，但这种以货币模型研究汇率问题的方法直到布雷顿森林体系解体才成为主流。货币论强调汇率作为两国货币兑换比率的本质，而弱化其与商品相对价格的关系。利用两个国家的货币数量方程式，货币分析法将汇率的购买力平价与两国的货币需求和实际产出联系起来，使货币供求状况对国际收支水平和汇率决定起到关键作用，当两国货币市场均衡时汇率也达到均衡。货币分析法的主要结论是，一国的国际收支逆差实际上是由国内货币供应量超过名义货币需求量导致的。在理想条件下，国际收支完全是货币现象，贬值是否能改善国际收支取决于实际货币供求的变化，因此国际收支可以通过国内货币政策加以调节。

从这一核心思路出发，在布雷顿森林体系解体后货币分析法主要发展出了两种新形式：一是弹性价格货币模型，假设商品和资产价格均为完全弹性，主要以卡根的工作为基础；二是黏性价格货币模型，代表性理论为多恩布什的汇率超调模型。弹性价格货币模型虽能得出汇率的长期均衡水平，但对短期的分析不足。而在商品市场中引入价格黏性后，资产市场均衡的迅速调整使汇率在短期内过度变动，当滞后的商品市场调整开始发挥作用后，汇率才会向长期均衡水平回归。汇率超调理论创造性地对汇率的短期波动给出了解释。

到目前为止，前文所述的货币分析法都假设资产具有完全流动性和完全替代性，且是同质的，故可将资产市场简化为单一的货币市场来考虑。但受现实中流动性水平、税收差别、违约风险、政治风险等因素的影响，资产无法实现完全替代。因而在引入资产的异质性后，以 20 世纪 50 年代诞生的投资组合理论为基础，汇率的资产组合分析法，也称资产组合平衡模型，登上了历史舞台。通常认为 McKinnon 和 Oates（1966）批评蒙代尔-弗莱明模型把资本流动看作利率的函数是资产组合分析法产生的诱因。不过这也可以从侧面体现，虽然蒙代尔-弗莱明模型逐渐显现出很多不足，但它依然在汇率决定理论中有着不可动摇的奠基地位。

资产组合平衡模型最早由 Branson 等（1975）在 Tobin（1969）货币模型的基础上搭建，后由 Kenen 和 Allen（1976）、Frenkel 和 Rodriguez（1975）、Krugman（1991）等一系列学者扩展为多种形式。投资者根据自己的偏好和不同资产的风险收益特性进行财富分配，确定资产组合中各类资产的占比。当国内外各个资产市场的供求实现均衡时，汇率也会相应达到短期的均衡水平。在进一步考虑商品市场的情况下，资产存量与经常项目差额会形成存量-流量的动态调节机制，直到资产存量保持不变，经常项目差额为零，汇率达到长期均衡水平。

三、汇率目标区理论

自布雷顿森林体系解体后，国际货币体系发生了很大的变化，世界进入了一个以浮动汇率制为主，但同时固定汇率制和中间汇率制并存的混合汇率制度时期。汇率频繁和剧烈的波动给国际贸易和经济一体化发展带来了巨大的风险和不便。汇率目标区理论肩负着寻求更合理汇率制度的使命应运而生。

"汇率目标区"最早由荷兰财政大臣杜森贝里（Duilsenbery）于 1976 年作为欧洲地区的汇制改革举措提出。1985 年，威廉姆森（Williamson）和伯格斯滕（Bergsten）共同提出了详细的汇率目标区设想及行动计划。随后，尽管欧洲的汇率目标区制度运行了近十年，但始终没有理论模型可以详细描述这一制度下汇率的决定。直到 1991 年，克鲁格曼以威廉姆森的方案为基础，创立了汇率目标区的第一个规范理论模型——克鲁格曼汇率目标区理论，为之后的判断和实证提供了范本。

汇率目标区制度是指一国将汇率规定在一个区域内，并承诺将在必要的时候进行干预。这一规定的"区域"就是汇率目标区，可以使汇率的稳定程度介于固定汇率制和浮动汇率制之间。汇率目标区的种类很多，但主要可分为"硬目标区"和"软目标区"。"硬目标区"的特点是波动幅度小，不常修订，目标区对外公开，通过货币政策加以维持。"软目标区"的波动幅度大，经常修订，具体的区域不对外公开，不做出承诺。

该理论认为，在目标区完全可信、政府只在区域边界对汇率进行干预的前提假设下，目标区内汇率的决定呈现出"蜜月效应"（honeymoon effect）的特征，即当汇率变动趋向目标区的边界时，对政府干预的预期增强，因此尽管政府最终可能并没有进行干预，但这种预期的存在本身就为汇率波动提供了内在的稳定性机制，使目标区内的汇率波动幅度比浮动汇率制下更小。汇率目标区理论对汇率预期的考虑实际上受到了 20 世纪 70 年代理性预期理论的影响，在与汇率相关的研究中也引入了预期的因素。

四、现代汇率决定理论

与布雷顿森林体系时期及之前很长一段时间相比，汇率决定理论已经得到了前所未有的大发展，不同研究视角的理论流派百花齐放，也衍生出了许多对汇率决定理论进行实证检验的文章。Meese 和 Rogoff（1983）通过分析汇率模型对实际汇率样本外（out-of-sample）预测的表现，发现在预测未来汇率的走势时，没有一个汇率模型能够明显优于简单的随机游走模型。这个惊人的结论终结了资产市场分析法的黄金时代，传统的汇率决定理论也因为只考虑货币供应量、利率和物价水平等宏观基本因素而受到越来越多的质疑。

由此，新一轮汇率决定研究的浪潮开始出现，而作为汇率决定理论突破性的分析起点的，是人们对宏观模型的一个重要假设前提——"有效市场"的质疑。在 20 世纪 80 年代，大量文献对外汇市场的有效性进行了检验，结果无论是即期外汇市场（Cumby and Obstfeld，1981；Dooley and Shafer，1984）还是远期外汇市场（Hansen and Hodrick，1980；Fama，1984）都没能通过检验。一些文献对此给出了解释：如 Mussa（1976）提出的新闻模型，Blanchard（1979）和 Dornbusch（1982）提出的理性投机泡沫模型，Krasker（1980）对"比索问题"的解释，以及众多学者对外汇市场风险中性不成立的实证检验。但这些文献都只是给出了导致汇率偏离均衡水平的某种可能因素，仍未构成系统全面的汇率决定模型。

1. 新开放宏观经济学模型

新开放宏观经济学模型的形成以 Obstfeld 和 Rogoff（1995）为标志，该文创造性地将名义黏性和不完全竞争纳入动态一般均衡模型，建立了一个系统完整的、宏微观一致的汇率模型。在二人之前，Svensson 和 van Wijnbergen（1989）使用的跨时分析方法作出了先驱性的贡献。

新开放宏观经济学模型克服了传统分析方法对微观基础的忽略，将汇率看作个体资产选择的结果，从而将微观经济学中经济主体行为的最优化纳入了宏观模型。因此，在宏观经济变量发生变化的同时，与经济主体行为有关的微观因素也起着重要的作用。在 Obstfeld 和 Rogoff（1995）的基础上，后续很多研究变换了该模型的假设和形式，丰富了新开放宏观经济学的内涵，如对价格黏性做不同的具体设定或加入货币冲击的影响等。大体上可以按厂商定价货币的选择将这些研究分为生产者货币定价（producer currency pricing，PCP）和当地货币定价（local currency pricing，LCP）两种不同的模型，还有一些文献深入研究出口商报价货币的选择问题。

2. 外汇市场微观结构理论

尽管新开放宏观经济学模型将个体效用函数的优化问题融合到模型中，具有了微观基础，但模型的整体框架仍然是宏观的，汇率仍然是一个宏观变量，对汇率的考虑仍然是自上而下的。很多对汇率理论的实证结果表明，宏观经济变量对汇率的作用主要表现为趋势性影响，而在解释汇率波动上效果甚微。因此，学界开始重点关注外汇市场真正的微观层面因素，从外汇市场参与者的个体行为和市场特征等微观结构分析汇率的决定。主要考虑私人信息（Evans and Lyons，2002）、市场参与者异质性（Frankel and Froot，1990；Ito，1990）以及报价制度和做市商制度等市场交易机制（William and Paolo，1996）三个方面。该理论的产生得益于对市场微观结构的理论研究，包括资产价格的发现、形成过程和运作机制。外汇市场微观结构理论将这些理论与汇率问题相结合，研究汇率价格的发现、形成过程和运作机制。

3. 汇率的混沌分析方法

混沌理论来自自然科学，De Grauwe 和 Dewachter（1993）最先将其应用于汇率的研究。以非线性方程组为基础，混沌货币模型描述的汇率运动与真实的时间序列呈现出许多相符的特征。这种创新性的学科交叉应用给很多传统经济理论无法解释的汇率现象提供了一种合理的解释，新技术的采用使传统理论模型能够适应现实经济系统中的复杂性和非线性特征，已经成为各类经济理论发展的明确趋势。

第三节　汇率制度选择理论

汇率制度是指一国对汇率的组织形式和政策安排，具体包括汇率的确定方式、波动界限、调整手段以及维持汇率稳定的措施。汇率制度选择理论的主要内容是：结合特定经济体的汇率决定方式、经济结构和发展水平等因素，对固定汇率制、浮动汇率制和中间汇率制进行比较，研究在不同汇率制度下的冲击和政策配合等宏观经济现象。

世界范围内所有国家的汇率制度共同构成了国际汇率制度体系。由于汇率制度的背后是复杂的社会经济和政治关系，国际上汇率制度的形式纷繁且充满变数。根据汇率的决定方式和外汇储备形式，主要有三个公认的国际汇率制度体系，按时间顺序分别为金本位体系、布雷顿森林体系和牙买加体系。

布雷顿森林体系解体后，世界经济形势复杂多变，许多国家开始实行浮动汇率制，汇率波动变得更加剧烈频繁，不过也有一些国家出于种种考虑保持着固定汇率制。1976 年 1 月，国际货币基金组织在牙买加达成协议，承认固定汇率制和浮动汇率制并存，各会员国可自由选择汇率制度。牙买加协议并没有确立一个新的体制规则，而是代表了国际范围内对布雷顿森林体系瓦解后，以浮动汇率制为主、多种汇率制度并存的基本格局的共同认知，因而被称为牙买加体系。

一、固定汇率制、浮动汇率制与政策搭配

在固定汇率制下，当一国货币在过度进口商品服务和资本流出等压力下走弱时，货币当局会动用外汇储备购买货币，以填补商品服务和证券的

进口总额与出口总额之间的缺口，即国际收支赤字。以金德尔伯格（Kindleberger）为代表的一批学者极力推崇固定汇率制，认为浮动汇率制下的汇率波动会给经济活动带来不确定性，这也是布雷顿森林体系得以确立的促成因素之一。而以弗里德曼为代表的一批学者则主张浮动汇率制。Friedman（1953）指出，在名义商品价格黏性的世界中，浮动汇率通过相对价格变动能够吸收需求的变化，在一定程度上隔离国外的需求冲击，而固定汇率制下国外需求的变化必须由产出变化应对，因此固定汇率制会传递通货膨胀，只有实行浮动汇率制才有助于国际收支平衡的调节。相比于对固定汇率制和浮动汇率制的优劣作出绝对判断，更多文献选择研究两种汇率制度与不同经济政策相结合的效果。Meade（1951）提出，固定汇率制与资本自由流动是矛盾的。他认为，实行固定汇率制就必须实施资本管制，控制资本尤其是短期资本的自由流动。该理论被称为米德"二元冲突"或"米德难题"。Mundell（1961）从生产要素流动性的角度提出了"最优货币区"理论，认为在生产要素可以自由流动的情况下，固定汇率制可行，而在生产要素不能自由流动的情况下，因为需要用货币政策促进生产要素流动和经济发展，所以浮动汇率制更合适。其后，McKinnon（1963）从经济开放度与经济规模，Kenen（1969）从经济多元化与产品多样化，Ingram（1969）从金融市场一体化，Tower 和 Willett（1970）从政策相似性，Harberler（1970）和 Fleming（1971）从通胀率相近性，Cohen（1993）从政治一体化角度分别补充和发展了最优货币区理论。蒙代尔-弗莱明模型也是开放经济下政策搭配的经典理论，在前文汇率决定理论部分已经加以介绍，此处不再赘述。

二、中间汇率制与汇率制度选择

到了 20 世纪 80 年代初，人们发现实行浮动汇率制国家的货币之间的汇率也经常出现失调，放松对汇率的调控并不意味着汇率可以自发调节到均衡水平，因而开始探索多种中间汇率制。包括 Williamson（1965）提出的爬行钉住制和由 Williamson（1985）提出畅想、由 Krugman（1991）完善理论模型的汇率目标区制度等。1999 年，IMF 也一改过去多年采取的固定、浮动两极分类法，将成员国的汇率制度重新划分为八类：无独立法定货币的安排、货币局制度、传统固定钉住、水平调整钉住、爬行钉住、爬行带、管理浮动和自由浮动汇率制。其中，前两类属于硬钉住的固定汇率制，中间四类属于软钉住的中间汇率制，后两类属于浮动汇率制。

20世纪末，全球范围内集中爆发了一系列金融危机，包括80年代的拉美债务危机，90年代英国、墨西哥和俄罗斯的货币危机和90年代末的东南亚金融危机。此外，同一时期欧元的货币地位也逐渐确定下来。以上这些国际金融领域的重大事件无一不与汇率制度的安排密切相关，因此对汇率制度的关注达到了前所未有的高度，尤其是从可持续性和危机预防的角度，重新研究国际资本高度流动条件下新兴经济体的汇率安排问题。汇率制度的选择成为一个世界各国，尤其是发展中国家必须正视的问题。代表性的汇率制度选择理论包括两极论、害怕浮动论、原罪论，此外还有对退出战略的研究以及汇率制度与经济绩效关系的研究。下面对前三种理论进行具体介绍。

1. 两极论

在20世纪末的一系列金融动荡之后，国际范围内保持中间汇率制的国家数量连续下降，而采用角点汇率制（完全浮动汇率和硬钉住汇率制）的国家数量持续上升。这种两极分化使一些学者认为，在国际资本流动开放的国家，中间汇率长期内是不可持续的，应关注汇率制度的两极。"两极论"也因此又称"中间空洞论"或"中间制度消失论"。Obstfeld和Rogoff（1995）甚至指出"固定汇率已死"，即在资本自由流动的情况下，固定汇率制具有很高的维持成本，因而应该转向更为灵活的汇率制度。但Frankel（1999）曾强调，角点解并不适合所有国家，它只在一定的时间内对某些国家适用。

2. 害怕浮动论

Calvo和Reinhart（2002）提出了"害怕浮动论"，认为一些根据官方分类属于汇率可浮动的国家实际上却将其汇率维持在对某一货币（通常为美元）的一个狭小波动幅度内，这反映了这些国家对大规模的汇率波动存在一种长期的害怕。因为当资本流入或贸易条件改善时，新兴市场国家不愿意让货币升值，但货币贬值带来的后果更加严重，这与这些国家长期缺少公信力有关。因此，对于大多数发展中国家来说，完全自由浮动的汇率制度并不是最佳的选择。

"害怕浮动论"的核心发现可归纳为：官方宣布汇率浮动的许多国家其实不够浮动，它们外汇储备的不稳定性代表了政策的干预，利率的不稳定性也不符合自由浮动汇率制国家的特征，因此"固定汇率已死"只是种表面现象。虽然固定汇率制因历史上的多次严重后果而被频繁批判，但从各国的实际行为来看，相对稳定的汇率制度仍是一种追求。对多国在汇率制度上言行不一致的发现也促使 Reinhart 和 Rogoff（2002）提出了一套基于事实分类而非名义分类的新汇率制度评定和划分标准。

3. 原罪论

"原罪论"由 Hausmann，Panizza 和 Stein（2001）提出，"原罪"一词是指：一些金融市场不完全的国家不能使用本国货币进行国际借贷和国内的长期借贷，因此汇率的变动会给大量以外币借贷或投资的本国企业或政府带来重创，导致该国既不能承受浮动制度下汇率的波动，也不能承受固定制度下对货币政策的牺牲，从而陷入两难的境地。因此，国内企业面临着"魔鬼的选择"，选择借入外币会导致货币错配，但使用本币短期贷款进行长期投资又会导致期限错配。这些艰难的抉择为发展中国家金融体系呈现出的极度脆弱提供了一种解释。

总体来看，汇率制度选择理论的发展明显受到不同时期宏观经济背景变化的推动。由此产生的每种理论对于汇率制度的选择都有一定的解释力，但是也都存在着一定的局限性。影响汇率制度选择的因素复杂多样，反映着政策决策者和公众的偏好，对不同国家来说这些影响因素本身存在很大的差异。而且即使对同一国家，汇率制度的选择也不是一劳永逸的。因此，没有一种特定的汇率制度能在任何时间、任何环境适用于任何国家的需要。以理论模型为基础，还需要考察一国的经济发展水平、经济结构特征、经济政策公信力、政治稳定性及金融市场的完备程度等实际情况。在综合考虑这些因素的前提下，研究汇率制度与宏观经济变量之间的关系，比较各种汇率制度下的宏观经济绩效才是合理的。

第十一章　货币数量论

货币数量论（quantity theory of money）是货币理论中最经典的问题之一，是关于货币供给与价格水平之间关系的理论，货币问题与利率问题是并行的，货币数量论与利率理论也几乎是并行发展起来的。货币数量论可以追溯到 18 世纪 50 年代休谟对货币理论的分析以及 19 世纪初李嘉图（Ricardo）对休谟的理论的延续。货币数量论在 19 世纪末至 20 世纪初占据主流，以货币在经济中扮演角色的不同形成了三个分支，分别是以费雪为代表的古典学派的交易等式说，以庇古（Pigou）、马歇尔等为代表的剑桥学派的现金余额说和维克塞尔的货币理论。到了 20 世纪 30—50 年代货币数量论得到进一步的发展，1936 年凯恩斯的流动性偏好理论既是一种利率决定机制理论，又是一种货币需求理论；20 世纪 50 年代以米尔顿·弗里德曼为代表的现代货币数量论盛行，并形成了声势浩大的货币主义学派，货币数量论达到理论发展的巅峰。但是，20 世纪 70—80 年代之后，随着发达国家利率市场化的完成、微观金融市场的快速发展以及价格型货币政策工具的盛行，货币问题的研究相较于利率问题逐渐弱化，货币理论的重要性似乎也随之弱化。

第一节　古典货币数量论

一、休谟的货币数量论雏形

大卫·休谟在 1752 年发表了《论货币》（Hume，1752a）、《论利息》（Hume，1752b）、《论贸易平衡》（Hume，1752c），他站在反对 18 世

中叶之前盛行的重商主义的立场上，对货币数量与货币价值的关系进行了论述，在思想上形成了货币数量论的雏形。

休谟认为货币只是一种"润滑"贸易的流通手段和计算单位，并无内在价值，仅在流通中由于象征劳动和商品而具备一种虚构价值，这种价值量取决于商品交换需要对应的货币需求与货币供给数量。流通中的货币数量增加将使商品的价格上升，货币的虚构价值降低。

但价格水平的整体上升并不紧随货币的增加而出现，而是有一定传导的时间间隔，其间各种商品价格逐渐受到影响，在劳动价格提升之前，人们的生产情绪得到提升，刺激生产和支出。而在休谟看来，当商品同国内货币量达到合适的比例时，商品的价格总是与货币数量成正比，因此货币的绝对数量在长期内不值得关注。

二、李嘉图的货币数量论

Ricardo（1810）对流通中金属货币的必要数量进行了进一步阐释，认为这一必要数量应由完成国内支付的数量与频率来决定，与流通商品的价值总量成正比，与货币金属的价值和流通速度成反比。李嘉图延续了休谟的货币数量论，采用了将货币视角和"真实"视角的总量反映在等号两端的交换方程式 $MV=PT$ 的理念，认为这一机制是价格的调节者，其中 M 指货币总量，P 指物价水平，V（货币流通速度）和 T（产出数量）在一个时期外生给定。对银行的货币需求取决于实际生产领域的利润率和贷款者提出的利率之间的相对大小（Ricardo，1821）。银行货币数量的增加首先会降低利率，当借款利率低于利润率时，增加的货币总能被借出而进入市场，使所有商品价格提高，反过来又会为较高价格水平的商品流通所必需，货币因此不再过剩，利率随之提高至原先水平。且该理论对于黄金以及可兑换、不可兑换的纸币均适用。李嘉图坚持两分法，否定货币数量变化引起产出水平变化的可能性，认为任何数量的货币都将被经济体系吸收而不会"过剩"，货币数量的变动最终只影响价格水平。他认为即便价格变动可能存在实际影响，也是暂时、不重要或可抵消的。李嘉图据此解释，18 世纪末期英格兰银行暂停纸币兑现后，英镑贬值、金价上涨是由于英格兰银行的纸币发行过多。对于黄金的国际流动，李嘉图认为黄金与其他商品在价值和进出口的决定规律上没有本质区别，提出了黄金出口的原因——歉收使流通中的商品总量减少，货币因此过剩，单位黄金所代表的商品价值下降，贬值的黄金因此成为最便宜的可出口商品。

三、古典学派的交易等式说

19 世纪末至 20 世纪初，以"边际主义"范式的兴起为标志的新古典经济学建立了公理化的逻辑分析体系。在此背景下，货币数量论也从一种理念向一种更严密的理论演进。

Fisher（1911）试图"对旧的货币'数量理论'重述和扩充"，即在理论上准确表述，并从统计上进行严格论证，费雪从交易方程出发，为货币数量论提供了一个严密的基础。

费雪认为 Newcomb（1886）的交易方程 $MV = Py$ 是一个恒等式，把一系列商品的权利转让表示为等值的货币或货币等价物的转移。费雪对原始交易方程进行加工，并附加一些假设，以现金交易说阐述了价格的决定理论，在交易方程的货币端，他区分了现金 M 和可以支票转让的存款 M'，分别对应不同的平均流通速度 V 和 V'；在实物端，他用货币承载的交易量而非商品购买量代表经济总量，费雪的交易方程表示为

$$MV + M'V' = SpQ = PT \tag{11-1}$$

其中 p 和 Q 表示个体商品交易的价格和数量，S 的含义是加总，T 为全社会交易数量，P 为平均交易价格。模型中，货币流通速度取决于人口数量、个人和商业习惯、交通运输效率等外生的制度和习惯因素，不取决于货币数量或价格水平；商品交易量由自然资源和技术水平决定，也独立于货币因素；费雪认为，银行准备金与银行存款的比例是相对稳定的，且个人及企业持有的现金与其存款之间的比例也相对稳定。由此，经济体中的现金 M 和存款 M' 数量是成比例变动的，当货币供给增加，价格水平也会相应地等比例增加，且银行存款的存在相较于纯现金的情况，只会放大货币量对价格水平的影响。此外，费雪及其学生采用美国 1910—1912 年的数据对他的交易方程进行了统计验证，结果高度吻合。

费雪强调，他关于交易方程的解读适用于长期中均衡状态之间的比

较，对于非均衡的过渡期不一定适用。费雪对货币数量变化导致的非均衡的过渡期进行了清晰的阐述：由于名义利率具有黏性，且经济中的一部分贷款具有"惯性"，只要利率的增加滞后于充分调整的水平，货币数量增加（或下降）导致的价格上升（或下降）就会循环往复。在这一过程中，货币流通速度、存款与现金的比例均发生变化。费雪指出，在现实中，均衡状态存在于少数时间，波动后的过渡状态却占据更长时间，因此交易方程中的各部分在多数时间里处在动态调整中；而利率的不充分调整在很大程度上导致了货币数量变动带来的价格波动结束后的危机和衰退。但值得注意的是，费雪在对过渡期的分析中，总是先假设货币数量变化后，价格水平立刻随之变动，再进一步分析价格波动的传导；至于货币数量变化如何导致价格水平变动，由于人们基于便利性而决定持有的货币数量较稳定，因此当出现过剩的现金时，人们倾向于使用它，这一影响机制与休谟的阐述一致。

费雪指出，货币数量论被称为经济学中争论最激烈的理论之一，主要是因为对其真伪的认识影响了商业和政治领域的强大利益。在当时，货币数量论被不健全货币的鼓吹者不恰当地用作论据基础，以支持不可兑换的纸币和银币的自由铸造，使得许多健全货币制度的支持者担心其传播的政治影响，因而彻底否定了这种理论。当具有政治利益色彩时，人们对即便是客观理论的理解也极易有失偏颇。

四、剑桥学派的现金余额说

在 19 世纪末至 20 世纪初，以马歇尔、庇古为代表的剑桥学派则从货币需求和供给的角度探讨价格的决定机制，形成了现金余额说。这一理论下，人们并非直接决定货币需求的绝对值，而是决定货币数量相对于整体财富的比例。

Marshall（1923）虽然承认他的现金余额说与费雪的理论得出了相似的结论，但他总是把两者区分开来，否认他的方法是货币数量论的变体，也不曾宣称自己是一个数量论者，他认为货币数量论是指费雪从交易及货币流通角度提出的理论。不过，从货币理论发展的脉络来看，基于对货币数量论范畴的界定（即关于货币供给数量与价格水平之间关系的理论），马歇尔实际上发展了货币数量论，形成了独特的剑桥学派现金余额说。

马歇尔在吸纳配第、桑顿（Thornton）、李嘉图、穆勒（Mill）、巴杰特（Bagehot）、吉芬（Giffen）、杰文斯（Jevons）等人观点的基础上（Eshag，1963），建立了一个严格从微观供需视角出发的货币分析框架。这一货币分析框架是现金余额说的核心之一。

马歇尔的现金余额说从早期作品（Marshall，1871，1890，1923）中开始形成。他早期提出，当名义货币需求（M_d）与名义货币供给（M_s）达到均衡时，价格水平（P）由公式 $P = M/D$ 得到，其中 P 是当前生产的最终产品和服务的总价格水平；M 为名义货币存量，根据马歇尔的定义，包括金属硬币及能以固定价格自由兑换成金属的银行券；D 为公众对真实现金余额的需求，这一需求是货币持有者的真实资源（收入或财富）的函数。此后，Marshall（1923，1926）在对现金持有决策的分析中引入了资产组合选择的权衡思想，弱化了财富变量，而将真实现金余额需求 D 解释为国民收入 Y 中公众愿意持有的比例为 K 的部分，即 $D(Y) = KY$。马歇尔提出了影响公众期望的现金余额比例 K 的 8 类变量：（1）为了便利和安全性而持有现金的边际效用；（2）与（1）相对应的，以商品而非现金形式持有资源的边际效用；（3）持有盈利资产的预期收益率；（4）通胀预期；（5）支付体系中，银行信贷工具对现金的替代作用；（6）制度因素，即商业习惯、运输和生产技术等影响的商业发达程度；（7）对经济的信心及履行还款义务的容易程度；（8）战争、歉收等意外冲击。将所有的影响因素表示为变量（向量）Z，则 $K = K(Z)$，其中因素（1）和（8）促进现金持有，（2）～（7）反之。因此，马歇尔的现金余额说表示为 $P = M/[K(Z) \times Y]$，当 K 与 Y 保持不变时，在均衡状态之间，货币数量和价格水平之间存在直接的等比例变动关系。

关于从货币数量变动到价格水平变动的传导途径，Marshall（1923，1926）从通过国际收支流入一国并存入银行账户的黄金出发，提出在部分准备金体系下，银行家为维持一定的保证金比例而降低贷款利率至低于商人对于额外资本投入的预期收益率，使得新的投资有利可图，贷款需求和供给因此增加，同时由于名义工资等存在刚性，商人因为其购买力的提升而增加开支，给商品市场带来额外的需求从而推高物价。Marshall

(1926) 将通胀预期作为新的因素引入该传导机制，他提出，最初由黄金流入引起的通胀预期由于随后价格的实际上涨而实现并强化，由于短期内利率黏性的存在，通胀预期降低了预期实际利率，进一步刺激借贷、额外存款创造以及额外总需求，再度带来价格上升的压力。

此外，非银行的公众倾向于维持一定真实现金余额，随价格上升会增加现金持有，同时现金流出会增加银行的准备金压力，使银行提升贷款利率，直至额外的借款投资不再有利可图，达到新的均衡状态。最终额外的黄金会进入流通，增加的流通货币恰好适应更高价格水平下的需求。总而言之，在马歇尔的开放贸易经济框架下，黄金远不是被动地在各国之间流动，以支持给定的均衡价格水平，而是积极地自主分配，以纠正非均衡价格水平。在开放经济下，一国的货币量由国际收支平衡外在决定，并由货币量的变动导致价格的变动。

马歇尔的学生庇古指出，决定货币价值及其变动的因素繁多且复杂，建立综合的、有序的技术分析方法意义重大。他认为当时有关费雪的货币数量论的绝对对错的争论没有必要，争论者陷入了误区，交易方程只是提供了能把决定货币价值的主要原因结合起来的一种手段，而关于主要原因是哪些，争论者们实际上达成了高度共识，因此争议并不涉及根本。

Pigou (1917) 认为费雪的货币数量论作为一种分析工具取得了巨大的成就，他强调自己在任何意义上都不是数量论的反对者或费雪的交易等式说的批评者，而仅仅提出了一种与之颇不相同的、更加方便的分析机制，作为更适用于"经验较少的工匠"的"万无一失"的分析工具。

庇古遵循费雪的思路，把货币价值置于需求和供给的一般均衡分析框架之中，进一步细化了现金余额说。庇古提出的真实现金需求等式表示为

$$P = \frac{kR}{M}\{c + h(1-c)\} \tag{11-2}$$

或

$$M = \frac{kR}{P}\{c + h(1-c)\} \tag{11-3}$$

其中 R 为全社会（非银行部门）享有的资源（收入或财富）总和；M 为

货币总需求量，包括法定货币、银行券和可支取支票的银行存款；k 表示社会选择以三种货币形式持有的资源与资源总和的比率；P 表示单位货币的购买力；在货币总需求中，比例为 c 的部分以法定货币形式持有，比例为 $(1-c)$ 的部分以银行券和银行存款的形式持有；对于银行券和银行存款，银行家决定将其中比例为 h 的部分作为准备金，其余用于放贷。庇古将影响 k 的权衡因素归纳为三类：持有货币的便利性和安全性、投入再生产的收益、直接消费的效用，这些因素与马歇尔阐述的 K 的影响因素一致（人们出于对便利性和应对突发情况的需要而持有现金和活期存款，实际的需求量取决于在便利性、风险保障和由于持有现金和活期存款而放弃的通过投入再生产将获得的收益或放弃直接消费带来的效用之间的权衡）。此外，庇古指出，法定货币的持有比例 c 主要取决于银行体系的发达程度与商业习惯；银行的准备金留存比率 h 则取决于在放贷可得的收益和安全性与便利性之间的权衡，其中对安全性与便利性的需求主要受到支付体系、银行债务结构、人们的性格和信心等社会因素的影响。

庇古进一步指出，他的货币需求方程与费雪的交易方程看似冲突，实则高度一致。当把银行业务抽象化时，交易方程简化为 $\pi = MV/T$，货币需求等式简化为 $P = kR/M$，由于 P 为单位货币的购买力，而 π 为商品的货币价格，所以二者存在倒数关系 $P = 1/\pi$。将两式相联系，得到 $kV = T/R$，由于 T/R 可视为常数，因此 kV 也是常数，这意味着人们以货币形式持有资源的意愿强弱与货币的流通速度呈反比例关系，这一点马歇尔也曾举例说明。庇古认为，虽然需求方程与交易方程高度一致，但他的需求方程直接关注人们的意志与最终货币需求之间的关系，因而是一个更有效的分析工具；从货币的流通速度切入的交易方程则显得更加偶然和武断。

五、维克塞尔的货币理论

瑞典经济学家 Wicksell（1936）认为自己是货币数量论的倡导者，他赞同货币数量论是决定价格水平的适当理论，而不是完全的成本定价理论，但他的货币数量论与古典时代的费雪、马歇尔、庇古等的侧重点颇不相同，他们重点强调在货币供给数量变动的情况下，不同的长期均衡状态之间价格水平的变动；维克塞尔则聚焦短期内利率对价格的影响，他提出的纯信用经济假设和基于三种均衡利率的动态分析框架具有开创意义。

维克塞尔强调银行等信用中介在货币需求与供给均衡中的重要作用，指出在一个纯信用经济体系中，所有支付都通过银行转账完成，银行不必保留准备金以应对挤兑，因而可以在一定借贷利率水平下发放足额贷款以满足企业需求，信贷利率由银行外生决定，经济中的货币供应量等于银行发放的信贷量，在此意义上是内生的。

维克塞尔划分了使银行借贷均衡的利率、使宏观投资与储蓄均衡的利率及使企业借款投资与资本的边际生产率均衡的利率，三者是从银行利率到价格水平的核心传导因素。从三者均衡的状态出发，若技术进步或资源开发导致资本的边际生产率上升，或银行贷款利率下降，企业就会增加从银行的借款以增加投资，信贷量及货币供应量随之增加，价格水平也随之上涨，对此维克塞尔区分了资本品和消费品市场，企业增大投资导致生产要素从消费品市场流向资本品市场，降低了消费品市场的产出，同时推高了劳动力价格，工资上升导致消费品需求上升，由此推高了消费品价格，最终表现为价格总水平滞后于货币供给的增长。只要银行贷款利率低于资本的边际生产率，信贷扩张、企业扩大投资及伴随的价格上涨就会持续下去，直至银行限制信贷的进一步扩张。

维克塞尔对纯信用经济的利率分析框架把货币数量论引向了现代宏观经济分析；他强调了利率和金融机构在传导经济动荡中的作用，并为金融机构，尤其是央行通过利率影响国民收入和就业提供了思路。

第二节 凯恩斯的流动性偏好说

凯恩斯的货币理论发展经历了《货币论》（Keynes，1930）和《通论》（Keynes，1936）两个阶段。Keynes（1930）主要讨论信用周期和周期中标志性的就业和产出变动，这一阶段的货币理论基于货币价值的"基本方程"，但这一模型尚不成熟，缺少实际部门和货币部门之间的明确联系，也忽略了一些重要的影响因素。Keynes（1936）则在此基础上进一步完善，被视为一场真正意义上的破除"两分法"的革命。

Keynes（1936）反对将经济分为实物与货币的两分法，而致力于塑造一个将货币理论与价值、分配理论结合在一起的全盘的、生产的货币经济理论。在这一理论中，企业的目标是在末期赚取比初期更多的货币，因此宏观经济中的所有变量均为以货币表示的名义变量。相应地，利息率调节货币的供求，而非调节资本的供求。

Keynes（1936）中的货币观点主要通过流动性偏好、有效需求和货币利息理论阐明。在货币需求方面，凯恩斯考察的货币既作为交易媒介，又直接作为一种资产。根据灵活偏好理论，人们持有货币出于几种动机：交易动机、谨慎动机、投机动机，以及后来提出的筹资动机[①]，与收入和市场利率、预期利率相关。货币供应量在凯恩斯看来则是外生决定的，由中央银行根据货币需求的变化而调整。货币的传导以利率为枢纽，直接对产量造成影响，而不是通过物价。

不同于新古典主义对预期利率的理解，凯恩斯认为，预期利率不取决于资本的边际生产力，而取决于人们由于放弃货币的灵活偏好所要求的报酬；资本存量和效率受到利率的影响，因为投资总以获利为目的，故而资本效率不会低于货币的利率。货币供给和利率联系着持久性资产存量与未来利润流量预期，由此涉及不确定性和预期的复杂变动，由资本边际效率与投资和收入的变动，使货币联系到资本存量和收入（投资）流量，实现传导效应。同时，不确定性也是人们对货币的灵活偏好的基础。在这一机制下，货币通过利率融入了生产，是非中性的。凯恩斯还强调通过利率枢纽，货币供给和货币需求是互相影响的。他强调资本主义经济关系的货币性质，将劳动货币化，纳入新的一般均衡理论，并提出社会产出和就业水平并非由技术关系而是由资本主义的货币金融关系决定。

第三节　弗里德曼的现代货币数量论

货币数量论中的流通速度等因素的稳定性一度被过分强调，并以过于简单的形式表现，即便理论提出者的原意并非如此，在第一次世界大战和1929—1933 年大萧条后，由于这些变量失去了稳定性，传统的货币数量论遭到了极大的反对，多年后才逐渐再次获得认可。芝加哥学派是当时少有的继续在 20 世纪 30—40 年代以货币数量论作为口头传播的核心理论的

[①]　持有货币的筹资动机由 Keynes（1937）提出。

学派，亨利·赛门斯（Henry Simons）、劳埃德·明茨（Lloyd Mints）、弗兰克·奈特（Frank Knight）和雅各布·维纳（Jacob Viner）发展了一种将数量论与一般价格理论相结合的版本，成为解释总经济活动的变动和制定有关政策的灵活和敏感的工具，但这一版本并未形成系统的阐述。

Friedman（1956）的目的是建立一个特定的数量论模型以试图传达芝加哥口头传统的精髓［Patinkin（1969）则认为弗里德曼并未正确传达芝加哥传统的实质］。弗里德曼提出了基于现代组合方法的货币需求理论，认为货币需求相当于消费服务需求，将真实货币余额（即货币/价格）视为一种商品，认为人们需求货币是因为它可以带来服务。因此，货币是一种资产或者说资本品，货币需求理论也因此成为财富理论的一部分。货币持有者对货币的需求，部分来自交易动机、投机动机或者"资产"动机，这一模型并不按照持有货币的某一目的单独考察货币需求，而是对持有货币的总价值进行综合考量。货币需求函数中影响因素主要包括总财富水平（常用总收入来代表）、财富收入比（财富特指非人力财富，收入特指人力财富）、货币及其他金融资产预期收益率等。

在弗里德曼的货币需求理论中，财富包括五种不同形式：货币、债券、权益、实物商品（即非人力财富）和人力资本。其中，货币指的是广泛意义上的货币，包括现金、活期存款和定期存款。五种财富各自拥有特定的预期收益率。基于五种财富的未来预期收入，可以写出对应的折现现值公式，即

$$W = y/r \tag{11-4}$$

其中 W 是总财富的现值，y 是五种财富的预期收入总和，r 是市场利率。在此基础上，弗里德曼的真实货币需求函数可以写成

$$M/P = f(y, w; r_m, r_b, r_e, g_p, u) \tag{11-5}$$

其中 M 是名义货币需求总量；P 是总体价格水平；y 是真实收入；w 是非人力财富比率；r 代表预期收益率，下标 m、b、e 分别对应货币、债券和权益；g_p 表示实物资产收益率；u 表示其他影响因素。弗里德曼强调，这一模型是以更为复杂的货币关系的稳定性及规范性为前提，而非基于某些变量为常数这一前提。

根据弗里德曼的货币需求理论，如果非货币资产的预期收益率上升，那么真实货币需求会减少；而如果财富水平上升，那么真实货币需求会增加。实证研究表明，真实货币需求在长期相对稳定。因此，如图 11-1 所示，虽然利率变化在短期会对真实货币需求存在一定影响，但长期影响基本可以忽略。

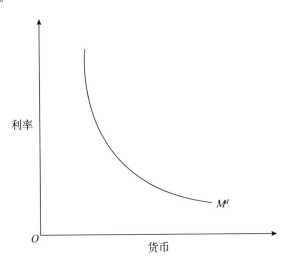

图 11-1 弗里德曼真实货币需求论中利率与真实货币需求的关系

弗里德曼的货币需求理论是货币主义学派的代表性理论，他也是货币主义学派的奠基性人物。弗里德曼反对当时盛行的凯恩斯主义和凯恩斯基于政府干预的理论，同时认为货币在经济活动中至关重要，他认为美国20 世纪 70 年代的高通货膨胀完全是货币现象。正因为如此，以弗里德曼为代表的货币主义学派主张通过中央银行调控货币总量来治理通胀，货币也自然成为货币政策调控的核心变量。这种政策主张被 1979 年开始担任美联储主席的保罗·沃尔克所采纳。然而从现实情况看，虽然采纳货币主义学派的政策主张对于应对通胀问题效果明显，但是也带来了美国1979—1983 年经济大幅波动的负面效应。

从这些相关理论的兴衰交替来看，如今货币主义以及货币主义学派几乎淡出了学界以及决策层的视野。事实上，任何偏离（远离）金融价格核心指标的数量型金融理论终将因"理论与实践的脱节"及"科学性缺陷"而淡出历史舞台（张成思，2020）。

第十二章　货币中性论

　　货币理论的发展主要围绕着对货币属性的认识、货币的内生或外生性、货币的中性与非中性等相互联系、互为一体的问题展开。本章以货币的中性与非中性为主线，梳理货币理论的发展脉络。资本主义发展早期，经济活动以商品流通、贸易大量兴起为特征，重商主义是主导的经济理念，货币分析主要从这一时期开始。此后货币理论的发展经历了古典和新古典的"货币面纱"阶段、凯恩斯非中性的货币理论阶段，以及凯恩斯主义之后再一次"中性化"的阶段。

第一节　重商主义货币理论

　　重商主义是 15 世纪至 1776 年斯密（Smith）的《国富论》出版之前的经济政策体系和经济学说。重商主义的货币理论特点是从商人的角度，基于货币经济的交换模型，以探索使国家富裕的最好方法为出发点，从总量关系的角度探讨金属货币与一般价格水平的关系。随着资本主义经济以及货币的发展，重商主义又分为早期重商主义（15 世纪—16 世纪中叶）与晚期重商主义（16 世纪中叶—18 世纪中叶）。

　　在早期重商主义者眼中，经济活动的主要目的是积累货币，即金银。货币表示价格总水平，货币量的增加有利于交易的进行，从而有利于增加经济的总产出。

　　随着资本主义经济的进一步发展，非金属形式信用货币的使用范围迅速扩大，以 Law（1750）和 Steuart（1767）为代表的晚期重商主义者拓展了对货币的认识，开始关注信用货币的创造，强调引入信用货币对一国生产的促进作用。Law（1705）指出，金属货币作为流通手段，其匮乏会抑制贸易，引起生产与就业的不足，而最好的应对方式是使银行以土地为抵押发行可兑换的纸币，且这样发行的货币永远供求相等，并将改善国家经济状况。

Stuart（1767）则认为货币不仅是流通手段和计算单位，也具有债务支付、储藏和国际转移支付的职能。当金银与物品的数量比例维持不变时，商品价格变化受其供求影响。但随着资本家消费意愿的变化，金属货币可能被储藏并退出流通，这引起的国内货币不足将使人们消费受限、积极性减弱，阻碍工业增长。为防止这种情况，斯图亚特（Steuart）也提出让银行负债发行货币，并进一步指出，包含这部分内生信用货币的货币总量总能适应流通的需要，一旦过剩就会被储藏在国库中，这种机制使得货币数量上升不会导致价格上涨。

第二节　货币面纱理论

18 世纪中后期至 20 世纪 30 年代初凯恩斯的《通论》发表之前，休谟的货币理论、古典货币理论与早期新古典主义的货币理论均体现出"货币面纱"的思想，即经济由"真实"要素决定，货币只是覆盖于实物经济上的一层面纱，对经济不构成实质性的影响。这种货币面纱理论流行了相当长的时间。

一、休谟的货币数量论

Hume（1752a，1752b，1752c）反对重商主义强调的货币数量对一国财富的重要性。他认为货币只是一种流通手段和计算单位，并无内在价值，仅在流通中由于象征商品与服务而获得一种虚构价值，这种价值量取决于商品交换需要带来的货币需求与货币供给数量，流通中的货币数量增加将使商品的价格上升，货币的虚构价值降低。商品的价格永远与货币数量成正比，因此货币的绝对数量不值得关注。但由于货币数量增加与最终整体价格水平上升之间存在时间间隔，其间各种商品价格逐一受到影响，在劳动的价格提升之前，人们会更加辛勤地劳动。根据这一推理，货币数量增加使价格水平上涨的短暂过程会刺激生产和支出。这是一种两分法。

此外，休谟提出，利息率的高低在利润限度内取决于借贷货币的供求情况，而非货币数量的结果。低利润率和低利息率是工商业繁荣的表现，这与后来的利息理论有所不同。

二、古典货币理论

在 1776 年斯密发表《国富论》和 1848 年穆勒出版《政治经济学原理》之间，古典货币理论在古典经济学家考虑经济短期变动的情形下产生。古典主义者主要探讨货币供应量的变化与价格水平变化之间的关系，但在货币供应量是否影响价格水平、影响方向，以及与之相联系的国际货币流动问题上存在分歧。

Smith（1776）将商品的真实价值与名义价格区分开来，提出金属货币从根据重量流通向根据铸币形式流通的转变，使商品的名义价格得以建立。就货币量和经济活动的关系，斯密采取了两分法：一国收入水平由劳动分工、储蓄和资本积累等"真实"要素决定；银行不会增加一国的资本数量，而只能避免闲置贮藏资本，加速资本周转。基于可兑换时期苏格兰自由银行制度下各个商业银行的活动规律，斯密将劳（law）和斯图亚特的银行货币的内生供给理论进一步发展，提出了"真实票据学说"，即银行对有生产或运输等背景的票据进行贴现，发行银行券，作为对本会处于闲置的金银的替代。在这种机制下，产生的货币数量随着产出变化，且根据贸易的需要而调整，因此不存在过度发行，纸币不会贬值。短期内由于经济运行中可能存在的多余货币会自动退出流通，当流通渠道中的金属货币超过必要量，就会输往国外，这种外溢效应起到安全阀的泄洪作用，保证了货币不会贬值、物价不会波动。

Thornton（1802）则反对"真实票据学说"，认为银行的纸币发行量不存在自适应机制，依据处于生产阶段的商品数量确定贴现发行量的方法是不可靠的；且虚拟票据和真实票据之间没有本质区别。桑顿基于英格兰当时的货币信用制度，认为流通媒介的组成除铸币和银行券之外，还包括其他多种信用工具，且各成分具有不同的、不固定的流通速度。他同时描述了中央银行-地方银行的货币供给体系，指出地方银行被动地供应纸币，以适应由可兑换性或暂停可兑换时期由中央银行决定的价格水平。另外，银行创造的货币数量，由公众持有货币的需求和银行创造货币的成本共同决定。

此外，桑顿主张在国际贸易中，应将黄金与一般商品区别开来，歉收和政府发放的各种补贴或战争所需引起的在国外的开支引起贸易逆差，黄金则是清偿贸易差额的物品。在可兑现的金本位制下，在清偿贸易逆差的国家，流通中的货币会紧缩，接受国会发生通货膨胀，在部分不可兑现的情况下，结果是汇率暂时贬值。在金本位论战中，桑顿认为，当金属货币外流时，银行应尽量谨慎地收缩国内货币，因为货币工资具有黏性，突然的货币紧缩会降低实际产出和就业。

Ricardo（1810）对流通中金属货币的必要数量进行了进一步阐释，认为这一必要量应由完成国内支付的数量与频率来决定，与流通商品的价值总量成正比，与货币金属的价值和流通速度成反比。

三、早期新古典货币理论

从 19 世纪 70 年代"边际革命"到凯恩斯的《通论》发表前的时期是早期新古典货币理论阶段，其背景是以"边际主义"范式的兴起为标志的新古典经济学建立了公理化的逻辑分析体系。新古典货币理论的主要特征仍是货币与"真实"的两分法，即"真实"力量建立均衡，而货币力量则决定一般物价水平，并带来通货膨胀、经济周期和偏离充分就业现象。新古典货币理论更进一步地分析了冲击向均衡的调整过程，货币数量如何影响商品和服务的总需求，并由此影响一般物价水平和产出水平以及该过程中伴随的货币购买力和货币价值的变动。

在新古典货币理论中，货币的交易媒介职能体现在作为一般购买力和作为购买力的暂时栖身两个维度。Fisher（1911）的现金交易说关注货币作为一般购买力的作用；而货币作为购买力的暂时栖身的作用则在 Wicksell（1898）的收入说，剑桥学派的 Pigou（1917）、Marshall（1923）的现金余额说以及 Hawtrey（1919）、Hayek（1929）等发展的信用周期论中得到体现。

1. 收入说

Wicksell（1898）较系统地采用了收入分析方法，从"名义收入-支出"分析引申到"储蓄-投资"分析，进而提出利率在储蓄和投资之间的纽带作用，基于此论述货币对价格水平变动的影响。在这一框架下，货币的作用涉及生产领域，进一步则引出了货币和经济周期的关系。

维克塞尔认为传统的货币数量论中许多变量外生不变的假设是脆弱的，比如银行信贷体系的存在其实会加速货币流通。他基于部分准备金制度的银行信用体系进行讨论，突破了传统货币数量论仅从个人支出分析流通货币量的局限。

维克塞尔提出，从货币冲击到再次均衡，是非均衡现象的"累积过程"，这一过程通过利率联系货币和价格的间接机制实现：货币的过量或稀缺伴随着货币利率的变化，而货币利率和自然利率（即投资者利用银行贷款在商品市场上投资的预期资本收益率）之差先影响投资者借款购买投资品的需求，再进一步波及物品市场的需求，从而导致价格水平的变动。价格上升增加私人部门的现金需求，银行现金储备因此降低，故收缩贷款量，使利率恢复到原有水平，减少投资者借款购买投资品的需求。此时，在新的价格水平上达到新的均衡。

在非均衡现象的累积过程中，利率由银行控制，货币数量自身存在适应价格水平运动的趋势，并不断作用于收入的分配和投资与储蓄的配置。且维克塞尔认为，在高度发达的银行体系中，货币的流动性不断增强，从而形成纯粹的信用经济，在此过程中货币供给倾向于适应需求水平。因此，在他的理论中货币供给是内生的。

此外，维克塞尔也试图弥合价值理论与货币理论，突破两分法。一方面，他从总供给的角度分析价格总水平的长期变化，在需求端分别考虑用于消费和储蓄的收入，在供给端分别考虑消费品和资本品的供给。另一方面，他试图说明在均衡状态下维持价格不变的利率和价值理论中资本的边际生产力的一致性。

维克塞尔从传统货币数量论向收入分析法的转变对其后的现金余额说、信用周期论具有重要意义。

2. 交易说

本书第十一章（古典学派的交易等式说）已经对交易说进行过介绍。Fisher（1911）将交易方程（$MV = PT$）加以推广，提出了现金交易说，他将货币数量分为通货数量 M 和活期存款数量 M'，对应不同的流通速度 V 和 V'，即 $MV+M'V'=PT$。模型中，商品生产水平由可得资源和技术水平决定，独立于货币因素；依靠货币实现的交易量 T 是外生的，货币流通速度则取决于制度和习惯等外生因素，货币基础在通货和银行准备金之间的划分是稳定的，而存款是准备金的稳定乘数。因此，外生的通货供给变化是冲击的主要来源，将使价格水平 P 发生同比例变动。就货币与"真实"经济的关系，费雪延续了休谟的货币-价格关系的两分法。

3. 现金余额说

以庇谷和马歇尔为代表的剑桥学派认为交易方程并未阐明控制通货流通速度的原因（Marshall，1923），他们主张通过探究人们对货币持有的选择来寻找答案，建立了现金余额说。Pigou（1917）和 Marshall（1923）认为，人们的持币意愿有两个决定因素，一是持有货币与将货币用于消费或投资的边际效用的比较关系，其中蕴含着新古典主义的边际分析思想；二是对未来总的商品价格升降的预期。Pigou（1917）指出，人们持币意愿的强弱与对总的商品价格升降的预期相反。

剑桥经济学家提出了剑桥货币需求函数 $Md=kPQ$，其中 Md 为货币收入减去支出后的现金余额，PQ 为名义国民收入，k 则表示人们愿意持有的货币量占名义国民收入的比重。在此模型中，产量即实际国民收入 Q 由生产技术等货币之外的因素决定，而 k 则与人们的偏好有关，因此，一般价格水平 P 只能由 M 决定，货币数量的变化在长期内不影响真实产出。

虽然现金余额说与交易说均得出了货币数量论的结论，但二者在思路上具有明显差异。交易说关注影响交易支付的因素，而现金余额说把货币作为一种资产，关注影响人们资产选择的因素；交易说关注流通货币数量与价格水平的关系，而现金余额说关注存量货币与价格水平的关系；交易说是总量分析，而现金余额说是基于微观的边际分析。

4. 信用周期论

在货币数量论的收入分析法获得关注、货币利息理论发展和 20 世纪早期信用周期伴随经济周期反复出现的背景下，20 世纪 20—30 年代出现了以霍特里（Hawtrey）、哈耶克（Hayek）的理论为代表的信用周期论，该理论基于收入分析法，着重分析各种短期力量，结合了新古典边际主义价值论和货币理论，将周期性现象纳入经济均衡理论的框架。

Hawtrey（1919）在剑桥学派的现金余额说基础上，进一步发展了收入分析方法，使货币理论与产出理论更紧密地结合。他认为所有的购买力其实均以信用形式存在。不同于剑桥学派，他更多强调对名义余额，即包括银行存款在内的累积现金余额的需求，而不是实际余额需求。霍特里认为马歇尔和庇谷的现金余额说只有在均衡时才会发生，即当信用和流通货币数量适宜时，价格和货币价值、信用和货币数量的关系，才由个人根据其收入的购买力余额做出的选择所决定。在 Hawtrey（1928）看来，商业波动周期仅由货币因素驱动，是货币供给量变动引起利率、利润率与物质收益三者的非均衡从而导致需求、投资和产出的变动；而银行利率是反周期政策的关键因素。利率变动通过商人对存货及固定资产投资的利率弹性，依次影响产出、信用和价格。

Hayek（1925）则认为，利润率与银行利率之差使得借贷膨胀超过自愿储蓄（即产生"超额信贷"），超额信贷改变资本品与消费品的相对价格，扭曲生产的时间结构，从而导致商业周期。根据这一观点，货币可以影响商品的相对价格，这是对两分法的一大突破。此外，哈耶克也提出了不同于传统货币中性的观点，他认为货币中性要求不存在"注入效应"，货币对信贷市场的注入必然会导致资源的不适当配置，因此由货币增加引起的繁荣必然会导致萧条。Robertson（1926）和 Hayek（1929）认为超额信贷是通过"强制储蓄"实现的：由于价格上升快于工资收入者可支配收入的增速，且某些收入存在刚性，故某些个人减少个人消费，非自愿地增加储蓄，使得企业家获得更多货币。

第三节 货币理论的再次"中性化"倾向

在凯恩斯的《通论》后，或由于宏观总量模型被认为缺乏微观基础，理论界试图建立宏微观结合的完善的货币理论；或由于货币数量论、古典货币理论的再现，后续的货币理论再次体现出货币中性的倾向。

一、新古典凯恩斯主义

新古典凯恩斯主义者吸收了凯恩斯将货币作为一种资产、认为货币具备价值储藏功能的灵活偏好理论，把货币融入一般均衡分析框架，以融合货币理论与价值理论。

Hicks（1935）呼吁对货币理论进行"边际革命"，将价值理论融入人们的货币需求决策中，关键在于用货币解决摩擦的作用解释生息资产和货币的共存性。Hicks（1937）采用 IS-LL 两部门模型概括表述了凯恩斯的宏观经济理论，将货币市场置于一般均衡框架中，收入和利率共存于同一个均衡，打通了凯恩斯体系中的市场均衡（收入决定论）和货币均衡（利率理论），收入和利率的均衡如同商品市场中价格与产出的均衡，在这一意义上凯恩斯的创新与边际主义者有共通之处。希克斯指出，货币数量论试图在没有利息的情况下确定收入，正如劳动价值论试图在没有产出的情况下确定价格，它们都必须让位于一种承认更高程度的相互依存关系的理论。希克斯更进一步对 IS-LL 模型进行了扩展，将投资和利率均加入表示投资收入的 IS 曲线的两个函数，同时对表示货币均衡的 LL 曲线也进行了扩展，将这一优化的模型称为"广义通论"。不过，这个模型仅限于存在货币工资和利率刚性的短期分析。

此后，Modigliani（1944）、Klein（1947）、Samuelson（1948）、Hansen（1949，1953）对 IS-LL 模型进行了进一步的阐述和推广，表明当价格和工资像在古典模型中那样具有伸缩性时，充分就业均衡可以实现。但这意味着货币再次成为中性的，他们认为这个模型不仅实现了收入决定论和利率理论的结合、货币政策和财政政策的结合，而且实现了凯恩斯主义和货币主义的结合，即《通论》是新古典理论的特殊情况。

Patinkin（1965）则引入剑桥学派的"实际余额"效应对 IS-LM 模型进行修正，把货币理论与价值理论结合在一起。其中，实际货币余额需求与其他任何物品的需求受同样的效用条件支配，绝对价格水平和相对价格水平同时确定，因此货币无论在长期或短期都呈中性。

Baumol（1952）和 Tobin（1956，1958）先后探究了持有货币的投机需求、交易需求和谨慎需求的利率弹性。在此基础上，Tobin（1965）将货币因素引入经济增长模型，将实际货币余额作为实物资本的一种替代资产，现金储蓄与实物储蓄则构成经济体中的总储蓄，其中仅实物储蓄直接促进经济增长。如果货币供给增长率增加所引起的通胀提高了实物储蓄比重，则将导致更高的产出水平，即"托宾效应"。Tobin（1969）指出，*IS-LM* 模型将经济体中的资本账户与商品端生产、收入分离，从而使行为假设中支出决策（关于财富积累的决策）和投资组合决策（关于财富分配的决策）相互独立，具有重要的意义。托宾吸收了凯恩斯灵活偏好理论中的"不确定性"分析思想，结合资产组合理论形成了货币需求的资产选择分析方法，使货币需求分析成为对既定财富进行资产配置的风险-收益问题。他提出了把货币需求的资产选择方法与一般均衡理论相结合的"*Q* 理论"，通过建立一个包含封闭经济中各经济部门以及经济整体的资本账户结构模型来研究资产存量市场的均衡，他认为金融政策影响总需求的主要方式是改变实物资产与其重置成本的相对价值。

二、货币主义学派的货币理论

20 世纪 50 年代起，货币数量论重获关注，这一阶段的理论研究集中于对货币数量论的现代表述，被称为"货币主义"，Friedman（1956，1959，1962）是代表文献。弗里德曼承袭了传统货币数量论对货币数量与价格水平互动关系的重视，但也吸收了凯恩斯的灵活偏好理论。他将货币作为贮藏财富的资产，从资产需求的角度建立了实际货币需求函数

$$Md/P = f(Yp, rb-rm, re-rm, \pi e-rm) \tag{12-1}$$

其中 Yp 是持久性收入，而非交易水平或绝对收入 πe 为预期通货膨胀率。弗里德曼认为居民收入中的另一成分短期收入不影响货币需求。此外他还区分了人力财富与非人力财富，并将人力财富占个人总财富的比例和货币的相对收益率也视为影响货币需求量的因素。较为稳定的持久性收入决定了实际货币需求的稳定性，货币流通速度则成为可观察量的稳定函数。在货币供给上，弗里德曼主张区分货币与信用，货币当局只应控制公众手中的现金及商业银行存款。货币供给与实际货币需求各自独立决定，名义货币需求则可随供给而充分调整。货币供给的变动改变了资产收益结构，在

由其引起的资产组合调整过程中直接影响就业、产出和收入，而不通过凯恩斯强调的利率进行传导。弗里德曼强调货币供给的变动在短期影响名义产出，而在长期仅影响价格水平。

三、后凯恩斯主义货币理论

以 Minsky（1975，1978）、Davidson（1978）、Kregel（1983）、Rotheim（1981）、Kaldor（1985）、Weintraub 等（1978）、Moore（1988）等为代表的后凯恩斯主义者对货币理论向新古典或一般均衡融合的方法提出了挑战。

他们延续了凯恩斯对经济中的不确定性、货币工资和有效需求的重视。他们认为不确定性的存在导致货币具有财富贮藏的职能，使其流通速度成为经济运行的重要因素，使货币债务成为可能，并由此得出货币内生的结论。而且货币供给将调节自身来满足商业对货币的需求。依据货币供给的内生性，和对现代信用创造先有贷款、后有存款的理解，后凯恩斯主义者提出了与从货币到收入相反的因果关系，他们认为，货币供给是外生的工资变化率的函数，而货币需求是名义收入的函数。

四、新古典经济学的均衡货币周期理论

20 世纪 70 年代，理性预期学派提出了建立在理性预期和新古典微观基础之上的代表性行为人模型，即新古典宏观经济学。它基于三个核心假说：强理性预期假说、持续市场出清假说以及工人的工作与闲暇跨期替代选择和生产者"货币失察"构成的总供给假说。

卢卡斯因在研究货币政策变化对通货膨胀、就业和生产的影响方面的贡献而获得诺贝尔经济学奖，在获奖演讲中，卢卡斯指出休谟的两分法不符合经济理论的一致性要求，即若增量货币的传导轨迹乃至对真实经济的影响显而易见，那么人们在货币扰动之初也理应即刻意识到货币数量的增加最终会导致物价的同比例变化，短期波动的传导因此缺乏充分的合理性。而休谟两分法的局限性主要在于他的理论工具受限于文字表述。

卢卡斯指出，在 19 世纪和 20 世纪的大多数时间里，围绕货币中性的争论都体现为对休谟的货币长期中性、短期非中性的双重标准的持续。其

中，货币数量论中的中性理论表述越来越精确，并通过最新的静态一般均衡理论工具进行了严格的推导。但短期动态分析却没有实质性进展，似乎是为了符合事实而不得不"拼凑"出来，即便是 Wicksell（1898）和帕廷金（Patinkin）对均衡之间的调整的分析，或是 Keynes（1930）和 Hayek（1933）对短期动态的分析，在卢卡斯看来都尚处于和休谟一样的程度，他们试图基于一般均衡框架的跨期决策分析来探讨货币变动对真实经济的影响这一复杂的动态问题，但面临缺乏现代数理经济学工具的局限性。哈耶克和凯恩斯及其同时代人想要做出假设并建立模型，却无法根据自己的理论做出预测。

凯恩斯之后各种试图弥合宏微观经济理论的努力均建立在跨期决策问题的基础上，其中对预期未来价格的处理是必须解决的问题。Sargent（1971）和 Lucas（1972a，1976）指出，一些统计检验结果对 Phelps（1967）和 Friedman（1968）的自然率假说的常规拒绝很大程度上是因为它们基于非理性预期。卢卡斯指出，把宏观经济学纳入理性预期的一般均衡框架是非常必要的。在理性预期假设下，不同于凯恩斯主义和货币主义的结论，人们在预期中考虑了已知的货币规则，对未来通胀率的预期与经济模型导出的期望值一致。

Lucas（1972b）在 Samuelson（1958）的一般均衡框架基础上扩充了对货币因素的分析，发展了一个包含两个信息不对称的子市场的经济体的两阶段模型，由于信息不完全透明，市场上的生产者并非都能形成无偏差的预期，即会出现"货币失察"，因此价格水平上涨率低于货币增长率，推动生产增长，从而短期货币扩张的刺激作用与长期中性得以融合。

在卢卡斯之后，Sargent，Fand 和 Goldfeld（1973）将注意力放在预期通胀率和名义利率的互动关系上，指出对费雪的模型采用适应性预期的主流方法存在很大局限性。一方面，需要对一切影响 IS-LM 曲线斜率的因素施加诸多限制性假设，如货币需求与名义利率不相关，生产力是外生因素且不依赖于名义即真实利率；另一方面，回归模型没有考虑人们通过使用除当期和滞后期价格之外的信息来形成价格水平预期的可能，缺乏合理性。

萨金特（Sargent）延续了卢卡斯的理性预期理论和对自然失业率假

说的分析，将理性预期融入宏观模型，并进行了实证检验，说明真实利率独立于货币供给中能够系统性解释的部分，因此货币供应量的可预见变化对名义利率的影响仅限于改变预期通货膨胀率的范围。Sargent 和 Wallace（1975）同样指出系统性的货币供给变动对产出和就业不起任何效果，只有未被预期到的货币变动才影响真实产量；而任何出于影响产量和就业目标的非系统性货币政策只会加大经济与其自然水平的偏差。在 20 世纪 70 年代末 80 年代初，新古典均衡分析方法对真实经济周期解释的合理性受到了质疑，主要是由于它的两个基础假设——持续市场出清和不完全信息存在缺陷。

此后，Sargent（1982）对第一次世界大战之后几次突然的大规模货币增长率收缩进行了检验，它们结束了欧洲第一次世界大战之后的几次恶性通货膨胀，但并未带来大幅度的产出下降。萨金特认为，受影响的人们很可能已经预料到了货币增长率的下降，而且，由于实施了明显而适当的财政改革，他们预计货币增长率的下降会持续下去。这在一定程度上证明了理性预期理论的合理性。

五、新货币经济学

新货币经济学在为货币理论建立微观基础上另辟蹊径，包括"Black-Fama-Hall（BFH）"体系和新古典主义货币经济模型两大分支。BFH体系将货币理论与现代金融理论相结合，不考虑具体偏好或预算约束的理性行为人选择，构想了一种与现实不同的、在完全竞争条件下运作的金融体系。

在 Black（1970）的"思想实验"中，货币仅作为商品的注册交换活动的记忆方法，完全由实际交易内生，由于高效的支付机制的存在，货币数量是无法合理定义的。Fama（1980）在布莱克的观点上更进一步，他首先构想了一个只有竞争性的银行和金融中介，但没有任何实质交换媒介或暂时的购买力栖身的金融体系，银行出售转账交易的记账结算服务，也出售存款和购买资产，他把现代金融的 MM 定理应用于银行体系，说明这种银行的资产组合构成对以计价物表示的价格水平不产生影响。当政府引入通货后，结论则是非货币的金融资产不影响价格水平。法玛的观点是基于将金融体系两分为交易体系和信贷中介体系的。

Hall（1982）则主张实现布莱克和法玛关于竞争性支付体系的构想，认为应由政府作为交易执行的强制力量，并指定计价物。Greenfield 和 Yeager（1983）提出，价值单位应由指定的商品集合构成，价值由此固定，此时货币多发所造成的膨胀问题则不复存在。这种成熟的 BFH 体系最大限度地消除了货币对经济均衡的破坏作用。

六、真实经济周期模型

在均衡货币经济周期理论的基础上，Kydland 和 Prescott（1982）、Long 和 Plosser（1983）、King 和 Plosser（1984）的观点形成了真实经济周期理论。该理论认为技术进步率本质上存在较大的随机波动，从而会造成供给冲击，这是总产量波动的主要原因。因此，形成趋势和波动的经济力量并无区别，经济的趋势和周期问题被融合，货币理论在其中甚至不再重要。因此，货币在短期和长期均是中性的。而对于历史上货币与产量之间的联系，King 和 Plosser（1984）解释为货币对产量的内生反应。

七、新凯恩斯主义

20 世纪 70—80 年代，新凯恩斯主义者致力于重建凯恩斯主义宏观经济学的微观基础，在强调市场存在各种名义刚性以及刚性和冲击结合会对经济产生巨大真实效应的框架下，从个体的经济行为对刚性的产生给出解释。新凯恩斯主义货币理论引入了传统新古典经济学的个体最优化行为假设和新古典宏观经济学的理性预期假设。

Fischer（1977）提出，长期合同的存在可能导致名义工资刚性，这种刚性和货币供应调整的速度具有差距，因此即便存在理性预期，相机干预的货币政策也会产生效果。Akerlof 和 Yellen（1985）、Mankiw（1985）和 Parkin（1986）提出"菜单成本"理论解释名义价格刚性，把它视为总需求波动引起经济周期的原因。Ball 和 Romer（1990）等认为应将名义价格刚性与真实价格刚性相结合来解释较长的经济周期的产生。

八、对古典货币理论的重释

Glasner（1985）反对被广泛接受的"货币数量论是古典货币理论的核心"或"古典货币理论是比较粗糙的货币数量论"的观点，认为这是一种误读，并通过对各古典主义者的货币理论的前提条件重新考察，指出这种误读是由于忽视了两种理论在适用条件上的区别——古典货币理论是建立在可兑换的、竞争性供给的货币体系上的，这完全不同于货币数量论，大多数古典主义者只是用货币数量论解释不可兑换的纸币与价格水平的关系。而在金本位制下，价格水平由黄金的价值而不是名义余额决定；在可兑换制度下，银行体系创造的货币数量取决于贸易对货币的需求以及由可兑换性决定的价格水平。

格拉斯纳（Glasner）提出了一种国际视角下的、银行间存在竞争性货币供给的模型，以重新阐释古典货币理论。他吸收了汤普森（Thompson）关于竞争性货币供给的思想，即各银行倾向于提高自己的债务利率，增发货币，直至债务利率达到贷款利率水平，继续发行额外的货币将无利可图，且竞争的存在促使银行保证货币的可兑换性。在货币需求方面，格拉斯纳遵循剑桥学派的现金余额公式，认为真实现金余额由价格水平和存贷利差决定。一国的价格水平则由黄金的相对价格和纸币对黄金的兑换率决定，其中兑换率外生给定，而黄金的相对价格由国际市场决定，各国是黄金相对价格的"接受者"。由于黄金的相对价格取决于国际环境，因此相应的价格水平不受国内货币需求的影响。只要国内货币需求变化尚未剧烈到影响全球黄金相对价格的程度，则只影响均衡条件的货币数量，国内黄金存量就会随之变化，但价格水平却不会改变；国内的货币均衡则会通过银行调整它支付的利率来维持，名义贷款利率不会改变。格拉斯纳提出竞争性货币供给下的货币均衡是帕累托最优的，而帕廷金的货币供给外生的一般均衡模型却不是。此外，格拉斯纳构想了一个额外存在的与回流法则相通的"IOU 交换市场"，银行和公众在其中交换流动性不同的债权凭证，使得货币的超额需求或供给得以抵消，而不对"真实"经济的供求产生影响。

Glasner（2000）在对评论的回应中，进一步完善了他的理论。他构建了一个两国、两种贸易商品和一种非贸易商品的模型，表明某个国家的货币增加和整体商品需求增加会通过该国的非贸易品相对价格变化导致贸易赤字，这种短期波动通过黄金流出最终回到均衡。格拉斯纳指出，在存在竞争性货币供给的模型中，即便非贸易商品的纳入会使货币的扰动引起一国价格水平的波动，货币的内生创造机制本身也会倾向于减弱甚至消除这种短期波动的不稳定影响，因此这种影响是不足为惧的。

第十三章　托宾 Q 与货币政策传导机制理论

第一节　托宾 Q 理论的基本内容

托宾 Q 是资本的市场价值与其重置成本的比值，对于企业来说，市场价值可以用权益的市场价值来体现，重置成本即重新添置或者更新设备等需要消耗的成本。托宾 Q 理论的核心思想来自凯恩斯的《通论》，凯恩斯认为当新成立一家公司的成本比收购一家已有的相似的公司的成本更高时，选择成立新的公司是没有意义的，即当 Q 大于 1 时，购买新生产的资本产品更有优势，企业会增加投资；当 Q 小于 1 时，企业更倾向于收购已有的资本产品。

在凯恩斯的基础上，Brainard 和 Tobin（1968）提出资本的市场价值与其重置成本的比值是投资的主要决定因素，当资本的市场价值超过其重置成本时，投资增加。[①] Tobin（1969）将上述比值命名为 Q，并建立资本账户模型分析 Q 与投资的关系。该模型关注各个经济部门所持有的资产，假设各资产的收益率为 r_i（$i = 1, 2, \cdots, n$），经济部门 j（$j = 1, 2, \cdots, m$）对资产 i 的需求为 f_{ij}。每个经济部门都可以自主配置资产，同时也受其净值 W_j 的约束。显然，对任何经济部门，某资产收益率 r_k 的变化导致对各资产的需求变化之和等于 0

---

① 托宾 Q 的概念由 Brainard 和 Tobin（1968）第一次提出，即资本的市场价值与重置成本之比，不过他们并没有用 Q 命名该比值，该比值以 Q 的形式出现是在托宾于 1969 年发表的论文《货币理论的一般均衡分析》中。

$$\sum_{i=1}^{n} \frac{\partial f_{ij}}{\partial r_k} = 0 \tag{13-1}$$

同样，某部门净值的变化导致对各资产的需求变化之和等于 0

$$\sum_{i=1}^{n} \frac{\partial f_{ij}}{\partial W_j} = 0 \tag{13-2}$$

Tobin（1969）为该模型设定了三种情形：（1）存在 1 个私人部门和 2 种资产，分别是货币和实物资本；（2）存在 1 个私人部门和 3 种资产，分别是货币、实物资本和政府债券；（3）存在银行部门、1 个私人部门和 5 种资产，分别是货币、实物资本、政府债券、存款和私人贷款。在此，我们仅介绍第一种情形。

设刚生产出来的商品价格为 p，将商品分为消费品和资本产品，允许已有资本产品的市场价格 Qp 与其重置成本即 p 存在偏差，此处的 Q 即为托宾 Q。设 r_M 和 r_K 分别是货币和资本的真实收益率，$\rho_p{}^e$ 为预期通货膨胀率，$r_M{}'$ 为货币的名义收益率（通常为 0），R 为资本相对于其重置成本的边际效率。令 W 为财富，Y 为收入，M 为货币，K 为资本，都用商品价格衡量。

根据已有条件，财富可被定义为

$$W = QK + \frac{M}{p} \tag{13-3}$$

对货币和资本的需求分别是

$$\text{资本}: f_1\left(r_K, r_M, \frac{Y}{W}\right) W = QK \tag{13-4}$$

$$\text{货币}: f_2\left(r_K, r_M, \frac{Y}{W}\right) W = \frac{M}{p} \tag{13-5}$$

假设资本无折旧，关于利率的等式为

$$r_K Q = R \tag{13-6}$$

$$r_M = r_M{}' - \rho_p{}^e \tag{13-7}$$

我们可以将该模型表示成关于 Q 的等式

$$f_2\left(\frac{R}{Q}, r_M, \frac{Y}{QK + M/p}\right)\left(QK + \frac{M}{p}\right) = \frac{M}{p} \qquad (13-8)$$

从短期来看，式（13-8）可以看成一条 LM 曲线，它衡量了收入 Y 与资本利率 $\frac{R}{Q}$ 的关系。图 13-1 中，$\bar{Y}$ 表示使储蓄等于资本存量的自然增长率的收入水平，即 $gK = s\bar{Y}$，其中 g 为自然增长率，s 为储蓄率；$\bar{R}$ 为在收入为 $\bar{Y}$ 时资本存量 K 的边际效率。当收入水平小于 $\bar{Y}$ 时，$gK > s\bar{Y}$，为了使储蓄与投资达到平衡，需要降低投资，此时 $Q < 1$。

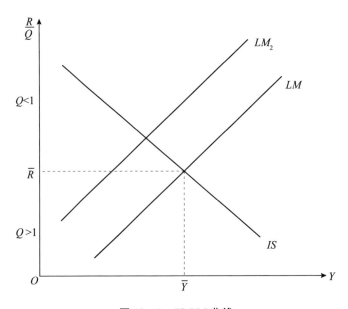

图 13-1　IS-LM 曲线

Tobin 和 Brainard（1976）进一步阐述了 Q 理论，认为凯恩斯的资本边际效率投资方程只是确定了最优的资本存量，实际上描述了一个投资为 0 的均衡状态。他们认为投资可以通过资本边际效率和利率之差来衡量，而托宾 Q 就是估计这种差值的一种简便方法。所以托宾 Q 相对于真实利率或者名义利率，能够传递关于投资激励的更多信息。

虽然托宾在分析 Q 理论时引入了 IS-LM 模型，但许多经济学家认为 Q 理论可以通过新古典主义投资理论引入资本调整成本来解释。Yoshikawa（1980）参考了 Lucas-Gould-Uzawa 投资模型，研究了在商品价格和工资水平不变的情况下单个公司最优的投资决策，发现 Q 可以表示为一个关于最优投资率的单调递增函数。Abel（1979）也得到了类似的结论。Hayashi（1982）引入了税收因素，论证了最优投资率是关于 Q 的函数，而且投资函数独立于生产函数和公司产出的需求曲线。我们主要介绍 Yoshikawa（1980）的模型。

在 Yoshikawa（1980）的模型中，商品的价格为 p，企业的生产函数为

$$Y = F(L, K) \tag{13-9}$$

其中 Y、L、K 分别是产出、劳动力和资本。假设产出函数 F 是一阶齐次的，在 K 给定的情况下，企业的目标函数是

$$\max_L \int_0^\infty (pY - wL) e^{-\rho t} \mathrm{d}t \tag{13-10}$$

其中 w 为工资水平，ρ 为贴现率，式（13-10）的一个必要条件是，边际劳动产出值等于工资水平，用等式可以表示为

$$p \frac{\partial Y}{\partial L} = w \tag{13-11}$$

人均资本 $k = K/L$，人均产出 $f(k) = F(K/L, 1)$，令边际人均产出 $f'(k) = r$，则式（13-11）可以表示为

$$f(k) - rk = w/p \tag{13-12}$$

如果最优化条件式（13-12）成立，则公司的市场价值为

$$\int_0^\infty prK \, e^{-\rho t} \mathrm{d}t = prK/\rho \tag{13-13}$$

Yoshikawa（1980）将引入调整成本的资本的市场价格定义为有效价格，令 $\psi(\alpha)$ 为有效价格函数，假设 ψ 为凸函数，其中 $\alpha = \Delta K/K$，$\psi(0) = 1$，$\psi' > 0$，$\psi'' > 0$。当企业决定增加 ΔK 的投资时，资本增长率为 α，所花费成本为 $p\psi(\alpha)\Delta K$，此时企业的市场价值为

$$pr(K + \Delta K)/\rho - p\psi(\alpha)\Delta K = pr(1 + \alpha)K/\rho - p\psi(\alpha)\alpha K \tag{13-14}$$

$\alpha \geqslant 0$，企业最大化式（13-14）的一阶条件是

$$r/\rho - \psi'\alpha - \psi \leqslant 0 \qquad (13-15)$$

事实上，$Q \equiv r/\rho$，因为在式（13-13）中，公司的市场价值为 prK/ρ，而资本的重置成本为 pK，两者相除即可得托宾 Q 值。当 $\Delta K > 0$ 即 $\alpha > 0$ 时，式（13-15）必然成立，此时 $Q > 1$；当 $\Delta K = 0$ 时，$Q \leqslant 1$。定义 $f(\alpha) = \psi'\alpha - \psi$，其中 $f' > 0$ 且 $f(0) = 1$。根据上述一阶条件，Q 可以表示为 α 的单调递增函数，由此可知投资也可以表示为 Q 的单调递增函数。

第二节　托宾 Q 的计算

在托宾 Q 理论中，公司作出资本调整的决策依赖于边际 Q 的大小，即新增一单位资本所带来的收入的现值与其成本的比，但是由于边际 Q 难以观测，所以实证研究中通常使用可观测的平均 Q 作为边际 Q 的近似。

Ciccolo（1975）使用非金融公司在股票和债券市场上的价值与实物资本的成本的比值来估计 Q。von Furstenberg，Lovell 和 Tobin（1977）在资产的划分上更为细致，认为 Q 的分母为非计息金融资产的价值和净固定资本、存货的重置成本之和，分子为债券、普通股、优先股的市场价值之和。在计算债券的市场价值时，Ciccolo（1975）及 Tobin 和 Brainard（1976）选择 Baa 级债券到期收益率为折现率，von Furstenberg，Lovell 和 Tobin（1977）选择 A 级债券到期收益率为折现率。

为了更好地衡量托宾 Q，之后的计算方法也越来越复杂，比如 Lindenberg 和 Ross（1981）及 Lang 和 Litzenberger（1989），下式为 Lindenberg 和 Ross（1981）的计算方法：

$$Q = \frac{PREFST + VCOMS + LTDEBT + STDEBT - ADJ}{TOTASST - BKCAP + NETCAP}$$

$$(13-16)$$

分子中，$PREFST$ 是公司优先股的价值，$VCOMS$ 是公司普通股价格乘以公司发行股票的数量的值，$LTDEBT$ 是调整后的公司长期债务的价值，$STDEBT$ 是公司短期负债的账面价值，ADJ 是公司短期净资产的价值；分母中，$TOTASST$ 是公司总资产的账面价值，$BKCAP$ 是公司净资本存

量的账面价值，$NETCAP$ 是经通货膨胀调整后的公司净资本存量价值。由于这些方法的计算过程复杂且对数据要求较高，Chung 和 Pruitt（1994）提出了一种简化的计算方法，得到的 Q 值与式（13-16）得到的 Q 值十分接近，具体的计算方法为

$$Q = \frac{MVE + PS + DEBT}{TA} \tag{13-17}$$

其中 MVE 是公司股票价格和数量的乘积，PS 是公司优先股的价值，$DEBT$ 是公司短期债务减去短期资产的净值，TA 是公司总资产的账面价值。

虽然很多学者致力于更好地衡量平均 Q，并对平均 Q 与投资做回归分析，但是平均 Q 并不能完全代表边际 Q，因此 Hayashi（1982）利用引入资本调整成本的新古典主义模型，得到了平均 Q 和边际 Q 的两个关系：

（1）如果某公司是一个具有恒定收益的价格接受者，并且调整成本函数和生产函数都是齐次线性的，那么该公司的平均 Q 等于边际 Q；

（2）如果某公司是价格制定者，那么平均 Q 高于边际 Q，超出部分表现为垄断租金。

林文夫（Hayashi）的研究启发了不少学者对边际 Q 的研究，之后 Abel 和 Blanchard（1986）、Gilchrist 和 Himmelberg（1995）都对边际 Q 的计算进行了探索，在此主要介绍 Abel 和 Blanchard（1986）关于边际 Q 的计算方法。设 $\pi_t(K_t, I_t)$ 是公司在 t 期净现金流量的最大化价值，K_t 为实物资本，I_t 是实物资本的投资率。假设在 t 期支付股利后公司所有者的收益率是 R_t，V_t 是 t 期的初始公司价值，可以得到

$$1 + R_t = [V_{t+1} + \pi_t(K_t, I_t)] / V_t \tag{13-18}$$

令 Ω_{t-1} 表示 t 期初始的信息集合，Ω_{t-1} 包括 V_t 但不包括 V_{t+1} 和 π_t。对式（13-18）两侧同时取条件期望得到

$$E\left[\left(V_{t+1} + \pi_t(K_t, I_t)\right) \mid \Omega_{t-1}\right] = 1 + E(R_t \mid \Omega_{t-1}) = 1 + R_t^* \tag{13-19}$$

其中 R_t^* 代表期望收益率，解得

$$V_t = E\left\{\sum_{j=0}^{\infty}\left[\prod_{i=0}^{j}(1+R_{t+i}^*)^{-1}\right]\pi_{t+j}(K_{t+j}, I_{t+j}) \mid \Omega_{t-1}\right\}$$

$$(13-20)$$

$$s.t. \ K_t = (1-\delta)K_{t-1} + I_t \qquad\qquad (13-21)$$

式（13-20）中，假设折现因子 $(1+R_{t+i}^*)^{-1}$ 是给定的，式（13-21）是资本积累方程，δ 表示折现率。使公司价值最大化的 I_t 的微小变动不会改变现金流的现值，即资本边际收益的现值等于投资的边际成本

$$-E\left(\frac{\partial \pi_t}{\partial I_t} \mid \Omega_{t-1}\right) = Q_t \qquad\qquad (13-22)$$

$$Q_t = E\left\{\sum_{j=0}^{\infty}\left[\prod_{i=0}^{j}(1+R_{t+i}^*)^{-1}\right]\frac{\partial \pi_{t+j}}{\partial K_{t+j}}(1-\delta)^j \mid \Omega_{t-1}\right\}$$

$$(13-23)$$

令事前一期贴现因子 $\beta_{t+i} = (1+R_{t+i}^*)^{-1}(1-\delta)$，$i+j$ 期资本边际收益 $M_{i+j} = (1-\delta)^{-1}\frac{\partial \pi_{t+j}}{\partial K_{t+j}}$，则式（13-23）可以表示为

$$Q_t = E[Q_t^* \mid \Omega_{t-1}] \qquad\qquad (13-24)$$

$$Q_t^* = \sum_{j=0}^{\infty}\left[\prod_{i=0}^{j}\beta_{t+i}\right]M_{i+j} \qquad\qquad (13-25)$$

最终可以得到边际 Q 的线性近似

$$Q_t = \overline{Q} + L(\beta)_t + L(M)_t \qquad\qquad (13-26)$$

其中，$\overline{Q} = \overline{M}\overline{\beta}(1-\overline{\beta})^{-1}$，$\beta_{t+i} = \overline{\beta}$，$M_{t+i} = \overline{M}$，$L(\beta)_t$ 表示 Q_t 在资本边际成本变化中的一阶效应，$L(M)_t$ 表示 Q_t 在资本边际收益变化中的一阶效应。

第三节　托宾 Q 理论的实证困惑

货币政策传导机制可以通过多种不同的渠道实现，根据货币政策影响的关键性指标可以归纳为三类：一是利率传导渠道，二是银行信贷传导渠

道，三是资产价格传导渠道。其中，资产价格传导渠道的支柱理论是托宾 Q 理论。宽松的货币政策会提升资产价格，对于企业来说意味着其市场价值上升。由于托宾 Q 为企业的市场价值与资本重置成本的比率，因此企业市场价值的上升使托宾 Q 上升。当 Q 值较高时，企业的市场价值相对于重置资本的成本较高，企业就会有动力扩张权益，投资购买、置换厂房设备等，从而使投资规模扩大，进而推动产出增长。

根据托宾 Q 投资理论，投资与当前 Q 值有关。更确切地说，公司的投资决策取决于当前的边际 Q 值，即新增一单位资本所带来的收入的现值与其成本的比。然而，在多数实证研究中，Q 的滞后项在回归中的系数更加显著，当前 Q 值对投资的解释力较弱。

Ciccolo（1975）使用 1953—1973 年的季度数据，将当期总投资额与上一期总资本存量之比（即 I_t / K_{t-1}）与 Q 的滞后项和上一期总资本存量的反比进行回归。结果发现投资与 Q 的滞后项存在关联，Q 的滞后 1 期至 4 期的系数在 5% 的置信水平下显著大于 0，Q 的滞后项在投资预测上有着良好的表现。Engle 和 Foley（1975）用 Q 的滞后项和产能利用率对投资进行回归，同样得出 Q 的滞后项与投资存在显著的正相关关系。

von Furstenberg，Lovell 和 Tobin（1977）研究了托宾 Q 在多大程度上能够解释总投资率。与 Ciccolo（1975）不同的是，von Furstenberg，Lovell 和 Tobin（1977）认为除了 Q 之外，还应该加入其他可能影响投资的因素，否则 Q 的系数在统计上可能是不一致的，或者使误差项的自相关性较强。他们利用 1952—1976 年的季度数据，通过 Q、产能利用率（CU）、真实设备存量与厂房和设备的比（GE/GPE）对投资率进行回归，发现 CU 和 GE/GPE 的系数是显著的，而托宾 Q 的系数并不显著，所以认为托宾 Q 的当前值对投资的解释程度并不理想。这种结论在现实中得到了支持，因为 1965—1975 年以来低水平的 Q 值并没有与之匹配的低投资率。von Furstenberg，Lovell 和 Tobin（1977）认为，相比于整个市场的 Q 值，单个公司的边际 Q 和平均 Q 的差异能更好地解释短期投资。

在绝大多数通过托宾 Q 和投资率的回归来验证托宾 Q 理论的研究中，Summers 等（1981）发现少有人考虑税收对 Q 的影响。因此，他们分别

使用平均 Q 和经税收调整后的 Q 对投资率回归，时间区间是 1931—1978 年，发现经税收调整后的 Q 的回归系数更加显著，而平均 Q 的回归系数并不显著。

上述研究都是基于简单的回归方程，并将平均 Q 作为边际 Q 的替代。Abel（1979）在新古典主义市场价值最大化问题的基础上引入关键性的资本调整成本，产生了一系列采用结构性方法的实证研究，由此得到的投资预测模型受到边际 Q 的影响。Galeotti（1988）简单总结了该类模型的范式，公司最大化其终身贴现利润，并存在一个外生的资本调整成本函数

$$\max_{\langle I \rangle} V = \int_0^\infty e^{-rt} \{ H(w,K) - g [I + c(I,K)] \} \, \mathrm{d}t \quad (13-27)$$

$$\text{s. t.} \quad \frac{\mathrm{d}K}{\mathrm{d}t} = I - \delta K \quad\quad\quad (13-28)$$

其中，r 为贴现因子，K 为资本，I 为投资，w 为工资，g 为投资品价格，$H(\cdot)$ 为利润函数，$c(\cdot)$ 为资本调整成本函数。根据一阶条件，可得真实投资的影子价格 λ，那么边际 Q 为 λ/g

$$\lambda = \int_t^\infty e^{-(r+\delta)(s-t)} \left(\frac{\partial H}{\partial K} - g \frac{\partial c}{\partial K} \right) \mathrm{d}s \quad (13-29)$$

第四节　托宾 Q 理论与实证背离的原因

在多数实证研究中，托宾 Q 并不能很好地解释投资行为。为此，许多论文研究了托宾 Q 理论与实证背离的原因，总结来看存在三大主要原因，分别是财务约束、资本规模收益递减和测量误差。

一、财务约束

在财务约束假说提出之前，一些研究如 Hayashi（1985）、Chirinko（1987）关注到了企业的财务结构对托宾 Q 理论的影响，Chirinko（1987）将企业的财务决策内生化，小幅度提升了 Q 理论对投资的解释力。

新古典主义市场价值最大化模型一般依赖代表性公司的假设。如果所有的公司都能够平等地进入资本市场，而且资本市场是完善的，那么公司的投资决策与财务结构无关，因为外部资金是内部资本的完美替代。

Fazzari 等（1988）认为外部资金并非内部资本的完美替代，因此将传统的投资模型与不完善的资本市场和个体企业进入资本市场的不平等条件结合起来，即存在财务约束。事实上，有很多关于内部融资比新股发行和债务融资成本更低的解释，包括交易成本、税收优势、代理问题、金融危机成本和信息不对称等。

在外部融资过于昂贵时，企业会受到财务约束。在这种情况下，企业必须使用内部资金为其投资融资，进而选择不支付或者少支付股息。在 Fazzari 等（1988）的模型中，低股利的公司被定义为"最受约束"的，而高股利的公司则是"受约束最少"的，公司的投资决策由托宾 Q 决定，内部资金则由现金流表示。Fazzari 等（1988）最早使用公司层面的数据研究托宾 Q 与投资的关系（Hubbard，1998），发现托宾 Q 的回归系数更小，而现金流的系数更加显著。在托宾 Q 理论中，Q 值是投资决策中的一个充分变量，现金流回归系数的显著性说明公司投资决策中的财务约束确实存在。

Gilchrist 和 Himmelberg（1995）将现金流系数显著的现象称为"过度敏感"，认为出现这种现象的一个解释是，一些企业无法以任何价格获得外部资金，因此当期现金流的增加直接增加了可用于当期投资的资金，另一个解释是，外部资金的溢价取决于公司净值所代表的抵押品。在这两种情况下，现金流的增加都预示着净值的增加。随着净值上升，外部资金的溢价会下降，投资对潜在现金流的反应，比使用基于完美资本市场的模型所预测的要大。

Kaplan 和 Zingales（1997）并不认同 Fazzari 等（1988）的基本假定，即现金流的显著程度代表了企业受到财务约束的程度，比如，那些可以支付更多红利却未支付的公司并不能被认为受到了财务约束。Kaplan 和 Zingales（1997）认为，无法获得超过所需资金的公司才是受到了财务约束，因此需要基于公司财务报告中所包含的定性和定量信息进行识别。通过对 Fazzari 等（1988）研究中因股利较低而被判定受到财务约束的 49 家公司重新识别，Kaplan 和 Zingales（1997）发现仅有 15％的公司可以被认为受到财务约束，而且在回归分析中，受到财务约束更少的公司现金流系数更加显著。这说明现金流对投资的敏感程度并不一定与财务约束程度相对应，一个可能的原因是，现金流弥补了托宾 Q 理论无法解释投资的部分，并且其表现在不同公司中存在差异。

二、资本规模收益递减

自 Kaplan 和 Zingales（1997）对现金流敏感性作为融资约束衡量指标的有效性提出质疑后，为了解释实证中现金流对投资的敏感性，许多研究在无财务约束模型中通过设定企业的生产函数为凹函数，即资本的规模收益递减，同样得到了现金流对投资敏感的结果。

Gomes（2001）的模型表明，无论外部融资的成本是否存在，最优投资对托宾 Q 和现金流都是敏感的，托宾 Q 仍能捕捉到大多数投资信息。同样的，Cooper 和 Ejarque（2003）用数值方法求解了一个具有二次调整成本和凹收入函数的模型，并发现在没有融资约束的情况下，投资对托宾 Q 和现金流都很敏感。此外，他们发现增加进入资本市场的固定成本并不能提高模型的拟合性，得出结论：投资的现金流敏感性反映的是市场力量，而不是财务约束。

Alti（2003）利用无融资约束、企业收入为凹函数的模型，发现对于增长率高、股息支付率低的年轻公司来说，投资对现金流的敏感性要高得多。这些公司增长前景的不确定性从两个方面放大了投资现金流的敏感性。首先，当现金流的产生提供有关投资机会的新信息时，不确定性及时得到解决，这使得投资对现金流高度敏感。其次，这种不确定性产生了隐含的公司价值增长可能，其价值体现在托宾 Q 上。由于公司价值增长的可能与长期潜力有关，而与短期投资无关，托宾 Q 在衡量短期投资预期方面表现得很差。现金流与公司长期价值增长可能之间的关系较弱，因此在投资回归中可以作为一种有用的工具。以上两个原因都表明托宾 Q 不能完全决定企业的投资决策。

Abel 和 Eberly（2011）注意到一些文献使用托宾 Q 来衡量企业赚取的垄断租金，比如 Lindenberg 和 Ross（1981），因此他们将收入建模为资本存量的凹函数，其凹性源于垄断租金和资本规模收益递减。Abel 和 Eberly（2011）中不存在资本的调整成本，而是假设公司的市场价值和预期资本的重置成本的差异源于垄断租金或者说生产函数中资本规模收益的递减。这意味着托宾 Q 大于 1，且与投资资本比正相关。在此模型中，现金流仍能对投资产生积极的影响。

三、测量误差

托宾 Q 作为不可观测的投机机会的代理变量，在研究中可能包含了大量的测量误差，因为投资机会与托宾 Q 存在概念上的差异（Erickson and Whited，2012）。原则上，托宾 Q 是可观测的，资本的重置成本可以通过会计信息和资产购买与出售的价格计算。然而，在实践中，托宾 Q 的测量存在困难，比如无形资产的置换成本就很难估计。因此，一些研究试图找到更好的测量方法，来解决托宾 Q 理论与实证的背离问题。

Lewellen 和 Badrinath（1997）对 Lindenberg 和 Ross（1981）固定资产置换成本的计算方法提出质疑，认为该模型中隐含的资产不会报废的假设使设定的折旧率被高估了。为此，Lewellen 和 Badrinath（1997）提出了一种通过公司财务报表识别资产报废期的固定资产置换成本计算方法。

Erickson 和 Whited（2000）利用观察到的回归变量联合分布的第三阶矩和高阶矩所包含的信息来构造一致的估计量。通过使用广义矩方法（GMM）来挖掘由参数过多的矩方程提供的信息，提高了估计精度，并通过了过度识别约束的萨甘检验。Erickson 和 Whited（2000）发现，无论企业是否存在财务约束，通过 GMM 估计的现金流系数的绝对值都较小且在统计上不显著，边际 Q 的系数比相应的 OLS 估计的系数大得多，回归的拟合优度 R^2 是 OLS 回归的两倍。Erickson 和 Whited（2000，2006）的研究说明了托宾 Q 投资理论是有效的，Fazzari 等（1988）的财务约束假说并不正确。

进一步的，Erickson 和 Whited（2012）利用蒙特卡罗模拟比较了工具变量、动态面板估计、广义矩估计在估计托宾 Q 时的表现，发现广义矩估计量在偏差和离差上的表现更好。

Philippon（2009）认为一些对托宾 Q 进行修正的研究，比如 Gilchrist 和 Himmelberg（1995）使用 VAR 来预测企业现金流并构造托宾 Q，Cummins，Hassett 和 Oliner（2006）使用分析师预测的现金流值，以及 Erickson 和 Whited（2000，2006）使用的 GMM 方法，都在暗示股

票的市场价值是托宾 Q 投资方程预测失败的罪魁祸首。这种判断并不正确，因为托宾 Q 理论的优点正在于结合了市场价值，所以才会非常直观地解释投资行为。因此，Philippon（2009）建立了一种通过公司债券估计托宾 Q 的方法，发现它在投资方程中表现较好。

第五节　货币政策对托宾 Q 的影响

Tobin（1969）认为金融政策会对托宾 Q 的值产生关键的影响，Tobin（1978）在此强调货币政策对短期内托宾 Q 的波动有着重要的影响。事实上，货币政策对托宾 Q 是一种间接的影响，中央银行没有意愿也没有能力将托宾 Q 调整至确定的区间以达到某些货币政策目标。通常来说，中央银行的货币政策中介目标为货币供应量和短期利率，这两者都可以影响资产价格，进而影响托宾 Q。可以认为，货币政策对托宾 Q 的影响意味着货币政策从金融市场传递到了商品市场。

Aoki（1986）利用一个简单的小型开放经济模型，研究了预期的中央银行的不同行动对托宾 Q 的比较动态影响，包括公开市场操作、外汇市场干预、国内股票和外国债券的交换等，从理论上说明了央行行为对托宾 Q 的影响。Aoki（1986）发现除了在央行宣布消息时初始的不连续变化外，托宾 Q 单调地调整到一个新的平衡，以响应央行的行动。

Ehrmann 和 Fratzscher（2004）发现标准普尔 500 指数中的单个公司股价对美国货币政策冲击的反应呈现出高度异质性，其中托宾 Q 值高的公司的反应更大。

Faria 和 Mollick（2010）研究了通胀对托宾 Q 的影响。在一个引入托宾 Q 的 IS-LM 模型中，理论上通胀对 Q 的影响是正或者负的，但他们对美国 1953—2000 年的数据检验发现，在长期中通胀对 Q 存在负的影响，可能的一个原因是通胀对金融市场和商品市场的价格影响是不同的。Faria 等（2012）进一步检验了美联储的货币政策和不同美联储主席所实施的政策对 Q 的影响。

Ida（2013）研究了在汇率不完全传递的情况下货币政策的托宾 Q 传导渠道。在一个以本币定价的两国模型中，本国正的生产率冲击使通胀下降，遵循利率规则的中央银行会采取货币宽松政策，因此政策利率下降，

托宾 Q 上升,刺激实体经济增加投资。相应的,外国因为货币升值,通胀也下降,政策利率下降,通过托宾 Q 渠道使投资增加。

相比于托宾 Q 投资理论的文献,托宾 Q 与货币政策的文献较少,因为托宾 Q 渠道实际上是间接的资产价格传导渠道,通过托宾 Q 研究央行对货币政策最终目标的影响未免太过曲折。因此,研究货币政策对资产价格的影响以及研究托宾 Q 对投资的影响就足以说明货币政策的托宾 Q 渠道。

第十四章　卢卡斯批判与理性预期理论

第一节　卢卡斯批判

在 20 世纪 70 年代，西方主要国家的经济相继陷入"滞胀"困境，即失业和通货膨胀并存。根据凯恩斯主义的理论，失业和通货膨胀应该是此消彼长的关系，不可能并存。一方面，"滞胀"的出现使凯恩斯主义理论受到严重打击；另一方面，该理论由于无法解释"滞胀"现象，自然也无法提出消除"滞胀"的举措。凯恩斯主义理论和政策的失灵，为其他经济学派的兴起提供了契机，其中以卢卡斯为代表的理性预期学派影响巨大。所谓理性预期，是指各经济主体在作出经济决策之前，会根据掌握的各种信息对与当前决策有关的经济变量的未来值进行预测。这种预测会影响经济中所有参与者的行为，并对经济活动产生重大影响。Muth（1961）最早提出了"理性预期"的概念。卢卡斯对理性预期假说进行了深化，并把它作为工具用于分析宏观经济政策的有效性问题，从而提出了著名的"卢卡斯批判"（Lucas，1976）。

卢卡斯着重阐述了任何政策的改变都将系统地改变计量经济模型的结构，从而导致使用不变的宏观计量经济模型来比较可变政策的实施效果是无效的。计量模型中的参数一般是政策变量的函数，会随政策变化而变化，当影响经济当事人决策的序列结构或制度发生变化时，任何政策变化都将系统地改变计量经济模型的结构。对于短期预测问题或者是涉及计量经济模型的追踪能力问题，这一结论仅仅具有偶然的意义，当前的宏观计

量经济模型是准确的。相比之下，对于涉及政策评估的问题，这一结论非
常重要，因为这意味着使用当前的宏观计量经济模型来比较可变政策规则
的效果是无效的，无论这些模型在样本期内或是事先的短期预测中的表现
如何。

卢卡斯对凯恩斯主义理论下的计量经济政策评价方法进行了批判。凯
恩斯计量模型中的参数是根据经验数据（过去的数据）估计得出并且假定
不变的值，也就意味着没有考虑在现实经济中，理性人能够搜集并充分利
用所有可用信息来根据政策的变化调整其自身行为。当经济主体通过理性
预期主动地觉察到政策变动并做出反应时，政府的财政政策或者货币政策
也就不可能达到效果。从研究方法来讲，经济主体的理性反应会让计量经
济模型中的参数值发生改变，也就意味着用参数不变的计量经济模型对政
策进行评价的方法是有问题的。

在当时几乎所有的定量宏观经济政策讨论都基于传统的计量经济政
策理论框架的背景下，卢卡斯提出需要对传统的计量经济政策理论进行修
正。他认为：第一，导致短期预测成功的那些因素与定量经济评价本身是
无关的；第二，传统的计量经济政策模型都只能够进行短期预测；第三，
使用传统的计量经济政策模型进行模拟不能够提供经济政策效果的有效
信息。

首先，卢卡斯通过讨论"经济政策理论"（Tingbergen，1952）的不
足，批判了凯恩斯主义理论下计量经济政策的评价方法。具体内容如下：

在经济政策理论框架下，经济的运行由以下差分方程决定

$$y_{t+1} = f(y_t, x_t, \epsilon_t) \tag{14-1}$$

其中，y_t 是描述 t 期经济的状态变量；y_{t+1} 描述了在采取某项政策（如货
币政策、财政政策）后，$t+1$ 期的经济状态；x_t 是描述 t 期暂时行为的外
生强制变量序列；ϵ_t 是服从独立同分布的随机冲击；f 是需要进行预测的
固定函数，通常在事先确定的 F 中引入固定不变的参数向量 θ 来获得。θ
可以通过可观测的过去的 x_t 值估计得到。政策（如财政政策、货币政策）
被视作 $\{x_t\}$ 序列中的一部分现值和未来值，$\{x_t\}$ 序列中剩下的部分以某
种方式被规定。

$$f(y,x,\epsilon) \equiv F(y,x,\theta,\varepsilon) \tag{14-2}$$

$$y_{t+1} = F(y_t,x_t,\theta,\epsilon_t) \tag{14-3}$$

然而，卢卡斯提出，根据动态经济理论，假设 (F,θ) 不随 $\{x_t\}$ 变化这个前提是不现实的。进而，他论证了从总体上看计量经济理论中一些基本假设的不合理，而这些不合理的假设导致了模型最终的预测结果是不准确的。因此 Lucas（1976）提出在计量经济模型中加入适应性的分析可能能够更好地拟合现实，把参数 θ 视作一个服从随机游走的随机变量，而不是固定的。这样的调整能极大地提高计量经济模型的预测能力，而未调整的模型变得毫无意义。

$$\theta_{t+1} = \theta_t + \eta_{t+1} \tag{14-4}$$

其次，卢卡斯用消费、税收和投资、菲利普斯曲线三个例子从实证和理论的角度分析论证主要的计量经济模型只对短期预测有效，但对政策评价无效。在消费的例子中，如果消费者预先知道了政策的变动，则计量经济的标准方法将得到错误的预测；如果政策是随机变化的，那么计量经济方法不仅在时间较长时预测不准，在时间很短的时候预测也是不准确的。在税收和投资的例子中，他主要论证了减免税收政策的变动对投资的影响。投资政策对投资的影响取决于人们对这一政策将持续多久的预期，不同的预期会对人们的投资行为产生不同影响。比如突然征收投资税，那么在政策变化前后的估计在数量上将有很大的差别，并且时间越短差别越大，税收的真实效应会比计量方法得出的结果大很多。因而政策变化所带来的影响是很难用计量经济方法准确估计的。在菲利普斯曲线的例子中，由于理性预期的存在，经济主体会利用一切信息修正对事物的错误认识，以此正确预期未来通货膨胀率，因此失业和通胀之间的替代关系非常短暂。所以无论是长期还是短期，菲利普斯曲线显示的失业和通胀此消彼长的关系并不存在，长期的菲利普斯曲线是一条垂直于横轴的直线。

最后，卢卡斯对政策变化进行了考量，关于如何找到能够正确进行政策评估的模型，他提出可以在分析政策如何改变的基础上找到修订计量经济模型的方法。在把政策和其他扰动看作随机分布的模型框架下，计量经济问题转化为对参数的估计。如果政策是随机的，则参数是非系统变化的，因而无法预测。如果政策变动被公众完全理解，则参数可以被估计出来。

卢卡斯由以上的分析得出结论，任何政策的改变都会导致模型框架的改变（模型中控制结构方程的参数发生了变化），因而对政策评价的估计所产生的误差是不可忽略的。根据理性预期的基本原理，当预测变量会发生变化时，变量的预期方式也会发生改变，那么，当政策变动时，预期和过去信息的关系也会发生变化，导致计量经济模型中的各种变量关系发生变动，此时运用根据以往数据建立起来的计量经济模型，不再能正确评价某种政策的效果，反而很可能得出错误的结论。基于此，卢卡斯认为，一项具体政策的效果主要取决于公众对该政策的预期，而传统政策分析没有充分考虑到政策变动对人们预期的影响。卢卡斯指出，人们在对将来的事态做出预期时，不仅要考虑过去，还要估计现在的事件对将来的影响，并且根据得到的结果改变他们的行为。这就是说，他们要估计当前的经济政策对将来事态的影响，并且按照估计的影响来采取政策，即改变他们的行为，以便取得最大的利益。行为的改变会使经济模型的参数发生变化，而参数的变化又是难以衡量的，因此经济学者用经济模型很难评价经济政策的效果。卢卡斯批判假定宏观经济中的函数关系不变是错误的，应从当事人的基本选择中得出待估计的函数形式。

第二节　预期理论的历史演进

"预期"反映了公众对未来经济走势的理解和判断，会影响人们的消费和投资行为，进而影响宏观经济的表现。因此，个人乃至群体的预期很可能对国民经济运行状况产生颇为重要的影响。同时，预期的概念也是联通经济学宏微观研究的重要纽带。例如，在动态随机一般均衡模型的多个部门设定中，都要使用预期变量；在投资决策中，现值需要依据预期未来价格等预期要素进行计算；甚至在微观金融学的资产定价模型中，资产价格的定义本质上也是基于预期未来价格进行刻画的。

从更加专业的角度来说，预期与数理统计中的"期望"概念紧密联系，我们一般将期望定义为变量的平均值，而且定义期望时使用的符号是E，例如$E(X_t)$。事实上，E既是表示期望的符号，也是"取期望"的运算符号，这与时间序列分析中的滞后算子符号 L 类似。

经济学中所说的预期，与数理统计中的期望在本质上是相通的。只不过，在经济学中提及预期，一般都会涉及预期的主体，所以经济学中的预期可以定义为个人或机构（或者更一般的市场）对未来经济变量的预测和判断。预期之所以重要，是因为人们对未来经济变量的预期会影响当期的经济行为（消费、投资等），进而影响当前的经济运行状况。

也就是说，影响当前经济走势的因素，并不简单地由当前相关经济变量的具体水平决定，也会由未来相关指标的预期情况决定。这一结论代表了当前主流经济学派的共识。事实上，20 世纪 70 年代以后，经济学界就逐渐形成了这种共识。甚至有评论认为，经济学与自然科学的核心区别就在于现代经济理论强调了经济主体的前瞻性决策行为。因此，预期是现代经济理论的基础性支柱。

例如，消费理论中的生命周期假说和永久收入假说都强调预期未来收入的重要性。投资决策理论中现金流的计算也是基于预期价格与预期销售（而非当期变量）。再如，投资储蓄模型（即 IS 曲线）中产出与真实利率呈反向关系，而此处真实利率的定义是基于名义利率与预期通胀率之差，同样反映出预期的重要性。需要说明的是，在计算真实利率的过程中，使用的预期通胀率又可以分为事前和事后预期。在经济学领域，较早引入和区分事前和事后概念的是瑞典经济学家纲纳·缪达尔（Gunnar Myrdal）。缪达尔在其著作中（Myrdal，1939）强调，在计算投资、储蓄等经济变量的具体数量的过程中，必须明确计算对应的是事前（以区间开始点为截止）还是事后（以区间结束点为截止）。当然，从预期的基本定义来说，事前预期才是真正意义上的预期，而事后预期主要是从便于测度的角度出发给出的一种度量办法，本章后面介绍的适应性预期便属于这种事后预期。

如果要追溯预期概念确切的原始出处，恐怕并不容易。根据已有资料记载，经济预期（预测）最早可能零星出现在古希腊哲学家的相关思想和理论中。在 19 世纪，较早讨论预期问题的研究出现在亨利·桑顿关于纸币信用问题的研究中（Thornton，1802）。虽然 20 世纪初陆续出现过一些关于预期问题的研究（如 Fisher，1930），但是并未形成完善的基于预期的经济学说。直到 1936 年凯恩斯《通论》的发表，预期再次出现在经济学说的聚光灯下。

略显遗憾的是，凯恩斯并未给出预期形成的具体模型，而只是通过"动物精神"来形象地描述预期对市场的影响。在凯恩斯的论述中，"动物精神"其实就是"情绪"的同义词，而情绪刻画的则是人们对经济走势的判断和预期。例如，媒体情绪与资产定价的研究（如 Tetlock，2007；Fang and Peress，2009；游家兴和吴静，2012）以及媒体情绪与通胀预期的研究（如张成思和芦哲，2014）都是论证情绪影响预期的典型代表，只不过前者（微观金融领域）声称的理论基础是 Noelle-Neumann（1974）提出的"沉默的螺旋理论"，而后者（宏观金融领域）应用的理论基础则是 Kermack 和 McKendrick（1927）提出的"流行病学传染理论"，但本质上二者的应用逻辑如出一辙。

当然，研究的伟大之处可能并不在于它本身给出了所有问题的答案，而在于提供了思想启迪的动力。凯恩斯的《通论》便属于后者。虽然凯恩斯没有给出预期的具体形成机制，但他却激发了希克斯、托宾等经济学界名流对预期问题的极大关注（如 Hicks，1939；Katona，1951，1953；Tobin，1959），促进了心理学与经济学的学科交叉（King，2016），而且形成了基于预期的经济学理论体系。20 世纪 50 年代开始，预期几乎充斥了宏微观经济学的各个角落。

首先，20 世纪 50 年代出现了适应性预期理论，具有代表性的文献是 Cagan（1956）和 Nerlove（1958）。这些文献提出，适应性预期就是假设 t 期的变量预期值由 $t-1$ 期的预期值以及 $t-1$ 期的现实值与预期值之间的误差值决定。在一定条件下，适应性预期这一定义形式与今天我们在很多文献中看到的适应性预期值由变量历史值决定的形式在本质上是一致的，我们在后面将逐步推导二者的一致性。但是不要忽略，适应性预期的原始定义是从上面所说的预期滞后项和误差项得出的，这种定义形式突出了理论的经济含义和结构性特征，这种思想在后来的经济学理论模型的搭建过程中得到了广泛应用（例如 1993 年泰勒提出的货币政策泰勒规则）。

然后，在 1961 年，Muth（1961）首次系统提出了理性预期理论。理性预期理论的提出，主要是考虑到适应性预期在机制设定中没有充分利用可用信息，而且还假定了人们预测时会犯系统性错误。与适应性预期不同，理性预期假定人们是理性的，即人们会充分利用所有可用信息进行预测。

此后，随着卢卡斯批判的提出，以及以萨金特为代表的含有理性预期的宏观经济理论的日益发展（如 Sargent and Wallace，1975；Lucas and Sargent，1981；Pesaran，1987；Sargent，1987），20 世纪 60—70 年代发展起来的理性预期理论逐渐成为现代经济学理论的中流砥柱。这些主张理性预期假设的新古典经济学家假定在完全信息下的有效市场中，经济人可以预见政府政策，从而可以随时修正他们对政策的反应。例如，当政府推行扩张性货币政策以提振经济时，人们可以预见政策效果，所以价格预期就会相应更新，因此真实经济变量可能并不会发生变化。只有当经济运行中出现不可预见的随机性冲击时，才会造成真实经济变量偏离自然值。与此同时，含有理性预期要素的线性模型（Anderson and Moore，1985；McCallum，1998）与非线性模型（Fair and Taylor，1983；Söderlind，1999）求解算法的不断突破，也极大地推动了理性预期在宏微观经济模型中的广泛应用。

当然，因为理性预期假设本身较为严苛，所以虽然在理论模型中使用理性预期假设便于模型推演，但是也经常出现理论模型与实证结果相矛盾的情况，而且大量研究结果似乎确实与理性预期假设相异（Shiller，2014），这种情况在刻画通胀率与失业率关系的菲利普斯曲线研究中尤为突出。Akerlof，Dickens 和 Perry（2000）指出，这些矛盾情况的出现主要是由于预期形成机制的理性假设，这种假设与现实情况并不完全相符。人们在预期过程中可能会掺杂个人情绪而导致主观预期并不是完全理性的。阿克洛夫（Akerlof）等人提出了"接近理性预期"的概念，并以此解释传统理论对菲利普斯曲线的刻画与实证分析存在的矛盾。事实上，李拉亚（2011）对理性疏忽、黏性信息和黏性预期理论的评价也是在回应完全理性与现实预期存在分歧的问题。

这种接近理性预期在现实中主要对应的是人们的主观预期，这种主观预期一般通过调研问卷的形式获得，即基于调研数据的预期，本章称之为

"准理性预期"。之所以使用准理性预期的名称，是因为在对众多国家调研预期数据的理性预期假设检验过程中，我们发现，只要样本量不是特别小，那么理性预期假设一般都不容易被拒绝（在传统显著性水平下）。例如，我们可以根据下面的回归方程检验预期数据是否遵从理性预期假设，即

$$X_{t+1}^{survey} = c + \beta X_{t+1} + \varepsilon_{t+1} \qquad\qquad (14-5)$$

其中 X_{t+1}^{survey} 代表调研预期数据（即人们在 t 期对 $t+1$ 期的预测），X_{t+1} 表示 $t+1$ 期变量的现实值，c 和 β 分别是常数项和 X_{t+1} 的系数，ε_{t+1} 为白噪音扰动项。在这样一个设定下，我们可以检验原假设 $c=0$ 和 $\beta=1$ 是否同时成立。在实践中，对美国和中国的相关调研预期数据进行这一检验，一般都不能拒绝原假设。也就是说，单纯从统计检验的角度看，现实中的调研预期数据接近理性预期。

需要注意的是，在对式（14-5）进行 $c=0$ 和 $\beta=1$ 的假设检验时，我们尚未对扰动项 ε_{t+1} 的属性进行诊断。事实上，我们还需要验证扰动项是否确实为白噪音过程，至少需要检验 ε_{t+1} 是否存在序列相关。如果存在序列相关，那么对应的调研预期数据也不符合完全理性预期。

因此，我们对调研预期数据的归类与理性预期不同，基于式（14-5）对调研预期数据进行检验不能获得白噪音扰动项，这也是我们界定调研预期数据为准理性预期的重要原因。关于美国调研预期数据的基本情况和实证应用，可以参考 Thomas 和 Lloyd（1999），Carroll（2003），Croushore（2006），Zhang，Osborn 和 Kim（2008），Zhang 和 Clovis（2009），Adam 和 Padula（2003，2011）以及 Fuhrer（2012）的相关研究。其中值得一提的是，Adam 和 Padula（2003）将调研预期定义为主观预期，本质上也是对现实预期非理性的一种论证。只不过，这篇文章历经八年才正式发表，也从侧面反映出虽然对现实调研预期与理性预期进行区分看似容易，但要被学界广泛接受还较为困难。

与准理性预期相关但不完全相同的另外一个预期的概念是学习型预期。从文献演进角度看，自 1990 年开始就出现了一系列对学习型预期的研究，包括 Sargent（1993，1999）以及 Evans 和 Honkapohja（2001）等

的重要研究。学习型预期的重要观点是，人们在预测过程中不断进行学习（更新信息集）以改进预期效果。因此，不管是公众、个人还是政策决策者，都和经济学家（特别是计量经济学家）类似，他们对宏观经济变量的预期都使用统计预测模型。或者说，大家的预测过程是个不断学习的过程，这种预期形成中的学习过程可以使用统计模型加以刻画。显然，学习型预期的最终实现形式是数理、统计或者计量模型的预测，因此各种对模型预测的批评和质疑同样也适用于学习型预期。这也是为什么学习型预期目前更多停留在理论研究层面，在实证分析中的应用还相对有限。

第三节　适应性预期的"后顾性"特征

我们在前文提到过，适应性预期的核心思想是，人们基于过去的信息（历史信息）对未来形式（经济变量走势）进行预测。适应性预期强调历史事件对预测未来即将发生的结果非常重要。在经济学中，常见的一个例子是对通货膨胀的预测。适应性预期认为，如果去年通胀率上升，那么人们将预期明年通胀率也会上升。

在一部分研究中，适应性预期的模型形式定义为

$$X_t^e = X_{t-1} \tag{14-6}$$

即预期变量 X_t^e 完全等于历史观测值。实际上这只是适应性预期最简单的一种形式。追溯适应性预期的最初定义，我们可以看到其解析表达式比式（14-6）要更丰富。回顾 Cagan（1956）和 Nerlove（1958）对适应性预期的定义可知，适应性预期是假设 t 期的变量预期值由其 $t-1$ 期的预期值以及 $t-1$ 期的现实值与预期值之间的误差值决定，即

$$X_t^e = X_{t-1}^e + \lambda \times error \tag{14-7}$$

其中 λ 是系数，$error$ 表示误差值，即

$$error = X_{t-1} - X_{t-1}^e \tag{14-8}$$

下面，我们对原始定义模型进行推演来获得预期变量的终解表达式。

首先，将式（14-8）代入式（14-7）并整理得

$$X_t^e - (1-\lambda)X_{t-1}^e = \lambda X_{t-1} \tag{14-9}$$

然后，利用滞后算子（L）的属性可以将式（14 - 9）进一步化简为

$$[1-(1-\lambda)L]X_t^e = \lambda X_{t-1} \tag{14-10}$$

在满足 $|1-\lambda| < 1$ 的情况下，式（14 - 10）可以左右同时乘以 $[1-(1-\lambda)L]^{-1}$，进而得到

$$X_t^e = \lambda [1-(1-\lambda)L]^{-1} X_{t-1} \tag{14-11}$$

如果令

$$\varphi(L) = \varphi_0 + \varphi_1 L + \varphi_2 L^2 + \cdots = \lambda [1-(1-\lambda)L]^{-1} \tag{14-12}$$

则有

$$X_t^e = \varphi(L)X_{t-1} \tag{14-13}$$

此时，我们能清晰地看到，适应性预期其实可以写成滞后分布项的模型形式，而这种模型本质上就是时序分析中最基础的自回归（AR）模型。

在适应性预期的假设环境下，我们可以观察和分析传统菲利普斯曲线（即通胀率与失业率）的变化情况。例如，我们在图 14 - 1 的演示中，用 SPC 代表短期菲利普斯曲线，用 LPC 代表长期菲利普斯曲线。根据长期菲利普斯曲线的基本定义可知，长短期菲利普斯曲线的交叉点对应预期通胀率。在图 14 - 1 中我们可以看到，当短期通胀率动态变化机制由 SPC_1 刻画时，通胀预期是 2%。之后，由于需求增加带动现实通胀率上升到 3%，这种变化带动消费者改变（或者说适应）他们的通胀预期，此时通胀预期上升到 3%。此时，短期通胀率动态机制变化到 SPC_2。按照同样的逻辑，如果现实通胀率继续上涨，适应性预期将促使菲利普斯曲线变化到 SPC_3。

随着经济学理论的发展，适应性预期的一些理论局限性逐渐显现出来。首先，适应性预期的预测模型过于简单，仅凭历史数据来预测未来，这种假设不够缜密，只是一种权宜之计。其次，适应性预期的预测机制没有使用最优化的可用信息集。最后，适应性预期还假设人们在预测未来时会产生系统性误差。因此，理性预期应运而生。

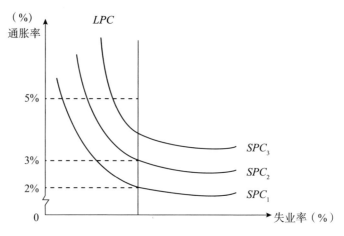

图 14-1　适应性预期下的长短期菲利普斯曲线

第四节　理性预期的理论完美与实证困惑

一、理论发展

我们在前文中曾经提到过，Muth（1961）系统阐释了理性预期的概念，特别强调理性假设，即人们充分利用所有可用信息进行预测。根据 Muth（1961）的理性预期理论可知，理性预期的形成必须从经济理论来推导，预测者最优化使用预测信息，而且预测模型相对于经济体系来说是内生的。因此，理性预期的形式可以写成

$$X_{t+1}^e = E_t(X_{t+1} | \Omega_t) \tag{14-14}$$

其中 X_{t+1}^e 表示变量 X 在 $t+1$ 期的预测值，E_t 表示在 t 期依据括号中的条件对变量 X 取数学期望，括号中的条件就是 t 期以及 t 期之前的所有可用信息集 Ω_t。

从理性预期的表达形式可以看出，理性预期假设预测者不会在预测未来变量的过程中产生系统性误差，预测值与未来的现实值之间的偏离（即理性预期误差）是随机的，而且预测误差序列本身具有期望值为 0 且序列无关的特性。关于这一点，我们可以使用以下公式进行概括：

$$
\begin{cases}
X_{t+1}^{e} = X_{t+1} + \varepsilon_{t+1} \\
E(\varepsilon_{t+1}) = 0 \\
E(\varepsilon_{t}\varepsilon_{s}) = 0, \forall_{t} \neq s
\end{cases} \tag{14-15}
$$

不难看出，理性预期是一种均衡的概念，理性预期理论的提出极大地丰富了相关经济理论模型的内涵，并凸显出基础模型的前瞻性含义。关于这一点，可以用蛛网模型加以阐释。蛛网模型是用弹性原理解释某些生产周期较长的商品在失去均衡时发生的不同波动情况的一种动态分析模式。在这个框架内根据供给与需求的变化来追踪产品的价格和数量变化，会形成类似蜘蛛网的图示结果（见图 14-2），故而得名。

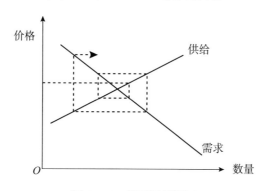

图 14-2 蛛网模型图示

根据蛛网模型的基本内容，假定在单一竞争市场中，产品生产存在时间滞后性，并假定对该产品的需求与当前市场价格 p_t 呈负向关系（市场价格实际用的是价格指数取自然对数）。同时，假定产品供给由其预期价格 p_t^e（表示在 t 期对产品未来价格的预期，同样是取自然对数形式）正向决定。当市场出清时（即市场达到均衡状态时），需求等于供给，所以可以将价格写成由预期价格决定的表达式，即

$$
p_t = \mu + \gamma p_t^e + \eta_t \tag{14-16}
$$

其中 μ 是常数项，γ 是系数。根据原始理论的设定，式（14-16）中的扰动项 η_t 是服从独立同分布的白噪音扰动项。

式（14-16）刻画了均衡状态的价格决定机制，表明当前市场均衡价格由预期价格决定。当然，因为模型中的价格是取自然对数的价格指数，

所以如果我们将式（14-16）左右同时取一期滞后，然后用式（14-16）减去滞后模型，则可以获得该产品的价格通胀率与预期通胀率之间的关系。不管是价格还是通胀率的形式，要获得完整设定的动态机制以写出均衡价格的解析表达式，我们都需要获知预期变量的具体形成机制或者说预期形成形式。

在理性预期假设下，我们可以很方便地获得预期价格和均衡价格的解析表达式。具体来说，我们对式（14-16）左右取期望，考虑理性预期的基本定义以及 η_t 是均值为 0 的随机扰动项（即期望值为 0），则有

$$E_{t-1}p_t = \mu + \gamma E_{t-1}p_t \tag{14-17}$$

所以预期价格的表达式是

$$E_{t-1}p_t = \mu/(1-\gamma) \tag{14-18}$$

因为这里使用的是理性预期，所以从式（14-18）可以解出均衡价格的表达式

$$p_t = \mu/(1-\gamma) + \eta_t \tag{14-19}$$

也就是说，市场均衡价格和预期价格仅相差一个白噪音扰动项。

值得说明的是，在蛛网模型中，预期变量仅涉及当期价格，即预期变量的时间下标是 t。随着宏观经济理论的演进，更多的理论模型引入了前瞻性要素，即预期变量的时间下标为 $t+1$。虽然只是下标的些许变化，却给模型的动态机制带来极为丰富的变化，凸显出预期和模型的前瞻性特征。

下面以两个经典模型为例，来阐释理性预期模型的前瞻性特征：一是 Cagan（1956）的货币与通胀分析模型，二是基于 Calvo（1983）黏性价格理论而发展起来的新凯恩斯菲利普斯曲线模型。首先，卡甘（Cagan）的经典模型可以作为含有预期的前瞻性模型的简单示例。卡甘模型在 20 世纪 70—80 年代有很多应用，关于卡甘模型的进一步分析，可以参阅 Evans（1978）和 Christiano（1987）等的研究。归纳来说，卡甘模型刻画了货币需求与预期通胀直接的线性关系，即

$$m_t - p_t = -\varphi(p_{t+1}^e - p_t) + \bar{\omega}_t, \varphi > 0 \tag{14-20}$$

0其中 m_t 表示货币供应量，p_t 表示总体价格指数，变量均为取自然对数的形式；扰动项 $\bar{\omega}_t$ 服从独立同分布（均值为0）；p_{t+1}^e 表示在 t 期对 $t+1$ 期价格的预期。据此模型将预期变量写成理性预期形式，我们可以解出价格 p_t 的表达式，即

$$p_t = \alpha E_t p_{t+1} + \beta m_t + v_t \qquad (14-21)$$

其中 α、β 和 v 分别是式（14-20）中系数 φ 和扰动项 $\bar{\omega}_t$ 的函数形式。

依据式（14-21）进行反复迭代，可以将价格写成如下形式：

$$p_t = \beta \sum_{i=0}^{\infty} \alpha^i E_t m_{t+i} + v_t \qquad (14-22)$$

显然，在理性预期假设下，我们获得了价格形成机制的前瞻性特征：当前价格是未来货币供应预期的加总。通过对式（14-21）或者式（14-22）进行滞后一期处理然后和当期模型进行相减运算，还可以获得当期通胀率与预期货币供应增长率之间的关系。

我们要阐释的第二个典型模型是含有预期的新凯恩斯菲利普斯曲线模型。事实上，以 Taylor（1980）、Rotemberg（1982）和 Calvo（1983）为代表的经典的黏性价格理论模型，也强调了微观企业在对其产品进行定价的过程中关注未来通货膨胀和实体经济表现，即典型的"前瞻型"定价模式。这一理论的基本背景是，假设在垄断竞争经济环境下，微观层次的公司和企业对其产品具有定价能力。同时，假定所有企业在一定时期内都保持一个固定价格水平，直到受到某些随机信号的影响之后，企业才考虑重新定价。这样，价格的调整就具有了"黏性"。同时，企业在进行定价时，会考虑其他相关企业过去制定的价格水平，也就是说某企业在制定产品的当前价格时会考虑过去的价格状况。现在假定企业在任意给定期间会改变其价格的概率为 $1-\theta$（$0 < \theta < 1$），如果以 p_t 表示 t 期的总体物价水平（自然对数形式，下同），该价格就由前一期的总体价格水平与 t 期所有企业新制定的价格水平（以 p_t^* 表示）加权求和决定，即

$$p_t = \theta p_{t-1} + (1-\theta) p_t^* \qquad (14-23)$$

在 Calvo（1983）的原始模型中，所有企业在定价过程中都被假设为

具有前瞻性特征，即价格完全决定于公司对未来国内经济运行状况的理性预期。但是自 20 世纪末开始，学界已经达成一个基本共识，即经济运行中总会存在一定比例的企业采取"后顾型"定价方式，它们在制定价格过程中会参照过去的行业定价标准，同时会考虑历史通胀率水平对价格进行修正。

所以，我们假设有 ω 比例的企业采取后顾型定价模式，其价格为 p_t^B，另有（$1-\omega$）比例的企业采用前瞻型定价机制，其水平为 p_t^F。这样，t 期由所有企业确定的新价格水平（相对于总体价格水平）可以表示为

$$p_t^* = (1-\omega)p_t^F + \omega p_t^B \qquad (14-24)$$

对于前瞻型企业制定的价格水平 p_t^F，传统的黏性价格理论一般假设为预期总产出缺口（即真实 GDP 与潜在 GDP 的自然对数差）与通胀率的折现求和形式（如 Gali and Gertler，1999）。由此，前瞻型企业的定价模型就可以写成如下形式：

$$p_t^F = \theta\beta\sum_{s=0}^{\infty}(\theta\beta)^s E_t\pi_{t+s+1} + (1-\theta\beta)\sum_{s=0}^{\infty}(\theta\beta)^s E_t\zeta k_y^d y_{t+s}^d \quad (14-25)$$

其中 π_t 表示通胀率，$E_t\pi_{t+1}$ 表示基于时刻 t 及以前的信息集对 $t+1$ 期通胀率的预测序列，β 表示主观折现因子，ζ 是对数线性化过程中引入的结构性参数[①]。另外，y_t^d 表示国内产出缺口，k_y^d 则度量国内产出缺口对应的权重。进一步对式（14-25）进行反复迭代，可以将前瞻型企业的定价模型重新写成如下形式：

$$p_t^F = \theta\beta E_t\pi_{t+1} + (1-\theta\beta)\zeta k_y^d y_t^d + \theta\beta E_t p_{t+1}^F \qquad (14-26)$$

对于后顾型企业的定价机制，我们将传统文献中的通胀率一期滞后拓展为滞后算子多项式的形式，即

$$p_t^B = p_{t-1}^* + \pi_{t-1} + \rho^*(L)\Delta\pi_{t-1} \qquad (14-27)$$

其中 $\rho^*(L) = \rho_1^* + \rho_2^* L + \rho_3^* L^2 + \cdots + \rho_q^* L^{q-1}$ 表示滞后算子多项式，q 表示滞后阶数。在实证分析中，q 的取值需要根据赤池信息准则（AIC）和

———————

① ζ 具有经济含义，详见 Woodford（2003）。

序列相关性检验共同确定。

根据式（14-23）～式（14-27）进行代换推导，可以获得基于微观企业定价机制的宏观通货膨胀动态机制模型，即

$$\pi_t = c + \gamma_e E_t \pi_{t+1} + \gamma_b \pi_{t-1} + \sum_{i=1}^{q-1} \alpha_i \Delta \pi_{t-i} + \delta_d y_t^d + \eta_t \qquad (14-28)$$

其中，c 是常数项，η_t 表示随机扰动项，其余各系数分别是微观模型式（4-23）～式（4-27）中的底层结构性参数的组合。

二、实证困惑

理性预期理论的提出不仅为经济理论的发展提供了重要工具，而且为含有预期变量理论模型的实证检验提供了便捷的途径。特别是在通胀动态机制理论研究领域，通过理性预期假设获得通胀预期数据是学界的一种标准做法。从理性预期的模型表达形式不难看出，基于理性预期假设获得预期数据的方法，实质上是用 $t+1$ 期的实际通胀率（减去白噪音误差项）代表通胀率期望值，即

$$E_t \pi_{t+1} = \pi_{t+1} - e_{t+1} \qquad (14-29)$$

其中 $E_t \pi_{t+1}$ 表示在 t 期对 $t+1$ 期通胀率的预测，e_{t+1} 表示理性预期误差。这种基于理性预期假设获得预期序列观测值的方法，可以追溯到 McCallum（1976），Cumby，Huizinga 和 Obstfeld（1983）以及 Hayashi 和 Sims（1983）的早期文献，而且也被 Roberts（1995）、Gali 和 Gertler（1999）的重要文献所使用。

虽然直接通过理性预期假设可以比较方便地获得通胀预期数据，但是需要注意，从式（14-29）可知，这种理性预期处理方式会不可避免地引入一个额外的噪音信息，即理性预期误差 e_{t+1}。此时，对含有理性预期变量的计量模型进行估计时，研究者要面对的模型扰动项就不再仅仅是模型设定误差，而是一个由模型设定误差和理性预期误差构成的复合扰动项。在这种情况下，计量模型估计的扰动项标准差实际上变成了 $\sqrt{\sigma_\eta^2 + \sigma_e^2 - 2\sigma_{\eta,e}}$（下标 η 和 e 分别代表模型设定误差和理性预期误差，σ^2 表示方差，$\sigma_{\eta,e}$ 表示协方差）。即使原始模型的设定误差项 η_t 与理性预期误差正交，最后估

计出的标准差的精确性也会受到影响。

另外，因为直接采用理性预期假设获得通胀预期序列实际处理的是复合扰动项，所以还会带来另一个非常关键的问题，就是无法检验主计量模型中的原始扰动项 η_t 是否具有序列相关性。当计量模型是动态模型时，如果 η_t 存在序列相关性，那么严格来说使用任何滞后项做工具变量都无法获得有效估计结果。当然，即使能够将 η_t 剥离出来，传统的序列相关性检验也不适用于工具变量估计下的动态模型。关于这一问题的详细内容，读者可以参考 Zhang，Osborn 和 Kim（2008）或张成思（2012）等系列文献。

事实上，为了避免直接使用理性预期假设获得通胀预期序列带来的以上问题，我们可以借鉴 Pagan（1984）的思想，运用工具变量信息集投影技术获得通胀预期序列。具体来说，我们不必脱离理性预期假设，而是在技术处理上不同于传统的处理方式，即不直接将 π_{t+1} 代入计量模型，而是使用 π_{t+1} 在给定工具变量信息集矩阵 Z 上的投影来获得通胀预期序列，即

$$E_t\pi_{t+1} = P_Z\pi_{t+1} \tag{14-30}$$

其中 P_Z 是标准的投影矩阵，其定义是 $P_Z = Z(Z'Z)^{-1}Z'$。可以证明，这样的投影技术处理对工具变量（如 2SLS 估计）的点估计值没有任何影响，而且回归所得的标准差从理论上讲更精确（因为规避了额外噪音信息对方差-协方差矩阵估计的干扰），同时解决了原始模型扰动项的序列相关性无法检验的问题。

第五节 预期理论的再发展：准理性预期

准理性预期，也可以称之为半理性预期（semi-perfect expectation），是接近于理性预期但又不完全是理性预期的形式，或者从微观个体看都是理性的，但加总后形成的整体预期却存在预测偏差。从文献层面看，Bigman（1984）是比较早的一篇提出准理性预期概念的研究，此后由于理性预期学派的发展势头较好，因此准理性预期的概念并无太大的学术市场，尽管后来有一些著名学者质疑理性预期假设过强，例如 Akerlof，Dickens

和 Perry（2000）提出的接近理性预期概念和 Ball（2000）提出的不完全理性预期假设。

从 Bigman（1984）的研究来看，他是以"准理性预期与汇率动态机制"为题，指出在信息有成本的环境下，即使微观个体每个人都是理性的，但加总以后形成的整个经济群体的预期仍然可能存在持续的预测偏差。用更专业的术语来说，完全预测（或有效预测）与短视完全预测（或"只顾眼前的完全预测"）这两个概念是有区别的，主要区别就是后者会形成持续的预测误差。短视完全预测指的是每个经济个体从单个人的角度看都在最大化自己的收益，所以从个人角度看都是理性的，只不过单个经济个体只顾最大化个人收益，比较短视，由此形成的整个经济体的预期就存在持续的偏差。Bigman（1984）将这种准理性预期的概念引入多恩布什的汇率动态机制模型进行分析。

单纯从理论模型的推演来说，理性预期假设可能并无不妥。但是如果要进行实证研究，理性预期假设则有可能会因为引入的理性预测误差而对计量分析中的诊断检验等（如序列相关性检验）带来掣肘。因此，实证分析中使用准理性预期的典型代表——基于调研预期数据的变量形式，就更加贴近现实而且能够较好地规避理性预期假设引入的预测误差干扰。①

美国的调研预期数据非常丰富，而且样本区间跨度较长，比较有代表性的是 Livingstone、专业预测者调查（SPF）、Greenbook 预测和密歇根大学的预测调研数据（Michigan）。图 14-3 给出了以上四种代表性的调研预测数据的时序走势图。从图中可以看出，SPF 和 Livingstone 预测数据的重合度较高，而这两个序列与另外两组数据在各个时期都存在一定的差别，可能是因为调研的对象群体以及调研数据的汇总机制不同。这些数据在通胀动态机制以及货币政策分析的研究中得到了广泛应用，关于这些数据的具体说明，可以参阅 Zhang，Osborn 和 Kim（2008）以及 Zhang 和 Clovis（2009）。

---

① 最近的一项研究（Winkelried，2017）提出，调研预期数据是一种固定事件预测，要真正获得预测变量，还需要根据特定度量模型从调研数据推断出预期变量。

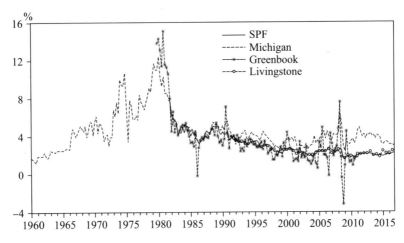

图 14 - 3 美国主要调研通胀预期数据

注：原始数据来源于费城联邦储备银行和密歇根大学调研数据中心，所有预测数据均对应于 CPI 通胀率，其中 Livingstone 数据为半年度同比预测值（年化），样本区间为 1992 年第 1 季度—2016 年第 4 季度；Greenbook 数据为季度环比预测值（年化），样本区间为 1979 年第 4 季度—2016 年第 4 季度；Michigan 和 SPF 为季度同比预测值（样本区间分别为 1960 年第 1 季度—2016 年第 4 季度和 1981 年第 1 季度—2016 年第 4 季度）。Greenbook 采用公布日期最接近本季度末的一期数据（近年来一般是 3 月、6 月、9 月、12 月）对下一季度 CPI 通胀率预测，数据在预测进行的 5 年后公开。Livingstone 调查在每年 6 月和 12 月进行。

在中国，调研预期数据自 2000 年以来也有了长足进展，对于宏观经济变量的调研，目前主要有三种，一是中国人民银行对储户的问卷调查，二是《证券市场周刊》组织的"远见杯"竞赛，三是北京大学的朗润预测。从调研对象来看，中国人民银行对储户的问卷调查获得的指数可以通过统计方法转化为预期数据，这组预期数据属于居民预期；远见杯预测是对与经济和金融相关的学界、业界等专家进行调研获得通胀率等主要经济指标的预测值，属于专家预测；朗润预测针对的对象群体与远见杯相近，因此也属于专家预测（遗憾的是朗润预测数据自 2016 年开始出现了中断）。图 14 - 4 以通胀预期数据为例，展示了这三组调研预期数据 2000 年第 1 季度—2014 年第 4 季度的时序走势图。

对于调研预期数据的特性，最近 20 年来学界进行了很多研究。例如，Roberts（1998）提出，通胀率预期的形成机制可能具有很强的"顽固"特性，即预期的形成是缓慢的，要经过一定的过程才会逐渐达到理性预期

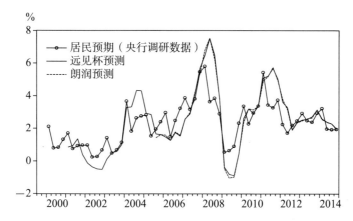

图 14-4　中国三种通胀预期数据：居民预期、远见杯预测和朗润预测
（2000 年第 1 季度-2014 年第 4 季度）

值。换言之，通胀预期由基于 $t-1$ 期对 t 期的不完全理性预测和基于 t 期对 $t+1$ 期的完全理性预期构成，即

$$\pi_{t+1}^e = \bar{\omega}\pi_t^e + (1-\bar{\omega})E_t\pi_{t+1} \qquad (14-31)$$

为了证明现实生活中人们对通胀率的预期是不完全理性的，Roberts（1998）对美国 Livingstone 调研数据和密歇根大学调研数据中心的通胀预测数据进行了理性预期检验，检验的基础类似于式（14-5），即

$$\pi_{t+1}^e = c + \beta\pi_{t+1} + e_{t+1} \qquad (14-32)$$

其中 π_{t+1} 表示 $t+1$ 期的现实通胀率，π_{t+1}^e 是通胀预期的调研数据，e_{t+1} 是用来捕捉预测误差的随机扰动项，c 是常数项，β 是系数。

根据理性预期的基本定义，如果假设检验 $c=0$，$\beta=1$ 被拒绝，则说明调研预测数据是不完全理性的，反之则说明调研数据可能反映了人们的完全理性预期，π_{t+1}^e 与 π_{t+1} 的差仅由随机扰动项 e_{t+1} 决定。而 Roberts（1998）的结果表明，他研究的这两个调研数据的通胀率预期确实不具备完全理性特征，从而说明不完全理性预期假说与真实世界的客观现实相符合，Thomas（1999）对于调研数据的研究也给出了相似的结论。

然而，Livingstone 和密歇根大学调研数据中心的通胀率预测数据只是众多可收集到的人们对未来通货膨胀预期的两种，它们是否具有广泛的一般代表性呢？为了澄清这个问题，张成思（2007）考虑了包括密歇根大学预测数据在内的美国四种常用于货币政策分析的现实通胀率预期的调研数据。其中，SPF1Q 和 SPF1Y 分别代表专业预测者调查对一个季度和一年期之后的通胀率水平的预期，Greenbook 表示美联储内部的绿皮书公布的通胀率预测数据，Michigan 表示公众对一年后同期的 CPI 通胀率。表 14-1 报告了这些调研数据的完全理性预期检验 $H_0: c=0, \beta=1$ 的结果。

表 14-1　通胀率预期调研数据的完全理性预期假设检验

$\pi_{t+1}^e = c + \beta\pi_{t+1} + e_{t+1}$				
	c	β	理性预期检验 p 值	样本大小
SPF1Q	0.112	0.973	0.929	148
	(0.032)	(0.076)		
Greenbook	−0.156	1.022	0.866	126
	(0.340)	(0.082)		
SPF1Y	0.400	0.874	0.667	140
	(0.523)	(0.139)		
Michigan	−0.463	0.905	0.000***	180
	(0.316)	(0.067)		

注：*** 表示相应的统计量在 1% 的置信水平上具有统计显著性。小括号内报告的是 Newey-West HAC 修正标准差。对应的样本分别是：SPF1Q 为 1968 年第 4 季度—2005 年第 4 季度；Greenbook 为 1968 年第 3 季度—1999 年第 4 季度；SPF1Y 为 1970 年第 1 季度—2005 年第 4 季度；Michigan 为 1960 年第 1 季度—2005 年第 2 季度。

从表 14-1 中的结果可以看出，对于 Michigan 预测数据，假设检验 $c=0$，$\beta=1$ 确实被拒绝，说明 Roberts（1998）的结论是正确的。但是，其他三种通胀率预测的调研数据的检验结果却显示，完全理性预期的假设不具有统计显著性，所以并不能得到明确的结论，即它们是不完全理性预期（其实还应该检验模型扰动项是否服从独立同分布特征）。由此可见，尽管 Roberts（1998）的不完全理性预期在理论上有创新性，但与现实情况并不完全一致。

尽管现实观测到的通胀率预期调研数据并不能完全说明人们的预期

是不完全理性的，但 Akerlof，Dickens 和 Perry（2000）还是在 Roberts（1998）的研究基础上从心理学角度出发，指出现实世界中的人对于未来的预期与经济学模型中的预期机制不完全一致。阿尔克洛夫等人认为，在通胀率水平较低的时期，大多数人在工资和价格的设定上可能会忽略通货膨胀因素。而即使人们考虑到通货膨胀的存在，他们考虑的方式可能也与经济学家所假设的模式有所区别，大多数普通人对于通货膨胀的审视角度与受过专业训练的经济学人士是不同的。因此，阿克洛夫等人在微观工资与定价机制模型中引入了"接近理性预期"的机制，并推导出相应的宏观通胀率动态模型。虽然模型的基本表现形式与已有模型类似，但由于它是从微观模型推导出来的，所以相对 Roberts（1998）的理论更具有微观基础。

Ball（2000）也提出了一种不完全预期理论，但与 Roberts（1998）及 Akerlof，Dickens 和 Perry（2000）不同，Ball（2000）提出的不完全理性预期理论是对适应性预期理论的一种拓展。他提出，通胀率预期的形成完全由以往的通胀率决定，而不考虑其他任何相关因素如 GDP 缺口、利率等。显然，与理性预期所要求的所有相关因素的信息在预期形成机制中都要被利用相比，这实际上是一种适应性预期形式的不完全理性预期。但是，与一般的适应性预期不同，Ball（2000）提出按照货币政策的不同区制来考虑适应性预期的形成机制。这样，即使货币政策发生了变化，通胀率的预期形成机制也能相应地改变，从而消除了"卢卡斯批判"指出的问题。同时，由于适应性预期又能捕捉通胀率的持久性特质，所以 Ball（2000）认为这种不完全理性预期理论是完全理性预期模型的合理拓展。但是，应用 Ball（2000）理论的一个关键问题是我们必须清楚地知道货币政策何时发生变化。如果没有科学准确的判断依据，那么在应用短期通胀率动态机制分析货币政策等的过程中便可能出现偏差，所得的政策建议也就很可能成为无源之水。

总之，已有研究对于调研预期数据的理性与非理性特征并未达成完全一致的结论。基于调研数据进行理性预期检验，结论可能不仅与不同调研对象有关，而且可能与检验的样本区间选择也有关系。不过综合来看，调研预期数据既接近于理性预期，又与理性预期不完全重合，因此我们将基于调研数据的预期定义为准理性预期是比较合适的。

第六节 对不同预期形式的再评判

预期是前瞻性货币政策分析的重要基础，更是宏微观经济学理论相互交织的重要纽带。因此，本章详尽阐释了近百年来经济学中预期理论的演进逻辑。从本章的具体内容可以看到，虽然预期的概念不难理解，但是与预期理论相关的诸多难点在于预期的具体测度方式，因为预期的不同测度方式不仅涉及具体算法的差异，还可能直接导致在具体应用中研究结论出现分歧和冲突。

从预期理论的历史演进逻辑来看，充满着后视型特征的适应性预期在20世纪90年代之前的相关研究和应用中颇为流行（当然适应性预期的测度方式如今也仍然存在），其中一个原因是适应性预期的测度方式非常简便直观，并且易于理解。但是，随着计量经济学的发展和宏观经济理论模型的推进，特别是1972年"卢卡斯批判"的提出，理性预期获得了广泛应用。

值得注意的是，虽然适应性预期受制于"卢卡斯批判"，但是这并不必然意味着适应性预期在现代经济学分析中全然不能应用。事实上，在实际分析过程中，需要根据所分析问题的具体情况，判断使用哪种预期测度方式更为合适。例如，如果分析的样本区间不存在明显的结构性变化，那么适应性预期的测度方式仍然不失为一种有效的方法。

当然，理性预期概念的提出和应用大大拓展了预期在宏观经济模型中的应用范围，也弥补了适应性预期的不足。只不过，理性预期的大发展并不是预期问题的终极解。特别是在现实情况下，预期应该是有生命有思想的人的预期，而非机械僵硬的模型预期。

因此，本章重新提出了准理性预期的概念。基于市场调查的调研预期是准理性预期的现实代表。准理性预期的广泛应用也带动了其他形式预期的发展，近年来各国对市场信心指数的构建，就是颇具代表性的预期的另一种表现形式。总之，只有充分理解各种预期形式的演进逻辑，才能在具体问题的分析过程中，合理地选择和使用具体的预期形式，获得科学可信的分析结论。

第十五章　价格型货币政策论

第一节　价格型货币政策论的理论发展

价格型货币政策论的发展对应着没有货币的货币政策论的发展。Clarida，Gali 和 Gertler（1999）较为全面地总结了 19 世纪 80 年代及之后的价格型货币政策论。为了解释这些理论，我们从最基础的宏观经济分析框架——考虑货币总量和短期价格黏性的动态均衡模型——出发，这一模型与传统的 IS-LM 分析框架的相同之处在于它们都说明了货币政策在短期会对实际经济增长率产生影响，不同之处在于前者的总需求函数是通过求解私人部门的效用最大化问题而得到的。这一模型说明人们会依赖于现在的货币政策和对未来货币政策的预期来调整自己的经济行为。具体而言，令 y_t 和 z_t 分别为取对数后的实际经济产出和预计经济产出，令二者之差 $x_t = y_t - z_t$ 为产出偏差，π_t 为通胀率，i_t 为名义利率，根据 IS 曲线、菲利普斯曲线以及上述最优化问题对应的欧拉方程（对数线性化后），我们可以得到如下等式：

$$x_t = -\varphi [i_t - E_t \pi_{t+1}] + E_t x_{t+1} + g_t \qquad (15-1)$$

$$\pi_t = \lambda x_t + \beta E_t \pi_{t+1} + u_t \qquad (15-2)$$

其中，g_t 和 u_t 为服从如下关系式的随机扰动项：$0 \leqslant \mu$，$\rho \leqslant 1$ 且 $\hat{g}_t$ 和 $\hat{u}_t$ 均为独立同分布的随机变量，均值为 0，方差分别为 σ_g^2 和 σ_u^2；φ，λ 和 β 均为系数。

$$g_t = \mu g_{t-1} + \hat{g}_t \tag{15-3}$$

$$u_t = \rho u_{t-1} + \hat{u}_t \tag{15-4}$$

式（15-1）与传统的 IS 曲线的主要区别在于当期总产出既与名义利率有关，又与个体对未来总产出的预期正相关。因为私人部门倾向于平滑消费，所以当他们预期到未来的总产出会更高（即预计下一时期的消费会更高）的时候，会提高当期的消费从而提高当期的总产出。

$$x_t = E_t \sum_{i=0}^{\infty} \{ -\varphi [i_{t+i} - \pi_{t+1+i}] + g_{t+i} \} \tag{15-5}$$

可以看出，产出偏差不仅取决于当前的实际利率和需求冲击，还取决于这两个变量的预期。由于名义刚性，货币政策对短期实际利率有杠杆作用，所以当前和预期的政策都会影响总需求。

式（15-2）与标准菲利普斯曲线的主要区别在于前者考虑的是现在的人们对未来通胀率的预期（$E_t \pi_{t+1}$），而不是过去的人们对现在通胀率的预期（$E_{t-1} \pi_t$）。为了说明这一不同点所带来的关键性变化，我们将式（15-2）向前继续迭代，可以得到

$$\pi_t = E_t \sum_{i=0}^{\infty} \beta^i [\lambda x_{t+i} + u_{t+i}] \tag{15-6}$$

式（15-6）表明，与传统的菲利普斯曲线相比，通胀率自身的滞后项消失了，也就是说它并没有惯性，反而完全取决于现在和预期的未来经济状况。因此，和传统的理论相比，人们对央行未来政策（设定名义利率）的预期变得十分关键，毕竟家庭和公司都是具有前瞻性的。在这种情况下，想确定货币政策如何应对短期经济冲击不太容易。

第二节　价格型货币政策论的实践

Bernanke 和 Mihov（1997）指出，将名义利率视为货币政策工具，可以很好地解释美联储自 1965 年以来的调控操作（除了 1980—1982 年沃尔克掌权期间以非借入准备金为目标的一小段时期）。所谓非借入准备金，就是指中央银行通过公开市场操作影响的那部分金融机构的准备金，与此相对的是借入准备金，即金融机构从中央银行直接借入资金而形成的准备

金。事实上，后来的货币政策也确实采取了"公布一个联邦基金利率目标"的形式，并且着重于讨论是否调整这一目标，以及调整的幅度应当是多少。因此，以名义利率为货币政策工具的观点得到了施政者和学术界的普遍认同（Goodfriend，1991；Taylor，1993；Walsh，2003）。这样，便不再需要确定一个货币市场的均衡（例如 LM 曲线），而只需要在货币市场均衡时达到该利率目标即可。

美国的发展实践以及学术研究都表明，以货币总量为核心指标的货币政策调控会带来宏观经济的大幅波动，不利于经济的平稳发展。1979—1986 年期间美国真实 GDP 增长率和 CPI 通胀率的波动加大。1979—1980 年通胀率甚至超过了 12%，而 20 世纪 70 年代早期通胀率只有 4%，60 年代早期甚至只有 2%。当时的美国面对的最严峻的问题之一便是降低通胀，沃尔克在 1980—1982 年持续施行紧缩的货币政策，维持极低的货币总量增长，使得通胀率在 1982 年下降到了 3.9%，但同时 1979—1983 年经济增长率大幅下滑（见图 15-1），失业率达到第二次世界大战后最高点 10.8%。Kaufman 和 Lombra（1986）发现 1979 年货币政策的改变对联系三个关键变量（准备金、利率和货币总量）的结构性随机模型产生了显著的影响。

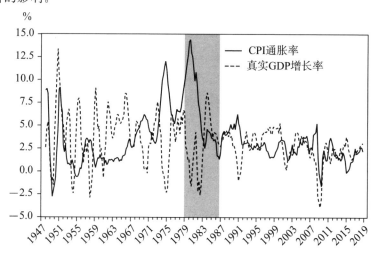

图 15-1 美国真实 GDP 增长率与 CPI 通胀率（同比）：1947—2019 年

注：原始数据来源于美联储，图中阴影部分的区间为 1979—1986 年。

1987 年之后，随着格林斯潘担任美联储主席，以及 1979—1986 年货币主义学派政策主张实践失败，价格型货币政策论快速发展，形成了以利率变量为核心的货币政策分析框架，如美联储的联邦基金利率、欧洲央行的再融资利率和日本央行的隔夜拆借利率。甚至诸多经济学家提出了没有货币的货币政策，暗示货币总量指标应该退出货币政策传导机制的分析框架。Siegel（1983）基于萨金特和华莱士（Wallace）的简化的理性预期模型，提出了可操作的利率规则，并提出稳定的货币政策要求目标变量（价格和产出）和中间变量（利率）保持比较明确的关系，准确来说，钉住利率使央行能够最小化对价格水平的扰动。

Bernanke 和 Blinder（1992）认为货币政策既通过货币的渠道，也通过信贷的渠道来影响实体经济，他们通过实证研究证明联邦基金利率受美联储货币政策的调控，因此对一系列真实的宏观经济变量有着非常好的预测效果。事实上，他们早在 1988 年就提出美联储的政策既通过银行的资产端（主要是贷款），也通过银行的负债端（主要是存款）发挥作用。一方面，美联储货币政策的影响通过存款市场来辐射，从而影响各个市场的流动性；另一方面，美联储调整联邦准备金率，进而会影响银行的信贷量，从而调整那些依靠银行信贷的消费者的真实消费，因此必然会影响总需求。

在实际操作中，由于不完全可观测性，央行无法获得相关经济状况的所有信息。一些数据需要时间来收集和处理，并且抽样也可能是不完美的。除此以外，一些关键的变量，例如自然产出水平，是不能直接被观测到的，而测量结果可能会有不小的误差（Orphanides，2003）。在信息不完全的情况下，关键变量的事后波动会因工具选取的不同而不同，所以政策工具的选取变得重要。

政策的制定需要给出目标变量的预测而非事后行为，所以央行通常会使用可观测的中间变量（例如广义货币总量和利率）。而在实践中，货币总量的目标管理并不成功。英美在 20 世纪 80 年代初都试图调控货币总量的增长，但在尝试失败后，都迅速放弃了这一政策。即便是长期被视为货币目标制堡垒的德国，也因为货币需求的不稳定波动，被迫放弃了严格的货币增长目标。Clarida 和 Gertler（1997）认为，德国央行的政策更像是通胀目标制而非货币目标制。对于这一结果，Poole（1970）认为这是因为货币需求短期内是无弹性的，货币需求的冲击会导致利率的波动。然后，这种短期利率波动会通过总需求关系［式（15-1）］转化为产出波动。使用利率作为调控工具时，央行会让货币存量适应货币需求的冲击。此时货币需求冲击对产出或者通胀没有影响，因为央行很好地适应了它们。而使用货币总量作为政策工具时，对货币需求的不可观测的冲击会导致利率的高度波动，利率作为政策工具更为可取。

也有人提出直接针对目标制定政策，而不是针对中间变量制定政策。在诸多政策提案中，通胀目标制是最广泛使用的一种。事实上，在20世纪末，包括英格兰银行在内的许多中央银行采用了通胀目标制。这种政策的优势在于，由于政策锚点直接与通货膨胀相关，可以避免与其他选择相关的潜在不稳定问题（例如选择与通货膨胀间接相关的货币总量，如果货币需求受到巨大冲击，货币总量目标可能无法准确控制通胀率）。

价格水平目标制是文献中讨论较多的另一种直接政策制度。这项政策可能被认为是一种更极端的通胀目标制，但并未得到太多政策制定者和经济学家的支持。这种制度的主要问题在于：首先，如果价格水平超过了政策的目标，央行就不得不收缩经济活动使得价格水平回落到目标值，但事实上某一年的价格水平超过了目标值并不代表下一年的价格水平也会超过目标值，而央行的行为有滞后效应，可能对经济产生反向作用。其次，价格水平超过目标值可能是由测量误差造成的（相比于其他指标，价格水平的测量误差问题更加严重），而测量误差导致货币政策紧缩是很糟糕的情况。由于这些原因，没有一家央行采用价格水平目标制是意料之中的。

第十六章 货币政策规则论

20 世纪 90 年代的货币政策规则论是价格型货币政策论的深化。货币政策规则论的代表性内容是斯坦福大学的 Taylor（1993）提出的泰勒规则。虽然同时期也有其他基于规则的货币政策理论，如 McCallum（1988）提出的基于基础货币增长率的麦卡勒姆规则（McCallum rule）等，但是货币政策的泰勒规则具有里程碑意义，它不仅在宏观分析的理论框架中广泛使用，而且被很多中央银行作为调整货币政策的基本规则。因此，本章以泰勒规则及其扩展作为主要脉络对货币政策规则领域的文献进行梳理。

第一节 泰勒规则

一、政策规则的概念

泰勒认为，一个政策规则不是纯粹机械性的公式，其运用需要加以判断，不能简单地由计算机完成。政策制定者可以在了解政策工具反应机制的前提下非正式地运用规则进行操作。

上述特征并不意味着政策规则的概念中包含纯粹的相机抉择。在相机抉择的政策中，政策变量在每个时期独立确定，并不遵循某一长期确定的计划。Kydland 和 Prescott（1977）、Barro 和 Gordon（1983）以及 Blanchard 和 Fischer（1989）三篇讨论政策规则和相机抉择的主要文献认为，政策规则是针对经济中的最优化问题的"最优""遵循规则"且"有承诺"的解决方案，而相机抉择则是"不一致""有欺骗性"和"短视"的。他进一步表示，对政策规则更准确的称呼是"系统性政策"或"政策系统"，他援引 1990 年总统经济报告中对这一概念的描述来进行说明："我的行政……将支持一套可靠的、系统性的货币政策以维持……最大化经济增长同时控制并降低通货膨胀。"

泰勒特别强调了政策规则的持续性。理论上，除非发生明确的例外，政策规则应当永久持续。事实上，尽管没有政策规则会永久持续，但是政策制定者如果想要获得政策可信性带来的收益，就必须在一段较长的时间内维系遵循规则的承诺，这段时间可能是几个经济周期，或至少几年。频繁变动的政策规则会令任何基于计量方法的政策评价都失去意义。

泰勒对政策规则的讨论主要从三个方面开展，即政策规则的设计、政策规则的转型和政策规则的日度操作。

二、政策规则的设计

Bryant，Hooper 和 Mann（1993）通过九种不同的计量模型评价了多种不同货币政策规则的表现。他们所评价的规则均为利率规则，短期利率对以下变量中的一种或几种做出反应：货币供应量距目标的偏离，汇率距目标的偏离以及通货膨胀率（或价格水平）和真实产出距目标值偏离的加权之和。他们发现，直接对通胀率和真实产出做出反应的规则在平抑产出和价格的波动性方面的表现优于对货币供应量和汇率做出反应的规则。Taylor（1999a）在自己的研究中也得出了相似的结论。

在上述规则中，短期利率在通胀率和产出高于目标值时上调，低于目标值时下调。据此，泰勒认为在政策规则中通货膨胀和真实产出应当具有正的权重，具体的形式是

$$r = p + 0.5y + 0.5(p - \pi^*) + rr^* \qquad (16-1)$$

其中 r 是联邦基金利率，p 是同比通货膨胀率。y 是真实 GDP 偏离目标值的百分比，亦即若将真实 GDP 记为 Y，将真实 GDP 的目标值记为 Y^*，则 $y = 100 \ (Y - Y^*) \ / Y^*$。$\pi^*$ 是通货膨胀目标值，rr^* 是均衡真实利率。泰勒进一步将通货膨胀目标值设定为 2%，均衡真实利率为 2%。式（16-1）中

如果令 p 等于通货膨胀的目标值，即 2%，令 y 等于真实产出缺口的目标值，即 0，就能得出隐含的联邦基金利率目标值是 4%。泰勒先验地将产出缺口和通胀率的系数均设为 0.5。这一规则能够较好地拟合 1987—1992 年的联邦基金利率走势。

三、政策规则的转型

政策规则的转型指的是从原有政策规则向长期中更优的新政策规则的过渡。泰勒认为，关注政策规则的转型的必要性在于两点：公众预期和经济中的刚性。

公众预期会对政策规则转型的方式造成影响。研究中常假设公众具有理性预期，当政策持续的时间足够长时，公众能够对政策和其他经济变量产生无偏的预期，并且根据预期调整自己的行为，这样的假设是合理的。但是，当政策处于转型期时，公众不可能立即完全理解新政策，并且相信政策制定者将维持政策的变化。在这一时期，简单的理性预期模型就不再有效了。此时人们形成预期时不仅会考察过去的政策，还会对政策制定者过去的行为、新政策的可行性等因素进行综合考虑来评估新政策的可信性。

受制于经济中存在的自然刚性，人们行为的转变存在时滞，这也会对政策规则的转型造成影响。经济中存在大量基于原有政策规则的承诺，如长期工资设定、长期投资计划和贷款合同等。这意味着政策规则的转型应当是公开且渐进的，从而为基于原有政策的承诺的废止提供时间，避免造成过大的损失。

四、政策规则的日度操作

泰勒指出，在实际政策操作中机械性地遵循政策规则是不可取的，并提出了两种运用政策规则的可能方式：其一是将政策规则的具体形式纳入央行决策的输入集；其二是不设定政策规则的具体形式，而是在政策制定中仅运用政策规则所蕴含的总体原则。

政策制定者，如联邦公开市场委员会（FOMC）作决策时会考虑一系列因素，包括领先指标、收益率曲线的形状、模型预测结果等。泰勒认为具有具体形式的政策规则也是可以被纳入考虑的因素之一。如果政策规则能够较好地拟合 FOMC 过去的决策，该规则就可以用于接下来几个季度对联邦基金利率的预测，成为模型整体预测的一部分。另外，如果政策规则较好地描述了过去几年美联储的实际决策，且 FOMC 认为这段时间内的决策是正确的，这一规则就可能为未来的政策决策提供指导。

对政策规则的运用也可以不设定其代数形式，而是仅考虑规则中蕴含的总体原则。这意味着运用规则时仅遵循规则方程中的符号，而系数的大小则依总需求对利率的敏感性而定，是否进行操作要根据政策制定者的判断。例如，泰勒规则的原则是在通胀率和产出缺口上升时降低短期名义利率，下降时提高短期名义利率。但在实际操作中是否调整短期利率，调升或调降程度如何则由政策制定者自行判断。

泰勒接着给出了两个关于政策规则实施的案例。在 1990 年石油危机中，石油的现货价格在短期内大幅上升，推动通货膨胀率走高。但是石油价格的上升是暂时的，石油期货价格也反映了这一点，在这种情况下，货币政策就不必对通胀做出反应。联邦德国和民主德国合并前夕，德国的长期利率出现上升，但是这一变化并不意味着预期通胀率的上升，而是因为两德合并后将出现可预期的财政赤字增加和投资需求上升，从而导致实际利率上升，因此，短期利率同样不需要进行调整。

第二节　泰勒规则的扩展

Taylor（1993）为考察央行的货币政策提出了一个简洁却有效的框架，即短期利率对通货膨胀距目标的偏离值和产出缺口做出反应，这一框架被称为泰勒型规则。泰勒型规则在平抑通胀和产出波动方面的有效性被一系列理论文献所支持。后续的研究在此框架下提出了原始泰勒规则的种种变式。其中较为重要的扩展集于两点，其一是名义利率参考的通胀和产出变量是前瞻（未来）的、当前的，还是过去的，即目标范围的选取，对这一问题的回答构成了前瞻型规则、当期型规则和后顾型规则；其二是短期利率局部调整的问题，即货币政策规则中的利率平滑。

一、泰勒型规则中的目标范围选取

泰勒型规则中，中央银行根据通货膨胀偏离值和产出缺口调整短期利率。然而，这一表述并未规定利率是对过去的、当期的还是未来的（预期的）通胀偏离值和产出缺口做出反应。对过去一期或几期变量做出反应的规则称为后顾型规则，对当期经济变量做出反应的规则称为当期型规则，而根据预期变量调整利率的规则称为前瞻型规则。文献对泰勒型规则目标范围选取的研究主要集中于当期型规则和前瞻型规则，对后顾型规则的讨论相对较少。

Taylor（1993）提出的原始泰勒规则本身就是当期型规则的代表——联邦基金利率对当期同比通胀率与目标值的差以及当期产出偏离潜在产出的百分比做出反应。Taylor（1999a）进一步运用当期型规则的框架对美国1879年以来的短期利率行为进行了估计。部分文献利用宏观模型模拟了当期型规则的效果。Levin，Wieland和Williams（1999）利用四个不同的结构化宏观经济模型检验了泰勒型规则的稳健性，他们认为，为了减少通胀和产出波动，短期利率应该对当期的产出缺口和通货膨胀做出反应，考虑过去的通货膨胀的规则与纯粹当期型规则表现相似，而考虑预期变量对政策的提升的规则可以忽略。Williams（2003）利用FRB/US模型模拟了带利率平滑的当期型泰勒规则的效果，发现这种简单的政策规则在平抑通胀、产出和利率波动方面都非常有效。此外，Woodford（2000）通过理论分析指出，纯粹基于预期的政策规则可能导致经济中无法形成唯一的稳定理性预期，从而带来由"自我实现"的预期造成的额外波动性，因此政策规则中必须包含当期型和后顾型变量。

前瞻型泰勒规则中，规则方程的右侧变量是通胀率和产出缺口的预期值，政策制定者根据预期通胀率和产出缺口偏离目标值的水平来调整短期名义利率。前瞻型泰勒规则的代表是Clarida，Gali和Gertler（2000），他们提出了一个颇为简洁的带预期的政策规则：

$$i_t^* = i^* + \beta\big(E[\pi_{t,k} \mid \Omega_t] - \pi^*\big) + \gamma E[x_{t,q} \mid \Omega_t] \qquad (16-2)$$

其中，i_t^* 是第 t 期的短期名义利率目标值，$\pi_{t,k}$ 表示第 t 期和第 $t+k$ 期之间的价格（年化）变化率，π^* 是通货膨胀目标值，β 表示对通胀的反应系数，γ 表示对产出缺口的反应系数。$x_{t,q}$ 是第 t 期和第 $t+k$ 期之间的平均产出缺口。E 是期望算子，Ω_t 是政策制定时（第 t 期）可用的信息集。根据以上设定，i^* 就是通胀率和产出缺口都等于其目标值时的目标名义利率。Clarida，Gali 和 Gertler（2000）指出，前瞻型规则实际上将后顾型和当期型规则作为了特例：如果通胀率和产出缺口的滞后项或其线性组合是预测未来通胀率和产出缺口的充分统计量，则式（16-2）就变成了后顾型或当期型泰勒规则。如果上述情形不成立，则这一设定同样允许央行在预测未来情况时考虑滞后通胀率和产出缺口以外的其他因素。

此外，还有部分文献对前瞻型规则中前瞻期数的选取进行了讨论。Orphanides（2001）利用实时数据对不同时间范围的政策规则进行估计时发现，前瞻四期的规则对现实数据拟合最佳。Levin，Wieland 和 Williams（2003）比较了前瞻型规则在不同模型中的表现，发现稳健的前瞻型规则对短期预期（不超过一年）的通胀偏离和当期的产出缺口作出反应，对前瞻型规则的前瞻程度（即参考未来什么时期的变量）做了进一步界定。

二、泰勒型规则中的利率平滑

Taylor（1993）提出的政策规则隐含地假设实际联邦基金利率能够瞬间、准确地调整至目标值，但事实上利率的变化往往具有局部调整或平滑的特征，即实际利率并非在当期就准确调整至其目标值，而是需要持续几期（季度）的渐进调整，Clarida，Gali 和 Gertler（2000）对美联储政策规则的估计显示，实际利率每季度的调整幅度仅占上期利率与目标值之差的 $10\%\sim30\%$。这就意味着直接将实际联邦基金利率作为泰勒型规则的短期利率调整目标会带来参数估计的偏误。为了修正这一点，后续许多文献探究了实际短期利率向目标值的平滑调整的原因和影响，绝大多数关于泰勒型规则的实证研究也都考虑了利率平滑因素。

关于利率局部调整的原因，主流文献认为是政策制定者主动平滑利率变动的行为。典型的代表如 Woodford（1999，2003），他认为政策制定者通过平滑利率的方式引导经济中的主体在形成预期时关注央行的稳定化目标，从而达到优化产出、平抑波动的目的。Amato 和 Laubach（1999）假设私人部门作决策时同时考虑预期的政策变动，则序列相关的利率变动就可以对消费者和企业的行为造成更显著的影响。其他如 Levin，Wieland 和 Williams（1999）以及 Sack 和 Wieland（1999）等研究也得到了相似的结论。Rudebusch（2002）提出了不同的观点，他指出，如果利率平滑（或货币政策惯性）是政策制定者的行为，则利率在初次调整后的接下来一段时间内应当具有可预测性，这种可预测性应当反映在利率的期限结构中，然而事实上利率的期限结构却并未体现这一点。Rudebusch（2002）进而认为这种渐进调整的来源并非政策制定者主动的行为，而是影响政策中间变量的冲击本身的序列相关性。

对利率平滑的泰勒型规则进行建模的文献一般假设除了通胀率和产出缺口外，政策制定者还要考虑滞后一期或多期的短期利率。但滞后期利率进入规则的方式不尽相同。在 Judd 和 Rudebusch（1998）的设定中，实际短期名义利率在每一期的调整值由两部分组成，包括当期利率与上一期利率之差和上一期实际利率的调整值。Orphanides（2001）将当期的实际利率设定为上一期利率与当期目标利率的线性组合。Clarida，Gali 和 Gertler（2000）给出了含有滞后多期利率的一般模型，具体设定是

$$i_t = \rho(L)i_{t-1} + (1-\rho)i_t^* \qquad (16-3)$$

其中 $\rho(L) = \rho_1 + \rho_2 L + \cdots + \rho_n L^{n-1}$，$L$ 是滞后算子，$\rho \equiv \rho(1)$。ρ 可以理解为美联储调整利率的平滑程度，ρ 越大则利率调整越平滑。

考虑利率平滑能够有效提升政策规则估计的准确性。Orphanides（2001）分别基于当期型和前瞻型规则拟合了 1987—1992 美联储的货币政策，如图 16-1 所示。图 16-1（a）是估计隐含的利率目标，图 16-1（b）是考虑利率平滑后的估计结果。不难看出，美联储的利率目标与当期的实际联邦基金利率有显著的差异，而考虑利率的平滑调整后的规则则能较为准确地拟合实际利率走势。事实上，在当期型和前瞻型规则中，平滑系数 ρ 的估计值分别为 0.83 和 0.66，说明美联储的政策执行中的确存在较强的利率平滑倾向。

隐含的利率目标

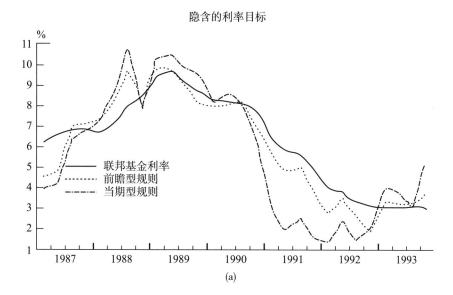

(a)

考虑利率平滑的规则

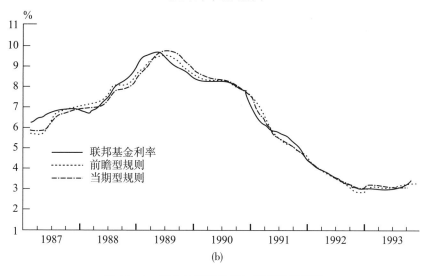

(b)

图 16 - 1　隐含的利率目标与利率平滑规则

第三节　泰勒型规则的估计

Taylor（1993）中，泰勒并未利用计量模型对规则中的系数进行估计，而是先验地将通胀率和产出缺口的系数设定为0.5，并将均衡真实利率和均衡通胀率设定为2%。后续大量研究基于泰勒提出的原始规则和扩展的泰勒型规则拟合了美联储在不同阶段的货币政策。

Taylor（1999a）基于Taylor（1993）提出的原始当期型规则，拟合了1879—1997年（除第一次、第二次世界大战时期）美国的短期利率行为。泰勒根据货币制度的不同将样本划分为两个区间：1879—1914年的传统金本位制时期，以及1955—1997年的布雷顿森林体系和后布雷顿森林体系时期，并分别采用OLS估计式（16-1）（通胀率和产出缺口系数设为待估）。在前一时期，泰勒采用国民生产总值（GNP）与趋势值之差衡量产出缺口，用GNP平减指数的同比变化率衡量通胀率，用商业票据利率衡量短期利率；在后一时期则分别用GDP和GDP平减指数变化率衡量总产出和通胀率，短期利率则用联邦基金利率来衡量。估计结果显示，在前一时期，通胀率和产出缺口的系数虽然为正，但很小且不显著，这说明泰勒规则对这一时期的短期利率行为解释力较弱；后一时期二者均具有显著为正的系数，泰勒进一步将这一时期划分为1960—1979年的高通胀时期和1980—1997年沃尔克和格林斯潘担任美联储主席的通胀抑制时期。他发现后者估计规则中通胀率的系数远大于前者，意味着这一时期美联储对通胀反应更为激烈，从而达到了抑制通胀的效果。

如同Taylor（1993）在货币政策规则设计方面的开创性地位一样，Taylor（1999a）也成为了政策规则的检验文献的基准。许多学者在政策规则的估计中对其进行了借鉴和扩展。

一、前瞻型规则的估计

Taylor（1999a）估计的是当期型政策规则，一些文献利用相似的样本进行了前瞻型规则的估计，如Clarida，Gali和Gertler（2000），Boivin（2006），Kim和Nelson（2006）等。其中Clarida，Gali和Gertler（2000）作为前瞻型货币政策估计的经典文献被后续研究频繁引用。在他们的设定中，通胀率和产出的预期期数均为1期，短期利率选取为每个季度第一个月的平均联邦基金利率，用GDP平减指数在连续两个季度间的年化变化率来衡量通胀率，产出缺口采用国会预算办公室（CBO）给出的数据。由于方程右侧包含预期变量，克拉里达（Clarida）等人采用广义距方法对反应方程进行估计，工具变量包括滞后联邦基金利率、通胀率和产出缺口，相同滞后期的商品价格通胀率、M2 增长率以及长期利率与 3 个月国库券利率的利差。与 Taylor（1999a）相似，克拉里达等人也将样本分为了前沃尔克时期和沃尔克-格林斯潘时期两部分。估计结果显示，目标通胀率的估计值后者小于前者，通胀系数的估计值后者大于 1，而前者小于 1。克拉里达等人认为这一区别导致了沃尔克-格林斯潘时期的货币政策能够有效平抑通胀，而前沃尔克时期的"适应性"政策则会助长通胀。他们从货币政策角度解释了 20 世纪 80 年代以来美国经济稳定性显著提升的原因。

二、规则估计中的信息问题

关于政策规则估计中信息问题的争论表现在估计样本的选取上，对这一问题的理解分为两个不同的派别。一派主张使用"事后修正的数据"，美国每季度宏观经济数据的初次公布是在该季度结束一个月后左右，且最初报告公布之后还要进行一些调整以保证其准确性，数据的最终公布约在该季度结束的三个月后。采用这种经过调整修正后的数据拟合泰勒型规则的文献包括 Judd 和 Rudebusch（1998），Clarida，Gali 和 Gertler（2000）以及 Kim 和 Nelson（2006）等。

另一派则主张在政策规则的估计中使用"实时数据"，最早提出这一观点的文献是 Orphanides（2001）。他指出，虽然事后修正的数据对名义产出、真实产出和潜在产出具有更高的准确性，然而，政策制定者在制定政策时并不能获得这些数据，因此，采用事后修正的数据估计的政策规则实际上并不具有可操作性。奥尔法尼德斯（Orphanides）进一步指出，采用事后修正的数据的估计对基于模型的政策评价和历史政策的识别都具有较强的误导性。基于上述原因，他主张使用"绿皮书"（Greenbook）数据进行政策规则的估计。绿皮书是一份汇总了美联储经济学家对当前和未来经济状态分析的文件，在每次 FOMC 会议前完成，供 FOMC 参考制定政策使用。该文件能够较为准确地反映政策制定时可用的规则右侧变量数据，即实时数据。此外，Orphanides（2001）还赞同了克拉里达等人使用每个季度第一个月的平均联邦基金利率代表短期利率的做法，认为这一变量反映了 FOMC 2 月、5 月、8 月、11 月会议（即每季度第二个月月初会议）的可用数据，既包含了一定的当季度信息，又可为当季度政策决策所用。

图 16-2 和图 16-3 来自 Orphanides（2001），分别对比了事后修正的产出缺口和通胀率与二者实时数据，其中虚线代表事后修正的数据，实线代表实时数据。作者采用产出（1992 年之前是 GNP，之后是 GDP）平减指数的同比变化率衡量通胀率；产出缺口则用线性去趋势（上图）和美联储估计（下图）两种方式来衡量。可以看到，二者的实时值和事后修正值均具有一定的差异。奥尔法尼德斯接着采用 Taylor（1993）提出的原始泰勒规则，分别基于实时数据和事后修正的数据构建了联邦基金利率的走势，如图 16-4 所示。无论是基于哪种产出缺口的衡量方式，使用事后修正数据的泰勒型规则刻画的联邦基金利率路径与实际值都较为吻合，而使用实时数据刻画的路径则与实际值偏差较大。最后，奥尔法尼德斯分别基于实时数据和事后修正的数据对 1987—1993 年不同前瞻期数的政策规则进行了 OLS 估计。可以发现基于事后修正数据的估计中，前瞻期数为零的当期型规则对现实数据拟合最好；而基于实时数据的估计则显示前瞻四期的规则最能拟合实际利率走势。

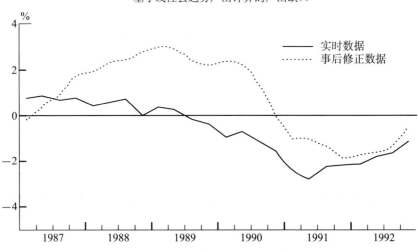

基于线性去趋势产出计算的产出缺口

图 16-2 事后修正和实时的产出缺口

美联储估计的产出缺口

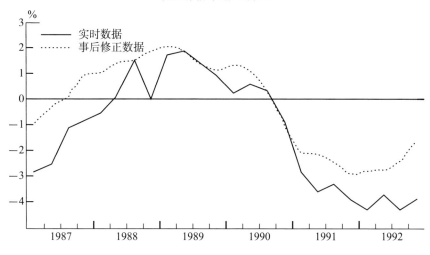

图 16－2　事后修正和实时的产出缺口（续）

同比通胀率

（基于产出平减指数计算）

图 16－3　事后修正和实时的通胀率

基于去趋势产出计算的产出缺口

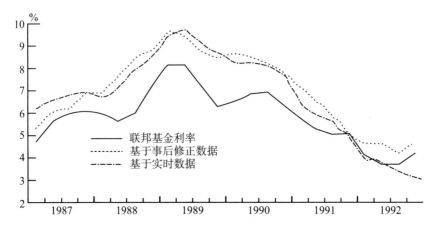

美联储估计的产出缺口

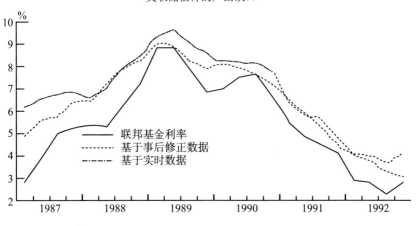

图 16 - 4 基于不同数据集的泰勒型规则

Orphanides（2001）的主张同样受到了广泛的支持，后续文献如 Orphanides（2002，2004）、Boivin（2001，2006）等都沿用了这种样本选取方法。Orphanides（2002）认为 20 世纪 70 年代美国的货币政策并不能用积极的前瞻型政策来刻画是通货膨胀无法得到控制的原因。Orphanides（2004）进一步基于实时数据估计了保罗·沃尔克担任美联储主席前后的前瞻型泰勒规则，得出了与 Clarida，Gali 和 Gertler（2000）不同的结论。Orphanides（2004）认为，造成沃尔克上任后经济稳定性显著提升的货币政策原因并不在于短期利率对预期通胀率反应的差异，而是前沃尔克时期短期利率对正向产出缺口反应过度，而沃尔克上任后修正了这一点。

Kim 和 Nelson（2006）指出，选用实时数据同样存在缺陷。如果美联储进行预测时并未假设联邦基金利率保持不变，模型就会存在内生性问题。但总体而言，人们有理由相信利用实时数据能够获得比政策制定者决策时采用的政策规则更为准确的估计。

第四节　政策规则的调整

在不同的历史时期，美联储的货币政策不是一成不变的。一方面，FOMC 的人员变动和其他政治因素会影响美联储的政策取向；另一方面，政策制定者能够从过去的政策执行情况中吸取经验教训，不断对政策进行调整优化。在泰勒型规则的框架下，货币政策的调整体现在政策规则系数的变化上。文献对政策规则调整的研究主要采取了两种方法，即历史研究法和模型识别法。

历史研究法的核心在于将研究样本按照一定的标准先验地划分为几个阶段，然后分别估计各个阶段的政策规则并比较其系数。历史研究法最早见于 Taylor（1999a），该文献先按货币制度将研究样本划分为 1879—1914年的传统金本位制时期和第二次世界大战后 1955—1997 年的布雷顿森林体系和浮动汇率制时期，再进一步根据通货膨胀情况将后者划分为 1960—1979 年的高通胀时期和 1980—1997 年保罗·沃尔克和艾伦·格林斯潘担任美联储主席的通胀抑制时期。Taylor（1999a）对第二次世界大战后的样本以沃尔克上任为界的划分被包括 Clarida，Gali 和 Gertler（2000），Orphanides（2002，2004）等在内的其他应用历史研究法的文献所广泛采用。也有其他文献如 Judd 和 Rudebusch（1998）将 1970—1997 年的样本划分为亚瑟·伯恩斯（Arthur Burns，1970—1978 年）、保罗·沃尔克（1979—1987 年）和艾伦·格林斯潘（1987—1997 年）担任美联储主席的三个阶段，但该研究的结果也不否认沃尔克的上任是政策规则转型的关键时点。

图 16-5 展示了 1960—1997 年的美国 GDP 平减指数通胀率和真实GDP 增长率，图中两条竖线分别指示了沃尔克和格林斯潘开始担任美联储主席的时点。沃尔克上任前，通胀率一直呈上升态势，一度超过 10%，

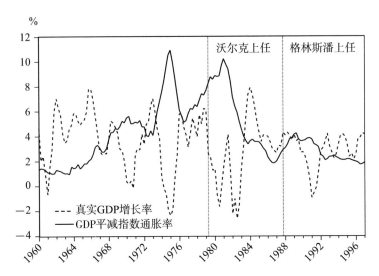

图16-5 美国 GDP 平减指数通胀率与真实 GDP 增长率

资料来源：圣路易斯联邦储备银行，经作者计算。

产出大幅波动；而沃尔克上任后通货膨胀很快得到有效抑制，数年之后产出增长率波动也明显减小，格林斯潘则维持了美国经济平稳运行的态势。这一变化使得沃尔克的上任成为了采用历史研究法的文献普遍认可的样本划分时点，同时也让影响宏观经济稳定性的货币政策因素成为了经济学家们关注的焦点。这一问题的答案包括对当期通胀和产出缺口的反应不同（Judd and Rudebusch，1998；Taylor，1999a），对预期通胀的反应不同（Clarida，Gali，and Gertler，2000）和对预期产出缺口的反应不同（Or-phanides，2004）等。

　　另一支文献主张在泰勒型规则的框架下运用较为复杂的计量模型来识别美联储政策规则的调整，因此被称为模型识别法。这些研究使用的模型主要包括 Sims（1999，2001）、Boivin（2001，2006）、Kim 和 Nelson（2006）等人采用的时变系数（time-varying parameter，TVP）的线性模型以及 Cogley 和 Sargent（2005）带有不确定性的向量自回归（VAR）模型。此外值得一提的是，还有部分文献虽然对于政策规则的设定并未完全采用泰勒型规则的框架，但是也基于模型识别得出了一系列关于美联储政策规则的调整的重要结论，这些文献包括 Bernanke 和 Mihov（1998）、

Cogley 和 Sargent（2001）以及 Sims 和 Zha（2006）等。

采用模型识别法的文献对历史研究法提出了诸多批评。如政策规则系数的调整很可能并非离散的突变，而是与美联储认知变化相关的渐变过程（Boivin，2006）；规则中不同的系数不一定在同一时点发生变化（Boivin，2006）；不同样本阶段中规则参数估计的变化的来源可能并非规则本身的调整，而是扰动项的异方差性。也就是说，前沃尔克时期和沃尔克-格林斯潘时期通胀和产出波动差异的来源是外生冲击方差的不同，而非货币政策的系统性差异，等等。

模型识别法得出了许多与历史研究法非常不同的结论。Kim 和 Nelson（2006）利用事后修正的数据估计了带时变系数的前瞻型泰勒规则，认为按照利率对预期通胀率和产出缺口的反应不同，1970—1999 年的样本区间应该划分为 70 年代、80 年代和 90 年代三个阶段，而非根据美联储主席的任期进行划分。Boivin（2006）的研究采用的是实时数据，但结论却与同样采用实时数据的历史研究法不同。Boivin（2006）认为政策规则的系数是逐渐调整的：除了 70 年代后半叶外，政策对通货膨胀的反应一直较强，对真实产出缺口的反应则在整个 70 年代逐渐减弱；自 80 年代中叶起，货币政策一直较为稳定。

考虑外生政策冲击异方差性的文献则大都认为货币政策的变化并非经济波动的主因。Sims（1999，2001）估计了考虑政策冲击异方差性的时变系数后顾型泰勒规则，发现货币政策的区制是循环往复的，并不存在从某一时点开始的系统性提升。Cogley 和 Sargent（2005）利用带漂移系数和随机波动的 VAR 模型同样发现，通胀和产出的波动是由外生冲击的异方差性主导的，货币政策本身并不存在系统性变化。

第五节　泰勒型规则的国际证据

以上列举的所有实证文献对泰勒型规则的检验都是基于美国的情形。除美联储外，还有文献基于泰勒型规则的框架对英格兰银行、德意志联邦银行、欧洲央行、日本央行等其他发达国家央行的货币政策进行了研究。结果表明，泰勒型规则在其他发达国家的货币政策中也得到了较好的验证。

Clarida 和 Gertler（1997）考察了德国央行自 20 世纪 70 年代中叶以来的货币政策执行情况，发现这一阶段的货币政策可以用对预期通胀率反应强烈的前瞻型泰勒规则来刻画，这样的政策在平抑通胀上取得了杰出的效果，但是却在一定程度上导致了产出的衰退。

Clarida，Gali 和 Gertler（1998）分别估计了 G3 国家（美国、德国、日本）和 E3 国家（英国、法国、意大利）的货币政策反应函数。发现自 1979 年以来，G3 国家的货币政策符合前瞻型泰勒规则，且以控制通胀为目标；受旨在限制欧盟成员国货币汇率波动的欧洲汇率机制（ERM）的制约，E3 国家的货币政策受德国央行政策的影响十分显著。

Taylor（1999b）利用包含七个国家的大型宏观模型考察了欧洲央行几种不同利率政策的稳定性，发现经系数调整的简单泰勒规则具有有效性和稳健性。Gerlach 和 Schnabel（2000）的估计表明 1990—1998 年欧洲央行的货币政策符合 Clarida，Gali 和 Gertler（2000）提出的前瞻型泰勒规则。Sauer 和 Sturm（2007）分别基于当期型和前瞻型泰勒规则估计了欧洲央行 1991—2003 年的货币政策。当期型框架下的估计结果显示欧洲央行对通胀的反应不足以起到稳定经济的作用，而前瞻型框架则提供了相反的结果。是否利用实时数据对估计结果的影响不显著。

Nelson（2000）将 1972—1997 年这一时间段按照英国汇率制度和货币政策执行模式的不同先验地划分为五个阶段，在每个阶段分别估计了后顾型和前瞻型泰勒规则。估计结果显示，1972—1976 年英国过高的通胀率可以归因于短期利率对通胀反应不足。与美国情形不同的是，1979—1987 年英国平均真实利率较 1976—1979 年大幅上升的原因在于截距项的增长，而非通胀系数的变化。

谢平和罗雄（2002）沿用 Clarida，Gali 和 Gertler（2000）的方法估计了中国 1992—2001 年的前瞻型泰勒规则，认为中国的货币政策对通胀反应不足，对产出反应过度。陆军和钟丹（2003）利用协整方法检验了当期型和前瞻型泰勒规则，其中对预期通胀率的测算采用将菲利普斯曲线和奥肯定律结合的方法，两种规则都显示产出缺口系数与 Taylor（1993）提出的原始泰勒规则十分接近，通胀缺口系数则低得多。张屹山和张代强（2007）将货币供给增长率引入前瞻型反应方程，并分别用银行间拆借利率、存贷款实际基准利率以及存贷款基准利率和拆借利率的利差作为方程的右侧变量进行检验，发现该规则对三种利率的走势都能很好地描述。欧阳志刚和王世杰（2009）考虑了货币政策对通胀和产出的非对称反应，发现我国货币政策对通胀和紧缩、经济过冷或过热有显著的非对称反应。

张成思和党超（2016）同时考虑了货币政策对居民预期和专家预期通胀率的反应，发现央行对居民预期和专家预期均做出显著反应，但对专家预期反应更强。张成思和党超（2017）进一步基于专家预期数据估计了带有通胀和产出双预期的货币政策，发现无论是在数量型规则还是价格型规则的框架下，政策变量都对预期通胀率做出反应，而对预期产出变量反应不显著。

以上经验研究结果表明，在利率市场化背景下，利率对通胀率和经济增长率的反应可以较好地用泰勒规则进行刻画。当然，各个国家的金融市场发展阶段和经济运行机制特征存在一定差别，所以泰勒规则的具体形式在各个国家的表现都略有不同。

第十七章　新货币理论

第一节　总需求-总供给分析框架

一、AD-AS 基本框架

总需求（aggregate demand）-总供给（aggregate supply）模型可以简记为 AD-AS 模型，是将微观层面的需求与供给进行加总后的宏观模型，主要用于分析哪些因素和条件影响一个国家的真实经济产出（例如真实 GDP）和价格水平。

在 20 世纪 80 年代之前（追溯到 1936 年左右），基于商品市场均衡的 IS 曲线和基于金融市场均衡的 LM 曲线所构成的 IS-LM 模型是宏观经济分析的主流框架（张成思，2023）。AD-AS 分析框架则是在传统的 IS-LM 模型基础上进一步发展而来的多市场均衡分析框架，涵盖了商品市场（也称产品市场）、金融市场和劳动力市场等。自 20 世纪 80 年代至今，AD-AS 分析框架成为主流的宏观经济分析框架之一。

事实上，AD-AS 模型是宏观经济学课程的核心内容之一，回顾这部分内容对理解新的货币理论发展具有重要意义，因为 AD-AS 模型中的核心变量（即真实产出和价格）也是货币理论分析框架中的核心变量。我们在本章第四节将会看到，AD-AS 模型是主流货币理论分析框架（例如新凯恩斯主义分析框架）的基础。

标准的 AD-AS 模型是一种比较静态模型（comparative statics model)。也就是说，AD-AS 模型的核心机制是先识别出初始均衡状态，然后通过模型中 AD 和 AS 主要影响因素的变化（如需求冲击或供给冲击）来分析 AD 和 AS 曲线的位移，继而分析新的均衡结果。

需要说明的是，在 AD-AS 分析框架中，"价格水平变化"是指当前价格水平相对于上一期价格水平的变化程度，即通胀率；"真实产出变化"是指真实产出相对于潜在产出的变化程度，即真实产出缺口。所以，在 AD-AS 模型分析中，既可以用价格水平与真实产出水平之间的关系来刻画 AD-AS 曲线，也可以用通胀率与真实产出缺口之间的关系来刻画 AD-AS 曲线，二者基本上是等价的。

图 17-1 演示了 AD-AS 模型分析框架。图中用横轴代表真实总产出水平（Y），用纵轴代表总体价格水平（P）。AD 曲线是一条向右下方倾斜的曲线，AS 曲线是一条向右上方倾斜的曲线，二者相交于均衡点 E_0，对应确定了均衡价格 P_0 和均衡产出 Y_0。在这个模型框架内，经济体的总价格和总产出变化由 AD 曲线和 AS 曲线的位移影响和决定。例如，假设 AS 曲线不动，当 AD 曲线向右移动时，均衡价格水平和均衡产出水平都会上升。如果 AD 曲线保持不动，当 AS 曲线向右移动时，均衡产出水平会上升，均衡价格水平会下降。

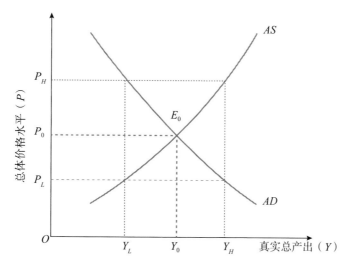

图 17-1 AD-AS 模型图示

尽管图 17-1 刻画的宏观层次的 AD-AS 曲线形态与微观层次单个商品的需求与供给曲线看上去相似，但是二者的含义与机理有本质差别。例如，当我们讨论猪肉这种单个商品需求时，猪肉的需求与价格也呈现出反向关系，猪肉的需求曲线也是一条向右下方倾斜的曲线。但是，猪肉的需求曲线形状背后的机理与 AD 曲线形状的机理完全不同。如果猪肉价格上涨而牛羊肉价格保持不变的话，人们对猪肉的需求可能就会减少，转而增加对牛羊肉或者其他肉品的需求，所以猪肉需求曲线向右下方倾斜是由不同商品相互之间的替代效应来诠释的。但是对于 AD 曲线来说，由于纵轴是总体价格水平，所以不存在商品之间的替代效应。我们下面分别对 AD 和 AS 曲线的形状和变化机制进行介绍。

二、AD 曲线

（一）AD 曲线的基本形态

一个经济体的 AD 曲线刻画的是总体价格水平与真实总产出的需求水平（真实总产出一般用真实 GDP 表示）之间的关系。在图 17-1 中，AD 曲线向右下方倾斜，主要是因为构成总需求的主要指标与价格水平之间呈反向关系。从宏观经济学基础知识可知，总需求由四个成分组成（即用支出法核算 GDP），即消费支出（C）、投资支出（I）、政府支出（G）、净出口（NX，出口额减进口额），用公式表示为

$$Y=C+I+G+NX \tag{17-1}$$

其中，消费支出、投资支出和净出口都与总体物价水平呈反向关系。注意，在总需求的四个成分中，投资支出是指真实资本品投资，例如购置机器、设备和厂房等投资支出，而不是指金融资产投资。我们下面分别介绍消费需求、投资需求和净出口为什么与价格水平呈反向关系。

首先，价格水平上升，会导致消费需求和投资需求下降，这主要有两方面原因。第一个原因在于利率效应。价格水平不断提高意味着通胀率上升，中央银行为了调控通胀率会上调利率，利率上调幅度一般会超过通胀率变化幅度，从而使得市场上真实利率不断上升。同时，真实利率上升意味着消费者购买汽车等耐用品的贷款成本上升，企业进行真实投资的融资

成本也上升，因此消费需求和投资需求受到抑制，出现下降。在上述原因分析中，中央银行调控利率的这种反应机制可以用货币政策（MP）曲线刻画，而利率变化影响消费和投资需求可以用 IS 曲线刻画。所以 AD 曲线本质上是由 MP 曲线与 IS 曲线相结合而获得的，在本章第二节将详细介绍。第二个原因在于财富效应。当价格水平上升以后，人们持有的货币以及用货币度量的其他资产（例如债券）的真实价值下降（即财富缩水），人们会变得相对贫穷，于是消费需求和投资需求相应降低。

其次，国内价格水平越高，净出口越低，可以从两方面理解。第一个方面是相对价格效应。当国外商品的价格水平保持不变而国内价格水平上升时，国外商品和服务的价格相对更具有吸引力，所以国内消费者就会重新调整对进口商品和国内商品的消费结构，人们对进口商品的需求相对于国内商品就会更高，从而导致净出口下降。第二个方面是汇率效应。从本币汇率变化带来国际贸易变化的角度考虑，由于国内价格水平上升导致中央银行上调利率，使国内真实利率水平上升，所以国内金融资产要比国外金融资产更具吸引力（收益率更高），这就会导致在国际外汇市场上对本国货币的需求增加（国际上的金融投资者要把其他货币转换成本国货币），从而带来本币升值；本币升值意味着本国产品在国外市场上的销售价格上升，会抑制本国产品的出口，这样也会造成净出口总额下降。

（二）AD 曲线的位移

通过 AD 曲线的基本形态分析可知，总体价格水平变化会带来总需求四个子成分（C、I、G、NX）的变化，从而使总产出沿着 AD 曲线变化。除了总体价格水平之外的其他因素如果影响总需求的子成分，则会带来 AD 曲线的位置移动。如果其他因素使总需求各子成分增加，则 AD 曲线向右位移，AD 曲线这一位移会同时提高总产出和总体价格水平；如果其他因素使总需求各子成分减少，则 AD 曲线向左位移，这一位移则会同时降低总产出和总体价格水平。

需要说明的是，分析影响 AD 曲线位移的因素时，前提假设是总体价格水平（或者说通胀率）不变。也就是说，下面介绍的使 AD 曲线位移的各种影响因素的变化排除了总体价格水平的可能影响，即这些相关影响因素不受 AD 曲线本身刻画的变量影响，都是外生变量，也可以称为自主性变量（autonomous variables）。

例如，市场上利率发生变化有两种情形，第一种情形是总体价格水平上升引发中央银行提高利率，这种情形对应的利率变化本质上源于总体价格水平的变化，因此这种情形的利率变化就不会影响 AD 曲线位移，只会影响总产出沿着 AD 曲线变化。利率变化的第二种情形则是中央银行的自主性货币政策调整，即中央银行并不是根据总体价格水平或者产出水平变化来调整利率，而是根据其他相关预测信息上调利率水平，此时就会引起 AD 曲线位移。

因此，我们接下来分析除了总体价格水平以外，总需求的四个构成要素分别受到哪些其他因素影响，从而影响 AD 曲线的位移。图 17 - 2 以 AD 曲线向右位移为例归纳了位移的影响因素，下面进行具体阐释。

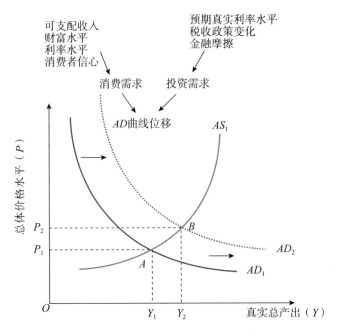

图 17 - 2　AD 曲线位移的影响因素

首先，影响消费需求的因素包括可支配收入、财富水平、利率水平以及消费者信心等。在可支配收入方面，如果个人所得税下降带来可支配收入增加，消费支出就会增加，从而带动 AD 曲线向右位移。在财富水平方面，如果居民持有的股票、房产等价格上升，财富水平增加，居民的消费支出也会增加，带动 AD 曲线向右位移。从利率水平看，如果中央银行进行自主性货币政策调节，即非价格变化因素影响的货币政策调节，下调利率，这就意味着居民消费贷款利率下降，从而购买小汽车、家具家电等的借贷成本下降，会刺激更多消费，推动 AD 曲线向右位移。从消费者信心看，如果经济运行平稳，经济展望乐观，消费者信心就会增加，消费支出也会增加，进而带动 AD 曲线向右位移。

其次，影响投资需求的因素主要包括预期真实利率水平、税收政策变化以及与金融体系结构相对应的金融摩擦等。也就是说，货币政策和财政政策对投资需求的影响特别明显，同时金融体系结构变化带来的金融摩擦程度变化也会影响投资需求。（金融摩擦是指资金借贷双方的信息不对称导致资金融资过程中交易成本增加的现象。）例如，当货币政策宽松时，市场利率下行，企业预期真实利率水平会不断下降，此时企业进行生产投资的真实融资成本就会下降，企业就有动力提高投资支出，购买更多的设备和厂房等，从而带动 AD 曲线向右位移。再如，如果企业税负下降，也会有更高的积极性进行生产投资，推动 AD 曲线向右位移。另外，如果金融体系结构变化，使得资金融通过程中的信息不对称问题减少，企业融资过程中遇到的金融摩擦减少，则企业会更有积极性融资来扩大生产，此时 AD 曲线向右位移。

再次，影响政府支出的因素主要是中央和地方的决策层。决策层制订政府支出计划需要根据各级税收情况，归根结底还是取决于总体经济情况。如果总体经济平稳增长，税收稳定增长，政府支出一般也会相应增加，此时 AD 曲线向右位移。

最后，影响净出口的因素主要是汇率、贸易伙伴国的经济运行情况以及贸易壁垒等因素。例如，如果外汇市场上本币贬值且其他条件不变，则本国商品在国外的售价会下降，国外对本国商品的需求会增加，进而带动净出口增加，AD 曲线向右位移。当然，贸易伙伴国的经济运行更好、贸易限制条件减少等因素都可能增加净出口，从而推动 AD 曲线向右位移。

三、AS 曲线

(一) AS 曲线的基本形态

AS 曲线刻画的是总体价格水平与全部企业愿意生产和销售的真实总产出水平之间的关系。在图 17-1 中，向右上方倾斜的 AS 曲线准确地说是短期 AS 曲线。从短期来看，总体价格水平越高，就会刺激商品和服务的产出越多。短期 AS 曲线向右上方倾斜的内在原因是短期内存在一个相对固定的生产成本，企业工人的工资水平、设备成本和原材料价格一般都有黏性特征（即并不都会灵活和频繁地变化）。例如，工人工资水平在一个年度内一般不会调整；企业购买原材料一般也会提前通过合同锁定一定时期内的价格水平。由于短期内这些价格相对固定，即使变化也会有一定时滞（即价格黏性），所以每单位产出的利润（即边际利润）会随着总体价格水平上升而上升。这样，企业生产的边际利润增加会促进企业增加生产。

从长期看，各种生产要素的价格都会逐渐调整到与总体价格水平一致的程度。此时形成的长期 AS 曲线垂直于横轴。也就是说，从长期看，产品供给总量不再受总体物价水平影响，因为此时总体价格变化不再影响边际利润。图 17-3 描绘了长期 AS 曲线，它是一条垂直于横轴的直线。当经济中生产资本和劳动力增加、技术水平上升或者自然失业率下降时，长期 AS 曲线 1 就会向右扩张到长期 AS 曲线 2 的位置。

(二) AS 曲线的位移

在给定通胀预期和自然产出水平（自然产出即自然失业率对应的经济产出）的前提下，总体价格水平变化会相应带来总供给的变化，这种变化沿着 AS 曲线移动。除了总体价格水平之外的其他因素如果影响总供给，则会带来 AS 曲线的位移。因为短期 AS 曲线和长期 AS 曲线不同，所以各自位移的影响因素也不相同，下面分别予以介绍。

1. 短期 AS 曲线的位移

短期 AS 曲线的位移主要受到预期通胀率、产出缺口和通胀冲击等因素影响。我们在第三节将会看到，短期 AS 曲线本质上刻画了通胀动态机制，与菲利普斯曲线是等价的。也就是说，短期 AS 曲线刻画了当前的通

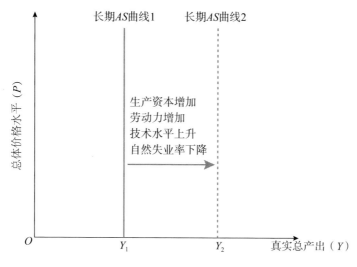

图 17 - 3 长期 AS 曲线图示

胀率水平受到预期通胀率、产出缺口和通胀冲击因素影响。这些因素变化以后，短期 AS 曲线就可能会发生位移。例如，如果公众预期通胀率上升，他们就会要求涨工资，这意味着企业的生产成本上升，因此企业会压缩当前产出，AS 曲线向左上方位移。再如，如果产出缺口持续为正，这就意味着现实产出持续超过潜在产出，会带来通胀上行压力，继而引发通胀预期上升，所以 AS 曲线也会向左上方移动。另外，如果出现供给冲击（通胀冲击），例如石油危机期间石油产品的价格大幅上升，通胀率也上升，同时会带来通胀预期的上行压力，这样就会造成供给大幅减少，进而推动 AS 曲线向左上方移动。

2. 长期 AS 曲线的位移

对于长期 AS 曲线，我们在图 17 - 3 中已经做了归纳，其位移主要受到投入生产的劳动力数量、资本规模、技术发展程度和自然失业率水平的影响。

首先，生产要素投入增加会提升总供给，AS 曲线向右移动。生产要素投入包括劳动力、资本和原材料等的投入。例如，增加劳动力数量和提高劳动力参与度，总的生产能力增加，总供给相应增加，AS 曲线向右移动。类似地，投入生产的资本规模增加也会提升总供给，带动 AS 曲线向右移动。

其次，生产要素价格上升会抑制总供给，AS 曲线向左移动。因为要素价格上升会增加生产成本，这样生产厂商的边际利润就会下降，产出下降，供给减少，AS 曲线向左移动。

最后，技术发展程度也会影响 AS 曲线位移。如果技术快速提升，生产率就会提升，总供给就会增加，AS 曲线向右移动。

四、基于 AD-AS 的长短期均衡分析

在 AD-AS 框架内，短期均衡产出水平由短期 AD 和 AS 曲线所决定。AD 和 AS 曲线的具体位置决定了短期均衡产出水平是否等于充分就业下的产出水平。每一个产出水平对应于一个特定的就业率和失业率。如果产出水平很高，就业率就会很高而失业率很低。因此，存在一个具体的产出水平，对应于劳动力市场的充分就业状态，这一状态就是劳动力市场均衡，即工人的供给与需求相等。充分就业状态下的产出水平称为自然产出，与自然产出相对应的失业率称为自然失业率。所谓自然失业率，就是指商品市场和劳动力市场都处于均衡状态时的失业率水平。商品市场和劳动力市场处于均衡状态并不等于没有失业存在的状态，经济学中的充分就业也不等价于没有失业人口。例如，有些人在更换工作单位的过程中，可能在没有确定下一份工作的情况下就办理了离职手续，之后再慢慢寻找新的工作。在没有工作的这段时间内，这些人就属于自然失业人员。

与自然失业率联系紧密但又有微妙差异的概念是非加速通胀失业率（non-accelerating inflation rate of unemployment，NAIRU），即不会造成通胀加速形成的一种失业率。自然失业率是 NAIRU 的一种，但是 NAIRU 并不必然指自然失业率，而是指能够将通胀稳定于已有水平而不推动其变化的失业率水平。因为通胀率倾向于随失业率下降到自然失业率以下而上升，随失业率上升到自然失业率以上而下降，所以从长期看自然失业率和 NAIRU 经常被认为是同义术语。

但是，在工资和物价调整缓慢的背景下，自然失业率可以视为当工资经过相当长时间调整后达到能平衡劳动力供求时的失业率水平。它取决于刻画劳动力市场的结构性因素，而这些因素通常被认为随时间推移而缓慢

变化。另外，虽然周期性因素发挥作用后经济会进入新的均衡状态，相应地就会有新的自然失业率，但是由于周期性因素可能需要较长时间才能发挥作用，因此对于关心未来一两年内通胀走势的政策制定者来说，自然失业率就不太有用，而变化更加频繁的 NAIRU 则相对更有用。

NAIRU 是在短期内与稳定的通胀率相一致的失业率，不一定必须是均衡状态下的失业率水平。在短期内，与稳定的通胀率相一致的失业率水平可能会发生重大变化。例如，如果供给冲击推高食品价格，与稳定的通胀率相一致的失业率水平将会提高，即短期 NAIRU 会上升。生产率的提高给价格带来下行压力，则会降低短期 NAIRU。因此，在没有周期性因素的情况下，自然失业率不一定与短期 NAIRU 一致，短期 NAIRU 的波动幅度经常大大超过自然失业率。

不过，自然失业率对于长期均衡分析很有帮助。图 17 – 4 刻画了 AD-AS 框架的短期均衡向长期均衡演进的过程，其中长期 AS 曲线与横轴的焦点为自然产出水平 Y_N，即对应于自然失业率水平（假设自然失业率 $U_N = 5\%$）。我们通过图 17 – 4 的三条短期 AS 曲线的移动过程来理解宏观经济从短期均衡走向长期均衡的过程。

一开始，短期 AS 曲线 AS_1 与 AD 曲线相交于均衡点 A，对应于短期均衡价格 P_1、短期均衡产出水平 Y_1（此时失业率 $U = 10\%$）。由于短期均衡产出水平低于自然产出水平，失业率水平 10% 也高于自然失业率的水平，此时劳动力市场处于非均衡状态，工人供给大于需求。由于劳动力相对剩余，所以工资水平将会下降，从而厂商生产成本也会下降，每单位产品利润上升，短期 AS 曲线向右位移到 AS_2 的位置。此时均衡产出水平 Y_2 仍然低于自然产出水平，失业率水平 7% 仍然高于自然失业率，同样地，短期 AS 曲线继续向右位移，直到移动到 AS_3 的位置，此时 AS_3 与 AD 相交于点 C，均衡产出水平与自然产出水平重合，失业率也等于自然失业率，劳动力市场处于均衡状态，当然 AD-AS 曲线代表的商品市场和金融市场也处于均衡状态，点 C 是一个长期均衡点。

从长期看，总供给只与生产资本、劳动力和科技水平等因素相关，而不受价格水平影响，因此长期 AS 曲线垂直于横轴。在长期，预期价格等于现实价格（即通胀预期等于现实通胀率），生产要素价格完全调整到与

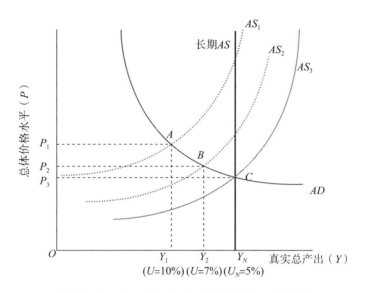

图 17 - 4　*AD-AS* 曲线：从短期均衡到长期均衡

产出价格一致。此时，即使 *AD* 曲线移动，也只能影响总体价格水平，但不会影响总产出。

第二节　*AD* 曲线与 *IS* 曲线的联系

前面介绍的 *AD* 曲线刻画了经济中的真实总产出与总体价格水平之间的反向关系，即刻画了需求侧的真实产出缺口与通胀率之间的关系。这种关系可以通过联合 *MP* 曲线与 *IS* 曲线获得，其中 *MP* 曲线刻画了中央银行如何调整真实利率对通胀率进行反应，*IS* 曲线则刻画了真实利率与真实产出缺口的关系。

当然，*AD* 曲线也可以通过刻画货币资产均衡情况下利率与真实产出之间关系的 *LM* 曲线和 *IS* 曲线相结合而获得。事实上，*IS* 曲线也经常被视为总需求曲线的代表形式。下面我们首先介绍货币政策曲线，然后介绍 *IS* 曲线通过 *MP* 曲线将需求侧的真实产出缺口与通胀率联系在一起的机制。

一、货币政策曲线

（一）基于利率的货币政策曲线

货币政策曲线是刻画货币政策中间目标如何随特定宏观经济指标（例

如真实产出缺口、通胀率等）的变化而变化的曲线。因为 20 世纪 80 年代之后利率被普遍认为是合适的货币政策中间目标，所以经常使用利率对通胀率的反应情况来刻画货币政策曲线，曲线所在的横轴表示通胀率（π），纵轴表示真实利率（r），如图 17 - 5 所示。为了便于区别，我们把这种 MP 曲线称为利率型 MP 曲线。

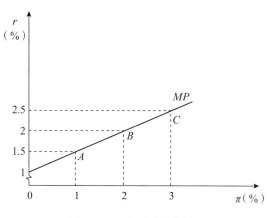

图 17 - 5 货币政策曲线

一般情况下，现代中央银行直接调控的操作目标（操作目标是货币政策短期的中间目标）是短期名义利率（i），不过在给定通胀预期的情况下，中央银行对于名义利率的调控相当于间接调控了真实利率，因为真实利率等于名义利率减去预期通胀率。事实上，因为现实中存在价格黏性特征，所以当中央银行调整操作目标（即短期名义利率）时，预期通胀率一般不会立刻受到影响，所以短期内中央银行对名义利率的调整可以视为对真实利率的调整。

为了方便说明，我们假设中央银行对真实利率的调整主要根据现实通胀率的表现，如果用 π 代表现实通胀率，则货币政策曲线可以简单地写成如下形式：

$$r = \bar{r} + \varphi\pi \tag{17-2}$$

其中 $\bar{r}$ 代表真实利率中的外生变化部分，即中央银行自主性设定的真实利率成分，真实利率的这一组成部分不受通胀率指标影响；系数 φ 为正数，表示真实利率对通胀率的反应程度。

根据图 17-5，MP 曲线与纵轴的交点处的真实利率水平为自主性真实利率水平，即 1%。另外，图中 A、B 和 C 点的通胀率分别为 1%、2% 和 3%，中央银行在这三点上分别设定真实利率为 1.5%、2% 和 2.5%，即系数 $\varphi = 0.5$。MP 曲线向右上方倾斜，表明真实利率随着通胀率上升而上升。也就是说，通胀率越高，中央银行越有动力平抑通胀率，从而设定越高的真实利率。

（二）LM 曲线作为货币政策曲线

除了式（17-2）可以作为货币政策曲线之外，基于张成思（2023）第十五章介绍的凯恩斯流动性偏好理论发展而来的 LM 曲线也可以视为货币政策曲线的一种。LM 曲线刻画的是货币资产市场或者说金融市场上货币供给与货币需求均衡状态下真实利率与真实产出之间的关系。在这一关系中，中央银行通过调控货币供给进而调控均衡真实利率水平，因此货币政策调控机制隐含在 LM 曲线中。同时，从图 17-6 的左图还可以看出，如果总体价格水平上升，会导致真实货币供给 M/P 减少，真实货币供给曲线向左移动，均衡利率上升。这一关系将在从 IS 曲线推导 AD 曲线的过程中得到应用。

LM 曲线可以通过凯恩斯流动性偏好理论的内容推导获得。根据张成思（2023），真实货币需求函数可以写成真实总产出 Y 和真实利率 r 的函数形式，即

$$\frac{M^d}{P} = M(Y, r) \tag{17-3}$$

根据流动性偏好理论，给定真实总产出水平 Y，在金融市场上人们对真实货币的需求 L^d 与真实利率 r 呈反向关系。图 17-6 中的左图刻画了不同产出水平 Y_0、Y_1 和 Y_2 对应的货币需求曲线，横轴表示真实货币需求（真实货币供给），纵轴表示真实利率。同时，货币供给由中央银行外生决定，所以货币供给曲线 M^s 是一条垂直于纵轴的直线。货币供给与货币需求曲线的交点则是金融市场均衡状态下对应的均衡真实利率和均衡真实货币需求。

也就是说，在金融市场均衡状态下，真实总产出水平越高，对应的真

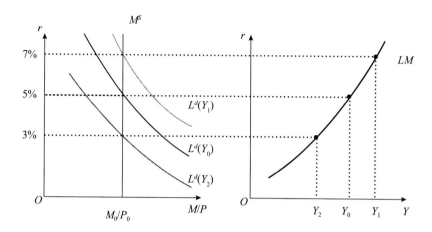

图 17-6 从货币需求曲线推导 LM 曲线

实利率水平越高，其基本逻辑是真实产出水平越高会带来越高的货币需求，因此货币需求曲线 L^d 向右扩张，从而导致金融市场上的均衡利率上升。因此，图 17-6 中右图刻画的以真实总产出为横轴、以真实利率为纵轴的 LM 曲线向右上方倾斜。

LM 曲线上的每一点都代表真实货币供给与真实货币需求的交点。当除真实总产出 Y 之外的变量（如真实货币需求 M/P 或者通胀预期变量）发生变化时，LM 曲线就会发生移动。如果预期通胀率保持不变，M/P 增加会带来货币市场上真实利率 r 的下降，因此 LM 曲线会向右下方移动。类似地，如果预期通胀率增加，会带来真实货币需求下降，从而真实利率 r 降低，此时 LM 曲线也会向右下方移动。另外，如果货币供给增加，也会带来均衡真实利率下降，从而推动 LM 曲线向右下方移动。

二、从 IS 曲线到 AD 曲线

（一）基于利率型 MP 曲线的推导

基于利率型 MP 曲线，可以很容易从 IS 曲线推导出 AD 曲线。这是因为利率型 MP 曲线刻画了中央银行如何调整真实利率以应对通胀率的机制，而 IS 曲线刻画了商品市场上真实利率与总需求之间的关系，所以通过真实利率这一连接桥梁，就可以推导出刻画通胀率与真实产出缺口之间关系的 AD 曲线。

为简单起见，我们假设 IS 曲线的公式可以简单写成如下形式，即

$$\bar{y} = -\gamma(r - r_N) \qquad (17-4)$$

其中 $\bar{y}$ 表示真实产出缺口，γ 是一个符号为正的系数，r_N 表示真实自然利率水平。根据式（17-4）的设定，当真实利率与真实自然利率相等时，真实产出缺口为 0，即均衡产出与潜在产出相等。而且产出缺口随着真实利率的上升而下降。通过式（17-2）和式（17-4），可以推导出产出缺口与通胀率之间的关系式，即

$$\bar{y} = -\gamma(\bar{r} + \varphi\pi - r_N) \qquad (17-5)$$

或者进一步整理得到

$$\bar{y} = c - \beta\pi \qquad (17-6)$$

其中 $c = \gamma r_N - \gamma\bar{r}$，$\beta = \gamma\varphi$。

式（17-6）就是基于 MP 曲线和 IS 曲线推导出来的 AD 曲线的解析表达式，刻画了总需求变量（即真实产出缺口）随着通胀率的上升而下降的关系。从本质上看，AD 曲线融汇了 IS 曲线和 MP 曲线的相关变量的互动信息。

为了方便理解 AD 曲线的推导，我们还可以把 IS 曲线和 MP 曲线的图示放在一起，来推演 AD 曲线。图 17-7 演示了 IS 曲线通过联系利率型 MP 曲线，转化为 AD 曲线的过程，转化过程中各图中的点 A、B、C 互相对应。第一步，IS 曲线刻画真实利率和真实产出缺口之间的反向关系；第二步，利率型 MP 曲线刻画真实利率与通胀率之间的正向关系；第三步，基于 IS 曲线和 MP 曲线，以真实利率作为联结纽带，可以获得 AD 曲线，即通胀率和真实产出缺口之间的关系。

注意，在图 17-7 的演示中，IS 曲线、MP 曲线以及 AD 曲线都没有完全使用直线来表示，主要是想表明这些曲线的形状并不一定都是直线。另外，从 IS 曲线向 AD 曲线的推演，除了使用诸如式（17-2）这样的利率型货币政策曲线形式之外，也可以通过刻画金融市场货币供给与需求均衡状态的 LM 曲线进行推导，在下一小节进行介绍。

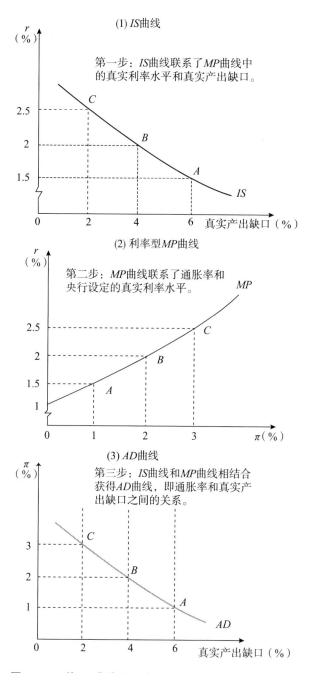

图 17 - 7 从 IS 曲线和利率型 MP 曲线推导出 AD 曲线

（二）基于 *LM* 曲线的推导

AD 曲线还可以通过 *IS* 曲线与 *LM* 曲线相结合而获得。图 17 - 8 刻画了 *IS* 曲线与 *LM* 曲线相结合推导出 *AD* 曲线的过程。因为我们的推导目标是获得总体价格水平与真实总产出之间的关系，或者等价于通胀率与真实产出缺口之间的关系，因此在图 17 - 8 的（a）中，我们首先考察总体价格水平 P 变化以后 *LM* 曲线如何变化。以 P 上升为例，真实货币总量 M/P 下降，*LM* 曲线向左上方移动，*IS* 与 *LM* 的交点（即商品市场与金融市场同时均衡点）由原来的 A 点变化到 A' 点，利率由原来的 r_0 上升到 r'，真实产出从 Y 下降到 Y'。由此，可以得出总体价格水平 P 与真实总产出 Y 之间呈反向关系，即 *AD* 曲线可以用图 17 - 8 中的（b）来刻画。

我们在前面已经介绍过，类似图 17 - 8 中（b）所刻画的 *AD* 曲线，可以将总体价格水平与真实总产出之间的关系，等价地拓展为通胀率与真实产出缺口之间的关系，即图 17 - 6 中的（c）。可以看到，*IS* 曲线通过 *LM* 曲线推导出的 *AD* 曲线形式，与通过利率型 *MP* 曲线推导出的 *AD* 曲线形式完全一致。

当然，*LM* 曲线对应的货币政策调控机制与利率型货币政策调控机制存在明显差别：*LM* 曲线所隐含的货币政策是中央银行外生调控货币供给总量，而利率型 *MP* 曲线所刻画的货币政策更强调中央银行直接调控利率指标。我们之前已经介绍过，在 20 世纪 80 年代之后利率作为货币政策操作目标和中间目标已经成为广泛共识，基于利率型 *MP* 曲线的分析相应就更受欢迎。

不过，从 *IS* 曲线向 *AD* 曲线的推导来说，利率型 *MP* 曲线与 *LM* 曲线的功能几乎是相同的，本质上是因为无论强调利率还是货币总量作为中间目标，二者对应的货币政策最终目标都是相同的，即实现经济增长和物价稳定。因此，无论通过利率型 *MP* 曲线还是 *LM* 曲线，*IS* 曲线都可以推导出 *AD* 曲线。

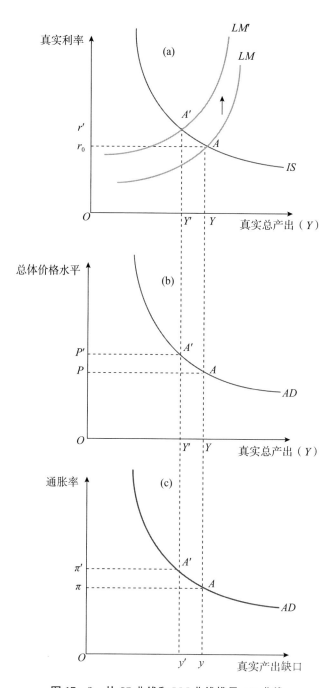

图 17-8 从 IS 曲线和 LM 曲线推导 AD 曲线

第三节 *AS* 曲线与菲利普斯曲线的联系

一、*AS* 曲线的推导

AS 曲线是从企业生产端刻画真实产出总供给与总体价格水平之间的关系。根据标准的经济学基础知识可知，*AS* 曲线的推导基于工人名义工资和企业产品定价关系等式。在简单的分析范式下，可以假设工人名义工资 W 由企业的工资制定部门根据未来预期价格 P^e 和当前失业率水平 U 来确定，即工资决定等式可以写成如下形式：

$$W = P^e(1 - \theta U) \tag{17-7}$$

其中系数 θ 为正数，用来表明失业率与工资之间呈反向关系，即失业率越高意味着工人供给越多，工资制定方有更高的谈判筹码，从而可以压低工资。

同时，企业要依据工资对产品进行定价，假设产品价格在工资基础上有一个成本加成 (μ)，则有

$$P = (1 + \mu)W \tag{17-8}$$

结合式（17-7）与式（17-8）可得

$$P = P^e(1 + \mu)(1 - \theta U) \tag{17-9}$$

另外，根据经济学中的奥肯定律可知，真实总产出 Y 和失业率 U 之间呈一一对应的反向关系，即

$$Y = -\beta U \tag{17-10}$$

因此，式（17-9）就可以写成

$$P = P^e(1 + \mu)(1 + \lambda Y) \tag{17-11}$$

其中 $\lambda = \dfrac{\theta}{\beta}$。

式（17-11）表明，给定预期价格水平，总体价格水平 P 与真实总产出 Y 呈正向关系，即 Y 越高，则 P 越高。

图 17-9 演示了 AS 曲线所刻画的 P 与 Y 以及预期价格和自然产出之间的关系：真实产出增加推动价格上升；预期价格上升，AS 曲线将会向上移动，均衡点由原来的 E 移动到 E'。

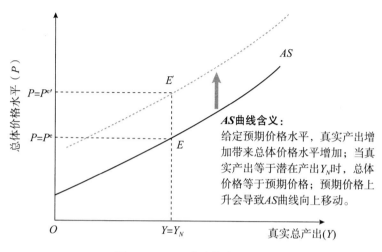

图 17-9 AS 曲线的含义演示

二、AS 曲线与菲利普斯曲线的等同关系

AS 曲线除了用总产出和总体价格水平之间的关系来刻画之外，还可以通过将式（17-11）左右取自然对数并进行前后两期的差分获得通胀率与预期通胀率以及真实产出缺口的关系等式，即

$$\pi = \pi^e + \varphi \bar{y} + \varepsilon \qquad (17-12)$$

其中 π 表示通胀率，$\bar{y}$ 表示真实产出缺口，ε 表示其他因素。

可以看出，这个等式本质上就是刻画通胀率与真实产出缺口之间关系的菲利普斯曲线。菲利普斯曲线从早期刻画工资变化率与失业率的关系，发展到后来刻画通胀率与真实产出缺口之间的关系，经历了多个历史阶段的不同版本。20 世纪 90 年代之后的菲利普斯曲线引入了通胀预期因素，形成诸如式（17-12）这样的完全前瞻性的新凯恩斯菲利普斯曲线。

第四节　货币理论的新凯恩斯主义分析框架

一、发展背景

我们之前已经介绍过，凯恩斯主义经济学分析框架起始于 1936 年凯恩斯的专著《通论》。紧接着，经济学家希克斯沿袭凯恩斯的思想，在 1937 年系统地提出了 IS-LM 模型，该模型很快被写进经济学本科教材。一直到 20 世纪 70 年代末之前，IS-LM 模型都是最主流的宏观经济与政策分析框架之一。

然而，随着现实中经济运行机制日益复杂，经济学理论不断发展，特别是经济学家卢卡斯在 1976 年提出的"卢卡斯批判"，深刻指出了旧的凯恩斯主义理论模型（当然也包括旧的货币主义理论模型）使用缩减形式的宏观模型（即没有微观基础和结构性特征的等式）无法预测宏观政策对经济的影响，因为不同时期经济政策的变化很可能也会导致缩减形式的宏观模型发生变化，所以基于历史数据拟合出来的宏观等式难以应用于宏观经济分析。

在此背景下，新凯恩斯主义经济学使用了更复杂的分析工具，在动态随机一般均衡（DSGE）框架下构建了宏观等式的微观基础。新凯恩斯主义分析框架的诸多思想与旧的凯恩斯主义在本质上是相同的，特别是强调利率而非货币总量作为货币政策中间目标。当然，二者也有以下几点明显不同：

第一，新凯恩主义分析框架强调价格有黏性，甚至通货膨胀也有黏性。所谓价格黏性，也称为名义刚性，就是指价格调整需要时间，表现为当期价格与上一期价格之间有很高的相关性。例如厂商调整出厂产品价格需要一定时间，饭店更换菜单也需要时间（即经济学中的"菜单成本"）。在这样的背景下，货币政策调整可以在短期内影响通货膨胀和真实经济产出，即短期内货币非中性。

第二，基于微观厂商定价机制推导出一个短期的新凯恩斯菲利普斯曲线（new Keynesian Phillips curve，NKPC）关系，刻画了通胀率与预期通胀率、历史通胀率和真实经济产出的动态关系；基于微观层面的消费者福利优化问题推导出动态 *IS* 曲线等式；同时，在 NKPC 和动态 *IS* 曲线中均引入了理性预期。

第三，不以货币供应总量为核心来刻画中央银行的货币政策，而是假设中央银行能够设定短期名义利率，货币政策反应机制在于中央银行面对当前经济环境（如通胀率水平、真实 GDP 缺口）如何设定不同的名义利率。

第四，分析框架从局部均衡发展到 DSGE。在新凯恩斯 DSGE 模型框架中，一般使用一系列加总等式来刻画以下三方面内容：一是家庭部门、企业部门和宏观政策制定部门的行为特征；二是市场出清情况以及资源约束问题；三是经济波动最终来源的外生变量。一般会假设这些等式基于优化问题求解获得，求解过程依靠理性预期假设。

归纳起来，新凯恩斯主义分析框架不再假设商品市场是完全竞争市场；同时引入名义刚性，假设只有一定比例的生产厂商可以灵活调整价格，其他厂商调整价格受到历史价格影响（即存在价格黏性）。基于这一框架，外生货币政策对真实经济产出变量具有明显影响。同时，经济均衡状态对任何冲击的反应都与货币政策规则相关，因此这一框架可以用来分析不同货币政策规则带来的影响。

二、一个简单的新凯恩斯主义三等式分析框架

限于篇幅，这里不进行新凯恩斯主义微观基础模型的推导，而主要介绍新凯恩斯主义经济学的核心思想和总体分析框架。归纳起来，简约的新凯恩斯主义分析框架包括三个核心等式，即动态 *IS* 曲线、新凯恩斯菲利普斯曲线和基于名义利率的货币政策反应方程（monetary policy reaction function，MPF）。我们将这种三等式分析框架称为 *IS*-NKPC-MPF 分析框架。

（一）动态 *IS* 曲线

新凯恩斯主义分析框架的第一个等式是动态 *IS* 曲线，刻画的是真实经济产出与真实利率之间的动态关系，这一关系可以从微观消费者的福利优化问题获得。真实经济产出的具体指标是真实产出缺口，真实利率是名义利率与预期通胀率的差。产出缺口是指实际产出和潜在产出（也称为自然产出）的差，可以用二者的自然对数差计算。潜在产出是指均衡状态下

价格完全灵活调整时的产出水平，也就是完全就业情况下的产出水平。

具体来说，动态 IS 曲线可以写成当期的真实产出缺口由预期产出缺口和真实利率决定的形式，即

$$\tilde{y}_t = E_t \tilde{y}_{t+1} - \beta(i_t - E_t \pi_{t+1} - r_t^*) \qquad (17-13)$$

等式中各个符号的含义如下：

- $\tilde{y}_t$ 表示当期真实产出缺口。
- β 是基于微观模型推导出的系数（为正数）。
- $E_t \tilde{y}_{t+1}$ 表示预期产出缺口（基于 t 期及以前的信息集对 $t+1$ 期产出缺口的预测）。
- i_t 表示 t 期的名义利率。
- $E_t \pi_{t+1}$ 表示预期通胀率（π 表示通胀率）。
- r_t^* 表示真实自然利率。

自然利率是指模型系统中价格完全灵活调整时均衡状态下的利率水平，是在没有短期供给冲击时实际产出等于潜在产出时的利率水平，由经济运行的基本特征而非中央银行决定。

从动态 IS 曲线不难看出，当期的真实经济产出受到预期产出和真实利率的影响：预期产出越高，当期真实产出缺口越高；真实利率越高，当期真实产出缺口越低；当真实利率与自然利率相等时，经济处于均衡状态。此时，真实产出与预期产出相等。

由于未来产出以及未来通胀的预期变量进入模型，所以 IS 曲线被赋予了明显的动态特征（即变量下标 t 和 $t+1$ 有了时间先后顺序），这与传统静态 IS 曲线形成鲜明对比。当然，在旧的凯恩斯主义分析框架中，传统 IS 曲线只是一个宏观等式，而新凯恩斯动态 IS 曲线是基于 DSGE 模型系统从微观基础推导获得的，这也是新的 IS 曲线与传统的 IS 曲线的重要区别。

（二）新凯恩斯菲利普斯曲线

新凯恩斯主义分析框架的第二个等式是新凯恩斯菲利普斯曲线，可以从微观厂商价格调整机制推导获得，加总后的宏观等式刻画了当期通胀率与预期通胀率、历史通胀率和当期产出缺口之间的动态关系，即

$$\pi_t = \alpha_f E_t \pi_{t+1} + \alpha_b \pi_{t-1} + \gamma \tilde{y}_t \qquad (17-14)$$

其中 α_f、α_b 和 γ 表示各变量的系数（均为正数），本质上是微观基础模型中的结构性参数的函数形式，其他字母符号含义与式（17-13）相同。

从 NKPC 的解析表达式不难看出，当期通胀率 π_t 不仅受到真实产出缺口 $\tilde{y}_t$ 的驱动，还受到预期通胀率和历史通胀率的驱动。在 NKPC 框架下，货币政策调控通货膨胀的能力依赖于 α_f、α_b 和 γ 这几个系数的大小。货币政策可以通过调整产出缺口来影响通货膨胀，所以 γ 越小意味着货币政策对通货膨胀的影响越小。同时，调整通货膨胀的成本由预期通胀率和历史通胀率的系数相对大小决定。如果 α_b 更大，则当期通胀率主要由历史通胀率驱动，此时货币政策对当期通胀率的影响可能会有较长的时滞。

注意，历史通胀率的系数 α_b 刻画了通胀率的惯性特征，也称为通胀黏性、通胀惰性或者通胀持久性，这种通胀黏性特征在各国通胀率指标的时序数据中都比较明显。事实上，通胀预期和通胀黏性的系数 α_f 和 α_b 一般满足 $\alpha_f + \alpha_b = 1$。这样，短期菲利普斯曲线是一条向右上方倾斜的曲线，而长期菲利普斯曲线（即均衡状态下的菲利普斯曲线）是一条垂直于横轴的直线（与图 17-3 刻画的长期 AS 曲线本质上一致）。因为长期意味着去掉公式中字母的下标，所以式（17-14）可以写成

$$\pi = \alpha_f \pi + \alpha_b \pi + \gamma \tilde{y} \qquad (17-15)$$

此时均衡产出等于潜在产出，真实产出缺口为 0。图 17-10 刻画了长期和短期新凯恩斯菲利普斯曲线的形状，图中 y_e 表示均衡状态下的产出缺口。

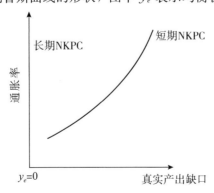

图 17-10　长短期 NKPC 图示

（三）货币政策反应方程

新凯恩斯主义分析框架的第三个等式是货币政策调整的利率规则，即泰勒规则。泰勒规则刻画了短期名义利率如何对通胀率和真实产出缺口进行反应，所以也称为货币政策反应方程。根据货币政策的调控目标，通胀率和真实产出是核心的最终目标。当经济上行且通胀率不断上升时，中央银行就可能上调利率从而平抑真实产出和通胀率上行的趋势；反过来，当经济下行或者通胀率不断下降到一定程度时，中央银行就可能下调利率刺激经济。因此，货币政策反应机制可以写成如下形式：

$$i_t = \rho_i i_{t-1} + \rho_\pi \pi_t + \rho_y \tilde{y}_t + v_t \qquad (17-16)$$

其中 v_t 表示随机外生货币冲击，ρ 代表系数。式（17-16）中等号右侧的 i_{t-1} 是利率的滞后项，其系数 ρ_i 刻画了中央银行进行利率调整的平滑性程度。例如，$\rho_i = 0.5$ 对应的利率调整相对于 $\rho_i = 0.1$ 的情形更平滑一些。

（四）新凯恩斯主义分析框架的货币理论与政策含义

以上介绍的三个等式实际上刻画了以利率为核心中间目标的货币政策调整与宏观经济的互动关系，因此可以概括为货币理论的新凯恩斯主义分析框架。当然，这一框架也可以用来分析利率决定机制、宏观经济波动等内容，所以也可以称为新凯恩斯主义宏观经济分析框架。

为了方便说明，我们在图 17-11 中演示了新凯恩斯主义宏观经济分析框架的均衡情况，横坐标是真实产出缺口 y，纵坐标是通胀率 π。基于本章第二节和第三节的内容可以理解，图中的 AD 曲线是动态 IS 曲线和 MP 曲线的融合，它刻画了在给定预期条件下通胀率与真实产出缺口的负向关系。NKPC 本质上刻画了总供给曲线的内容，即给定通胀预期和通胀性特征，通胀率与真实产出缺口之间呈正向关系。经济均衡状态由 AD 曲线和 NKPC 的相交点确定，均衡利率水平为 π_0，均衡真实产出缺口为 y_0。

基于新凯恩斯主义三等式模型，可以开展货币理论分析，即分析货币政策与宏观经济的互动机制。可以得到几个特别重要的结论：

第一，新凯恩斯主义分析框架表明货币政策非中性，即货币政策调整可以带来真实经济产出的变化。这种货币政策非中性表现为两个方面。一方面，

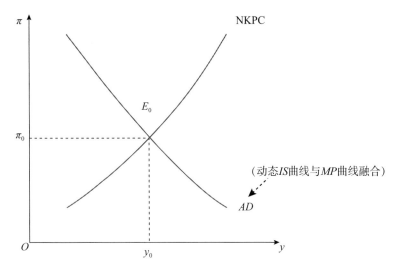

图 17 - 11　新凯恩斯主义宏观经济分析框架图示

外生货币政策冲击［即影响货币政策调控的一些因素，在式（17 - 16）中用 v_t 代表］不仅会带来名义变量（例如通胀率）的变化，也会影响真实产出。相关研究发现，特别是当出现紧缩性质的外生货币政策冲击时，名义利率和真实利率上升，造成真实产出和通胀率下降，而自然利率不发生变化。另一方面，货币政策非中性还表现为真实产出对非货币政策冲击（例如需求冲击）的反应会随着货币资产规则的变化而变化。

第二，新凯恩斯主义分析框架简洁清晰地阐释了以利率为核心的货币政策传导机制的循环逻辑线条。从泰勒规则等式可以看出，中央银行针对真实经济表现和通胀率变化调整名义利率。名义利率的调整会通过 IS 曲线作用于真实产出。以名义利率下调为例，如果名义利率下降而通胀预期暂时不变，则真实利率会下降，从而降低企业的真实融资成本，企业就有动力扩大生产，进而带动真实产出增加，这一关系反映在动态 IS 曲线中。当真实产出增加之后，NKPC 表明，经济上行以及随之而来的通胀预期升高会对当前通胀率形成上行压力。与此同时，当真实产出增加和通胀上行到一定程度时，中央银行又会通过泰勒规则对二者进行反应。这样，以利率为操作目标和中间目标的货币政策传导机制形成。

第三，新凯恩斯主义分析框架还对如何实施货币政策提供了重要参考建议。例如，如果中央银行根据泰勒规则调整利率，并能针对通胀和真实产出有足够强烈的反应，那么经济将有唯一的均衡点。如果反应不够强烈，则均衡点不唯一。新凯恩斯主义分析框架还可以用来分析最优货币政策问题。所谓最优货币政策是指能够最大化代表性家庭部门福利的货币政策。最优货币政策问题的分析框架考虑三方面可能的福利损失，一是与福利相关的产出缺口的波动，二是通胀率的波动，三是未经修正的真实变量扭曲带来的长期平均产出（即稳态产出）无效率。

第五节 货币理论的新货币主义分析框架

与 1980 年之前旧的货币主义理论相比，新货币主义理论也重视微观基础，从微观经济交易入手，强调微观交易存在搜寻和匹配摩擦，人们持有货币的动机是克服这些交易摩擦，从而引入货币的交易媒介职能。新货币主义理论分析假设经济运行中总有一部分市场上的买卖双方需要互相搜寻匹配，尽管该理论不否认完全竞争市场的存在。新货币主义理论的相关研究从 20 世纪 80 年代之后开始兴起，到了 2005 年之后就逐渐形成了相对成熟的理论框架。

就像旧的货币主义和旧的凯恩斯主义互为对照一样，新货币主义也对应于新凯恩斯主义。新货币主义及新凯恩斯主义与各自对应的传统理论的区别是对微观基础的强调，但两者重视不同的基本摩擦。新凯恩斯主义以名义价格黏性为基本摩擦，货币是作为价值尺度进入模型的，其交易媒介的职能并没有得到刻画；而新货币主义主要关注交易中的不完全承诺、信息不对称以及搜寻匹配中遇到的协调失灵等摩擦（各学派的更多差异参阅 Willamson and Wright，2010），货币是作为交易媒介进入模型分析框架的，并以此为基础分析货币、银行等制度如何在相应摩擦下改进福利。

从更宽泛的角度看，新货币主义理论包含货币理论与政策、银行与金融中介、支付与资产等内容，并特别强调货币在经济交易的搜寻和匹配过程中扮演重要角色。与新凯恩斯主义理论发展类似，新货币主义理论的提出和发展同样受到卢卡斯批判的驱动，即运用经济模型进行政策分析，这些经济模型不能随时间发生变化。

新货币主义主要关注以下问题：什么是流动性？流动性对经济意味着

什么？流动性资产如何影响经济中的产出和福利？哪些资产具有流动性是经济的最优选择？人们为什么接受没有内在价值的纸币？为什么资产会因为流动性而增值？在承诺不完全的环境下人们为何接受信用安排？抵押品或声誉对于信用有什么作用？货币和信用如何共存？包括银行在内的金融中介有何作用？货币政策的作用是什么，具体的操作方式有哪些？这一系列基本问题重点研究货币和其他资产的流动性本质，以及信用和金融中介如何促进交易。这些问题的答案有利于我们加深宏观经济理解，更好地研究货币、银行、信用和金融市场等宏观热点问题。

新货币主义理论认为，在不同货币政策规则下分析经济运行特征，需要设定这样一个模型，其中的经济主体持有货币不是因为货币以一种缩减形式（即没有微观经济含义）进入效用函数或者生产函数，而是因为货币在交易过程中减少了根本性摩擦问题。这样，包含货币角色的模型才具有结构性特征，不会随着政策变化而变化，也就解决了卢卡斯批判关于政策分析的经济理论建模的核心问题。

可以看出，新货币主义理论在其分析框架中引入货币的角色，主要目的之一是应对经济交易中的摩擦问题，例如交易主体需要在市场上彼此搜寻和匹配等都会存在摩擦。在这样的搜寻和匹配背景下引入货币的角色，可以从微观角度阐释货币的功能，进而通过复杂的模型推演过程得出货币变化对宏观经济的影响。

沿着这样的思路，新货币主义理论在早期的模型中假设经济主体两两随机相遇，如果没有货币而依靠双向巧合进行交易，就会使交易异常困难，所以引入货币会改善均衡结果。这是新货币主义理论最朴素的一种想法，信用货币（法定货币）可以使交易更便捷。早期的新货币主义理论模型假定价格外生且货币不可分，后来的理论框架对这些假设进行了放松，并进行了一系列拓展，用于分析货币与宏观经济的互动关系等内容。

新货币主义理论的模型框架可以概括如下：为了研究货币的交易媒介职能并且推导出货币需求函数，新货币主义要对买卖双方的具体交易行为进行建模。传统的新凯恩斯框架下的一般均衡理论显然做不到这一点。在新凯恩斯模型中，经济主体根据价格和收入，沿着自己的预算约束线进行交易。但研究者对交易如何发生一无所知。研究者不知道经济主体和谁交易、如何交易、通过什么媒介交易，只知道交易的结果。

为了克服这一缺陷，具体研究交易过程，新货币主义引入了搜寻理论。搜寻理论强调人和人之间具体的匹配和交易，为研究货币等交易媒介提供了天然的理论平台。采用搜寻理论的另一个原因是新货币主义者希望货币、银行和信用等制度安排能降低经济体现有的各种摩擦，从而改进福利。但在传统的预付现金模型（cash-in-advance，CIA）、货币效用模型（money-in-utility，MIU）和黏性价格模型中，货币的引入导致了更多的摩擦，反而降低了福利。在新凯恩斯模型中，货币政策被归纳为泰勒规则，而经济主体对货币的需求则内生化于模型体系，该模型推导出菲利普斯曲线，即通货膨胀的提高会带来产出的增加；在新货币主义模型中，通货膨胀带来名义利率的提高（因为实际利率不变），而名义利率是持有货币的机会成本，因此货币需求下降，产出下降，从这个角度看，新货币主义和新凯恩斯主义的分析结论存在明显的差异。因为新货币主义理论模型内容相对烦琐，这里不再对相关模型形式进行详细阐释，感兴趣的读者可以参考 Diamond 和 Dybvig（1983），Kiyotaki 和 Wright（1989，1993），Lagos 和 Wright（2005），Lagos，Rocheteau 和 Wright（2017），Williamson（2012），Williamson 和 Wright（2010a，2010b）。

第十八章　宏微观金融学的融合逻辑

第一节　基于资产价格的逻辑主线

本书的前述章节对宏微观金融学领域各自的理论内容和演进发展进行了梳理，但尚未阐释宏微观金融学的联结机制。本章阐释宏微观金融学（理论和实践）如何通过金融价格要素实现彼此之间的联结与贯通。金融价格涵盖资产价格和资金价格，表现形式包括利率、收益率和股票价格等。

首先，从微观金融学的核心理论演进来看，资产价格作为金融价格的具体表现形式，是贯穿所有微观理论发展的逻辑主线。对于投资组合理论，其核心要素是金融投资的收益率及相应的风险；对于 CAPM 模型，所谓的"资产定价"是对金融资产标的（预期）收益率进行刻画；对于 MM 定理，它涉及权益资本价格、债务资本价格和公司股票价格，核心仍然是资产价格或者资本成本；对于期权定价，理论的核心明确为对期权衍生品进行定价，期权作为一种标准的金融衍生品，其定价问题显然是金融价格问题；对于有效市场和非理性市场假说，核心内容都是资产价格能否反映市场信息，资产价格明显是相关理论的核心要素。

其次，从宏观金融学的核心理论演进来看，资金价格作为金融价格的具体表现形式，形成了一条贯穿一系列理论发展的暗含的逻辑线条：第一，银行理论直接表现为对银行业务和银行资产负债表的刻画，而背后暗含的则是银行业务（如存贷款业务、同业拆借等）与资金价格的互动机制，即利率变化影响银行业务，而银行业务也作用于利率并影响利率形成机制；第二，关于利息理论的演进和发展，一方面其自身就是关于金融价格的问题，另一方面，无论是利率决定论还是期限结构理论，其发展演进都依托并融于微观金融市场和金融产品（如债券等）；第三，货币理论的发展历程提供了一个反面案例，由于未能接纳价格因素（利率）的核心地位以及理论模型量化研究层面（科学性方面）的僵化，加之宏观实践的失败（特别是 1979—1987 年货币主义学派政策实践带来的宏观经济波动），货币理论在最近半个多世纪以来的影响力日渐衰落；第四，托宾 Q 理论、价格型货币政策论和货币政策规则论看似单纯是宏观金融问题，本质上却是基于微观基础并以价格变量（利率、收益率）为核心的理论内容，在此基础上的后续研究（如 Geromichalos, Juan, and José，2007；Cochrane，2017）在很大程度上体现了现代金融学的宏微观融合范式。

第二节　宏微观金融理论的联结机制

为了进一步阐释宏微观金融理论如何通过金融价格实现联结和贯通，我们将参与金融体系活动的部门划分为四个部分，即央行、银行、企业和个人及机构投资者，并在图 18-1 中演示这四个部门如何通过金融价格这一枢纽反映宏微观金融理论并形成彼此贯通的体系格局。在这四个部门中，央行是金融政策的决策者，银行是央行金融政策实施和传导的直接交易商（一级交易商），企业是真实经济中价值创造的基本单元，个人及机构投资者则是参与金融体系活动的微观单元（资金跨时空转移的微观载体）。

我们可以先从央行部门开始考察。央行的最终目标主要是经济增长与物价稳定，为实现此目标需要通过货币政策工具（如公开市场操作、存款准备金率或者贴现率）对中间目标（如货币供应、利率）进行调控。在这个极为标准的货币政策传导机制中，利率是央行调控的核心中间目标。不难看出，利率调控实践的背后卷入了利率决定论、利率期限结构理论、价格型货币政策论和货币政策规则论。与此同时，货币供应指标的背后则对应于货币需求论等货币理论。

央行对金融价格（即利率）的调整需要通过银行体系来完成，因此金

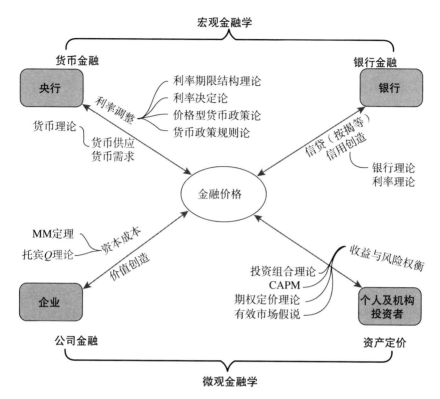

图 18-1　以金融价格为枢纽的宏微观金融互动机制演示

融价格将银行部门与央行紧密地联结起来。例如，当央行通过公开市场操作与银行进行有价证券（或者回购）交易时，银行资产负债表立即发生变化，银行间短期利率乃至整个市场的短期利率随之发生变化，同时信用货币创造机制也受到影响。这些影响并未到此结束，因为短期利率变化会通过利率期限结构向长期利率传导，进而影响长期利率和长期资金市场（如按揭贷款市场）。在此过程中，央行与银行通过利率这一资金价格紧密地联结在一起，并且通过交易活动不断重现利率理论和银行理论等相关理论。

在图 18-1 中，央行和银行部门既是金融部门也是宏观部门的代表。与此相对，企业与个人及机构投资者则是微观部门的代表。从金融价格的变动顺序来说，它们虽然不能率先影响利率和资产价格，但是却能与金融价格进行极为活跃的互动。对于企业来说，其根本目标是实现价值创造，而在价值创造的过程中，资本成本是核心影响因素。基于资本成本引出两大核心理论：MM 定理为企业资本结构选择提供了基础性理论；托宾 Q 理论是公司市场价值与其资产重置成本的比率，反映了企业金融市场价值与企业基本价值的比值，为企业扩张生产提供了不同的方向选择（购买新资本品还是购买已有资本品）。当市场利率发生变化时，企业的资本成本随之变化，不仅影响企业从间接金融渠道获得资本的成本（企业与银行的联系），而且影响企业资本结构选择策略（MM 定理），同时还会影响企业市场价值，此时托宾 Q 也成为货币政策资产价格传导机制的核心点。

通过以上过程，微观层面的企业通过金融价格与宏观层面的央行和银行形成紧密联系的互动关系。观察图 18-1 可以看到，这种宏微观金融的互动并未止于企业，而是进一步迈向个人及机构投资者。当市场利率或者更宽泛地说金融价格发生变化以后，金融市场上的产品（例如债券等有价证券）预期收益率和风险也随即反应，影响投资组合选择、资产定价和衍生品定价等，市场上价格变化是否反映了所有可用信息的情况则对应于市场是否有效的问题。当然，微观企业、个人以及机构的金融交易活动会进一步传导到实体经济产出和宏观物价水平变化层面，从而影响宏观金融决策变化。这样周而复始，便形成了生机勃勃的宏微观金融的实践互动，并带动宏微观金融理论的不断发展与演进。

第三节　基于宏微观两大支柱的现代金融学体系

总体来说，本书对现代金融学的两大支柱——宏观金融学和微观金融学的核心理论及其历史演进分别进行了梳理。从各自发展的历史逻辑比较来看，20 世纪 50—60 年代不仅是微观金融学快速发展的起点，而且也是传统宏观金融学各分支领域发展的分水岭。在 1950 年之后，宏微观金融学从表面上看日益分化，但本质上却共同走向以金融价格为核心的发展历程，能否融入价格要素成为对应理论是否能够得到快速发展的关键。

从宏微观金融学历史演进的共同逻辑来看，各理论内容中的核心变量从总量指标（如货币总量）到金融价格指标（如利率）的转变，折射出的背景因素和信息相当丰富。

第一是国际货币体系和世界金融体系格局的微妙变化。1945 年以后，国际货币体系进入布雷顿森林体系，货币体系规则和标准相对明确，传统货币问题的研究逐渐失去了大时代背景。同时银行理论也面临前所未有的大洗牌格局，根本原因是微观金融产品日益丰富、微观金融市场日益多元使得传统银行业务受到极大冲击，金融脱媒日益严重。大洗牌格局倒逼银行体系改革的同时，也推动银行理论（特别是银行的金融中介论和信用创造论）进入更加分歧的时代，而由于现实金融业务变得更加复杂，究竟哪种银行理论能够诠释现实情况则变得更加难以明确。

第二是以美国为代表的发达市场资金要素价格放开，从利率管制转变到利率市场化，利率以及收益率等金融价格指标逐渐成为联结宏微观金融学的枢纽。第三是各界对科学性研究范式的一致追求。对于科学性的理解，一是分析框架的严谨性，宏观模型需要具有微观基础，新凯恩斯货币政策分析框架是成功典范，而 20 世纪 70 年代之前的旧货币主义学派理论则是失败案例。二是计量和算法的精确性，不仅针对模型，而且要求变量测度的精确性，而货币总量指标与金融价格相比在这一层面也存在劣势，因为随着 1960 年之后发达金融市场上金融创新的快速发展，影子业务大行其道，货币总量的精确统计也日益困难，这为货币总量退出发达市场的货币政策分析框架下了伏笔，为传统货币理论的衰败埋下了种子，当然也为 21 世纪逐渐成熟的新货币主义理论留下了空间。

当然，对于"现代金融学"的说法至今可能还存有争议，不过有明确的文献支持（如 Miller，2000）。然而，对于微观金融学和宏观金融学的概念和界定，要找到权威文献更加困难，原因不仅在于这两个分支领域的内容都在不断发展和变化，还在于各界对微观和宏观范畴的理解存在相当大的差异。例如，Cochrane（2017）使用"宏观金融学"作为文章标题，但是研究内容却集中于资产定价与宏观经济波动之间的关系，这比 Miller（2000）提出的现代金融学划分的宏微观流派或者说宏微观范式的范畴要小很多。

总之，宏观金融学和微观金融学是构成现代金融学的两大支柱，缺少任何一个分支领域的内容都难以支撑金融学科。在宏观金融学和微观金融学的两大支流中，金融价格变量是宏微观理论与实践的交汇点，宏微观金融学围绕金融价格展开了波澜壮阔的思想碰撞，也形成了彼此交融的一致性发展逻辑。

参考文献

［1］Abel, A. B. , and Blanchard, O. J. (1986), "The present value of profits and cyclical movements in investment", *Econometrica*, 54 (2), 249 - 273.

［2］Akerlof, G. A. (1970), "The market for 'lemons': quality uncertainty and the market mechanism", *The Quarterly Journal of Economics*, 84 (3), 488 - 500.

［3］Allen, F. , and Gale, D. (1998), "Optimal financial crises", *The Journal of Finance*, 53 (4), 1245 - 1284.

［4］Ariel, R. A. (1987), "A monthly effect in stock returns", *Journal of Financial Economics*, 18 (1), 161 - 174.

［5］Arrow, K. J. , and Debreu, G. (1954), "Existence of an equilibrium for a competitive economy", *Econometrica*, 22 (3), 265 - 290.

［6］Barro, R. , and Gordon, D. (1983), "Rules, discretion and reputation in a model of monetary policy", *Journal of Monetary Economics*, 12 (1), 101 - 121.

［7］Baumol, W. J. (1952), "The transactions demand for cash: an inventory theoretic approach", *The Quarterly Journal of Economics*, 66 (4), 545 - 556.

［8］Bernanke, B. S. , and Blinder, A. S. (1992), "The federal funds rate and the channels of monetary transmission", *American Economic Review*, 82 (4), 901 - 921.

［9］Bernanke, B. , and Gertler, M. (1990), "Financial fragility and economic performance", *The Quarterly Journal of Economics*, 105 (1), 87 - 114.

［10］Black, F. , and Scholes, M. (1973), "The pricing of options and corporate liabilities", *Journal of Political Economy*, 81 (3), 637 - 654.

［11］Breeden, D. T. (1979), "An intertemporal asset pricing model with stochastic consumption and investment opportunities", *Journal of Financial Economics*, 7 (3), 265 - 296.

［12］Calvo, G. A. (1983), "Staggered prices in a utility-maximizing framework", *Journal of Monetary Economics*, 12 (3), 383 - 398.

［13］Carhart, M. (1997), "On persistence in mutual fund perform-ance", *The Journal of Finance*, 52 (1), 57 - 82.

［14］Clarida, R. , Gali, J. , and Gertler, M. (1999), "The science of monetary policy: a new Keynesian perspective", *Journal of Economic Literature*, 37 (4), 1661 - 1707.

［15］Clarida, R. , Gali, J. , and Gertler, M. (2000), "Monetary pol-icy rules and macroeconomic stability: evidence and some theory", *The Quarterly Journal of Economics*, 115 (1), 147 - 180.

［16］Cochrane, J. H. (2017), "Macro-finance", *Review of Finance*, 21 (3), 945 - 985.

［17］Cogley, T. , and Sargent, T. (2001), "Evolving post-World War II U. S. inflation dynamics", In B. Bernanke and K. Rogoff (eds.), *NBER Macroeconomics Annual 2001*, Vol 16, 331 - 388. Boston: MIT Press.

［18］Cox, J. C. , Ingersoll, J. E. , and Ross, S. A. (1985), "A theory of the term structure of interest rates", *Econometrica*, 53 (2), 385 - 407.

［19］Cumby, R. E. , and Obstfeld, M. (1981), "A note on exchange-rate expectations and nominal interest differentials: a test of the fisher hypothesis", *The Journal of Finance*, 36, 697 - 703.

[20] De Bondt, W. F. M. , and Thaler, R. (1985), "Does the stock market overreact?", *The Journal of Finance*, 40 (3), 793 - 805.

[21] De Long, J. B. , Shleifer, A. , Summers, L. H. , et al. (1990), "Noise trader risk in financial markets", *Journal of Political Economy*, 98 (4), 703 - 738.

[22] Diamond, D. W. (1984), "Financial intermediation and delegated monitoring", *Review of Economic Studies*, 51 (3), 393 - 414.

[23] Diamond, D. W. , and Dybvig, P. H. (1983), "Bank runs, deposit insurance, and liquidity", *Journal of Political Economy*, 91 (3), 401 - 419.

[24] Diamond, D. W. , and Rajan, R. G. (2006), "Money in a theory of banking", *American Economic Review*, 96 (1), 30 - 53.

[25] Douglas, G. W. (1969), "Risk in the equity markets: an empirical appraisal of market efficiency", *Yale Economic Essays*, 9 (1), 3 - 45.

[26] Fama, E. (1970), "Efficient capital markets: a review of theory and empirical work", *The Journal of Finance*, 25 (2), 383 - 417.

[27] Fama, E. F. , and French, K. (1992), "The cross-section of expected stock returns", *The Journal of Finance*, 47 (2), 427 - 465.

[28] Fama, E. F. , and French, K. (1993), "Common risk factors in the returns on stocks and bonds", *Journal of Financial Economics*, 33 (1), 3 - 56.

[29] Fama, E. F. , and French, K. (2015), "A five-factor asset pricing model", *Journal of Financial Economics*, 116 (1), 1 - 22.

[30] Fama, E. F. , and MacBeth, J. D. (1973), "Risk, return, and equilibrium: empirical tests", *Journal of Political Economy*, 81 (3), 607 - 636.

[31] Fisher. I. (1930), *The Theory of Interest*, New York: MacMillan.

[32] Fleming, J. , and Mundell, R. (1964), "Official intervention on the forward exchange market: a simplified analysis", *Staff Papers (In-*

ternational Monetary Fund), 11 (1), 1 - 19.

[33] Friedman, M. (1956), "The quantity theory of money—A restatement", In M. Friedman (eds.), *Studies in the Quantity Theory of Money*, 3 - 21. Chicago: University of Chicago Press.

[34] Friedman, M. (1968), "The role of monetary policy", *American Economic Review*, 58 (1), 1 - 17.

[35] Gali, J., and Gertler, M. (1999), "Inflation dynamics: a structural econometric analysis", *Journal of Monetary Economics*, 44 (2), 195 - 222.

[36] Goldstein, I., and Pauzner, A. D. Y. (2005), "Demand-deposit contracts and the probability of bank runs", *The Journal of Finance*, 60 (3), 1293 - 1327.

[37] Gorton, G., and Pennacchi, G. (1990), "Financial intermediaries and liquidity creation", *The Journal of Finance*, 45 (1), 49 - 71.

[38] Grossman, S. J., and Stiglitz, J. E. (1980), "On the impossibility of informationally efficient markets", *American Economic Review*, 70 (3), 393 - 408.

[39] Hall, R. E. (1978), "Stochastic implications of the life cycle-permanent income hypothesis: theory and evidence", *Journal of Political Economy*, 86 (6), 971 - 987.

[40] Hayashi, F. (1982), "Tobin's marginal q and average q: a neoclassical interpretation", *Econometrica*, 50 (1), 213 - 224.

[41] Hayek, F. (1931), *Prices and Production*, New York: Augustus M. Kelly.

[42] He, Z., and Xiong, W. (2012), "Dynamic debt runs", *The Review of Financial Studies*, 25 (6), 1799 - 1843.

[43] Hicks, J. R. (1939). *Value and Capital: An inquiry into some fundamental principles of economic theory*, Oxford: Clarendon Press.

[44] Hou, K., Xue, C., and Zhang, L. (2015), "Digesting anomalies: an investment approach", *Review of Financial Studies*, 28 (3), 650 - 705.

［45］Jensen, M. C. (1968), "The performance of mutual funds in the period 1945 – 1964", *The Journal of Finance*, 23 (2), 389 – 416.

［46］Keynes, J. M. (1936), *The General Theory of Employment, Interest and Money*, London: Macmillan &Co. .

［47］Kim, C. , and Nelson, C. (2006), "Estimation of a forward-looking monetary policy rule: a time-varying parameter model using ex-post data", *Journal of Monetary Economics*, 53 (8), 1949 – 1966.

［48］Kiyotaki, N. , and Wright, R. (1989), "On money as a medium of exchange", *Journal of Political Economy*, 97 (4): 927 – 954.

［49］Kiyotaki, N. , and Wright, R. (1993), "A search-theoretic approach to monetary economics", *American Economic Review*, 83 (1): 63 – 77.

［50］Krugman, P. R. (1991), "Target zones and exchange rate dynamics", *The Quarterly Journal of Economics*, 106 (3), 669 – 682.

［51］Kydland, F. E. , and Prescott, E. C. (1982), "Time to build and aggregate fluctuations", *Econometrica: Journal of the Econometric Society*, 50 (6), 1345 – 1370.

［52］Kydland, F. , and Prescott, E. (1977), "Rules rather than discretion: the inconsistency of optimal plans", *Journal of Political Economy*, 85 (3), 473 – 491.

［53］Lagos, R. , and Wright, R. (2005), "A unified framework for monetary theory and policy analysis", *Journal of Political Economy*, 113 (3), 463 – 484.

［54］Lee, C. M. C. , Shleifer, A. , and Thaler, R. H. (1991), "Investor sentiment and the closed-end fund puzzle", *The Journal of Finance*, 46 (1), 75 – 109.

［55］Levin, A. , Wieland, V. , and Williams, J. (2003), "The performance of forecast-based monetary policy rules under model uncertainty", *American Economic Review*, 93 (3), 622 – 645.

［56］Lintner, J. (1965), "The valuation of risk assets and the selection of risky investments in stock portfolios and capital budgets", *Review of Economics and Statistics*, 47 (1), 13 - 37.

[57] Lucas Jr, R. E. (1976), "Econometric policy evaluation: a critique", *Carnegie-Rochester Conference Series on Public Policy*, 1 (1), 19 - 46.

[58] Lucas Jr, R. E. (1978), "Asset prices in an exchange economy", *Econometrica*, 46 (6), 1429 - 1445.

[59] Mankiw, N. G. (1985), "Small menu costs and large business cycles: a macroeconomic model of monopoly", *The Quarterly Journal of Economics*, 100 (2), 529 - 537.

[60] Markowitz, H. (1952a), "Portfolio selection", *The Journal of Finance*, 7 (1), 77 - 91.

[61] McCallum, B. T. (1988), "Robustness properties of a rule for monetary policy", *Carnegie-Rochester Conference Series on Public Policy*, 29 (1), 173 - 203.

[62] McKinnon, R. I. (1963), "Optimum currency areas", *American Economic Review*, 53 (4), 717 - 725.

[63] Merton, R. (1973a), "An intertemporal capital asset pricing model", *Econometrica*, 41 (5), 867 - 887.

[64] Modigliani, F., and Miller, M. H. (1958), "The cost of capital, corporation finance and the theory of investment", *American Economic Review*, 48 (3), 261 - 297.

[65] Mossin, J. (1966), "Equilibrium in a capital asset market", *Econometrica*, 34 (4), 768 - 783.

[66] Mundell, R. A. (1963), "Capital mobility and stabilization policy under fixed and flexible exchange rates", *Canadian Journal of Economics and Political Science / Revue canadienne d'Economique et de Science politique*, 29 (4), 475 - 485.

[67] Muth, J. F. (1961), "Rational expectations and the theory of price movements", *Econometrica: Journal of the Econometric Society*, 29 (3), 315 - 335.

[68] Myers, S. C. (1984), "The capital structure puzzle", *The Jour-*

nal of Finance, 39 (3), 574 – 592.

[69] Obstfeld, M., and Rogoff, K. (1995), "Exchange rate dynamics redux", *Journal of Political Economy*, 103 (3), 624 – 660.

[70] Obstfeld, M., and Rogoff, K. (2000), "The six major puzzles in international macroeconomics: is there a common cause?", NBER Working Paper Series. No. 7777.

[71] Orphanides, A. (2001), "Monetary policy rules based on real-time data", *American Economic Review*, 91 (4), 964 – 985.

[72] Philippon, T. (2009), "The bond market's q", *Quarterly Journal of Economics*, 124 (3), 1011 – 1056.

[73] Phillips, A. W. (1958), "The relation between unemployment and the rate of change of money wage rates in the United Kingdom, 1861 – 1957", *Economica*, 25 (100), 283 – 299.

[74] Poole, W. (1970), "Optimal choice of monetary policy instruments in a simple stochastic macro model", *The Quarterly Journal of Economics*, 84 (2), 197 – 216.

[75] Roberts, J. M. (1995), "New Keynesian economics and the Phillips curve", *Journal of Money, Credit and Banking*, 27 (4), 975 – 984.

[76] Roll, R. (1977), "An analytic valuation formula for unprotected American call options on stocks with known dividends", *Journal of Financial Economics*, 5 (2), 251 – 258.

[77] Ross, S. A. (1976), "The arbitrage theory of capital asset pricing", *Journal of Economic Theory*, 13 (3), 341 – 360.

[78] Rotemberg, J. J. (1982), "Sticky prices in the United States", *The Journal of Political Economy*, 90 (6), 1187 – 1211.

[79] Sack, B. P. (2000), "Does the Fed act gradually? A VAR analysis", *Journal of Monetary Economics*, 46 (1), 229 – 256.

[80] Samuelson, P., and Merton, R. C. (1969), "A complete model of warrant pricing that maximizes utility", *Industrial Management Review*, 10 (2), 17 – 46.

［81］ Sargent, T. J. , and Wallace, N. (1975), " 'Rational' expectations, the optimal monetary instrument and the optimal money supply rule", *Journal of Political Economy*, 83 (2), 241 - 254.

［82］ Sargent, T. J. , and Wallace, N. (1976), "Rational expectations and the theory of economic policy", *Journal of Monetary Economics*, 2 (2), 169 - 183.

［83］ Sharpe, W. F. (1964), "Capital asset prices: a theory of market equilibrium under conditions of risk", *The Journal of Finance*, 19 (3), 425 - 442

［84］ Shiller, R. J. (1984), "Do stock prices move too much to be justified by subsequent changes in dividends?", *American Economic Review*, 71 (3), 421 - 436.

［85］ Shiller, R. J. (2014), "Speculative asset prices", *American Economic Review*, 104 (6), 1486 - 1517.

［86］ Sims, C. A. , and Zha, T. (2006), "Were there regime switches in U. S. monetary policy?", *American Economic Review*, 96 (1), 54 - 81.

［87］ Stiglitz, J. E. , and Weiss, A. (1981), "Credit rationing in markets with imperfect information", *American Economic Review*, 71 (3), 393 - 410.

［88］ Svensson, L. E. O. (1997), "Inflation forecast targeting: implementing and monitoring inflation targets", *European Economic Review*, 41 (6), 1111 - 1146.

［89］ Taylor, J. B. (1993), "Discretion versus policy rules in practice", *Carnegie-Rochester Conference Series on Public Policy*, 39 (1), 195 - 214.

［90］ Taylor, J. B. (1999a), "A historical analysis of monetary policy rules", in J. B. Taylor (eds.), *Monetary Policy Rules*, 319 - 348, Chicago: University of Chicago Press.

［91］ Tobin, J. (1958), "Liquidity preference as behavior towards risk", *Review of Economic Studies*, 25 (2), 65 - 86.

［92］Tobin，J. (1969)，"A general equilibrium approach to monetary theory"，*Journal of Money，Credit and Banking*，1 (1)，15 - 29.

［93］Vasicek，O. (1977)，"An equilibrium characterization of the term structure"，*Journal of Financial Economics*，5 (2)，177 - 188.

［94］Wicksell，K. (1936)，*Interest and Prices*，London：Macmillan & Co.

［95］Williamson，S. D. (2012)，"Liquidity, monetary policy, and the financial crisis：a new monetarist approach"，*The American Economic Review*，102 (6)，2570 - 2605.

［96］Woodford，M. (2001)，"The Taylor rule and optimal monetary policy"，*American Economic Review*，91 (2)，232 - 237.

［97］Woodford，M. (2003)，"Optimal interest-rate smoothing"，*Review of Economic Studies*，70 (4)，861 - 886.

［98］Woodford，M. (2003)，*Interest and Prices：Foundations of a theory of monetary policy*，Princeton：Princeton University Press.

［99］Zhang，C.，Osborn，D.，and Kim，D. (2008)，"The new Keynesian Phillips curve：from sticky inflation to sticky prices"，*Journal of Money，Credit and Banking*，40 (4)，667 - 699.

［100］谢平，罗雄. 泰勒规则及其在中国货币政策中的检验. 经济研究，2002 (3)：3 - 12, 92.

［101］张成思. 全球化与中国通货膨胀动态机制模型. 经济研究，2012 (6)：33 - 45.

［102］张屹山，张代强. 前瞻性货币政策反应函数在我国货币政策中的检验. 经济研究，2007 (3)：20 - 32.

其他参考文献

图书在版编目（CIP）数据

现代金融学的历史演进逻辑/张成思编著. -- 北京：
中国人民大学出版社，2023.10
（百家廊文丛）
ISBN 978-7-300-31930-8

Ⅰ.①现⋯　Ⅱ.①张⋯　Ⅲ.①金融学—研究　Ⅳ.
①F830

中国国家版本馆 CIP 数据核字（2023）第 129514 号

百家廊文丛
现代金融学的历史演进逻辑
张成思　编著
Xiandai Jinrongxue de Lishi Yanjin Luoji

出版发行	中国人民大学出版社	
社　　址	北京中关村大街 31 号	**邮政编码**　100080
电　　话	010 - 62511242（总编室）	010 - 62511770（质管部）
	010 - 82501766（邮购部）	010 - 62514148（门市部）
	010 - 62515195（发行公司）	010 - 62515275（盗版举报）
网　　址	http://www.crup.com.cn	
经　　销	新华书店	
印　　刷	唐山玺诚印务有限公司	
开　　本	720 mm×1000 mm　1/16	**版　　次**　2023 年 10 月第 1 版
印　　张	22.25 插页 2	**印　　次**　2023 年 10 月第 1 次印刷
字　　数	340 000	**定　　价**　86.00 元